孟于群国际货物运输及物流书系

无船承运人法律实务及案例

孟于群　著

中国商务出版社

2005 年 12 月，作者（左一）与参加 2005 两岸三地海商法研讨交流会暨中国政法大学海商法研究中心成立大会的专家们——尹东年、朱曾杰、吴焕宁、高隼来、司玉琢（从左二依次往右）合影。

感　　恩

　　退休后我陆续写了几本书，分别请朱老（朱曾杰）、高老（高隼来）、吴老师（吴焕宁）、司老师（司玉琢）作序，他们都欣然命笔为我写了充满长者对晚辈、恩师对学生的那份浓浓之情的序言，让我心怀感恩之情一遍遍拜读，并与他们一次次进行着心灵上的沟通！这次，尹老师（尹东年）也非常乐意地接受我的盛情邀请，为我写下本书的序言，这一切的一切时时让我感激不尽。回想这几十年来的成长经历，无论学习与工作中遇到任何问题，都是在几位恩师的教诲与指引下解决的，那点点滴滴的成绩与成果都离不开恩师们的指点与开导。最难能可贵的是，他们在给我宝贵知识的经理，2002 年任中国外运集团（现中国外运长航集团）总法律顾问兼法律部总经理。1984 年赴美国律师所进修，1985 年获律师资格，1991 年获高级商务师，1993 年获国务院政府特殊津贴。著有《海运欺诈及其法律对策》《国际货运代理法律及案例评析》《货运代理与物流法律及案例评析》《国际海上货物运输法律与实务》《防止海运欺诈及法律实务》《国际海运疑难典型案例精析》《第三方物流法律实务及案例》和《国际物流运输法律咨询问答 423 例》。主编《中国外运法律论文集》（第一、二、三册）《国际货物运输物流案例分析集》《国际货物运输法规选编》《国际货物运输及相关业务合同范本》。参与起草中国《海商法》，任《海商法大辞典》国际货运代理分科主编和《中国海商法年刊》编委。多次出席联合国航运立法会议、国际海事委员会会议、国际海事仲裁员会议和菲亚塔国际会议，发表论文 60 余万字。

序

随着我国国际贸易和国际航运实务日新月异地变化，"法律滞后"的现象日益凸显，若干争议与疑难所在亟须学术界、司法界及实务部门的密切关注。关于无船承运人法律制度的问题，虽已有相关的法律、法规的规定，但纵观这些年的实践中所发生的各种纠纷，这些法律、法规作为解决很多复杂纠纷的依据仍存在诸多不足之处，于是，各种学说、观点也随之争论不休。但是不争的事实是，经过很多学者、专家和法官的不懈努力，针对部分争议已达成共识并取得成果。本书就是一个例证。

国务院于2001年颁布了《中华人民共和国国际海运条例》，该条例中就相关企业经营无船承运业务中的管理制度与责任制度做了框架性的规定。该条例对规范航运市场运作有积极的意义，但仍需依靠随后的大量司法实践和学术研究的成果去充实。于群兄在这方面做得相当出色，就本书而言，在无船承运人的管理制度、无船承运业务、无船承运人的身份识别及其在法律上身份双重性等方面做了相当全面和深入且针对性很强的论述。于群兄在国际贸易运输领域内工作数十年，已积累了丰富的实践经验，可他并不满足于此。对于实践中发现的问题，他不断地去探索研究，并且十分注重实践与理论的结合，这样一种难能可贵的治学态度和研究方法使他的论述总是有很强的说服力。我相信，实务部门定能从中得到启发，从而为解决业务中的难题找到一个有益的途径，教学和研究机构也能从中延引其成果，使今后无船承运人的法律、法规的修订和理论进一步完善得到一定的支撑。

于群兄秉承着学术良知，就无船承运人的法律制度中存在的众多争议与疑难，多方观察，反复论证，取得了可喜的成绩。至此，我真诚向读者推荐这本国际海上运输实务与法律的精品力作。

尹东年

2014 年 2 月 16 日于上海

前　言

我对无船承运业务开展与相关法律法规问题一直很关注，也很有兴趣。从法律制度规范角度看，当今世界人们对无船承运人（亦称"无船公共承运人"，Non-Vessel Operating Common Carries，NVOCC）尚未形成统一明确的界定规范，在绝大多数国家的现行法律中尚未出现"无船承运人"这一独立概念，更谈不上有专门的法律法规。包括我国在内的世界各国对无船承运人的"游戏规则"的建立既不明确，也不完善，在此情况下，面对该业务中所产生的五花八门的纠纷，在司法实践中处理起来就很困惑，甚至常出现对同一案子或同一类型的案子，会有两种完全不同的认识和结果。与此同时，我们还需对许多法律问题进行研究或进一步深入研究。例如，没有资质的无船承运人签发的提单，或有资质的无船承运人签发别家公司的提单，其所签发的提单是否有效？实际托运人（相对于无船承运人的托运人，也称原始托运人或货方）即货物所有人在货物发生货损货差后，能否同时起诉契约承运人（Contracting Carrier，即无船承运人）和实际承运人（Actual Carrier，即船公司）吗？无单放货引起的损失，受害人应向无船承运人索赔，还是应向船公司索赔？它们二者是否应当承担连带责任？船舶发生海事后，实际承运人通常能享受海事赔偿责任限制，无船承运人也可以享受该赔偿责任限制吗？如不可以，无船承运人应如何面对这一潜在的巨大风险？无船承运人向实际承运人的追偿时效应如何计算？其起算点应从何时开始？当实际承运人宣布共同海损后，应由谁提供担保？是无船承运人还是实际托运人？实际托运人对于实际承运人船上所载货物是否有控制权和留置权？实际托运人已向无船承运人支付运费，无船承运人未向实际承运人支付"运费到付"而出现破产或失踪的情况下，实际承运人是否可以就运费留置船上的货物？在审理案件中，无法分清货运代理（freight forwarder）所签合同性质，无法确定货运代理是代理人还是无船承运人时，应倾向认定为"代理人"还是"无船承运人"？……这一切都说明无船承运业务的特殊性与法律地位的双重性，使其涉及的《中华人民共和国海商法》（以下简称《海商法》）调整的法律关系无形中变得更加复杂。由此可见，对于无船承运业务中产生的法律问题，还有许多亟待解决的疑难和法律方面的工作需要我们去做，许多实践与理论问题需要更深入的研究与探讨，许多知识需要不断地更新与完善。

要实现无船承运人与无船承运业的良性发展，一方面必须进一步完善监管的行政法律、法规，实现有法可依，同时必须做到有法必依、执法必严；另一方面必须明确其在具体海上货物运输活动中的法律地位、权利、责任与义务，这就为相关立法提出了紧迫的要求，而在目前还无法实现修改我国《海商法》的情况下，司法实践中对一些问题的认识的统一无疑具有重要意义。

企业要想达到开展无船承运业务的预期目标与获取更大效益，还须具有全面风险管理意识和建立具体的防范措施。我通过多年的实践与学习，试图以本书对无船承运人的复杂的法律关系做一个浅显的剖析，起到抛砖引玉的作用。全书共分为十章：无船承运人的概述、无船承运人的管理制度、无船承运业务、无船承运人的法律双重性、无船承运人身份识别、无船承运人涉及的法律问题、无船承运人的风险与防控、无船承运人的责任保险、无船承运人案例分析和无船承运人在美国的做法等。

从我早年参与《中华人民共和国国际海运条例》（2002 年 1 月 1

日起施行，以下简称《海运条例》）的制定，最初涉及"无船承运人"到《无船承运人法律实务及案例》一书的问世，其间历经十几年。其中分五个阶段：1996年开始接触学习，2002年开始构思设想，2005年开始整理资料，2010年开始动手写作，2014年新书出版问世。

在这十几年中，我亲历参与我国《海运条例》的起草工作，在全国范围内把无船承运人问题提到日程上来进行研究，为此，多次参加过无船承运人热点与焦点问题的全国性大讨论，无船承运人法律问题研讨会，无船承运人专家论证会和无船承运人的责任保险讨论会；还为无船承运业务培训班讲过课，发表过有关无船承运人的文章，指导过研究生关于无船承运人的毕业论文，为大连海事大学有关无船承运人的博士论文写过评语，为中国政法大学有关无船承运人的博士论文答辩给出指导意见；处理过多起无船承运人的纠纷与案件；在这个理论、实践、再完善理论、再实践的过程中，在不停顿的调研过程中，在不断归纳总结、分析提高的过程中，在不断向专家老师、同行同事学习的过程中，我深切体会到，实践是写作的源泉，实践是检验作品的标准，实践出真知。

任何一个作者要想写出一部作品，尤其要写出一部好的作品，必须脚踏实地、深入实际，必须甘当小学生，虚心向生活学习，向社会学习，向周围的一切人学习。人的正确思想是从哪里来的？不是从天上掉下来的，也不是头脑中固有的，而是从实践中来的。这是千真万确的真理。我在书中的许多想法，就是来自工作实践中，通过大量的调查研究后得出的结论。我永远不会忘记：一切结论都应产生在调查研究之后，而不是之前。这"之前"与"之后"虽仅一字之差，结果却大不一样。所以，自己在今后的学习、工作和生活中，尤其是在写作中仍应坚持这一原则，否则写出来的书就会经不起实践与时间的检验。即使这样，由于自己的水平有限、法律知识有限、处理案子有限，加之相关的法律法规尚有待完善，而无船承运业务存在的问题很多，所以，书中难免有遗漏、不全面、不准确和有待提高之处，希望大家批评指正。

多年来我一直心存感恩：感谢中外运长航领导和同事们、感谢法律部的同仁长期以来对我的关心与支持。在本书的整理出版过程中更要特别感谢翟娟、杨运涛、郭萍、张京中、关正义和孟雨，他们无私地提供了大量的资料与文章，为本书增色不少，也要感谢李世臣、王智强、宋嵘、杨青、李莉、邢德彰、赵品东、陈建华、刘洋、高伟、寇娟、杨溢、姚朝阳、刘英娜、宋安琪、李赫、李京、杨旭、杨伟国、孟伊、廖颐、陈震文、沈桂兰、陈楠、余众、余格和余康。还要感谢多年合作的中国商务出版社的同事们，从领导到编辑，都非常给力，领导晋升了却依旧平易近人，编辑更换了却依旧合作默契，全力以赴地给予我最大的支持。

更要感谢我的妻子陈震英，几十年来是她为我提供了坚定的精神与智力的支持。她阅读了本书的所有章节，并提供了无数重要的建议。我每本书的顺利问世都离不开她的辛勤劳动。她熟练地进行每本书的编辑加工，对书稿进行细致高效的文字校对与排版，可以说是本书的责任编辑之一，且尽责尽职、经常会毫不保留地发表观点，甚至偶尔提出尖刻的评论。她孜孜不倦、思维敏锐，给予我很大的帮助，可以说她既是第一位读者，也是第一位编辑。然而读者却在作者署名中看不到她的名字，尽管是两个人的默契合作，但她坚持不署名，她什么都不要，只要成全我，只要我能出好书，经得起实践和时间的考验，让读者满意、受到启发。

孟于群

2014 年 4 月

目　　录

第一章　无船承运人的概述

第一节　无船承运人的由来与定义

无船承运业务与海上集装箱货物运输息息相关、密不可分。无船承运业务的拓展正是建立在货物国际集装箱化之上，随着海上集装箱货运业务的不断深入，特别是集装箱拼箱集运业务的发展，促进了无船承运人的发展，而无船承运业务的开拓又促进了国际集装箱货运业务的发展。

20 世纪 60 年代，随着海上集装箱货物运输的国际化而出现了无船承运人，其业务范围也随着国际集装箱货物运输业务的迅速发展，从初期的拼箱货物为主扩展到整箱货物的运输，无船承运人整体的经济实力也比以前有了很大的提高，其潜在的发展空间还很大。

目前，欧美发达国家的无船承运业务发展迅速，正处于一个成熟阶段。不少无船承运人都在船公司海运服务的基础上，提供延伸和辅助性的服务，更有一些实力强的无船承运人进入了第三方物流的领域，为其客户的供应链提供计划和管理等方面的服务。可以说，无船承运人在整个国际集装箱货物运输服务过程中所起的作用已经今非昔比。

同时，早在 20 世纪 70 年代初期，我国货运代理这一业务在操作中无疑扮演了重要的角色，无船承运人就是从传统货运代理业中应运而生的，逐渐登上海运业的舞台，并不断发展壮大，显示其强大的生命力和活力。

一、无船承运人的由来

1. 无船承运人产生的背景与原因

（1）海运集装箱业务发展的需要。自从集装箱问世以后，随着海运货物集装箱业务的发展，不仅传统的件杂货需要采用集装箱装卸运输，就连散装大宗货也在逐渐采用集装箱进行运输。集装箱运输改变了承运人在运输市场的角色。过去，只能由货运代理提供的增值服务，现在已被包含在集装箱班轮服务中，如马士基物流。所以，船公司不仅需要大型客户的整箱的集装箱货物，而且也需要中小型客户的零星货物经过拼箱后成为整箱的集装箱货物，从而符合现代海上运输与各国港口的新要求，在扩大与保障集装箱货源的同时，也满足了中小型客户的需求。

（2）客户的需要。在货物未采用多式联运的情况下，发货人将货物交给货运代理后无法得到相关提单，当然也无法立即去银行办理结汇。发货人在港口交货后，如未实际装船也无法获得已装船提单，亦无法结汇。发货人在内地交货后，就更无法获得可进行结汇的提单了。而无船承运人则可以解决此问题，即无论发货人是在内地还是在港口交货，无论发货人的货物是否装船，只要发货人将货物交给无船承运人后，就可以马上获得无船承运人提单（"House B/L"）亦称分提单、货运代理提单，并且可凭此提单提前去银行办理结汇。

（3）货运代理的需要。随着市场的竞争日益激烈，货运代理只做代理人（agent）业务已无法继续生存和发展，这就迫使货运代理开展一些风险责任加大的业务，即承担当事人（principal）责任的业务，虽然风险大、成本高，但收益也大。鉴于许多中小客户的海运货物往往不够装满一个集装箱，而货运代理完全可以满足客户的要求，有能力开展海运集装箱的拼箱与拆箱的业务，于是促成无船承运业务的开发。

2. 货运代理的一种创新

（1）货运代理的传统做法。最初，货运代理只负责将实际托运人的零散货物装上船后，从船方获得已装船提单交给实际托运人。实际托运人凭此提单去银行办理结汇。此时，货运代理只收取代理费，只承担代理人的责任。

（2）货运代理的改进做法。当货运代理开始从事"集运"和"拼箱"服务且签发自己的提单时，该提单被称为"货运代理提单"或"分提单"。货运代理将分提单或其他类似的收据交与每一票货的收货人，而其代理则在目的地凭出示的分提单将货物交与收货人。货运代理签发的分提单的内容可能不一致，但就一般而言，这类分提单的内容包括：托运人名称、指示方、通知方地址、装货港、抵达日期、卸货港、最终目的地、运费支付、正本提单份数、运输标志及件数、包装/内装货物、总重量、交货条件、表面状况和品名、签发地点和日期、集中发货人或其代理的名称和地址。由于货运代理享有"订约自由"，所以分提单的条件并不统一，且绝大多数载明不承担承运人责任的条款，如：①有的不承担货物在实际承运人监管下发生货损货差的任何责任；②有的虽然作为当事人行事、签发提单，但只承担代理人的责任；③有些货运代理不仅承担责任，而且对发货人给予赔偿，但赔偿金额不超过负有责任的承运人对其的赔偿金额；④有些货运代理签发分提单，但承担可转让的菲亚塔联运提单规定的所有义务。分提单的条件因代理人的不同而不同，没有统一格式。不过该分提单仅起一种收据的作用，所以，对于不承担承运人责任的分提单银行不予接受和认可。发货人凭此分提单无法到银行办理结汇。

（3）货运代理的最新做法。货运代理开始渗透船公司控制的市场。他们自身担当契约承运人，将集装箱班轮公司当作分包的履约承运人（Performing Carrier），即实际承运人。其将多个发货人的货物拼装进同一集装箱运输的做法尤其普遍，货运代理长久以来掌握了在铁路和公路运输中拼装货物的技巧，借用美国有关承运人法律的一个术语，货运代理被称为"无船公共承运人"。货运代理的具体做法就是将客户的零星货物拼装在集装箱内，然后以托运人身份将集装箱货物交由一家船公司进行承运。此时，船公司给货运代理一个较低的运费，相当于一个批发价。货运代理在这种一头托着客户、一头托着船公司的业务中，一方面满足了船公司对货物的要求且获得了较多的货源；另一方面满足了客户的需求，并得到较低运费。而货运代理自己不但获得了运费差价，而且防止了客户流失（船公司直接与客户接触后甩开货运代理，自行开展业务）。根据市场的需要，货运代理通过自己将船公司、客户二者紧密地联系起来，有益于三方的新型的运输方式，这种方式就是今天的无船承运人。

货运代理收到客户的整箱货物或需要拼箱的货物后，即以无船承运人的身份签发自己的无船承运人提单给客户。客户无论是在港口还是在内地，无论货物已装船与否，都可凭该无船承运人所签发的提单去银行办理结汇。此时，客户是无船承运人提单上的托运人，而无船承运人对客户来说是承运人，并将承担契约承运人（当事人）的责任。

3. 国际商会认可、各国银行接受

无船承运人提单被银行接受，用于结汇。跟单信用证下对无船承运人提单的接受也是无船承运人得以存在和发展的必要条件和动因，国际商会600号（UCP600）明确规定，如果单据由运输行作为承运人/多式联运经营人或承运人/多式联运经营人的代理人签字，则与承运人出具的运输单据一样，可以被银行接受，由此扫除了无船承运人提单用以办理结汇的障碍。

二、无船承运人的定义

1. 无船承运人的最初概念

各国法律允许无船承运人这一主体及其业务的存在。中国、美国和菲律宾的法律法规中均明确规定了无船承运人的概念，其他地区，如欧洲一些国家虽然没有将无船承运人作为一个单独的主体从货运代理中分离出来，但其所规定的作为独立经营人的货运代理的业务中包括了无船承运业务，允许这种业务的存在，并不断促进其发展。

2. 无船承运人的定义

《中华人民共和国国际海运条例》（以下简称《海运条例》）第 7 条规定："经营无船承运业务，应当向国务院交通主管部门办理提单登记，并缴纳保证金。

前款所指无船承运业务，是指无船承运业务经营者以承运人身份接受托运人的货载，签发自己的提单或者其他运输单证，向托运人收取运费，通过国际船舶运输经营者完成国际海上货物运输，承担承运人责任的国际海上运输经营活动。

在中国境内经营无船承运业务，应当在中国境内依法设立企业法人。"

我国《海商法大辞典》中关于无船承运人的定义是：不拥有船舶而从事海上货物运输的人。当托运人办理托运时，无船承运人即根据自己与船公司签订的运费协议或经船公司确定运价后，向托运人报价。无船承运人通常还承接货物或集装箱在装船前的陆上运输，并负责货物出口的报关及单证制作。当货物装上船后，无船承运人在收到船公司签发的提单的同时，签发自己的提单给托运人以供结汇。在货物目的港，收货人通常要到无船承运人的代理处凭无船承运人提单换取船公司提单，再凭船公司提单到船公司代理处办理提货手续。根据《汉堡规则》和《中华人民共和国海商法》（以下简称《海商法》）有关定义的精神，无船承运人属于承运人的一种，应按照海上货物运输合同行使权利、履行义务并承担责任。

《布莱克法律辞典》将无船承运人解释为："无船承运人是指不拥有运输工具的货运代理人，他们与托运人订立合同来运输货物，并与承运人订立合同履行运输。无船公共承运人在其与原始托运人订立的合同中成为承运人，在与最终的承运人订立的合同中是托运人"（Bryan A. Garner, *Blacks Law Dictionary*, Weil Publishing Co. 2004, Eighth Edition）。

美国第九巡回上诉法院将无船承运人描述为："无船承运人是货物托运人与运输货物的船舶经营者之间的中间人。通常，无船承运人将各托运人的货物合并进行一次托运，为进行货物的运输与船舶公司订立合同，并将货物交付给船舶，通常在一个铅封的集装箱中……无船承运人的作用类似于陆上货运代理人，将来自多个托运人的少量货物拼装在大的、标准尺码的可重复使用能够从船舶、卡车或其他类型的运输工具上进行快速装卸的集装箱中……原始的货物托运人在将货物交给无船承运人时，已从无船承运人处收到提单。

无船承运人又从实际承运人处收到一份完全独立的提单，该提单上可能注明也可能不注明货物的所有人。"［7 F. 3d 1427 at pp. 1429—1430 1944 AMC 365 at p. 367（9 Cir. 1993）］。

我国《海运条例》中规定的无船承运业务经营者，与我们日常所称的"无船承运人"是同一概念。所谓"无船承运人"，概括起来就是指在主管部门登记、提交财务责任证明并履行规定义务后，以承运人身份接受实际托运人的货载、签发无船承运人备案的提单或其他海运单证，向实际托运人收取运费，利用船舶经营人的船舶完成海上货物运输，承担承运人责任，并不拥有和经营船舶的公共承运人。无船承运人相对于实际托运人来说是承运人；而相对于实际承运人来说是托运人。

第二节　无船承运业务范围、特点及法律适用

一、无船承运业务范围

根据《海运条例》第7条第2款及其《中华人民共和国国际海运条例实施细则》（以下简称《实施细则》）第3条第4款的规定，无船承运业务包括为完成该项业务围绕其所承运的货物开展的下列活动：

（1）以承运人身份与托运人订立国际货物运输合同；

（2）以承运人身份接收货物、交付货物；

（3）签发提单或者其他运输单证；

（4）收取运费及其他服务报酬；

（5）向国际船舶运输经营者或者其他运输方式经营者为所承运的货物订舱和办理托运；

（6）支付港到港运费或者其他运输费用；

（7）集装箱拆箱、集拼箱业务；

（8）其他相关的业务。

二、无船承运人的特点

无船承运人具有以下几个方面的特点。

1. 签发自己的提单或运输单证

美国的法律规定中，没有要求无船承运人必须签发自己的提单。菲律宾的法律规定中明确提及无船承运人应当签发自己的提单。我国《海运条例》

及其《实施细则》明确规定无船承运人应当签发自己的提单或者其他运输单证。我国法律规定是符合航运实践发展的，因为在国际海上运输中，采用海运单（Sea Waybill，缩写为"SWB"）等运输单证的情况大量存在，特别是在近洋航线及不涉及单证流转的情况下。但是，我国法律只是规定了提单登记的要求，没有规定海运单登记的问题。

因为提单是海上货物运输合同的证明，所以当无船承运人签发自己的提单或者其他运输单证时，意味着他要承担海上货物运输合同下的责任。如果其仅仅以代理人身份签发提单或者其他运输单证的，则不承担无船承运人的责任和义务。

2. 不经营船舶

无船承运人作为货方与国际船舶运输经营者（实际的海运承运人）之间的中间人，不拥有船舶，不经营船舶，也不租赁船舶，这就使其法律责任与义务缺乏船舶价值的担保，因此其资金实力和偿债能力十分有限，而同时其业务又伴随着高风险，这就决定了无船承运人这一行业的健康稳定发展既需要有力行政监管，也需要完善的法律法规调整其权利义务，只有这样才能使其业务活动有法可依，也只有这样才能真正确保对外贸易与运输的长远良性发展。

3. 既是托运人又是承运人

无船承运人是通过国际船舶运输经营者来完成其与货方订立的国际海上货物运输合同的，无船承运人不是船舶所有人，不是船舶经营人，也不是租船人。无船承运人与国际船舶运输经营者之间存在以海运提单（Ocean B/L）[亦称主提单（Master B/L）]为证明的海上货物运输合同关系，其与国际船舶运输经营者之间的关系是托运人与承运人的关系，也是承运人与实际承运人的关系。

4. 对实际托运人直接承担承运人责任

无船承运人是以承运人的身份接受实际托运人的货载，向其签发无船承运人提单，作为其与该实际托运人之间的海上货物运输合同的证明。由此决定了无船承运人不同于传统的货运代理，它要向实际托运人承担承运人的责任与义务，同时享受我国《海商法》赋予承运人的权利。

5. 涉及两个"背靠背"的海上运输合同

无船承运业务的特点决定了其参与到两个"背靠背"的海上货物运输合同之中，任何一个合同的履行瑕疵都可能会影响到三方的利益——实际托运人、无船承运人与实际承运人，并导致无船承运人牵涉到两个运输合同的纠纷之中。实践中，无船承运人大都力求让两个运输合同实现完全的"背靠背"，从而使其权利、义务与责任达到平衡。但因业务的需要，加之传统法律在适用于其特殊身份时所面临的种种窘境，无船承运人要真正实现两个合同的"背靠背"并不容易，因此，无船承运业务又是具有高风险性质的行业。

6. 业务的特殊性与法律地位的双重性带来的新问题

无船承运人因其所涉两个海上货物运输合同而具有的特殊法地位，包括：①其作为契约承运人的责任及这些责任加之于无船承运人时的特殊性；②与无船承运人订立海上货物运输合同的国际船舶运输经营者的法律地位，实际托运人如何实现对其有效索赔，索赔的法律依据是什么；③作为无船承运业务中特有的现象——第二无船承运人的法律地位；④无船承运人在两个运输合同下的"背靠背"责任；⑤无船承运人提单的签发，并产生了一些混乱与无序的状况。

三、无船承运人的法律适用

目前，我国对无船承运人没有专门的法律法规，在业务实践和司法实践中适用的法律法规主要是我国《海商法》、《中华人民共和国合同法》（以下简称"《合同法》"）、《中华人民共和国民事诉讼法》（以下简称"《民诉法》"）《民法通则》和《海运条例》及其《实施细则》，此外，还涉及《国际货物运输代理业管理规定》（以下简称"《货运代理规定》"）、《国际货物运输代理业管理规定实施细则》（以下简称"《货运代理规定实施细则》"）、2012 年 5 月 1 日起施行的《最高人民法院关于审理海上货运代理纠纷案件若干问题的规定》（以下简称"《最高院关于货运代理若干问题的规定》"）、《外商投资国际货物运输代理企业管理办法》《商务部、国家工商行政管理总局关于国际货物运输代理企业登记和管理有关问题的通知》《交通运输部关于试行无船承运业务经营者保证金责任保险的通知》等。

第三节　无船承运业务的现状与发展

一、我国无船承运业务的现状

20 世纪 70 年代初，我国的无船承运业务伴随着海上集装箱货物运输的开展而得到发展，货运代理无疑扮演了最重要的角色，无船承运人就是从传统的货运代理业中应运而生，且逐渐登上海运业务和多式联运业务的舞台。几十年来，我国无船承运业务虽有一定的发展，但仍处于一个初级阶段。

自交通运输部根据《海运条例》公布了首批 29 家无船承运人企业名单以来，到 2013 年 12 月 20 日，我国取得无船承运人资质的企业共4 619家，其中境内无船承运人企业有4 070家，约占总数的 88%，境外无船承运人企业（包括港澳台）有 549 家，约占总数的 12%。无船承运人企业和业务主要集中在上海（1 187 家）、深圳（574 家）、广州（400 家）、青岛（333 家）、天津（317 家）、大连（172 家）和北京（153 家）等城市，约占总数的 68%。在交通运输部备案的无船承运人提单主要是多式联运提单和海运提单。

我国船舶代理及无船承运人协会是由经过交通运输部批准的、从事国际船舶代理和无船承运人企业组成的行业组织。该协会于 2001 年 6 月 8 日在北京成立。目前，协会会员共 380 家，协会按照国家行业主管部门的有关规定，协助主管部门实施行业管理，维护我国船舶代理行业和无船承运人的利益，保护会员的正当权益，加强会员单位的联系，帮助会员提高管理水平和服务质量，促进我国船舶代理业和无船承运业务的健康发展。

2003 年 12 月 2 日，作者出席在杭州召开的中国船代协会一届三次理事会暨无船承运业务专业委员会成立大会。

自我国《海运条例》实施以来，对无船承运业务的发展起到了一定的推动作用，行业管理得到了较好的加强与规范，一些无船承运人企业不但从事拼箱业务，也在拓展延伸增值的服务，少数实力较强的无船承运人在境外建立了较为健全的代理与信息网络平台，并正在从事国际物流业务，且不断壮大，显示出强大的活力与生命力，令货运代理企业在这一新兴业务中看到了潜在的发展空间，对该业务的未来发展前景持积极的乐观态度，并给予重点投入和扶持。为了进一步完善无船承运管理制度，缓解无船承运人的资金压力，保障有关各方的合法权益，交通运输部对无船承运人保证金存储管理制度进行了调整，对无船承运人保证金责任保险制度进行了完善，同时试行无船承运人保证金保函制度。

纵观我国无船承运业务的发展过程，我们不难看出由于种种原因，其业务的发展受到一定的制约和影响，并非如期所愿，加之未能享受到政府的优惠政策，反而在税收方面遇到困难，以及80万元保证金的资金压力，造成一些无船承运人企业虽然取得了资质，但业务却未能如愿开展起来。目前，虽然有的无船承运人企业还在坚持维系着，但也不是很积极；有的无船承运人企业索性放弃了这一新业务。我国无船承运业务的现状亟待改变。

客观地讲，无船承运业务在我国不算一个发展成熟的行业，面对激烈竞争的航运市场，无船承运人企业在业务实践中还有很多亟待解决的课题。目前，我国无船承运业务尚处于初级阶段，一方面需要靠企业自身练就过硬的本领，另一方面也需要政府主管部门给予政策扶持，尤其是注重对中小型无船承运人企业的优惠，使其得以更好地参与市场竞争。只有通过各方的协作和努力，合力解决前行中的各种问题，克服种种困难，并在现代物流、多式联运与大陆桥等运输方式中发挥无船承运人的重要作用，才能使我国无船承运业务逐步成长成熟起来，使我们的国家成为真正具有规模、具有实力的无船承运业务比较发达的国家。

二、我国无船承运业务遇到的主要问题

我国无船承运业务自开展以来，已有几十年的历史了，在这期间该项业务虽然有一定的发展，但是并没有出现在制度创立之初所预见的空前繁荣的局面。其在业务开展中主要存在着以下几方面问题。

第一，我国《海运条例》虽然确立了无船承运人的法律地位，但是相关的配套制度并没有处理好。典型的问题就是如何处理与货运代理的关系问题。另外，还有一个非常模糊的问题就是关于无船承运人企业的类型问题。

从理论上讲，无船承运业务应当属于海运业的范畴（即承运经营者），但是我国《海运条例》在第5条中明确规定，经营国际船舶运输必须要有与其业务相适应的船舶，这一规定显然将无船承运人排除在外。既然无船承运人不属于承运经营者的范畴，那么，只能将其划归到海运辅助业的范畴之内，但是这明显又不合适。我国《海运条例》第2条第2款为海运辅助性经营活

动所划分出来的 5 大类业务中，根本不涉及无船承运业务，这就令人极为困惑。

由于对此问题认识不清，各地税务部门对无船承运人如何征收营业税，该用何种发票抵扣存在不同的意见。对于从事无船承运业务取得的收入是按照营业税交通运输业税目（税率为 3%）交税还是按营业税服务业税目（税率为 5%）交税的问题，也成为人们争论的焦点。2006 年 12 月 31 日，国家税务总局发出通知，明确从 2007 年 1 月 11 日开始，无船承运业务按照"服务业—代理业"税目征收营业税，并以无船承运人向委托人收取的全部价款和价外费用扣除其支付的海运费及报关、港杂、装卸费用后的余额为计税营业额申报缴纳营业税。虽然经过各方努力，这个问题在 2006 年得到了解决。但是自 2013 年税制改革后，无船承运人又遇到了新的税收问题。

第二，市场的不对称。我国无船承运业务处于初级阶段，发展规模有限。尽管整个货运代理市场的规模及其业务量都在增长，但是，货运代理业务的盈利能力却在下降。无船承运业务的利润率高于传统的、简单的、低附加值的一般货运代理业务。然而无船承运业务的规模却甚小，这说明无船承运业务发展的规模还很有限，因此，总体来说无船承运业务总量规模比较小，占水运货运代理业务的比例不高，部分业务服务环节较单一，业务链条不够长，增值服务项目较少。

与此同时，市场中我们面临的主要竞争对手多为国际知名货运代理企业，比较强势，他们或是从船公司延伸而来，或是经营多年，市场知名度及占有率较高，对我国 FOB 条款的出口货物掌控力度较大。加之目前我国出口货物大量采用 FOB 条款，运输方式的话语权自然落在海外买方手里，买方要么未采用无船承运人方式，要么采用他们指定的无船承运人，这样一来，我们在市场竞争中就处于劣势。

第三，无船承运人提单的推广仍旧存在困难。无船承运人提单虽然已经被 UCP500 认可，但是在实践中，推广使用无船承运人提单仍旧面临很多问题。

首先，就是无船承运人提单的规范化问题：我国一些机构已经制定出无船承运人提单的范本，但是在实践中真正使用的企业较少。至于国际货运代理协会联合会（以下简称"菲亚塔"或"FIATA"）制定的供无船承运人使用的提单范本，由于其烦琐的手续和费用等原因，至今在我国未得到很好且广泛的推广与使用。

其次，在实践中，由于我国无船承运业系从传统货运代理业发展而来，在交通运输部申请获得无船承运人资质时绝大部分是原来的货运代理企业，这就与过往货运代理业的历史和管理上的不规范有关，导致无船承运人提单的签发与管理仍旧未能达到我国《海运条例》及其《实施细则》所规定的理想状态，尚存在一些违规签发无船承运人提单的现象：包括不具有无船承运人资质的货运代理企业签发无船承运人提单；挂靠在具有无船承运人资质下的无资质的货运代理实体或者个人借用或者擅自签发无船承运人提单；无船承运人擅自使用他人的无船承运人提单，国内无船承运人替未在我国办理提单登记，提交财务责任证明的境外无船承运人签发提单等。

一些企业依法取得了从事无船承运业务的资质，但也有一些企业无视法律法规的规定，未取得无船承运人的合法资质，却私下在经营无船承运业务，且长期以来未受到监管部门的惩罚、处理和取缔，这对守法经营者是极不公平的。

上述种种现象的存在，导致很多客户在实践中对无船承运人的提单抱有怀疑的态度，担心这样的提单无法办理结汇，担心发生问题后无法向无船承运人追偿。这些因素的存在，都在很大程度上限制了无船承运人提单的推广和使用。我们知道，无船承运人与货运代理的一个很重要的区别就是无船承运人可以签发自己的提单，但是，行业的不规范，客户的不信任，国家对无船承运人提单管理的不规范，造成无船承运人提单无法很好地被推广和使用，那么无船承运人的存在价值和意义就大打折扣了。

第四，两部委规定存在矛盾。长期以来，我国一直没有对货运代理与无船承运人进行区分，根据商务部颁布的《货运代理规定》及《货运代理规定实施细则》的规定，货运代理具有代理人和当事人的双重职能，既可充当单纯的代理人，也可以充当独立经营人从事承运人业务，而发展至今其已将无船承运业务包含在内，拼箱、签发货运代理提单、多式联运提单及无船承运人提单，赚取运费差价。

而根据我国《海运条例》的规定，在我国货运代理企业要想经营无船承运业务必须先在交通运输部取得无船承运人资质，才能被允许开展此项业务。这样一来就会引发一系列的问题。例如，未在交通运输部获得无船承运人资质的货运代理企业以独立经营人的身份从事无船承运业务是否可行？实际上，造成此类问题的根本原因就是上述我国《货运代理规定》与我国《海运条例》两个法规中的相关规定重复且有冲突。我国《海运条例》是与我国《海商法》配套使用的行政法规，而我国《货运代理规定》及《货运代理规定实施细则》则是由商务部颁发的部门规章，根据行政法规的效力优先于部门规章效力的原则，当《海运条例》与《货运代理规定》有冲突之处时，应优先适用我国《海运条例》。那么，根据我国《海运条例》第7条关于无船承运业务的规定，凡以承运人身份接受托运人的货载，签发自己的提单或者其他运输单证，经营收入来源于向托运人收取的运费与向承运人支付的运费的差额，通过海上实际承运人完成国际海上货物运输任务，承担承运人责任的经营者就是无船承运人，但货运代理要想采取该种形式经营该项业务则必须先取得无船承运人资质，这就意味着货运代理企业尚需另行向交通运输部办理提单登记并提交财务责任证明后，才能从事无船承运业务。而非像《货运代理规定》所赋予货运代理的职能之一，即其可以充当独立经营人从事包括无船承运业务在内的承运人业务。

三、我国无船承运业务存在的主要困惑

由于我国的无船承运业务没有获得预期的发展，所以企业在开展这项业务中又遇到以下几方面困惑。

一是宣传力度亟待加强。我国对无船承运人的宣传存在问题，即最初报道一阵子关于谁为主管部门的激烈辩论后便无影无踪，至于这种新型运输方式对接受者——客户的有益之处及其优势当事人却全然不知，或知之甚微，导致的结果必然是，在客户不了解该运输方式好处的前提下，令其转换、放弃业已习惯的方式、采用全新方式的动力就不强。企图让客户主动上门，无船承运人却等米下锅，则更是不现实的。在这样的环境下，该项业务难以开展起来。

二是缺乏运价优势。缺乏运价优势直接影响到客户的开发。在客户资源方面，由于客户受益不明显，所以新客户开发有一定难度。加之这些年受海运市场竞争的影响，无船承运人的利润空间较小，传统欧美成熟市场运价透明，利润率较低，新兴海外市场具有一定的风险和不确定性。而无船承运人企业大规模的运力集中采购缺乏足够的可控货量支持，议价能力弱。同时，我们某些大型无船承运人企业资源采购整体优势也未能让下属公司受益。下属公司由于业务规模相对较小，在船东那里更是缺少话语权，难以获取有竞争力的优势运价和舱位保证，从而影响到履约率的达成和市场的开发，久而久之形成一种恶性循环。而要改变上述状况，就需要国际大型无船承运人企业由总部与船公司直接签订年约或服务合同后，各地下属公司严格按总部要求营销和运作，从而就能保证较高的履约率，船公司也愿意给予舱位保证和优势运价。

三是提供的服务待完善。无船承运人提供的服务有待完善，尚不能充分

显示其优势，未得到广大客户的认同。无船承运人是为了适应国际货运发展的需要而诞生的，无船承运人要想生存与发展，必须凭借其丰富的经验及广泛的业务关系、健全的海内外代理网络，利用先进的信息网络，在舱单、运价、佣金、结算、签单、信息、集港乃至金融等方面占有竞争优势，从而增强与实际承运人讨价还价的能力。但是综观我国很多从事无船承运业务的企业，并不具有这样的优势。从整体上看，我国从事无船承运业务的绝大部分是中小型企业，而他们中某些中型企业经营规模也比较小，竞争力和融资能力比较薄弱，服务功能尚不健全，信息化水平较低，营销手段单一，专业人才匮乏。至于其他一些从事无船承运业务的小型企业，除了办公室及少量办公设施和通信工具外并无其他优势，仅能从事较为简单和低级的订舱、报关等传统的货运代理的业务，或者其业务只能集中在拼箱、仓储等某个环节。即便是我国从事无船承运业务的龙头老大——中国外运长航集团的海外机构或者代表处也仅在一些国家和地区设立，还没有形成完善的全球性的业务代理网络。与世界航运发达国家相比也是有较大差距的。目前我国从事无船承运人企业的自身条件限制了其发展，也使得一些无船承运人的客户对其缺乏信任，宁可自己动手，也不愿委托无船承运人。

四是业务发展不平衡。地区内无船承运业务发展不平衡，一方面，当前是船东市场，这给发展无船承运业务带来了一定的困难；另一方面，各地区无船承运业务发展态势的不平衡，也影响到无船承运人企业能否争取到一个有竞争力的运价，而且是十分重要的影响因素。

五是固有营销模式制约无船承运业务的发展。由于观念问题，固有环节的营销模式制约了无船承运业务的发展，加之无船承运业务产品的匮乏及宣传力度的薄弱，影响其业务被接受和被认可。客户仍然习惯于接受传统的做法，即直接与船公司打交道，认为放心，不习惯与无船承运人打交道，尤其不信任中小型无船承运人；客户主动采用此种运输方式的更是很少，也不积极。

六是代理与信息网络支持不够。无船承运业务开展得较好的无船承运人企业，大多在世界各个口岸或交货地拥有自己的分支机构或代理，有较健全的信息网络系统支持，能够提供统一的一体化服务，并能及时为客户提供货物在每个环节的相关信息，满足客户对货物的监控需求。

我国一些大型无船承运人企业虽然有些已拥有比较健全的国内代理网点，以及海外代理网点，但缺乏统一健全的信息网络支持和统一的服务标准，单位间缺乏相互沟通和交流，也缺少海外代理在指定货及进口货上的支持，而海外代理网点的设置和代理的培训是不可轻视的重要因素。

当海外客户需要将其货物运至内陆时，无船承运人企业由于受到海外代理网点局限性的制约，代理网络的覆盖面存在一定的不足，关键节点的自有代理网络布局尚有待完善或代理素质较差，致使产生货损货差、货物被盗、严重的延迟交付等现象，无船承运人对海外的内陆运输无法掌控，业务存在管理上的混乱、粗放和不规范的做法，造成客户害怕采用无船承运人的运输方式，导致一些无船承运人企业不断退出该项业务。

一些中小型无船承运人企业由于在海外没有自己的代理，又找不到资信好的代理或采用收货人指定代理，结果导致欺诈案的发生，他们希望无船承运人协会能够起到桥梁作用，为他们推荐一些资信好的海外代理机构，以利于他们无船承运业务的顺畅开展。

海外代理问题的确影响着无船承运业务的开展。一方面存在客观因素，如互委代理、客户指定货运代理等；另一方面也存在主观因素，海外业务人员素质有待提高，无论是业务操作技能还是英文交流水平，与海外代理、客户营销互动的主动性和积极性，部分海外代理的服务价格偏高、问题反馈不及时、操作能力不熟悉，从而无法满足客户的要求等，这些如不改进，将影响到无船承运人海外业务的发展。

当然，除了上述这些因素，还有其他一些原因，主要是理念和运营机制方面的问题。理念问题是指对发展无船承运业务的认识，各级领导和业务人员尚未认识到发展无船承运业务是保护客户资源、维护和推广品牌、促进传统货运代理产业升级，提升货运代理业务的运营质量，从而提高主营业务利润率的一项重要工作；而运营机制是指在目前实行的考核机制下，每个企业都面临一定的、短期的经营压力，从而有可能使企业在推进业务发展时会产生一些急功近利的做法，对于可持续发展方面和远期目标可能考虑的少一些，对于发展无船承运业务初期的必要投入产生担心。同时也说明无船承运业务的发展潜力和空间还是很大的。

我国无船承运业务要想真正发展起来，必须扎根市场，满足客户的需求，并且有针对性地提出具体措施，其中最重要的是配套服务要跟上，即主管部门要给予高度重视，争取一些优惠政策予以扶持；让客户认同，从而获得他们的大力支持；当然打铁还需自身硬，无船承运人要靠自身优势，提高服务能力，在客户、提单（无船承运人提单）、价格和网络方面具有竞争力。同时改变以往的宣传方式，重点宣传采用无船承运人运输方式能给予客户带来的好处及惠民政策。

四、我国无船承运业务的发展

（一）无船承运业务发展的四大要素

任何一项业务均由若干要素构成，无船承运业务的发展也不例外，它的构成要素包括客户、提单（无船承运人提单）、价格和网络。

客户是指直接客户。它是对货物运输享有直接委托权的客户群，是最主要的核心要素，发展无船承运业务就需要取得对客户的控制权。

提单是指无船承运人提单。它是贯穿整个业务过程的媒介，是发展无船承运业务的充分条件，使用无船承运人提单，就是争夺单证控制权和品牌控制权。提单的重要性和必要性无须赘言，它是保护无船承运人客户资源的利器，是打造品牌的法宝，要让市场乐于接受无船承运人提单是一项重要的战略目标。

价格是指运价。运价一直是困扰无船承运人的字眼，没有一个具有竞争优势的运价，将直接给营销工作带来极大的困难。国内无船承运人的采购成本比跨国货运代理（有的国家亦称为无船承运人）高出几个百分点，在这方面的劣势导致成本上升，利润下滑，直接客户比例低，以及高运价间关系的恶性循环，使得无船承运业务的拓展遇到严重挑战，必须要有专门机构来负责"运力采购"，这在一定程度上成为极重要的成本控制中心。

网络是指海内外代理网络和信息网络。它是无船承运业务的最大特色及支撑点，它支撑着这项业务运作的框架和脉络，它的基础构架是在海内外的代理网络和信息网络。从整个经济发展和市场变化来看，贸易发生地与制造基地、进口抵达港与最终用户所在地不断分离，从而对物流供应商所拥有的代理和信息网络覆盖面和有效幅度提出较高的要求。针对目前无船承运人企业海内外代理和信息网络的现状，必须明确在解决诸多问题的过程中，迫切需要优先解决的几个问题是：首先，盘活我们自身的国内代理和信息网络，形象地说就是舒经活络。其次，产品开发与整合工作是这个代理和信息网络运转的媒介。最后，就是海外代理和信息网络存在的主要问题。

鉴于上述四大要素，无船承运人企业在发展中还须组建跨地区的营销和操作团队，并以此打通各个区域的脉络，同时重视培养无船承运人企业一体营销、网络互动的理念。对无船承运人企业现有产品和服务进行梳理，尽快制定一套包罗万象的产品手册是极为重要的。此外，新产品的开发也不容忽视，创新的关键是要对现有产品进行打包升级，也就是把诸多单一的、简单的服务有机结合起来，为客户提供一揽子运输解决方案。无船承运业务的典型表现应该是多式联运、全程物流、门到门运输，以及拼箱集运业务，而不是在卸港的整箱套单，代收运费。这一问题表现在两个层面上，即内部问题和外部目标。内部问题，即解决企业内业务资源整合及落实战略执行力度问题，是解决所有相关问题的前提，是核心问题；外部目标，即结合无船承运人企业发展战略提出对符合无船承运人企业发展实际需要的海外代理和信息网络的目标与要求。

除上述无船承运业务自身的构成要素外，还有一个重要因素不容忽视，即外部的大环境因素，任何一项产业的发展和成长都离不开政府政策的扶持，需要政策的倾斜性、需要给予一定的优惠政策，以提高他们的融资能力和竞争能力，更需要完善的法律法规的支持。政府不仅要扶持无船承运业务上马，还需送上一程，让他们能快速运转起来。

（二）我国无船承运业务的发展建议

1. 继续改变理念、增强信心

克服急功近利思想。各级领导须克服急功近利的思想，树立长远观点，不能期待业务开发初期就可以赚到钱，要用长远的眼光来看待此项业务。要有计划、有目的、有步骤地去开拓此项业务，同时，为达到此目的要制定出切实可行的具体措施，要有专门机构和人员从事此项业务。不要被暂时的困难吓倒而退缩，甚至放弃，要看得远一点，要坚持做下去，前景会很好，效益必定会产生。要给予足够的重视，要看到无船承运业务不仅有市场需求，而且有发展的潜在空间，它既对客户有好处，我们也有能力做到。

加大宣传力度。搞好这项业务的一个重要前提是必须使无船承运人、客户、船公司等各方当事人明白其好处是什么，前景是什么，要向客户讲清楚使用无船承运人提单的多种好处，让他们乐于接受这一新的运输方式。向船公司讲清楚接受无船承运业务的有益之处，使船公司认可，并积极配合，相互成为合作伙伴，建立良好的关系。同时，要使政府有关部门，如海关、商检、税务、外汇管理等都能给予认可和大力支持。

在增值服务中发挥领导设计与组织的作用。要不断完善与改进货物运输整个过程中的服务质量，如多赢思想牢固、提高办事效率、及时寄送单据、准确提供信息等。货物运输的整个过程应包括运输前、运输中和运输后。不但要获得客户和船公司的信任，而且还要使客户和船公司真正从中受益。无船承运业务不仅是多签一份单据的问题，也不是收取一次费用的低级服务问题，而是根据客户不同阶段的不同要求，想方设法进行全过程的服务。也可以说是对客户的要求进行顶层设计和提出具体实施方案，掌控客户货物，延伸两端的服务附加值，进行一条龙的增值服务，并且将其服务做到极致。

2. 打造整体优势争取最惠运价

发挥整体优势的长项。整体优势是大型无船承运人企业的长项，因此要整合海内外资源，重新配置与利用资源，制定一个符合本企业实际，既有可操作性，又有一定超前性的整体规划，并不断有所突破。在此基础上，充分利用企业内外资源（船代、报关、仓码、运力及海外代理与信息网络等），加强市场营销，以直接客户、可控货物及全程物流服务为营销重点，逐步形成一定的业务规模，从而争取运价优势。获取有竞争力的运价是发展无船承运业务的重要保障。

集中采购降低成本。在区域层集中采购，积极推动区域层面上的运力集中采购，着力拓展区域层面的运力集中采购，制订相关计划，结合自身优势，选择一家或几家船公司进行重点突破和尝试，努力实现降低采购成本，提高利润空间的目标。积极加强与船公司、拖车公司等运力供应商的关系维护，集中企业的全部资源，集中货源与配套服务的优势，与船公司谈判和讨价还价，同时要有货源，使船公司对你有信心，开出一个有竞争力的优惠运价，从而提升你的揽货能力与盈利空间，形成良性循环的竞争能力，获得更大效益。

3. 深化与客户的沟通

（1）梳理直客资源，加强供应链营销意识。直接客户是无船承运业务的核心要素，不能建立在现有的二、三级货运代理的基础上，为此，第一，需要对现有和潜在的客户资源进行梳理和细分，并在有效分析的基础上，进行跟踪和管理。对客户资源进行梳理包括直接客户和间接客户，设计当前和未来客户群的模块，以重点项目和关键客户为契机，了解客户需求，实施对应的营销策略，特别是一些潜在的新客户，要善于开发为直接客户；第二，客户关系投资，或者说投资培养客户忠诚度，通过良好服务，让客户离不开，并能影响到直接增加新客户；第三，随时了解客户在想什么？做什么？需要什么？遵从"知己知彼、百战不殆"的最基本原则，踏踏实实，走近客户，去做倾听了解工作，努力扩大直接客户群。

（2）重塑产品、建立品牌。发展有箱无船承运人的优势。无船承运人在开展客户的增值服务与延伸服务中，大力开展拼箱业务、自行租箱开展 SOC 箱（Shipper's Own Container）业务、特种货物运输和江海联运等特色服务，以提高附加值。SOC 箱，即货主自备箱，指的是使用客户自己的箱子配货出口，通常客户为了免除使用船公司集装箱带来的箱使费或者因使用自己的箱子装货出口获得船公司的用箱折扣而降低成本的业务模式。SOC 箱业务与多式联运相结合、与门到门物流业务相结合，发展有箱无船承运人的优势，加强成本管控，提高运营质量，从而使 SOC 箱业务创新经营实现新突破。

提供行业化和专业化的贴身服务。结合客户的具体行业，开发特色服务。完善客户行业的细分后，要与客户的行业和生产流程紧密结合，为客户提供行业化和专业化的贴身服务（汽车类、电子类、农产品类、危品类……）。

发挥中小企业自身独特专长。中小型无船承运人公司具有自身的独特专长与灵活性特点，可以从事差异性服务、个性化服务、量身定制的服务；可以承揽别人做不了的服务，别人难以替代的服务及别人不去做的服务，填补市场空白。无船承运人追求的就是提供"个性化服务"。

总之，无船承运人企业就是要以客户的需求作为所有服务和产品创新的出发点，然后根据自己的具体情况，不断重塑与世界发达国家同步有吸引力的产品，积极开发特色服务，体现自己的优势，推动业务创新，给客户带来"方便"，从而达到客户不想离开、也无法轻易离开无船承运人的目的。

4. 健全海内外代理网络平台、建立先进的信息网络平台

（1）健全与加强代理网络互动。加强国内不同口岸和地区的代理间的沟通与交流，实现业务资源、信息和经验共享，真正发挥企业国内代理网络的协同效应。

要开发海外代理资源，就要重视海外代理网络平台的建立与使用，只有这样，才能充分体现与发挥无船承运业务的优势。对已建立的海外代理网络要进行维护、优化和升级，以保证无船承运业务海外代理网络的顺畅运行，为无船承运业务的开展提供有力支持与保障。海外代理网络（平台）建设与完善能保护我们宝贵的直接客户资源，培育和拓展长期稳定的重点客户，优化传统货运代理的业务经营模式，延伸服务链条，提升各业务单位操作全程海外业务的意识和信心，初步培养出一支海外业务专家队伍。要进一步了解和熟悉海外代理的业务操作能力，依托代理网络（点）优势。充分利用海外代理的运价、操作、海外延伸等资源优势，加强货物信息的全程跟踪和监控，为客户提供全程物流服务，提升其业务附加值。充分调动与发挥海外代理的作用，主动走出去与海外客户建立密切联系，积极揽取全程物流业务，密切与海外代理的合作关系，增强相互依存，要求海外代理也能揽取一些回程货物，争取增加进口箱量。

要加强与海外代理的营销互动，主动交换销售和运价信息。搭建较为完善的全球海外代理网络体系，加强对海外代理操作能力和承揽货量的考核，选择服务技能较强的海外代理，实施优胜劣汰机制。

（2）不可轻视的信息网络平台。我们已进入一个信息网络时代，这个时代正在改变着整个人类，可以说是达到了无孔不入的地步，渗透到社会每个细胞之中，我们要清醒地认识到：当今一个行业、一个单位如果轻视信息网络，小看怠慢了它，就会使其行业、单位或落伍，或亏损，或被淘汰，这一切都取决于对信息网络平台的认识和采取的态度。是否尽早建立属于自己的信息网络平台或借用他人的信息网络平台？是否肯花大气力去建立先进的信息网络平台？现在已不是采用不采用网络信息的初级阶段、初级问题，而是各行各业必须采用的问题。谁采用得早，谁就受益早，谁采用得好，谁就获益多。有些事情不通过信息网络平台已经办不成了，形势迫使我们不采用也得采用，否则必定是死路一条。所以，无船承运人企业既要结合当前的实际业务，又要具有超前性，着眼于未来的长远利益，建立并充分利用自己的先进信息网络平台，不断改进创新，服务于自己的无船承运业务。

信息网络上跨国界流动的，信息流引领技术流、资金流、人才流，信息资源日益成为重要的生产要素和社会财富，信息的掌握，成为无船承运人企业软实力和竞争力的重要标志。

5. 充分发挥无船承运人在三种运输中的作用

（1）在多式联运中发挥推动作用。承担包括海上货物运输的多式联运，推动全流程门到门的多式联运服务。目前我国不但是海运大国，其他运输方式发展也很快，据统计，到 2012 年年底，我国水路货运量达 45.9 亿吨，货物周转量达 81 708 亿吨公里，亿吨大港达到 29 个，港口完成货物吞吐量达 107.8 亿吨，内河航道通航里程达 12.5 万千米，沿海和内河港口生产性泊位达 3.2 万个。我国公路总里程达 424 万千米，高速公路从无到有、通车里程达 10 万千米，居全球第二，完成公路货运量 318.9 亿吨，货物周转量 59 535 亿吨公里。截至 2013 年 12 月 28 日，我国铁路运营总里程突破 10 万千米，其中高铁运营里程已超过 1.1 万千米，居全球第一。航空运输方面，2013 年全年航空货运周转量同比平均上涨 2.57%；投放运力方面，载货吨公里同比平均上涨 5.12%。面对我国运输行业如此快速发展的形势，从事几十年的多式联运业务却至今未能跟上大好形势的需求，因此，如何使无船承运人在多式联运中充分发挥作用的问题日渐被提上日程。无船承运人应竭尽全力推动这一业务的快速发展，将港到港变成点到点或港到点，从中获得属于自己的那份效益。例如，有的无船承运人企业与多式联运公司联合开发"SOC 釜山航线过境联运业务"，完成釜山—乌兰巴托过境联运业务，有效串联起釜山、新港、乌兰巴托三个业务基点。而与韩进、赫伯罗特、长荣的美线合作出口业务达到 222TEU，标志着企业业务实现了历史性的突破。在巩固现有业务的基础上，继续开拓新市场，努力开发澳新、美加、非洲等航线的业务，扭转目前航线布局不均衡的状况。同时，对重点项目要力争做精做强，要根据本单位的特点和资源基础，发展重点航线和优势航线（南美中东航线）。要关注和开发新兴海外市场，如东盟、南美、中东和非洲等地区，积极拓展新兴市场的海外业务，加强海外关键地区的资源配置（派员/设点），应该说无船承运业务潜藏着巨大的发展空间。

（2）在物流供应链中发挥主导作用。随着国际贸易的不断发展和世界经济一体化程度的加深，国际物流不断向现代化转变，越来越多的跨国公司在全球实行集中研发、采购、生产的策略，国际物流已经由原来简单的将货物在不同国家间的运输的单一功能转变为集仓储、包装、运输、信息处理等功能于一身的综合国际物流。专业的第三方物流公司也应运而生。可以说，国际贸易的不断发展促进了国际物流朝着现代化物流的方向深入发展。

国际物流公司与货运代理物流企业所揽取的许多物流项目中都离不开无船承运人，无船承运人从中可发挥其主导作用。例如，无船承运人在工程与能源物流、冷链物流、合同物流中的作用。主动加强供应链营销意识，积极推广全程服务，尤其是收发货人两端从港口向内陆的延伸服务，真正为客户提供全方位、端到端的供应链物流服务。

（3）在新亚欧大陆桥运输中发挥重要作用。我国的新亚欧大陆桥运输，不仅开展得比较早，而且近几年又有了新的发展，无船承运人也可在海/铁、海/空运输中发挥自己的重要作用。从我国连云港、青岛、天津、上海等港口到欧洲大西洋沿岸各基本港的新亚欧大陆桥，全长约 10 900 千米，辐射亚欧大陆 30 多个国家和地区、5 000 多万平方千米陆地、40 多亿人口。新亚欧大陆桥在服务欧亚物流上比西伯利亚大陆桥运输距离更短、辐射面更广、更具有可选择性。

例如，有的无船承运人企业在大陆桥业务中约有一半过境业务涉及无船承运和大陆桥业务相结合，主要货物为过境旧车、设备等；主要模式为货物从日本、韩国或东南亚装船海运至连云港，从连云港转为铁路运输至中亚国家。

这些业务最早是从签发无船承运人提单开始的，先将提单寄给日、韩的海外代理，再由其转交托运人。日、韩海外代理负责向实际承运人订舱。目前更多的是由日、韩海外代理直接签发无船承运人提单，即全程联运提单，货到连云港后转铁路为大陆桥运输直至目的地。

2012 年 9 月 25 日，作者夫妇摄于连云港新亚欧大陆桥东端起点处。

6. 加强业务人员的队伍建设

（1）重视人才的留存。每项业务都需要有一批人去完成，并且是一批优秀的人才在运作，才能使企业的战略与战术得以实现。企业要获得预期的效益，领导必须清醒地认识到市场的竞争实际上是人才的竞争。企业能否生存与发展，能否生存得好一些，发展得快一点，及其寿命的长短，完全取决于这家企业是否有一批忠诚度高的得力将才。人才是企业的宝贵财富！人才是企业的生命！在目前人才流动性极高的时代，领导对本企业人才重要性的认识绝不能仅停留在口头上，而要实实在在地定出具体方案、拿出具体行动来吸引人才、留住人才。一方面从人力、财力、物力上培养使用，给予他们空间，充分调动与发挥他们的自主积极性；另一方面从制度和情感上要留得住人才，既考虑他们的长远利益，也考虑他们的现实利益。

（2）提升全员的素质。要加强营销人员队伍的建设，提高营销人员的素质。企业要根据现有情况尽快优化、升级或重新组建营销团队。营销人员须经过系统培训，从最基本的"卖什么？卖给谁？怎么卖？"到专业、法律、营销心理等方面进行系统的学习。长期以来营销方式单一，业务模式及思维方式陈旧是老企业存在的问题，在设立新的战略目标初期无法适应变化的市场环境，给新业务的开展造成一定困难。因此，企业应在提高业务人员整体素质上加大力度，重视开展培训，扩大培训范围，并制定有针对性的方案来促进人员知识的更新。

因此，企业要加强无船承运人队伍建设，加强无船承运人关键岗位人员的资源配置，提升综合业务能力，并制定相应的考核和激励机制，做到业绩与奖惩挂钩，充分调动营销人员的积极性和创造性，鼓励他们推广企业的无船承运业务服务。

7. 增强风险防范意识

国际市场复杂多变，需要我们时刻保持高度的风险防范意识，要随时掌握客户和货物信息，避免单证出现错误，注意控制信用风险，规避汇率波动的风险，熟悉海外重点地区的政策和市场情况。在厘清无船承运人的法律地位、知晓签发无船承运人提单的法律责任与后果的同时，还要了解当地的法律法规和通关要求，切实加强风险管控。同时，我们还须面对的一个严峻的事实是：目前，我国出口货物采用 FOB 条款的日益增加，已占出口货物的80%，其欺诈案也随之而来。在此情况下，无船承运业务中，作为卖方既要特别注意信用证上的"软条款"，避免货已装船，但却无法办理结汇，造成钱货两空的困境，也要提防海外某些无船承运人与收货人勾结进行欺诈行为。作为国内无船承运人将货物交给实际承运人后，不但要坚持在海运提单托运人一栏中标明自己的名称，而且要及时获取该海运提单。此外，一方面通过投保无船承运人责任险事先将风险转移；另一方面通过对提单的严格管理，严禁无单放货，杜绝海外代理因与收货人关系良好而私下无单放货，将风险控制到最低点，从而维护客户合法权益与保障无船承运人获得最大的经济效益。

8. 为无船承运业的发展营造良好的大环境

对于仍处在初级阶段的无船承运业务，要想快速发展起来，需要营造一个良好的外部大环境，即需要政府这个大平台的扶持与政策上的优惠，尤其对中小型无船承运人企业的支持，比如降低税率和及时提供信息等，需要无船承运业务的主管部门——交通运输部的支持，需要无船承运人协会充分发挥纽带和桥梁作用。利用政府平台、通过行政手段不断完善和健全我国有关无船承运人的法律法规，在实施无船承运业务管理制度的同时，进一步加强对无船承运人资质的检查，严格市场秩序，加强监督管理，有效规范提单使用，杜绝不公平竞争，打击惩罚或取缔违法违规经营的企业，维护合法企业的权益，协助国内无船承运人企业更好地参与市场竞争，从而形成一个良性循环、健康持久发展的市场机制。

第四节　《鹿特丹规则》对无船承运业务的影响及对策

无船承运业务作为传统货运代理业务的一部分,其独立的称谓在我国源自于《海运条例》及其《实施细则》的规定,不同于上述海运承运人业务,也不同于狭义的货运代理业务,无船承运业务涉及两个海上货物货物运输合同,在中国的法律制度下,无船承运人在与货方的运输合同下身份为承运人,在与海运承运人的运输合同下身份又是托运人,其最终的责任和风险承担取决于两个运输合同的内容及其能否顺利履行,《鹿特丹规则》不可避免地将对无船承运业务产生影响。有鉴于此,我们把《鹿特丹规则》对无船承运业务可能产生的影响、相应的调整与应对措施做如下简要分析:

一、关于与海运承运人的共性

《鹿特丹规则》生效适用后,无船承运人作为与货方之间的海上货物运输合同下的承运人,其权利、义务和责任同样受《鹿特丹规则》有关承运人的相关规定的调整。因此,有关《鹿特丹规则》对海运承运人业务的影响分析多数亦适用于无船承运业务(详见《〈鹿特丹规则〉对航运物流业务的影响研究》一书)。

二、关于海运承运人的选择

无船承运人通过与海运承运人订立海上货物运输合同来履行与货方之间的运输合同,因此,海运承运人合同义务的履行直接关系到无船承运人在其与货方订立的运输合同下的相关义务的履行。《鹿特丹规则》取消了承运人航海过失免责和火灾过失免责,并将船舶适航义务延伸至整个海上航程中,对承运人在驾驶船舶和管理船舶上的要求大大提高。这就要求无船承运人必须审慎选择履约的海运承运人,注重对其船舶管理能力的考察,包括船舶本身的状况、船舶的维修保养情况、船员配备情况及集装箱的日常管理等。在目前的业务实践中,有些货主会向无船承运人指定特定船公司的船舶承运其货物,此时无船承运人往往会尽量满足,但对于因海运承运人的过错而造成的货损、货差及迟延交付等,根据规则的规定货方仍可能直接向无船承运人索赔,或将无船承运人与海运承运人作为共同被告进行索赔,无船承运人仍将可能承担赔偿责任。因此，无船承运人切不可忽视此种情况下对海运承运人资质及履约能力的审查。

三、关于责任期间

无船承运业务的优势在于其所具有的货物集运功能（Consolidation），即接收来自多家货主的少量货物拼装成整箱货出运，这与海运承运人以 CY-CY 为主的运输方式存在较大区别，无船承运人提单下的运输方式条款通常为 CFS-CFS 或是 DOOR-DOOR，较之于海运承运人其服务范围和责任期间一定程度上增多和延长了。在无船承运人负责货物装箱或装车的情况下，将很难再依据提单中的不知条款对集装箱内或车内货物的状况做出保留。因此，《鹿特丹规则》有关承运人可对运输单证记载事项做出保留的规定对于无船承运人的意义并不如对于海运承运人的意义那么大。无船承运人仍应注意对所接收的货物状况进行查验，必要时在提单上还要做出批注或保留或是要求货方提供相应担保。

四、关于举证责任

《鹿特丹规则》有关承、托双方举证责任分担的规定要求由承运人举证证明其对货物的灭失、损坏或者迟延交付不存在过错，或者货物的灭失、损坏或者迟延交付是由于规则所规定的一种或几种免责事项造成，以及其作为承运人已尽到谨慎处理使船舶适航的义务或是货物灭失、损坏后者迟延交付与船舶不适航之间不存在因果关系。但是，由于无船承运人并不负责船舶的实际运营管理，在货物发生灭失、损坏或迟延交付时，无船承运人往往很难完成上述举证责任。因此，无船承运人对于货物的整个运输过程应保持跟踪，一旦货物发生灭失、损坏或迟延交付，应及时与海运承运人进行充分沟通，获取并保存好相关证据。

五、关于"背靠背"的法律地位

无船承运人为规避风险应尽量确保自身在两个运输合同下的"背靠背"地位，确保两个合同条款的一致性，特别是对于《鹿特丹规则》强调合同约定的迟延交货、舱面货等。同时，无船承运人还要关注合同条款对第三人的对抗效力，在运输单证上做出相应体现。

六、关于海运履约方

《鹿特丹规则》生效适用后，海运承运人在与无船承运人的运输合同下法律地位为承运人，但相对于货方来说，其法律地位则为海运履约方，无船承运人通过海运履约方完成与货方之间的海上货物运输合同。同时，根据规则有关海运履约方的定义，海运履约方并不限于实际履行承运人义务的人，"承诺履行"即可成为海运履约方。实践中，无船承运人可能与另一无船承运人订立海上货物运输合同，再由该无船承运人与海运承运人订立海上货物运输合同，我们称此种情况下的另一无船承运人为中间的无船承运人；无船承运人也可能直接与海运承运人订立海上货物运输合同，该海运承运人可能亲自履行也可能通过租用第三方的船舶或舱位来履行该海上货物运输合同。那么，上述中间的无船承运人、海运承运人以及船舶或舱位出租人都将成为《鹿特丹规则》下的海运履约方，承担规则所规定的承运人的义务和责任，并有权援引承运人的抗辩和赔偿责任限制。同时，《鹿特丹规则》还规定了承运人与海运履约方的连带赔偿责任。即当海运履约方或其应负责的人对货物的灭失、损坏或迟延交付负有赔偿责任时，由于承运人此时对海运履约方的行为负有赔偿责任，双方均负有赔偿责任并进而根据规则的规定应对货物的灭失、损坏或迟延交付承担连带赔偿责任。这就要求无船承运人对海上货物运输合同履行链条上的海运履约方有充分的了解，以评估自身可能承担的连带责任风险及能否成功追偿损失等。而在自身为中间的无船承运人时，亦应注意自身相关义务的履行，否则将可能被货方依据规则的规定直接提起合同之诉，而承担赔偿责任。此外，根据《鹿特丹规则》的规定，海运履约方本人存在丧失赔偿责任限制情形的，承运人并不因此而丧失赔偿责任限制，在此种情形下无船承运人应据理力争寻求赔偿责任限制的保护。

七、关于托运人的义务和责任

《鹿特丹规则》明确了托运人向承运人所负的义务和责任，无船承运人作为与海运承运人之间海上货物运输合同下的托运人，也要履行规则规定的托运人的义务和责任，包括提供信息、指示和单证的义务、托运危险货物上的义务等，而这些义务的履行有赖于货方在其与无船承运人之间的海上货物运输合同下的相关义务的履行。但是为了避免承担不必要的责任和风险，无船承运人应注意对货方提供的信息予以必要的审查，及时跟踪货方寻求相关的指示，特别是在涉及危险货物时应提高自身的专业化水平，以期最大限度地降低风险。

八、关于运输单证的签发

目前在实践中，由于船公司自身对货源的控制不断加强，存在着海运承运人不愿意签套约单（就一票货物无船承运人提单与海运提单同时并存的情形）的情况，作为替代，一种情况是将海运提单上的托运人记载为作为无船承运人合同相对人的实际的货方，无船承运人不再签发其无船承运人提单，另一种情况是海运提单上的托运人一栏记载为实际的货方，而无船承运人提单上的托运人一栏也记载为实际的货方。就第一种情况来说首先要判断货方与无船承运人之间是否已经存在运输合同关系，无船承运人相对于货方是承运人还是仅为代为安排货物运输的货运代理人。如果无船承运人相对于货方是承运人，那么海运提单上有关货方为托运人的记载对于无船承运人来说将存在很大的风险。一旦发生货损、货差或迟延交付，无船承运人在运输合同下向货方承担赔偿责任后向海运承运人追索时，将可能面对海运承运人有关无船承运人并非运输合同托运人从而不具有索赔权的抗辩。在《鹿特丹规则》下无船承运人可利用规则有关单证托运人的规定，主张货方并非托运人而仅是单证托运人，但须提供相关证据证明货方与海运承运人之间不存在海上货物运输合同关系，其仅是同意在海运提单上被记载为托运人，以及无船承运人自身与海运承运人之间存在运输合同关系。就第二种情况来说，有关无船承运人与货方之间的海上货物运输关系基本不会存在争议，因此，无船承运人面临更大的风险，在《鹿特丹规则》生效适用后，亦可寻求以规则有关单证托运人的规定作为抗辩。无船承运人在不得不满足海运承运人的上述操作要求的情况下，可以寻求完善自身操作流程，如在格式订舱单或托运单中体现自身的托运人地位、加入实际的货方仅作为单证托运人的相关内容或是要求货方出具保函等证明其同意作为单证托运人被记载在提单上，以确立自身相对于海运承运人的托运人地位，进而确保相应的追偿权利。

九、关于货物交付

无船承运业务下由于无船承运人提单与海运提单的并存，提单的签发和放货程序有所不同。海运承运人签发的运输单证通常采用海运单或是记名提单"电放"的形式，单证上的托运人为无船承运人，而收货人则为其目的港代理，或是托运人为无船承运人在装货港的代理，而收货人为无船承运人本人。同时，放货程序相对简单，通常无须提交正本运输单证。而无船承运人提单的形式则可能多样化，放货程序也相对复杂。无船承运人及其目的港代理应关注《鹿特丹规则》有关货物交付及目的港无人提货的相关规定及其影响，调整放货流程和相应应对措施。同时，关注海运承运人有关货物交付的新的流程和要求。

十、关于控制权和运输合同变更

无船承运业务中，货方的控制权要通过无船承运人向海运承运人行使控制权来实现，这一方面要求，无船承运人应对货方控制权的主体、行使条件等进行审查。同时，在确认执行控制方的相关指示之前，无船承运人还应先取得海运承运人对有关指示可执行的确认并确保有关担保的"背靠背"；另一方面，无船承运人要确保其在与海运承运人订立的运输合同下的控制方主体地位，以保证控制权的有效行使，顺利执行货方的指示，同时保证自身对在途货物的有效控制。实践中海运承运人通常会应无船承运人要求向其签发海运单或记名提单，根据《鹿特丹规则》的相关规定，海运单下托运人为控制方，控制方可以在订立运输合同是指定收货人、单证托运人或者其他人为控制方，控制方有权通过向承运人发出转让通知将控制权转让给其他人；在记名提单下，托运人为控制方，控制方可以将控制权转让给运输单证上记载的收货人。作为托运人的无船承运人除为便利内部操作外应避免做控制权的变更或转让以保持自己的控制方主体地位。

对于运输合同的变更，根据《鹿特丹规则》的规定，除变更目的港、交付地、收货人外，控制方应与承运人就运输合同的变更进行协商。因此，在货方提出有关变更运输合同的要求时，一方面，无船承运人应考察海关等相关规定是否允许做此变更；另一方面，应与海运承运人进行协商，以确认获得海运承运人对此种变更的同意，同时根据规则的要求在运输单证上做好相应记载。

十一、关于赔偿责任限额

《鹿特丹规则》大幅提高了承运人的赔偿责任限额，在整箱货情况下，由于货物件数往往较多，依据货物件数计算的赔偿责任限额要大大高于依据货物重量计算的赔偿责任限额，因此，既有国际公约和国内立法下的承运人赔偿责任限额已经足够高，承运人可享受赔偿责任限制的情况较为少见，《鹿特丹规则》的规定对承运人的影响也相对较小。但在拼箱货情况下，货物的件数相对较少，赔偿责任限额的增加可能使原本能够享受到赔偿责任限制的无船承运人无法继续享受到赔偿限制保护，无船承运人应评估此种风险增加的程度，寻求通过保险分散相应的风险。同时，无船承运人应要求海运提单上如实记载货物件数，确保自身能够从海运承运人处足额追索相关损失。

十二、关于追偿时效

无船承运人在对货方承担赔偿责任后，如果货物的灭失、损坏或迟延交付是由海运承运人应负责的原因所致，无船承运人有权向海运承运人追偿。《鹿特丹规则》明确了追偿诉讼的时效期间，即依下列较晚者确定：①提起程序的管辖地准据法所允许的时效期间；②自追偿诉讼提起人解决原索赔之日或者自收到向其本人送达的起诉文书之日起 90 日内，以较早者为准。其中第二个时效起算点与我国《海商法》的规定一致，但是，从目前法院的审判实践来看，操作上却遇到了很大的困难，即根据我国《民诉法》的规定，当事人提起诉讼必须有具体的诉讼请求、事实和理由，而在追偿请求人收到索赔人向其送达的起诉状副本时，法院尚未对案件进行审理，即便是经过 90 天的时效期间，法院也可能并未审理结案，追偿请求人很难确定其是否将承担责任，因此也很难向被请求人提出具体的诉讼请求。而就第一个时效起算点来说，"解决"的概念非常模糊，是法院判定承担责任，还是当事人履行完毕赔偿义务，抑或是双方达成和解协议？在这种情况下"解决"的时间界限很难界定。也正因如此，我国目前审判实践中的通常做法是，如果原赔偿请求是通过法院诉讼解决的，则追偿请求人对第三人的追偿时效的起算点应当自追偿请求人收到法院认定其承担赔偿责任的生效判决之日起计算。在《鹿特丹规则》生效适用后，如果我国《民诉法》的上述规定未做修改，我国法院很可能会继续沿用这一做法，对此无船承运人应予以关注，确保在追偿时效期间内对海运承运人提起追偿之诉。

十三、关于管辖和仲裁

《鹿特丹规则》在管辖法院和仲裁地的规定上对货方更为有利，在无船承运人向海运承运人追偿时可利用规则的规定选择对自身更为有利的管辖法院或仲裁地。但是在货方将无船承运人和海运承运人作为共同被告提起诉讼时，根据规则规定，将依规则有关海运履约方管辖地的规定确定原告可选择的管辖法院的范围，即海运履约方的住所地（如果与规则第 66 条规定的管辖法院存在重合）或是海运履约方接收货物的港口、交付货物的港口或者海运履约方执行与货物有关的各种活动的港口。这无疑对海运承运人更为有利，使无船承运人可能被迫到对自身来说并不方便的法院进行应诉，诉讼成本和风险将随之增加，无船承运人对此应有所准备。

十四、关于批量合同

实践中一些业务量较大、操作较为规范的无船承运人由于具有较强的集货能力常常与海运承运人签订服务合同（批量合同），争取较为优惠的运价或海运承运人的额外承诺，之后无船承运人将运输服务加价后转让给货主或其他较小的无船承运人。《鹿特丹规则》有关批量合同的规定将这种行为纳入其调整范围，使其有据可依。但是应当注意的是，当无船承运人与海运承运人之间的批量合同条款，与无船承运人向货方或其他无船承运人签发的无船承运人提单条款，或是签订的批量合同的条款不一致时，无船承运人应关注其义务和责任的差异，并清楚这些差异可能导致的风险到底有多大。

《鹿特丹规则》关于批量合同的规定不仅使无船承运人与海运承运人签订批量合同这一做法有法可依，而且为无船承运业务的发展提供了制度根基，有利于无船承运业务的发展壮大，广大中小货主也可以利用无船承运人的集货功能争取获得更为优惠的运价和运输条件。

综上所述，无船承运人为确保其合同义务的"背靠背"，从而将自身的责任和风险降到最低，在《鹿特丹规则》生效适用后，需要根据规则的规定对合同约定和业务操作做出相应调整，并努力提高自身的专业能力化解相关风险的增加，同时关注海运承运人为应对《鹿特丹规则》生效适用而做出的调整，做好相应准备。

第二章　无船承运人的管理制度

第一节　无船承运人财务责任证明制度

一、无船承运人财务责任证明（保证金）制度的必要性

所谓的"保证金"是我国交通主管部门最初为无船承运人设立的一种财务责任保证制度，经过十几年的实践，如今已被多种形式（保证金、责任保险、担保函）的财务责任证明制度所取代，但我国《海运条例》尚未修改，这里援引的仍旧是"保证金"的有关规定。

根据该条例第8条的规定，保证金用于无船承运人清偿因其不履行承运人义务或者履行义务不当所产生的债务及支付罚款。而《海运条例实施细则》第19条则进一步明确无船承运人交存的保证金受国家法律保护，只有下列情况可以动用保证金：第一，因无船承运人不履行承运人业务或者履行义务不当，根据司法机关已经生效的判决或者司法机关裁定执行的仲裁机构裁决应当承担赔偿责任的；第二，被交通主管部门依法处以罚款的。显然无船承运人保证金具有民事损害赔偿救济和承担行政责任双重性质。

保证金主要具有赔偿和罚款两种功能，一旦无船承运人一方在商业活动中发生过错或违规操作，经过裁定后，交通部门可直接向指定银行开具划款通知书，从保证金中直接扣除赔付或罚款金额，如果赔偿额或罚款额超出保证金，则要求无船承运人在30日之内补齐。

从保证金制度的两项功能和执行程序判断，保证金制度确实可以及时、有效地保护受损方的利益，并规范企业商业行为。事实上，近几年来，保证金在规范无船承运企业行为、发挥政府监管职能方面确实发挥了不可替代的作用：一方面，无船承运业是高风险行业，在发生商业纠纷时，保证金制度有力地保障了赔偿金额得以支付，并具备追偿功能；另一方面，保证金的警示性又有力地规范了企业行为，使政府监管效果明显。

保证金制度发挥的作用是值得肯定的，同时，主管部门也应注意到，保证金制度在化解企业风险方面远远不足，需要"植入"其他形式加以充实。

二、无船承运人财务责任证明制度

由于无船承运人像其他海运承运人一样对外揽取货载，以承运人身份签发提单，并提供国际海上运输服务，因此，就作为订立海上货物运输合同当事人的无船承运人而言，应当具有承担相应责任的能力。但是，无船承运人毕竟不同于拥有船舶从事海上货物运输的船舶所有人。后者拥有船舶等财产，当涉及一些民事责任或者其他法律责任承担时，至少还可以通过对船舶采取扣押、滞留等措施，保证从事海上运输的船舶所有人承担赔偿责任。而无船承运人不拥有船舶这样的责任载体，偿债能力较低，财产具有隐蔽性。为了保证无船承运人具有承担民事责任和行政责任的能力，各国通常都对无船承运人获得相应的经营资格予以规制。我国《海运条例》第8条及其《实施细则》第11条规定的：无船承运人在向交通运输部提出办理提单登记申请的同时，应当附送证明已经交纳保证金的相关材料。对于未办理提单登记并缴纳保证金的，不得经营无船承运业务。显然根据这一法规的规定，交纳保证金既是无船承运人提单登记的前提，也是无船承运人获得无船承运业务经营资格的必要条件之一。

然而，多年来关于80万元保证金（"80万元门槛费"）引发的焦点问题的争论从未停息，一直备受业界关注，且80万元保证金引发的抬高市场准入门槛的呼声越来越高。

为了应对严峻的国际航运形势，为了进一步完善无船承运管理制度，缓解无船承运人资金压力，保障有关各方的合法权益，使我国无船承运人市场健康、长久地发展，近年来，交通运输部和中国船舶代理及无船承运人协会、保险机构、担保机构、银监会、保监会等有关部门进行了广泛深入的调研与协商，在大家的共同努力下，2013年交通运输部发布了《关于完善无船承运管理制度有关问题的公告》即"财务责任证明制度"，自2013年12月1日起，我国正式实施多样化的财务责任证明制度，即调整保证金存储管理制度、完善保证金责任保险制度及试行保证金保函制度。从此，"冻结"的几十亿元得到解冻，变成活钱。无船承运人的财务责任证明方式由强制性的、单一的缴纳保证金方式，变为可供无船承运人选择的三种方式，从而减轻了无船承运人的资金压力，增强了无船承运人的活力，提升了无船承运人的竞争能力。

2013 年 9 月 13 日，作者返回中国外运股份有限公司向运营部
水运货代经理杨溢调查无船承运人现状。

三、无船承运人财务责任证明制度的操作

无船承运人财务责任证明制度的操作办法的基本原则是：无船承运业务保证金方式与无船承运业务经营者保证金责任保险方式、保证金保函方式，均为无船承运业务经营资格申请人（以下简称"申请人"）可采纳的财务责任证明形式，三者并行存在，供申请人自行选择。"运价规范了""门槛降低了"，这两项紧密出台的政策将给现在已成为或准备申请成为"无船承运人"的企业带来一定的变化与影响。下面，就这三种方式的操作办法分述如下。

（一）无船承运人保证金的操作办法

无船承运人财务责任证明制度就无船承运业务经营者保证金存储管理制度进行了调整与完善，自 2013 年 12 月 1 日起允许无船承运人自行选择境内银行机构缴纳《海运条例》规定数额的保证金，凭银行机构出具的相关凭证和《海运条例》规定的其他材料，向交通运输主管部门申请无船承运经营资格。相关申请仍按《海运条例》及其《实施细则》规定的程序和要求办理。

保证金仅用于《海运条例》规定的用途。缴纳保证金的相关凭证不得作为抵押或偿还债务的凭证。因保证金缴纳凭证作为抵押或偿还债务证明所产生的责任，由无船承运业务经营者和相关银行机构承担连带责任。

1. 无船承运人保证金缴纳是提单登记的前提

根据我国《海运条例》的规定，无船承运人申请从事无船承运业务时，

应当提交已经缴纳保证金的证明。因此保证金缴纳时间应该在提出提单登记之前完成。只有符合法律规定条件的保证金并满足提单登记要求的，才能获得从事无船承运业务的许可。

根据我国《海运条例》及其《实施细则》，保证金金额为 80 万元，每设立一个分支机构的，增加保证金 20 万元。分支机构是指具有法人资格的从事无船承运业务的企业成立的不具有独立承担民事责任条件的经营性结构。主要是为了在总公司所在地以外的其他地区拓展业务的需要而设立。

2. 无船承运人保证金的使用

根据我国《海运条例》的规定，无船承运人缴纳的保证金主要用于：第一，因无船承运人不履行承运人业务或者履行义务不当，根据司法机关已经生效的判决或者司法机关裁定执行的仲裁机构裁决应当承担赔偿责任的；第二，被交通主管部门依法处以罚款的。

从保证金设立的目的和宗旨看，无船承运人保证经主要的目的是承担民事责任。但是由于保证金数额有限，一般情况下，无船承运人应当具有承担民事赔偿责任的能力，只有在特定情况下，才可以动用保证金赔偿受害人。具体应当满足如下条件。第一，有关当事人提出申请。希望通过保证金获得赔偿的单位和个人，应当向交通主管部门提出申请。如果无人申请的，即使交通主管部门知道存在民事赔偿的事由和当事人的，也无权直接对保证金进行划拨以抵偿民事债务。第二，债务系无船承运人不履行承运人义务或者履行义务不当而产生的。即可以用保证金清偿的民事债务一定是与无船承运人从事无船承运业务有关的行为或不为导致的，而无须考虑其违法义务导致的是违约责任还是侵权责任。与无船承运业务无关的民事债务不可以从保证金中得以偿付。第三，无船承运人依法应当承担民事责任。即根据法院已经生效的民事判决或者为了执行仲裁机构的有效裁决而判定无船承运人应当承担赔偿责任的，该数额可以在保证金中扣除。如果纠纷尚处于争议中，或者法院审理中或者仲裁机构未做出最终裁定之前，即无船承运人责任尚没有确定的，不可以从保证金中扣除。此外即使受害人考虑到无船承运人将来承担民事赔偿责任的需要而提出财产保全的，也不能针对无船承运人保证金进行。即使无船承运人与受害人达成协商一致的意见，同意承担民事赔偿责任的，也不符合从保证金中给予救济的条件，因为没有生效的法院判决和仲裁机构的裁决。第四，无船承运人不承担或者无力承担赔偿责任的情况。如果根据法院判决或者仲裁机构的裁决，无船承运人应当承担民事赔偿责任并且无船承运人实际清偿了全部债务的，也不涉及从保证金中拨付的问题。只有无船承运人不能全部清偿债务或者没有能力清偿全部债务的，则债权人可以凭据有效的法院判决或仲裁裁决，请求作为保证金监管部门的交通运输部从保证金中拨付。当保证金依据有关法律规定使用了以后，无船承运人应当记得及时补足保证金以满足法律规定的数额。

3. 无船承运人保证金的退还

无船承运人因为某种原因而终止经营无船承运业务的，可以向交通运输部申请返还保证金。终止经营无船承运业务的原因主要包括以下三种类型：第一类，无船承运业务经营资格被依法取消；第二类，无船承运人申请终止无船承运业务经营的；第三类，其他原因导致终止经营的。退还保证金的一般程序如下：

（1）无船承运人提出申请，表明要求退还保证金的意思；

（2）交通运输部应将该申请事项予以公告，公告形式是通过其政府网站发布，公示时间为30日；

（3）在公示期内，如果有当事人提出要从保证金中给予民事赔偿救济的，并且符合我国《海运条例》的有关规定，并认为需要对保证金采取保全措施的，应当在上述期限内取得司法机关的财产保全裁定。自保证金被保全之日起，交通运输部依照我国《海运条例》对保证金账户的监督程序结束。有关纠纷由当事双方通过司法程序解决；

（4）公示期届满没有人提出对保证金申请保全措施的，交通运输部应当通知保证金开户银行退还无船承运人保证金及其利息，并收缴该无船承运业务经营者的《无船承运业务经营资格登记证》。

（二）无船承运人保证金责任保险的操作办法

财务责任证明制度完善了无船承运业务经营者保证金责任保险制度，主要体现在两个方面。①扩大承保机构范围。凡注册在我国境内，经保监会认可，保险产品经保监会备案的保险机构，均可承保无船承运业务经营者保证金责任保险。无船承运人可直接与保险机构联系办理投保。②简化协助司法机关办理财产保全和执行划扣手续。无船承运人正常经营期间，或退出经营予以公示的，凡涉及财产保全、生效判决和仲裁裁决的执行的，由司法机关直接通过保险机构办理，并将办理结果及时书面通知交通运输部。保险机构应配合执行相关判决和裁定。

无船承运人选择保险方式的，依照现行保险制度执行。财务责任证明制度实施后，截至2013年12月，就有1 772家无船承运人企业选择并投保了该责任保险。

1. 保险机构

承办无船承运业务经营者保证金责任保险的保险机构须符合以下条件：

（1）注册在中华人民共和国境内；

（2）经我国保险业监督管理委员会认可；

（3）保险产品经我国保险业监督管理委员会备案后，向交通运输部备案。

2. 投保形式、保险期间和范围

为规范管理，申请无船承运业务经营资格的申请人及其分支机构原则上应采用同一财务责任证明形式，即均采取保证金、保证金责任保险或保证金保函形式。

保险期间由申请人和保险机构自行约定，但最低不得少于1年。

无船承运业务经营者保证金责任保险仅用于无船承运人清偿因其不履行承运人义务或履行义务不当所产生的债务，不能用于支付罚款。如有罚款情况，无船承运人应另行支付。

3. 操作程序

（1）新申请无船承运业务经营资格

2010年11月1日以后申请无船承运业务经营资格的申请人，如选择投保无船承运业务保证金责任保险的，应依照《海运条例》及其《实施细则》规定的程序，提交保险机构的从业证明文件、保险产品备案证明文件、签发的保险单、保险费缴费发票，以及该《实施细则》第11条（第5款除外）、第14条（第5款除外）规定的材料。

（2）无船承运业务经营者保证金责任保险的退出

① 已取得经营资格的无船承运人退保程序。已取得经营资格的无船承运人申请退保、终止资格的，应向交通运输部提出书面申请，由交通运输部将该申请事项在交通运输部网站公示30天。申请时应提交以下材料：

a. 申请书（含退款账号信息，由法人代表签字并加盖公章）；

b. 已注销"无船承运业务"内容的营业执照复印件；

c.《无船承运业务经营资格登记证》原件（正、副本）；

d. 税务部门开具的已缴销无船承运业务专用发票（《国际海运业运输专用发票》）证明（如未领取，出具税务部门相关证明或《发票领购簿》发票购领记录页的复印件）；

e. 境外无船承运须提供与境内接收退款机构的协议书。

公示期内，有关当事人认为该无船承运人不履行承运人义务或履行义务不当，应当承担赔偿责任的，应当在上述期限内取得司法机关已生效的相关判决或司法机关裁定执行的仲裁机构相关裁决，由保险机构依照保险合同规定进行赔付。相关手续由司法机关直接通过保险机构办理，并将办理结果及时书面通知交通运输部。保险机构应配合执行有关判决和裁定。

公示期届满未有前款规定情形的，交通运输部收缴《无船承运业务经营资格登记证》，注销无船承运人业务经营资格，并在交通运输部网站公示结果。保险机构应及时办理退保手续。

② 终止无船承运人经营资格申请的退保手续。申请人因故终止经营资格申请的，应向交通运输部提交书面申请，由法人代表签字并加盖公章。交通运输部完成审核程序后通知申请人。申请人自行商议保险机构办理退保手续。

(3) 现有无船承运人以投保方式继续从事无船承运业务

2010 年 10 月 31 日前已取得经营资格的无船承运人，如选择以投保无船承运业务经营者保证金责任保险方式继续从事无船承运业务的，可申请退回已缴保证金，但应先行办理投保手续。申请保证金退款，并以投保方式继续保有无船承运业务经营资格的，应提交以下材料：

① 保险机构的从业证明文件及保险产品备案证明文件；

② 保险机构签发的保险单及保险费缴费发票；

③ 保证金退款书面申请：申请应注明本公司退款账号，由公司法人代表签字并加盖公章；

④《无船承运业务经营资格登记证》原件（正、副本）。

交通运输部在收到上述材料后，对该无船承运人保证金退回申请事项进行公示，公示期为 30 天。

公示期内未出现《海运条例实施细则》第 20 条第 2 款规定事项的，交通运输部通知无船承运人保证金专户所在银行办理保证金退还手续，并为无船承运人重新办理《无船承运业务经营者资格登记证》（注明"责任保险"字样）。

(4) 无船承运人更名手续

以保证金责任保险方式申请取得经营资格的无船承运人申请更名，应向交通运输部提出申请，并报送以下材料：

① 无船承运业务经营者名称变更申请表；

②《无船承运业务经营资格登记证》原件（正、副本）；

③ 旧版及新版提单样本；

④ 境内无船承运人须提交《名称变更核准通知书》、原名称和新名称的营业执照复印件；

境外无船承运人须提交企业注册国有关部门出具的名称变更证明文件（须经当地公证机构公证）；

⑤ 经保险机构签批更名后签发的新保险单。

交通运输部将向无船承运人核发新名称的《无船承运业务经营资格登记证》。

（5）无船承运人延期手续

以保证金责任保险方式申请取得经营资格的无船承运人申请延期，应在经营资格有效期届满前提前 30 天向交通运输部提出申请，并报送以下材料：

① 延期申请书；

② 经营资格有效期内无船承运业务开展情况说明；

③ 已续保保证金责任保险证明材料（保险机构签发的保险单以及保险费缴费发票）；

④ 境内无船承运人提交已增加"无船承运业务"内容的营业执照复印件；境外无船承运人提供公司商业登记证明复印件；

⑤ 已签发提单（正本）复印件 10 份。

如无船承运人在其经营资格有效期满前未及时办理延期手续，交通运输部将不为其办理更名等手续，届满后将终止其无船承运业务经营资格。

4. 无船承运业务经营者保证金责任保险的使用

无船承运业务经营者保证金责任保险，是供无船承运业务经营资格申请人选择的一种财务责任证明形式，当因无船承运业务经营者不履行承运人义务或者履行义务不当，根据司法机关已生效的判决或司法机关裁定执行的仲裁机构裁决应当履行赔偿责任的，用以履行赔偿，不得用于其他责任的偿付。

涉及上述财产保全，或生效判决和仲裁裁决执行的，由司法机关直接通过保险机构办理，并将办理结果及时书面通知交通运输部。保险机构应配合执行相关判决和裁定。

5. 保险机构的责任

非经本通知第 4 条第 2 款规定程序，保险机构不得擅自为无船承运业务经营者办理退保手续。因保险机构擅自办理退保手续而产生的责任，由相关保险机构承担。

6. 生效日期

本通知自发布之日起施行。2010 年交通运输部发布的《关于试行无船承运业务经营者保证金责任保险的通知》（交水发〔2010〕533 号），以及其他涉及无船承运业务经营者保证金责任保险的文件同时废止。

（三）无船承运人保证金保函制度的操作办法

财务责任证明制度将试行无船承运业务经营者保证金保函制度，允许无船承运业务经营者选择提交保证金保函方式，申请取得无船承运业务经营资格。经我国银行业监督管理机构批准的银行机构、融资性担保公司和企业集团财务公司，可承办无船承运业务经营者保证金保函业务。

无船承运人选择保函方式的，依照现行保函制度执行。

1. 担保机构

承办无船承运业务经营者保证金保函的担保机构须符合以下条件：

① 注册在中华人民共和国境内；

② 经我国银行业监督管理委员会认可可从事相关担保业务。

2. 保函形式、担保期间和范围

为规范管理，申请无船承运业务经营资格的申请人及其分支机构原则上应采用同一财务责任证明形式，即均采取保证金或保证金保函或保险形式。担保期间由申请人和担保机构自行约定，但最低不得少于 1 年。

无船承运业务经营者保证金保函仅用于无船承运人清偿因其不履行承运人义务或履行义务不当所产生的债务，不能用于支付罚款。如有罚款情况，无船承运人应另行支付。

3. 操作程序

（1）新申请无船承运业务经营资格

2013 年 10 月 1 日以后申请无船承运业务经营资格的申请人，如选择提供无船承运业务经营者保证金保函的，应依照《海运条例》及其《实施细则》规定的程序，提交担保机构的从业证明文件、担保机构签发的保函，以及该《实施细则》第 11 条（第 5 款除外）、第 14 条（第 5 款除外）规定材料。

（2）无船承运业务经营者取消保函、终止资格

① 已取得经营资格的无船承运人取消保函、终止资格程序。已取得经营资格的无船承运人申请取消保函、终止资格的，应向交通运输部提出书面申请，由交通运输部将该申请事项在交通运输部网站公示 30 天。申请时应提交以下材料：

a. 申请书（由法人代表签字并加盖公章）；

b. 已注销"无船承运业务"内容的营业执照复印件；

c.《无船承运业务经营资格登记证》原件（正、副本）；

d. 税务部门开具的已缴销无船承运业务专用发票（《国际海运业运输专用发票》）证明（如未领取，出具税务部门相关证明或《发票领购簿》发票购领记录页的复印件）。

公示期内，有关当事人认为该无船承运人不履行承运人义务或履行义务不当，应当承担赔偿责任的，应当在上述期限内取得司法机关已生效的相关判决或司法机关裁定执行的仲裁机构的相关裁决，由担保机构依照担保合同规定进行赔付。相关手续由司法机关直接通过担保机构办理，并将办理结果

及时书面通知交通运输部。担保机构应配合执行有关判决和裁定。

公示期届满未有前款规定情形的，交通运输部收缴《无船承运人经营资格登记证》，注销无船承运人业务经营资格，并在交通运输部网站公示结果。

② 终止无船承运人经营资格申请的手续。申请人因故终止经营资格申请的，应向交通运输部提交书面申请，由法人代表签字并加盖公章。交通运输部完成审核程序后通知申请人。申请人自行商担保机构办理相关手续。

（3）现有无船承运人以保函方式继续从事无船承运业务

2013 年 10 月 1 日前已取得经营资格的无船承运人，如选择以提供无船承运业务经营者保证金保函方式继续从事无船承运业务的，可申请退回已缴保证金或保费，但应先行办理保函手续。申请保证金、保费退款，并以提供保函方式继续保有无船承运业务经营资格的，应提交以下材料：

① 担保机构的从业证明文件；

② 担保机构签发的保函；

③ 保证金、保费退款书面申请：申请应注明本公司退款账号，由公司法人代表签字并加盖公章；

④《无船承运业务经营资格登记证》原件（正、副本）。

交通运输部在收到上述材料后，对该无船承运人保证金、保费退回申请事项进行公示，公示期为 30 天。

公示期内未出现《海运条例实施细则》第 20 条第 2 款规定事项的，涉及保证金退款的，交通运输部通知无船承运人保证金专户所在银行办理保证金退还手续，并为无船承运人重新办理《无船承运业务经营者资格登记证》（注明"保函"字样）；涉及退保的，交通运输部为无船承运人重新办理《无船承运业务经营资格登记证》（注明"保函"字样），并在交通运输部网站公布结果。保险机构应及时完成退保手续。

（4）无船承运人更名手续

以保证金保函方式申请取得经营资格的无船承运人申请更名，应向交通运输部提出申请，并报送以下材料：

① 无船承运业务经营者名称变更申请表；

②《无船承运业务经营资格登记证》原件（正、副本）；

③ 旧版及新版提单样本；

④ 境内无船承运人须提交《名称变更核准通知书》、原名称和新名称的营业执照复印件，境外无船承运人须提交企业注册国有关部门出具的名称变更证明文件（须经当地公证机构公证）；

⑤ 经担保机构签批更名后签发的新保函。

交通运输部将向无船承运人核发新名称的《无船承运业务经营资格登记证》。

（5）无船承运人延期手续

以保证金保函方式申请取得经营资格的无船承运人申请延期，应在经营资格有效期届满前提前 30 天向交通运输部提出申请，并报送以下材料：

① 延期申请书；

② 经营资格有效期内无船承运业务开展情况说明；

③ 担保机构从业证明文件；

④ 担保机构签发的有效保证金保函；

⑤ 境内无船承运人提交已增加"无船承运业务"内容的营业执照复印件；境外无船承运人提供公司商业登记证明复印件；

⑥ 已签发提单（正本）复印件 10 份。

如无船承运人在其经营资格有效期满前未及时办理延期手续，交通运输部将不为其办理更名等手续，届满后将终止其无船承运业务经营资格。

4. 无船承运业务经营者保证金保函的使用

无船承运业务经营者保证金保函，是供无船承运业务经营资格申请人选择的一种财务责任证明形式，当因无船承运业务经营者不履行承运人义务或者履行义务不当，根据司法机关已生效的判决或司法机关裁定执行的仲裁机构裁决应当履行赔偿责任的，用以履行赔偿，不得用于其他责任的偿付。

涉及上述财产保全，或生效判决和仲裁裁决执行的，由司法机关直接通过担保机构办理，并将办理结果及时书面通知交通运输部。担保机构应配合执行相关判决和裁定。

5. 担保机构的责任

非经本通知第 4 条第 2 款规定程序，担保机构不得擅自为无船承运业务经营者办理撤销保函手续。因担保机构擅自办理撤销保函手续而产生的责任，由相关担保机构承担。

第二节　无船承运人提单登记制度

根据我国《海运条例》第 7 条的规定，我国无船承运人的主管部门是交通运输部，即由我国交通运输部负责审批并签发《无船承运业务经营资格登记证》，该资格登记证是境内外企业直接或间接在境内签发无船承运人提单、从事境内承运货物的唯一合法凭证。

交通运输部曾启动无船承运业务行政许可下放工作，将此类事项的行政许可权下放至省级交通运输主管部门。第一批在上海开展试点，相关下放方案审核确认后，有望于 2014 年第二季度开始。此项工作将陆续在全国范围内展开，预计到 2015 年全部完成。

一、无船承运人提单登记的意义

在我国交通运输部颁布施行《海运条例》之前，我国的法律法规缺乏对从事无船承运业务的经营人签发提单行为的明确规范。而实践中也没有统一标准格式的提单，使得利用提单进行欺诈的行为时有发生。与提单欺诈有关的海运欺诈包括应签发而未签发不清洁提单所引起的争议、倒签提单、预借提单、无单放货，等等。因此，为了规范我国航运市场，防止海运欺诈，促进对外贸易的进行，我国《海运条例》确定了无船承运人提单登记制度。

（一）提单登记是取得无船承运业务经营资格的必要条件之一

这里提及的提单登记是指无船承运人将本企业使用的提单格式样本及其他有关材料向主管机关申请登记，主管机关经审核认定符合要求后予以登记的制度。无船承运人在缴纳了保证金或投保了保证金责任险或提供了担保机构的保函，同时进行了提单登记，则可获得主管机关颁发的《无船承运业务经营资格登记证》。

主管机关对于提单的审核是一种形式审查，只要申请人提交的材料符合法律规定，主管机关就予以登记，无须考虑提单中记载的事项和内容。交通运输部对此也没有统一的规定，各申请企业完全可以根据各自业务的需要制定本企业的提单式样。

不过，我国《海商法》第 73 条对于提单应当记载的事项有明确规定，即应当包括：①货物的品名、标志、包数或者件数、重量或者体积，以及运输危险货物时对危险性质的说明；②承运人的名称和主营业所；③船舶名称；④托运人的名称；⑤收货人的名称；⑥装货港和在装货港接收货物的日期；⑦卸货港；⑧多式联运提单增列接收货物地点和交付货物地点；⑨提单的签发日期、地点和份数；⑩运费的支付；⑪承运人或者其代表的签字。同时我国《海商法》还规定，提单缺少前述规定的一项或者几项的，不影响提单的性质；但是，提单应当符合我国《海商法》第 71 条关于提单定义的规定。

（二）提单登记制度产生的原因之一是提单的重要性

提单不仅是国际贸易、支付、结算等领域非常重要的单证，也是国际海上运输领域的一个重要单证之一。根据我国《海商法》第 71 条的规定，提单是指用以证明海上货物运输合同和货物已经由承运人接收或者装船，以及承运人保证据以交付货物的单证。特别是针对善意的收货人而言，提单是向承运人主张提货的依据。如果是记名提单的，则承运人应当向提单中载明的记名人交付货物，如果是指示提单或者空白提单的，则承运人应当按照指示人的指示交付货物，或者向提单持有人交付货物。

因为，无船承运人仅仅是通过订立运输合同，签发提单而成为承运人，实际上并不经营船舶并实际从事运输，因此，有必要对其签发的提单进行规范。当然我国《海运条例》中规定的提单登记制度，仅限于无船承运人提单，对于实际从事运输的国际船舶运输经营者而言，无须进行提单登记，只要在申请相应资格时，提交提单样式即可。之所以对此做出区别规定，在于签发海运提单的国际船舶运输经营者（船公司）拥有船舶，当其不履行义务或逃避责任时，权利人可以采取扣押船舶等方式获得救济。而对于无船承运人只能采取直接诉求的方式。因此，建立无船承运人提单登记制度可以预防可能发生的欺诈行为。

二、无船承运人提单登记的相关规定

为了规范无船承运业务，保护广大货主的合法权益，减少海运欺诈的发生，我国《海运条例》及其《实施细则》在引入无船承运人概念的同时，规定了无船承运人提单的登记制度，完善了财务责任证明制度，并对无船承运人提单的签发做了严格的限定性规定，主要体现在以下几方面。

（一）无船承运人必须申请提单登记

根据我国《海运条例》及其《实施细则》的规定，经营无船承运业务，应当向国务院交通主管部门办理提单登记，并提交财务责任证明。由于我国《海运条例》允许无船承运人登记的提单抬头与无船承运人的名称不一致，亦允许无船承运人使用两种或两种以上的提单（详见无船承运人提单登记程序），因此，实践中遇到无船承运人签发的提单的抬头与无船承运人名称不一致时，可以通过交通运输部的政府网站公布的无船承运人提单格式样本进行查询确认。

（二）已登记的无船承运人提单须依法使用

根据《海运条例实施细则》的规定，任何单位和个人不得擅自使用无船承运人已经登记的提单。同时，根据我国《海运条例》第14条的规定，无船承运业务经营者，不得将依法取得的经营资格提供给他人使用。这样规定的目的无疑在于遏制那些借用合法无船承运人的名义进行违规经营活动的非法无船承运人，规范无船承运业的市场秩序，规避风险。

我国《海运条例》及其《实施细则》允许无船承运人委托代理签发提

单。《海运条例实施细则》第 27 条规定，无船承运人需要委托代理人签发提单或者相关单证的，应当委托依法取得经营资格的国际船舶运输经营者、无船承运业务经营者和国际海运辅助业务经营者代理。这里的国际海运辅助业务经营者在我国《海运条例》中有具体规定，它包括国际船舶代理、国际船舶管理、国际海运货物装卸、国际海运货物仓储、国际海运集装箱站和堆场等业务的经营者。但上述经营者不得接受未办理提单登记并缴存保证金的无船承运业务经营者的委托，为其代理签发提单。

由此可见，无船承运人可以作为无船承运人的签单代理人，但是与无船承运人存在紧密联系的货运代理却被排除在无船承运人签单代理人的范围之外，因此，货运代理无权代签无船承运人提单。

（三）外国无船承运人须在我国申办提单登记手续

外国无船承运人在我国境内从事无船承运业务时，亦须在我国办理提单登记并提交财务责任证明。外国无船承运人在办理无船承运业务经营者的登记手续并取得该经营资格后，方可在我国境内开展无船承运业务，其提单亦可在我国境内流通，但必须委托具有相应资格的代理签发提单。而此处"具有相应资格的代理"是指《海运条例实施细则》第 27 条所规定的无船承运人的签单代理人，还是仅指国内已取得无船承运业务经营资格的无船承运人？交通运输部尚未给出明确的解释。

三、无船承运人提单登记的程序

（一）无船承运人提单登记的一般程序

如图 2－1 所示，提单登记前，无船承运业务申请人首先应根据《海运条例》第 8 条的规定，完善财务责任证明。而后根据《海运条例实施细则》第 11 条的规定，向我国交通运输部提出提单登记申请，报送相关材料，并应同时将申请材料抄报给企业所在地或者外国无船承运业务经营者指定的联络机构所在地的省、自治区、直辖市人民政府交通主管部门。申请材料应包括：

（1）申请书；

（2）可行性分析报告；

（3）企业商业登记文件；

（4）提单格式样本；

（5）财务责任证明复印件。

申请人为外国无船承运业务经营者的，还应当提交《海运条例实施细则》第 25 条规定的其指定的联络机构的有关材料。

```
┌────────────────────────────────────────────────┐
│ 申请                                            │
│ 1.申请人如实填写审批窗口提供的格式文本申请表；  │
│ 2.申请人应提供下列材料：                        │
│ ①请示；②财务责任证明；③营业执照（复印件）      │
└────────────────────────────────────────────────┘
                        ↓
┌────────────────────────────────────────────────┐
│ 受理                                            │
│ 1.审批窗口对形式要件初审后，如决定受理应出具书面凭证； │
│ 2.如不予受理，应作出不受理决定书，并告知申请人享有行政复议和行政诉讼 │
│   的权利及时限                                   │
│ 办理时限：2个工作日                             │
└────────────────────────────────────────────────┘
                        ↓
┌────────────────────────────────────────────────┐
│ 审核                                            │
│ 由水运处审核                                    │
│ 办理时限：2个工作日                             │
└────────────────────────────────────────────────┘
                        ↓
┌────────────────────────────────────────────────┐
│ 审核                                            │
│ 报局审核报件                                    │
│ 办理时限：3个工作日                             │
└────────────────────────────────────────────────┘
                        ↓
┌────────────────────────────────────────────────┐
│ 备案                                            │
│ 地方交通主管部门备案                            │
└────────────────────────────────────────────────┘
                        ↓
┌────────────────────────────────────────────────┐
│ 审批                                            │
│ 交通运输部审批，下发批文                        │
└────────────────────────────────────────────────┘
                        ↓
┌────────────────────────────────────────────────┐
│ 备案                                            │
│ 1.交地方交通主管部门管理局备案；                │
│ 2.水运处存档备案                                │
└────────────────────────────────────────────────┘
                        ↓
┌────────────────────────────────────────────────┐
│ 发证                                            │
│ 行政审批窗口通知申请人领取批文                  │
└────────────────────────────────────────────────┘
```

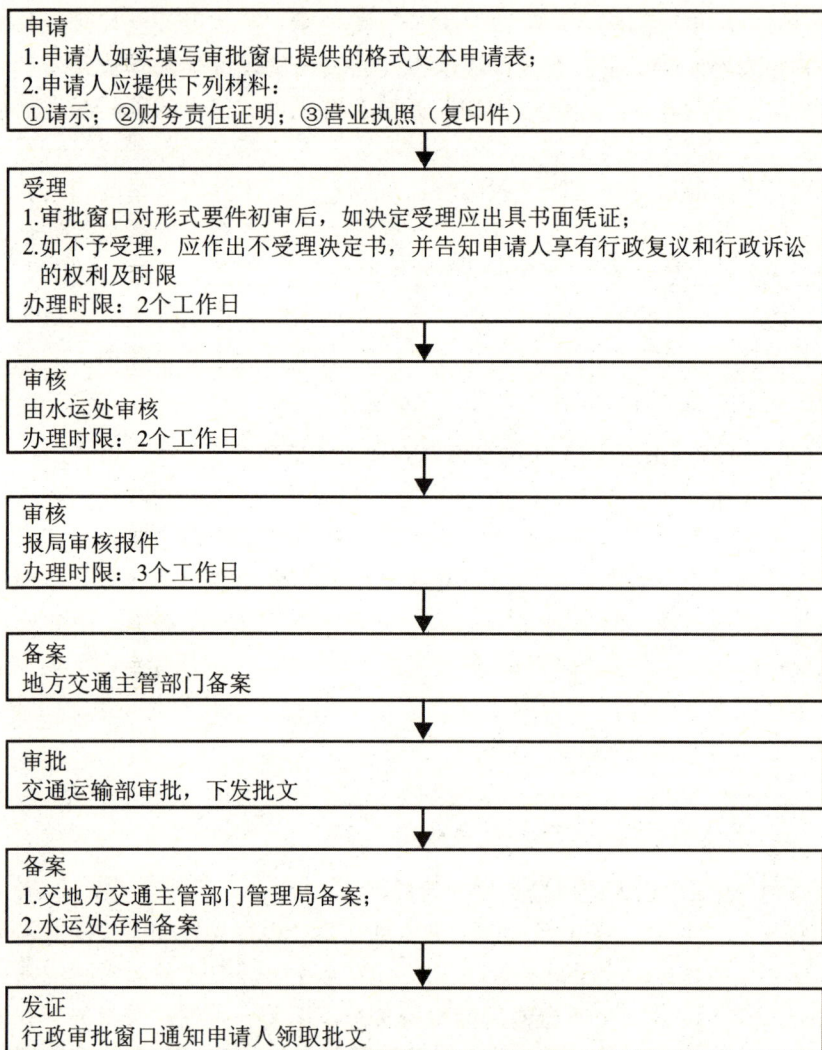

图 2-1　无船承运人提单登记流程图

有关省、自治区、直辖市人民政府交通主管部门自收到上述抄报材料后，应当就有关材料进行审核，提出意见，并应当自收到抄报的申请材料之日起 7 个工作日内将有关意见报送交通运输部。

交通运输部收到申请人的材料后，应当在申请材料完整齐备之日起 15 个工作日内按照我国《海运条例》第 7 条和第 8 条的规定进行审核。审核合格的，予以提单登记，并颁发《无船承运业务经营资格登记证》；不合格的，应当书面通知当事人并告知理由。

我国的申请人取得《无船承运业务经营资格登记证》，并向原企业登记机关办理企业相应登记手续后，方可从事无船承运业务经营活动。

（二）无船承运人提单登记的相关要求

1. 提单抬头名称

根据《海运条例实施细则》第15条的规定，无船承运业务经营者申请提单登记时，提单抬头名称应当与申请人名称相一致。提单抬头名称与申请人名称不一致的，申请人应当提供说明该提单确实为申请人制作、使用的相关材料，并附送申请人对申请登记提单承担承运人责任的书面申明。

无船承运业务经营申请者提交财务责任证明并办理提单登记，依法取得无船承运业务经营资格后，交通运输部将在其政府网站公布该无船承运业务经营者名称及其提单格式样本。

2. 使用两种以上提单的登记

根据《海运条例实施细则》第16条的规定，无船承运人使用两种或者两种以上提单的，每一种提单均应登记。如无船承运人登记的提单发生变更的，应当于新的提单使用之日起15日前将新的提单样本格式向交通运输部备案。

3. 分支机构的提单登记

我国的无船承运业务经营者在我国境内的分支机构，应当按照我国《海运条例》第8条第2款的规定办理财务责任证明，并按照《海运条例实施细则》第11条和第14条的规定进行登记，取得《无船承运业务经营资格登记证》，分支机构申请登记还应提交的材料与其母公司提单登记时须提交的材料有所不同，具体包括下列材料：

（1）申请书；

（2）母公司的企业商业登记文件；

（3）母公司的《无船承运业务经营资格登记证》副本；

（4）母公司确认该分支机构经营范围的确认文件；

（5）财务责任证明复印件。

事实上这里规定的分支机构的登记不是严格意义上的提单登记，而是分支机构的业务登记。因此分支机构没有自己单独的提单格式，只能使用母公司已经登记的提单式样。所以上述提交的材料中没有包括提单格式样本的要求。

4. 无船承运人提单变更的备案

根据《海运条例实施细则》第16条的规定，无船承运人登记的提单发生变更的，应当于新的提单使用之日起15日前将新的提单样本格式向交通运输部备案。

第三节　无船承运人提单管理制度

一、无船承运人提单的签发

无船承运人提单主要用于集装箱拼箱（简称为"集拼"，consolidation）作业中。无船承运人在接收货物后，要向货主签发提单，在集装箱班轮运输中，无船承运人通常是为拼箱货签发提单，因为拼箱货是在集装箱货站内装箱和拆箱，而货运站又大多有仓库，所以无船承运人提单（House B/L）一般称为"分提单"，也称为"货运代理提单"或"仓至仓提单"。

无船承运人提单主要用于集装箱拼箱作业中，而集装箱的拼箱业务操作比较复杂，无船承运人不仅要拥有集装箱货运站装箱设施和装箱能力，而且要与国外卸货港有拆箱/分运能力的航运企业或者货运代理企业有合作关系或者委托代理关系，同时，还需要有政府主管部门的批准才能有权从事集拼业务，从而签发自己的无船承运人提单。

无船承运人签发提单的流程与其集拼业务的流程密不可分，下面介绍具体操作流程：假设有 5 票货物需拼成一个集装箱（FCL），则须将这 5 票货物分别按照其货名、数量、包装、重量、尺码等制作成 5 张托运单。此外，尚需制作成一套总的托运单（场站收据），总托运单的货名为"集拼货物"，其数量、重量和尺码是 5 票货物的汇总数，其目的港相同。5 票货物的关单号和提单号也是统一编号，但是 5 票货物分单的关单号则在这个统一编号之尾，缀之以 A、B、C、D、E 作为区分。货物出运后，船公司或者其代理人按照场站收据的总单，签发一份海运提单，托运人为无船承运人，提单中记载 CY-CY 运输条款。在收到海运提单后，无船承运人据此开始按照 5 票货物的托运单分别签发 5 份无船承运人提单，每份无船承运人提单的编号都依据海运提单号，其尾部分别缀以 A、B、C、D、E，内容则与各份托运单的内容一致，分送给各实际托运人用以进行银行结汇，提单上记载着 CFS-CFS 运输条款。与此同时，无船承运人必须将其从船公司或者其代理人那里获取的海运提单正本连同自己签发的每份无船承运人提单副本快递给卸货港的代理人，以便卸货港的代理人在船舶抵达卸货港时向船公司提供海运提单的正本，提取整箱货并运至自己的货运站进行拆箱，然后通知无船承运人提单的各个收货人持正本的无船承运人提单前来提货。

由于集装箱整箱货和拼箱货在业务操作上存在区别，如图 2-2 和图 2-3 所示。

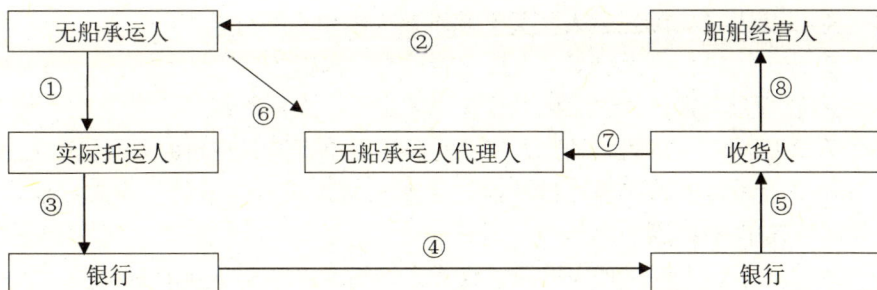

图 2-2 整箱货的无船承运人提单签发流程图

整箱货的无船承运人提单签发流程为：

① 无船承运人签发自己的无船承运人提单给实际托运人；

② 船舶经营人签发自己的海运提单给无船承运人；

③ 实际托运人凭无船承运人提单结汇；

④ 银行将无船承运人提单转至进口国银行；

⑤ 收货人向银行付款后从银行获得无船承运人提单；

⑥ 无船承运人将船舶经营人签发的海运提单寄送至其在目的港的代理人；

⑦ 收货人前往无船承运人代理处凭无船承运人提单换取船舶经营人的海运提单；

⑧ 收货人自行前往船舶经营人处凭海运提单提取货物。

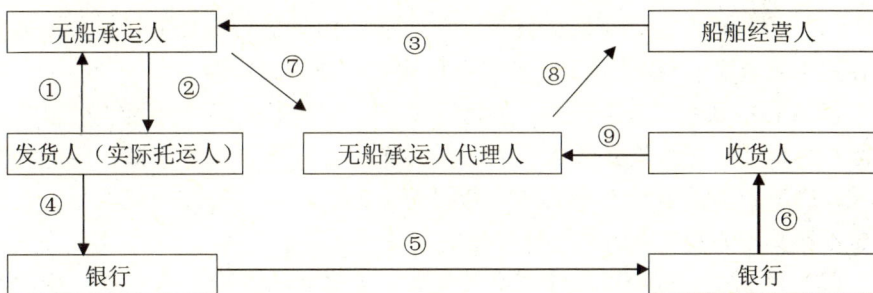

图 2-3 拼箱货的无船承运人提单签发流程图

拼箱货的无船承运人提单签发流程为：

① 发货人（实际托运人）将拼箱货交给无船承运人；

② 无船承运人签发自己的无船承运人提单给发货人（实际托运人）；

③ 无船承运人将货物装箱后交给船舶经营人，船舶经营人签发海运提单给无船承运人；

④ 发货人（实际托运人）凭无船承运人提单去银行结汇；

⑤ 出口国银行将无船承运人提单转至进口国银行；

⑥ 收货人向银行付款后从银行获得无船承运人提单；

⑦ 无船承运人将船舶经营人签发的海运提单寄送其在目的港的代理人；

⑧ 无船承运人的代理人自行前往船舶经营人在目的港的代理人（船代）处凭海运提单提取货物；

⑨ 无船承运人的代理人拆箱，收货人前往无船承运人的代理人处凭无船承运人提单提取货物。

二、第二套提单的签发、风险及注意事项

在无船承运业务中，无船承运人有时也会应实际托运人的要求签发"第二套提单"。在涉及中间贸易商的情况下，有时也会使用一种"转换提单"，即要求无船承运人重新签发的以某一中途港为装货港的提单，其性质也是第二套提单，用以替换在装运时实际签发的提单。

（一）无船承运人签发第二套提单的原因

无船承运人签发第二套提单的原因有很多。在众多原因中有一个共同点，即第一套提单的内容不符合提单持有人的要求，而需要再次出具第二套提单。出于商业压力，无船承运人常会为满足客户要求及保持业务关系而签发转换提单。下面列举一些签发第二套提单的原因：

（1）因原正本提单所指定的卸货港变更（如收货人有权选择卸货港或货物在途中被转卖），需要签发新的提单用来指定新的卸货港。

（2）在一系列买卖合同中，货物的卖方（中间商）不希望真正的供货方的名称出现在转交给买方（收货人）的提单上，以保密供货渠道。因此需要签发新提单，要求承运人将其列为新提单上的托运人。与此类似的是，有关方也不愿真正的装货港名称出现在提单上。

（3）因第一套提单可能滞留在装船国，或者在短途海运中，承运船舶先于第一套提单抵达卸货港，为加快付款或确保凭正本提单交付货物，需要签发第二套提单。

（4）因货物原先是拼箱装运而涉及很多份提单，货物买方可能要求签发一份总提单，以方便整批转卖；也可能出现相反的情况，即一票整箱货物可能需要被分割成多票拼箱货物，此时也需要签发第二套提单。

（5）甚至告知原提单丢失而要求重新签发第二套提单。

然而，无论客户提出何种原因，签发第二套提单均隐藏着风险，须谨慎行事。

（二）签发第二套提单的风险

（1）签发第二套提单时，最理想的状况是将第一套提单交回给无船承运人以换取新签发的第二套提单。通常对这种作法都没有反对意见，但是，新出具的第二套提单内可能因种种原因而包含了一些误述信息（misrepresentation），如装货港资料是否真实？如果收货人因某些误述信息的存在而遭受了损失，则承运人可能面临风险和索赔。

（2）实践中，第二套提单通常不是以交回第一套提单为条件而签发，而是凭担保函签发。实际托运人的任何原因都可能导致第一套提单无法收回。当第一套提单因某种原因被延误时，凭保函签发第二套提单的情况更为普遍。由此可见，在这种情况下签发的第二套提单可能使无船承运人及其代理遭受极大风险。

（3）此外，还有可能会出现第二套提单已经转让给真正的买方，而持有第一套提单的供货商却还没有从中间商那里得到货款。此时，无船承运人将面临持有第一套提单的供货商的索赔，而第二套提单持有人已经在目的港提取了货物。至于无船承运人持有的担保函，除了不能据以对抗第三方的索赔，还经常会因担保函的文字、执行及管辖权等问题而变得毫无作用。

（三）签发第二套提单须注意的事项

（1）在签发第二套提单时，第一，必须收回第一套正本提单以换取第二套正本提单，第二，必须注意以下几点。

① 应给第二套提单新的提单号，不要使用与第一套提单相同的提单号。

② 第二套提单中的托运信息，包括装货港、卸货港、任何的转运港、货物描述、体积和总重，必须与第一套提单的托运信息完全一致（除非是上述第四例中涉及分单的情况）。

③ 第二套提单中，实际托运人及收货人的名称可予以更改。但除此之外的其他内容必须是真实和正确的才能记载在新提单中。

（2）在有关方不能提交第一套正本提单来换取第二套提单时，操作中就必须特别小心。首先，要求签发第二套提单的一方必须提供担保函，且担保函必须由具有一流财务资质的银行加保。此外，也必须从装货港的实际托运人处取得同意签发第二套提单的书面确认。

在无船承运业务中，作为契约承运人的无船承运人当遇到客户因提单丢失或需要修改等原因，请求无船承运人再签发一套无船承运人提单时，无船承运人就会很纠结，不重新签发一套提单来解决客户的实际问题，肯定会影响其与客户的长期合作关系，但如果再签发一套提单必然会隐藏下很大的风险，因为客户手中掌握着两套提单。在此种情况下，无船承运人的处理原则应把握以下几点。

① 原则上不接受签发第二套提单的要求。

② 坚持收回已签发的第一套提单，再签发第二套提单。

③ 在同意签发第二套提单时，要求客户提供担保及银行加保。

④ 对银行提供的担保函的性质、格式、内容，担保金额和期限等，须由法律部门审核。

⑤ 审核银行签字人是否有权，图章是否真实有效。

⑥ 对提供担保的银行要进行资质调查和审核。

三、无船承运人提单签发的法律效力及认定

(一) 未经登记的无船承运人提单的有效性与无效性之争

我国《海运条例》明确规定无船承运经营者取得经营资格的前提条件是提供财务责任证明及进行提单登记备案。因此，对于未进行提单登记备案的无船承运人签发的提单是否有效，作为提单证明的海上货物运输合同是否有效的问题，便成为司法实践与航运实践中的争论焦点。围绕这一问题主要有两种论点：合同有效论和合同无效论。这两种论点争论的焦点就在于对我国《合同法》第52条和《最高人民法院关于适用〈中华人民共和国合同法〉若干问题的解释 (一)》第10条的理解上。持合同无效论的学者认为，根据我国《合同法》第52条关于："违反法律、行政法规的强制性规定的合同无效"的规定和我国《最高人民法院关于适用〈中华人民共和国合同法〉若干问题的解释 (一)》第10条关于"当事人超越经营范围订立合同，人民法院不因此认定合同无效。但违反国家限制经营、特许经营及法律、行政法规禁止经营规定的除外"的规定，结合我国《海运条例》第26条关于"未按照本条例的规定办理提单登记并缴纳保证金的，不得经营无船承运业务"的规定，可以明确，未经登记而签发的无船承运人提单是无效的。而且我国《海运条例》的颁布，就是为了鼓励合法交易，维护和规范正常国际航运秩序。如果认定不登记的提单仍然有效，则会干扰正常的航运秩序，损害合法登记的无船承运人的利益和积极性，从而造成不公平竞争。

而有些持合同有效论的专家却认为，未办理提单登记并提供财务责任证明的不得经营无船承运业务的规定属于法律中的取缔性规范，而非效力性规范，对仅仅违反取缔性规范的行为不应当认为是无效的。进而，如果认定合

同无效，根据我国《合同法》第58条的规定："合同无效或者被撤销后，该合同取得的财产，应当予以返还；不能返还或者没有必要返还的，应当折价补偿。有过错的一方应当赔偿对方因此受到的损失，双方都有过错的，应当各自承担相应的责任。"运输合同无效，提单也不具有法律效力，那么要求承运人重新回运货物，返还运费，不仅劳民伤财，而且显然也不现实。

除了上述两种主要观点外，还有学者提出"合同有效，提单无效"的观点和"合同无效，提单有效"的观点。持"合同有效论"观点的认为，毕竟办理提单登记和提供财务责任证明是行政管理的手段，未获得无船承运人资格的经营人订立的运输合同，未合法有效进行登记的提单，只是违反了相关行政法规的规定，应由行政机关予以处罚，而该行为并不必然地损害国家利益和社会公共利益，因此，货物运输合同和无船承运人签发的无船承运人提单并不能就认定为无效。"合同无效论"和"合同无效，提单有效"的观点都因缺乏理论基础而难以成立。

（二）不适格主体签发无船承运人提单的有效性与无效性之辨

实践中，由于我国无船承运业系从传统货运代理业发展而来，在交通运输部申请登记成立无船承运人的，大部分是原有的货运代理企业，过去对货运代理业的管理相对来说不是很规范，因而导致至今无船承运人提单的签发与管理仍未达到我国《海运条例》及其《实施细则》所规定的理想状态，尚存在许多不适格的主体签发无船承运人提单及违规签发无船承运人提单的现象。造成这种现状的原因，既有整个行业多年来习惯性的不良作法，也有无船承运人自身风险意识的淡薄、对提单重要性认识的不足和疏于管理等原因。在这种情况下，如果实际托运人接受了诸如此类的不适格主体或违规签发的无船承运人提单，应当如何认定它的效力呢？对于该提单所证明的运输合同的效力又应如何认定呢？

如果认定此类提单及运输合同无效，无疑将有利于维护我国《海运条例》及其《实施细则》的规定，严格无船承运人提单的签发与管理，遏制无船承运人提单签发的混乱状况，降低运输与贸易中的风险，使整个行业日趋走向规范。

但是，我们也要看到问题的另一面：如果一概认定该类提单及运输合同无效，可能会带来更多方面的、更为复杂的问题。其所惩罚的对象可能并非仅限非法签发无船承运人提单的不适格的主体，而是运输合同下的实际托运人——无辜的货主，甚至株连到与实际托运人有关的其他的间接的贸易伙伴。因为，当货主将货物交给提单签发人，获得货物出运后签发的无船承运人提单,则该提单对货主来说,意味着货主对货物行使有效控制权的唯一武器,所以,该提单的有效与否关系到运输乃至整个贸易的正常进行。如果片面地断然否定提单及运输合同的效力,造成货物运输环节的中断,那么,所带来的整个贸易的损失将是不可设想的。同时受损失的还有受不适格主体委托实际承运该批货物的船方。

这些损失无疑应由签发提单的不适格的主体来承担,但它又是否有承担责任的能力呢?这是我们不得不考虑的。再则,认定该提单和运输合同无效,还将导致已经建立的法律关系无据可依,一旦发生纠纷就会出现责任链条的中断,给货主的索赔及法院对责任的判定造成困难。

(三) 我国法院关于无船承运人提单签发效力的认定

我国于 2012 年 5 月 1 日起施行的《最高院关于货运代理若干问题的规定》第 4 条:"货运代理企业在处理海上货运代理事务过程中以自己的名义签发提单、海运单或者其他运输单证,委托人据此主张货运代理企业承担承运人责任的,人民法院应予以支持。货运代理企业以承运人代理人名义签发提单、海运单或者其他运输单证,但不能证明取得承运人授权,委托人据此主张货运代理企业承担承运人责任的,人民法院应予支持。"据此,货运代理企业签发的提单对其身份的认定具有决定性作用。这是因为提单是国际海上货物运输的主要单证,是海上运输合同关系的证明,因此提单通常是人民法院确定当事人是否具有承运人法律地位的主要依据。由于货运代理业务的广泛性以及进出口业务的需要,货运代理企业在处理货运代理业务时有权以自己名义或承运人代理人名义等多种身份签发提单。但是出于行政管理的需要,货运代理企业能否作为签发提单的主体应当符合法律规定的条件。依照我国《海运条例》第 7 条第 1 款规定,经营无船承运业务,应当向国务院交通主管部门办理提单登记,并缴纳保证金。依照该《海运条例》第 26 条的规定,未办理提单登记并提交财务责任证明的,不得从事无船承运业务,也不能以自己的名义签发提单。但是实践中货运代理企业未经登记签发提单的情况比比皆是,如果一律因其不具备经营资格而否认其签发的提单效力,必然对贸易环节和海上运输产生重大的消极影响。2007 年 11 月,最高人民法院民四庭以〔2007〕民四他字第 19 号复函对天津市高级人民法院就此问题的请示明确答复,货运代理企业未取得无船承运经营资格签发提单的行为属于违反行政法规的违法行为,应受到相应的行政处罚,但不影响其签发的提单的效力。至此,货运代理企业以自己名义签发提单的效力问题得以解决。

四、加强规范无船承运人签发提单的管理制度

(一) 杜绝违规签发无船承运人提单的现象

我国商务部1998年施行的《货运代理规定实施细则》第2条规定:"国际货物运输代理企业(以下简称"国际货运代理企业")可以作为进出口货物收货人、发货人的代理人,也可以作为独立经营人,从事国际货运代理业务。国际货运代理企业作为代理人从事国际货运代理业务,是指国际货运代理企业接受进出口货物收货人、发货人或其代理人的委托,以委托人名义或者以自己的名义办理有关业务,收取代理费或佣金的行为。国际货运代理企业作为独立经营人从事国际货运代理业务,是指国际货运代理企业接受进出口货物收货人、发货人或其代理人的委托,签发运输单证、履行运输合同并收取运费及服务费的行为。"第32条规定:"国际货运代理企业可以作为代理人或者独立经营人从事经营活动。其经营范围包括:(一) 揽货、订舱(含租船、包机、包舱)、托运、仓储、包装;(二) 货物的监装、监卸、集装箱装拆箱、分拨、中转及相关的短途运输服务;(三) 报关、报检、报验、保险;(四) 缮制签发有关单证、交付运费、结算及缴付杂费;(五) 国际展品、私人物品及过境货物运输代理;(六) 国际多式联运、集运(含集装箱拼箱);(七) 国际快递(不含私人信函);(八) 咨询及其他国际货运代理业务。"

应当认识到我国《海运条例》引入无船承运人的概念,确立了无船承运人的独立市场主体地位之后,作为独立经营人的货运代理已不再包括无船承运人,而主要是充当多式联运经营人的角色。取得多式联运业务经营资格的货运代理可以签发其在商务部登记的提单,对全程运输负责承担承运人的责任,责任期间自接收货物时起至交付货物时止。其承担责任的基础、责任限额、免责条件及丧失责任限制的前提依照有关多式联运的法律规定确定。

同时根据前述规定,作为纯粹代理人的货运代理当然无权以承运人的身份签发提单,亦无权签发或代签无船承运人提单或承运人提单。

过去货运代理曾一度试图通过签发货运代理提单来满足客户对作为运输证明的单证可以结汇的需求。但由于货运代理是以承运人代理的身份签发这些提单,提单背面的条款中通常规定货运代理可以免除任何责任,这样容易导致责任认定上的混乱,因此银行不予结汇。为规范这种混乱状况,菲亚塔制定了货运代理运输凭证(菲亚塔制定的各种单证中大部分目前我国尚未使用,仅少部分被使用,下同),现已为许多国家的货运代理所采用,并得到银行的认同,作为信用证议付的单证。货运代理运输凭证较之于普通的收货凭

证的特殊性在于货运代理运输凭证可以转让，合法持有人在运输目的地可以通过提交该单证取得货物。如果货运代理未能依照单证要求而错误地交付货物，则须对货运代理运输凭证持有人负责。但与菲亚塔提单（如无船承运人提单、多式联运提单等）不同，签发货运代理运输凭证的货运代理明确宣称其不是承运人。货运代理运输凭证确认货运代理有权依其选定的承运人的惯常条件与承运人签订运输合同。货运代理不为该承运人在履行运输合同中的任何行为与疏忽承担责任。货运代理同意将其在运输合同下的权利转让给货运代理运输凭证持有人，以方便其可以直接向承运人提起诉讼。这样，在信用证允许的情况下，货运代理企业可以代理人而非承运人的身份签发货运代理运输凭证代替提单作为运输证明，并实现国际贸易下的结汇。

同时，新的《货运代理规定实施细则》还进一步加强了对货运代理市场的规范和管理，要求货运代理企业不得将货运代理经营权转让或变相转让；不得允许其他单位、个人以该货运代理企业或其营业部名义从事货运代理业务；不得与不具有货运代理业务经营权的单位订立任何协议，而使之可以单独或与之共同经营货运代理业务，收取代理费、佣金或者获得其他利益。货运代理企业应当加强对货运代理提单的管理工作，禁止出借，如遇遗失、版本修改等情况应当及时向商务部报备。这将改变过去众多不具有货运代理经营资格、资信不好、偿债能力有限的实体或个人，挂靠在货运代理企业之下，以其名义进行活动，使托运人难分良莠的状况，从而使货运代理市场日趋规范化、正规化。这也必将影响到与货运代理业密切相关的无船承运业，在二者的同步规范化下，相信无船承运人提单签发的混乱状况也将会得到根本的改变。

随着我国加入世界贸易组织（WTO）和国际化进程的加快，无船承运业务在远洋运输中的比例进一步上升。截至2013年12月20日，我国交通运输部已批准了4 619家企业的无船承运人资格。目前市场上，包括规模较大的无船承运人在内的国内无船承运人占到了市场份额的80%以上，境外的无船承运人有549家。但是，签发无船承运人提单的企业大多数是境外的企业，我国虽然有不少企业申领到无船承运人许可证，但多数没有能力签发自己的提单，只是为了能与班轮公司签订订舱协议。

尽管无船承运人的产生与发展有着比较复杂的经历和历史背景，但无船承运人提单作为一种有价证券，与其他提单一样在海运中具有非常重要的地位，往往是解决各种海事纠纷、风险的关键。但在实践中，我国目前实际从事无船承运业务的经营者数量众多，而有自己提单的所占比例很少。许多经营者只是简单地拿一份市场上流通的提单（通常是船公司提单），将抬头改为自己公司名称就作为自己的提单了，有的甚至连抬头都不改就直接使用。这样既不利于保护经营者的合法权益，也妨碍了政府部门的行业管理。同时，无船承运人在签发提单时，往往照抄照搬实际承运人的提单条款，却不能根据自己的实际情况做出变更。一旦发生纠纷，承运人就无法准确地承担责任。同时，提单不规范就不能很好地与国际惯例接轨，那些在境外无代理的我国中小型无船承运人企业签发的提单，往往得不到境外合作方和银行的认可，也将会影响到运输链与贸易链的顺畅。因此，规范无船承运人提单的签发、杜绝违规签发无船承运人提单现象是我国无船承运业良性发展的基础。

（二）规范对不适格主体签发无船承运人提单的管理制度

在无船承运业务中，提单的签发及其效力的认定是一件非常严肃的事。它直接地、间接地关系到诸多当事人的权利和利益问题。

从保护善意货主利益的原则和有利于贸易与运输的正常进行出发，对于不适格主体签发无船承运人提单的问题，还需从两方面入手解决。

一方面，在横向民事法律关系上，认定该提单及其所证明的运输合同的有效性，对运输合同下的纠纷仍依据提单及其条款解决。承运人则依据提单的抬头与落款来认定，而多数情况下承运人无疑应为无船承运人提单的真正所有人，让无船承运人提单的真正所有人来承担运输合同下的责任，也是对其擅自出借提单或对提单疏于管理行为的一种有力惩罚。

另一方面，通过纵向行政手段，对其行为加以规制。根据我国《海运条例》的规定，未办理提单登记、提供财务责任证明，擅自经营无船承运业务的，由国务院交通主管部门或者其授权的地方人民政府交通主管部门责令停止经营；有违法所得的，没收违法所得；违法所得10万元以上的，处违法所得2倍以上5倍以下的罚款；没有违法所得或者违法所得不足10万元的，处5万元以上20万元以下的罚款。无船承运人将其依法取得的经营资格提供给他人使用的，由国务院交通主管部门或者其授权的地方人民政府交通主管部门责令限期改正；逾期不改正的，撤销其经营资格。但我国《海运条例》及其《实施细则》并未对无船承运人擅自出借提单和不适格主体签发无船承运人提单行为的处罚做出规定。因此，遏制此类行为的关键应是通过行政手段明确处罚措施、加大处罚力度，同时加强监督，完善执法程序，做到执法必严。

此外，解决不适格主体签发无船承运人提单问题的真正源头，在于理顺货运代理业与无船承运业的关系。将货运代理的经营范围与无船承运人的经营范围做明确划分，加以有效管理。对那些既经营货运代理业务又经营无船承运业务的企业，则应从目前我国的实际情况出发，透过其所从事的具体业务分清不同的身份，进而划分和确定其权利、义务与责任。

2013 年 10 月 14 日，作者在天津货代协会调研时与于世平会长和王宝栋顾问等人合影。

第三章 无船承运业务

第一节 无船承运业务操作程序

无船承运业务是基于集装箱业务的诞生应运而生，其业务多体现在集装箱运输中，因此，无船承运业务与集装箱业务的操作程序基本相同。

一、无船承运出口业务操作程序

无船承运人参与集装箱班轮出口业务时，主要包括两个阶段：一是发生在发货人（货方）与无船承运人之间；二是发生在无船承运人与作为船舶经营人的实际承运人之间。具体程序主要包括以下几方面。

（一）订舱

发货人根据贸易合同或者信用证条款的规定，在货物托运之前的一定时间内，填制订舱单向无船承运人申请订舱。无船承运人再根据其与实际承运人的服务合同或者协议申请舱位。

根据我国《海商法》第 42 条的规定，将货物交给承运人的人也是托运人（实际托运人）。但是实践中通常将货物交给承运人的人称为"发货人"。

（二）接受托运申请

无船承运人在决定是否接受发货人的订舱申请时，首先要考虑其本身能否满足发货人的要求，如运输时间、目的港等。一旦对发货人的订舱申请予以确认，不论是以书面形式还是以口头形式确认，只要符合我国《合同法》中关于合同成立的要件、要约和承诺，即意味着双方之间的国际海上货物运输合同关系成立。接受发货人的托运申请后，无船承运人应当及时向实际承运人订舱。在实际承运人接受订舱后，无船承运人应将货物的有关信息及时告知实际承运人，以便编制订舱清单。如果是发货人自行装箱，则发货人或者无船承运人还需要申请领取集装箱提箱单，据此办理空箱及货物交接。

（三）发放空箱

如果是整箱货运输，通常由发货人到集装箱码头堆场提取空箱；如果是拼箱货运输，通常由无船承运人的集装箱货运站负责提取空箱。当发货人到集装箱堆场提取空箱时，则由发货人与集装箱堆场直接办理空箱交接手续，并填制集装箱提箱单。当然在某些情况下，不论是整箱货运输还是拼箱货运输，无船承运人都可以将自己的集装箱或实际承运人的集装箱提供给发货人使用。

（四）拼箱货装箱

在目前的航运实践中，从事拼箱货业务的主要是无船承运人。拼箱货（Less than Container Load，LCL）是指由海关认可的集装箱货运站负责装箱和计数，填写装箱单，并加封志的集装箱货物。因为，拼箱货往往涉及多个发货人和多个收货人，因此，无船承运人在收到发货人缮制的场站收据和货物时，要仔细核对单证及货物情况并签收。如果发现货物的外表状况不良，无船承运人应当加以批注。装箱前，还应当向海关办理货物出口报关手续，或者由发货人自行办理货物出口报关手续，并在海关的监督下将货物装箱，同时从里至外根据货物装箱的顺序，缮制装箱单。拼箱、配载后，无船承运人应向海关申报，并给发货人开具海关认可的分单下货纸（S/O），发货人可自行持分单下货纸向海关申报，也就是说有两次申报环节。装箱加海关铅封后，无船承运人将重箱交给实际承运人或其代理人。

（五）整箱货交接

整箱货（Full Container Load，FCL）是指由发货人（实际托运人）负责装箱和计数，填写装箱单，并加封志的集装箱货物，通常只有一个发货人和一个收货人。如果无船承运人收到发货人自行装箱并加海关封志的整箱货，应当对交付的重箱外表状况进行检验后接收货物，并签发收据给发货人。如果外表状况不良，应当加批注。无船承运人以同样的程序将整箱货交付给实际承运人或其代理人。

（六）换取提单

发货人凭无船承运人签发的场站收据，换取无船承运人签发的无船承运人提单，然后凭此收取货款或去银行结汇。而无船承运人则应当凭实际承运人或其代理人签发的场站收据换取实际承运人签发的海运提单（Ocean B/L）。

（七）货物装船

集装箱码头堆场或集装箱装卸区根据接受待装货物的情况，缮制装船计划，等船舶靠泊后即根据装船计划装船。

（八）集装箱货物的交接方式

根据集装箱货物交接地点的不同，理论上可以通过排列组合的方法将集装箱货物交接方式归纳为 16 种，不同交接方式下，集装箱运输承运人与发货人承担的责任和义务不同，集装箱承运人运输组织的内容和范围也不同。理论上所讲的集装箱货物的交接方式包括以下几种。

1. 门到门（Door to Door）运输

门到门运输是指集装箱运输承运人在发货人的工厂或仓库接受货物，负责将货物经过陆路运输、海上运输等方式运至目的地收货人的工厂或仓库交付。在这种交接方式下，货物的交接形态是整箱货交接。

2. 门到场（Door to CY）运输

门到场运输是指集装箱运输承运人在发货人的工厂或仓库接受货物，负责将货物经过陆路运输、海上运输等方式运至目的港码头堆场或其内陆堆场。在堆场向收货人交付货物。在这种交接方式下，货物的交接形态是整箱货交接。

3. 门到站（Door to CFS）运输

门到站运输是指集装箱运输承运人在发货人的工厂或仓库接受货物，负责将货物经过陆路运输、海上运输等方式运至目的港集装箱货运站或其在内陆的货运站，经拆箱后向各个收货人交付。在这种交接方式下，货物的交接形态是整箱货接受，拆箱货的交付。

4. 门到钩（Door to Tackle）运输

门到钩运输是指集装箱运输承运人在发货人的工厂或仓库接受货物，负责将货物经过陆路运输、海上运输等方式运至目的港码头，并在船边交付货物，通常为整箱货物。此时，货物的卸船费用多由承运人负担，但也可以约定由收货人负担。

5. 场到门（CY to Door）运输

场到门运输是指集装箱运输承运人在码头堆场或其内陆堆场接受发货人的货物，负责将货物经过海上运输、陆路运输等方式运至目的地收货人的工厂或仓库交付。货物交接形态为整箱货交接。

6. 场到场（CY to CY）运输

场到场运输是指集装箱运输承运人在装货港码头堆场或其内陆堆场接受发货人的货物，负责将货物经过海上运输运至目的港码头堆场或其内陆堆场交付货物。货物交接形态为整箱货交接。

7. 场到站（CY to CFS）运输

场到站运输是指集装箱运输承运人在装货港码头堆场或其内陆堆场接受发货人的货物（整箱货），负责将货物运至目的港集装箱货运站或其在内陆的货运站，经拆箱后向各个收货人交付（拼箱货）。

8. 场到钩（CY to Tackle）运输

场到钩运输是指集装箱运输承运人在装货港码头堆场或其内陆堆场接受发货人的货物（整箱货），负责将货物运至目的港码头，并在船边交付货物（整箱货）。通常卸船费用多由承运人负担，但也可以约定由收货人负担。

9. 站到门（CFS to Door）运输

站到门运输是指集装箱运输承运人在装货港码头的集装箱货运站或其内陆货运站接受货物，经拼箱后，负责将整箱货物运至目的地收货人的工厂或仓库交付。在这种交接方式下，一般是以拼箱货接受，整箱货交付货物。

10. 站到场（CFS to CY）运输

站到场运输是指集装箱运输承运人在装货港码头的集装箱货运站或其内陆货运站接受货物，经拼箱后，负责将整箱货物运至目的港码头堆场或其内陆堆场交付货物。在这种交接方式下，一般是以拼箱货接受，整箱货交付货物。

11. 站到站（CFS to CFS）运输

站到站运输是指集装箱运输承运人在装货港码头的集装箱货运站或其内陆货运站接受货物，经拼箱后，负责将整箱货物运至卸货港，然后在卸货港码头集装箱货运站或其内陆货运站，经拆箱后向各个收货人交付货物。在这种交接方式下，货物的交接形态一般都是拼箱货交接。

12. 站到钩（CFS to Tackle）运输

站到钩运输是指集装箱运输承运人在装货港码头的集装箱货运站或其内陆货运站接受货物，经拼箱后，负责将整箱货物运至卸货港，然后在卸货港码头船边交付货物。通常卸船费用多由承运人负担，但也可以约定由收货人负担。

13. 钩到门（Tackle to Door）运输

钩到门运输是指集装箱运输承运人在装货港码头船边接受整箱货物，并负责将货物运至目的地收货人的工厂或仓库交付。通常装船费用多由承运人负担，但也可以约定由发货人负担。

14. 钩到场（Tackle to CY）运输

钩到场运输是指集装箱运输承运人在装货港码头船边接受整箱货物，并负责将货物运至目的港码头堆场或其内陆堆场交付货物。通常装船费用多由承运人负担，但也可以约定由发货人负担。

15. 钩到站（Tackle to CFS）运输

钩到站运输是指集装箱运输承运人在装货港码头船边接受整箱货物，并负责将货物运至卸货港，然后在卸货港码头集装箱货运站或其内陆货运站，经拆箱后向各个收货人交付货物。通常装船费用多由承运人负担，但也可以约定由发货人负担。

16. 钩到钩（Tackle to Tackle）运输

钩到钩运输是指集装箱运输承运人在装货港码头船边接受整箱货物，并负责将货物运至卸货港，然后在卸货港码头船边交付货物。通常装船费用多由承运人负担，但也可以约定由发货人负担。

2013 年 10 月 14 日，作者在天津参观中国外运天津有限公司无船承运人集装箱堆场。

上述理论上存在的 16 种货物交接方式，实践中并非都能遇到。目前，在船边交接货物的方式已经很少发生，因为涉及船期等相关问题。所以，有的教科书将集装箱货物交接方式分为 9 种，即门到门、门到场、门到站、场到门、场到场、场到站、站到门、站到场和站到站。而在发货人的工厂或者仓库交接货物又涉及多式联运。所以，据此有的教材中将集装箱货物运输交接方式仅仅分为 4 种，即场到场、场到站、站到场和站到站。站到场的交接方式涉及多个发货人的货物在装货港拼箱后，经整箱货运输至目的港交给一个收货人。实践中进行这种货物交易的情形很少，所以，实践中很少采用站到场的交接方式。而对于场到站的交接方式而言，由于货物是发货人自行装箱的，承运人在装货港接受的是整箱货，对于箱内货物情况和内容无法检验，所以，有赖于发货人的如实告知。承运人只要在箱体完好和封志完整的状况下，即可接受这票整箱货物。然后经过海上运输，运至卸货港拆箱后，须在箱内货物外表状况良好的情况下将货物交给多个收货人。此时，承运人的责任明显加重，所以，实践中承运人几乎不采用这种运输方式。

目前，在海上集装箱班轮运输实践中，班轮公司通常承运整箱货，并在集装箱堆场交接货物，常用的交接方式为 CY to CY（CY/CY）。而无船承运人作为集拼经营人则承运拼箱货，并在集装箱货运站与发货人交接货物，常用的交接方式为 CFS to CFS（CFS/CFS）。而且随着无船承运业务的不断发展，CY to CY 也日益成为无船承运人的重要交接方式。

二、无船承运进口业务操作程序

1. 无船承运人接受托运

如果我国进口企业以 FOB 条款订立国际货物买卖合同，则我国进口企业有订舱业务。进口方可以将运输委托无船承运人来履行。如果无船承运人与我国某一进口企业建立了长期业务关系，则进口企业往往会把无船承运人写在贸易合同中，国外发货人在履行合同时就会直接与无船承运人联系有关运输事宜，便于提高工作效率，以及避免联系脱节的现象发生。如果贸易合同没有明确承运进口货物承运人的，则进口企业在向无船承运人订舱后，应及时将无船承运人的名称和联系方式告知发货人。

2. 接运工作

我国无船承运人在外国的分支机构或代理人应当及时、迅速地做好货物的接运工作，尤其是需要处理好各种单证，需要的单证和程序与我国出口货物的情况大致相同。

3. 报关、报验

根据我国有关法律、法规的规定，进口货物必须办理验放手续后，收货人才能提取货物。因此必须及时办理有关报关、报验手续。在货物运抵我国目的港后，无船承运人应通知收货人办理报关、报验等手续。也可以接受收货人委托，由无船承运人代办报关、报验手续。

4. 监管转运

进口货物入境后，一般在港口报关放行后再内运，但是若收货人提出要求，并经海关核准，也可运往另一设关地点办理海关手续，这种货物属于转关运输货物。转关运输货物也是在海关的监管之下，办理转关运输的进境地申报人必须持有海关颁发的《转关登记手册》，承运转关运输货物的承运单位必须是经海关核准的运输企业，并持有《转关运输准载证》，在到达地申报转关运输货物时，必须递交进境地海关转关关封、《转关登记手册》和《转关运输准载证》，申报必须及时，并由海关签发回执，交进境地海关。

5. 交付货物

无船承运人应及时从实际承运人处提取货物，然后向收货人交付货物。无船承运人向收货人交付货物有两种方式：第一种是象征性交货，即单证交接，货物到港经海关验收，并在提货单（D/O）上加盖海关放行章，将该提货单交给收货人，即交货完毕；第二种是实际交货，即除了完成报关放行外，无船承运人负责向港口装卸区办理提货，并负责将货物运至收货人指定的地点，交给收货人。如果是整箱货，还需要负责空箱的还箱工作。上述两种方式交货，都应当做好交货工作的记录。

如果是集拼货物，无船承运人在卸货港还要从事分拨业务。因此，从实际承运人处提取整箱货并拆箱后，还应办理其他有关手续，如向收货人发出提货通知，根据无船承运人提单签发分拨提货单等。

三、无船承运人拼箱业务操作程序

无船承运人通常都承办拼箱业务，即接受多个发货人要求，将客户那些尺码或重量达不到整箱要求的小批量货物，集中起来拼凑成一个20英尺或40英尺集装箱，然后以托运人身份向实际承运人办理托运，采用一个总托运单集中发运到同一卸货港的分支机构或代理，他们将以收货人身份从实际承运人处提取货物，再根据无船承运人签发的提单将货物分拨给不同收货人。这种业务通常称为集拼，又称为集中托运。承办集拼业务的无船承运人必须具备以下两个条件：①拥有集装箱货运站装箱设施及装箱能力；②在国外卸货港设立了具有拆箱分运能力的分支机构或者与国外卸货港具有拆箱分运能力的航运企业或无船承运人建立了代理关系。

无船承运人办理进出口集装箱拼箱货运流程如下。

1. 拼箱

（1）接受委托，集中订舱。

无船承运人与发货人（实际托运人）或其委托的货运代理经过询价、报价后，一旦接受发货人递交的委托书及托运单证后，双方运输合同即告成立。

无船承运人在接受发货人的委托后，便开始汇总各家发货人的托运单，再以其托运人的身份按照 CY/CY 条款向实际承运人递交订舱单。实际承运人确认后，提供总提单号，发放订舱回单，无船承运人与实际承运人之间的运输合同成立。

在业务操作中，应当注意以下几点：第一，无船承运人通常根据每月拼箱货的业务量，于开航前 10 天左右缮制预托单，注明托运人为无船承运人，收货人为国外指定代理，在货物说明栏中说明是"拼箱货"，并列出所拼集装箱内每一种货物的名称或直接标明集拼货（Consolidate Goods），向承运人暂订舱。第二，在拼箱过程中，应注意将信用证规定转运期相近的货物尽量装在一起，以便于及时出运，同时对货物的特性也要有所了解，防止将不能混装的货物装载在一起。第三，在业务实践中，一般无船承运人根据协议或经过临时协商与实际承运人事先定妥运价，取得船名、航次、总提单号后，再与发货人确认运价，并提供船名、航次、分提单号。

（2）通知送货，通知装箱，集运报关，收货签单并装箱。

无船承运人取得实际承运人的订舱确认后，应告知客户送货及递交报关资料的时间和地点，同时，将需要集拼货物的报关清单和载货清单交给无船承运人指定的拼箱货运站。货运站可向实际承运人提取空箱，并做好货物的接受、装箱及送货准备。报关清单是各票货物报关单的汇总，主要内容包括船名、航次、总批量、总重量、报关单位、报关时间、编号、经营单位、货物名称、件数、重量、价格等。发货人将货物送到集装箱货运站后，代表无船承运人的货运站应当与发货人进行货物及单证的验收交接，确认无误后，货运站签发场站收据给发货人，以便发货人换取无船承运人提单。办妥报关报验手续后，货运站进行装箱，并缮制装箱单。

无船承运人于截港前 1 天，与货运站核对进库货物情况，缮制一式两份的报关清单，并附在各票货物的报关单及其他证明的前面，向海关报关。由于所有的集拼货物通常都在海关批准的监管场所内装箱，因此一般情况下，海关在检查有关单据后不再另行验货，通常完税后即告放行，只不过报关清单上必须由装箱地加盖上述"货物确已到站"的印章，并在船舶开航前 3 天内，向海关呈交实际装箱出运的货物清单一份，清单上还需注明集装箱箱号和铅封号。业务操作中，由于各地海关要求不同，所采用的做法不全相同，有的会采用以下做法：即先由各个发货人分别单独报关，等货物装箱后再由无船承运人办理出口拼箱舱单的录入以及整箱出口手续，待海关放行后，将整箱货送到港区堆场。

（3）集装箱交实际承运人，缮制账单、提单，付费，签发提单。

货物装入集装箱后，无船承运人或其代理应在规定的时间内组织拖车，将集装箱连同有关单证（场站收据、关单等）送至实际承运人指定的堆场，双方验收合格后，实际承运人应签发场站收据给无船承运人，以换取实际承运人签发的海运提单。如果无船承运人应支付运费及港杂费等，则一般在其支付上述费用后，实际承运人才签发提单。

（4）凭单结汇。

发货人取得无船承运人提单后，连同其他单证向银行交单结汇。收货人则向开证行付款赎单，取得全套正本无船承运人提单。

（5）寄交单证。

无船承运人应将实际承运人的提单正本、装箱单、无船承运人提单正本复印件、舱单、各分票海运费收费标准（运费到付情况下）等寄送目的港无船承运人的代理，并向其发布船舶开航的信息。实际承运人在装货港的代理也应将所签发的提单副本等货运单证寄送给实际承运人在卸货港的代理。

2. 拆箱、分拨货物

（1）接受、核对、缮制并分发单证。

无船承运人在目的港的代理收到单证后，首先应核对有关整箱货舱单与各分票舱单数据是否一致，其次应缮制有关分票舱单及提货单，然后将有关整箱货资料和各分票舱单转交给卸货港货运站或拆箱监管场所及拖车公司。

（2）凭提单办理提货手续。

在实际承运人发出提货通知后，无船承运人在目的港的代理凭装货港的代理邮寄的实际承运人签发的海运提单，向实际承运人在目的港的代理处办理提货手续。实际承运人目的港的代理要将该海运提单正本与实际承运人装货港代理邮寄的副本提单进行核对，并在收取运费（运费到付情况下）后，签发提货单，以便无船承运人目的港的代理提取集装箱。

（3）向海关办理移库手续，提箱、拆箱。

无船承运人或其目的港代理凭实际承运人签发的提货单、各分票提单副本、舱单及入口清单等，向海关申请将整箱货移至无船承运人自己拥有的或指定的监管库，以便拆箱分拨。海关查验单证后，缮制关封交付监管整箱货堆场的海关关员，海关关员审核无误后盖章放行。无船承运人安排的拖车公司持海关放行手续到码头堆场提取整箱并移至监管库，按照集装箱装箱单的顺序进行拆箱，分类入库保管，如有货损或数量短少的情况，应当填写溢短单或残损单。

（4）发到货通知，签发提货单。

无船承运人或其目的港代理向收货人发出到货通知。收货人向无船承运人目的港代理递交全套正本无船承运人提单。无船承运人目的港代理将此与无船承运人装货港代理邮寄来的提单副本进行核对，收取运费后（运费到付情况下），签发提货单。

（5）报关、提货。

各个收货人可以自行或者委托无船承运人持无船承运人签发的提货单及其他通关单证，向海关办理各自进口货物的报关手续。海关放行后，收货人可持提货单到无船承运人监管库提取货物。

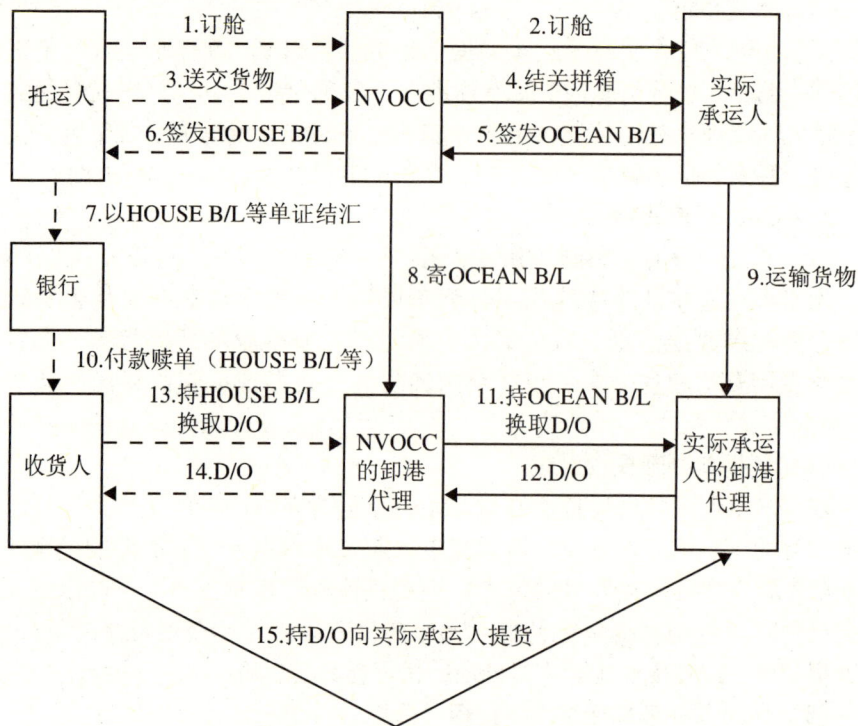

图3—1 无船承运出口业务流程

注：1. HOUSE B/L 为无船承运人签发的无船承运人提单；
2. OCEAN B/L 为实际承运人签发的海运提单；
3. D/O 为实际承运人签发的提货单；
4. NVOCC 为无船承运人。

第二节 无船承运人提单内容、种类及性质

一、无船承运人提单的内容

1. 无船承运人提单与海运提单的区别

尽管在无船承运业务中，无船承运人提单替代了传统的船公司的海运提单的角色，用于流通转让和结汇等，而船公司签发的海运提单在无船承运业务下，只是起到无船承运人与实际承运人之间货物交接的证明作用。但是因为两套提单的存在，也常常使人们无法认清他们各自的作用和关系。二者之间的关系如表3-1所示。

表3-1 无船承运人提单与海运提单之间的区别

内 容	提 单	
	House Bill/Lading（H-B/L）	Ocean Bill/Lading（O-B/L）
提单中的托运人	信用证规定的实际托运人，通常为卖方（发货人）	无船承运人（托运人）或其代理
提单中的收货人	信用证规定的收货人，通常是买方（收货人）	无船承运人卸货港代理
提单中的承运人	无船承运人	船公司（实际承运人）
提单的签发	无船承运人或其代理人	船公司或其代理或载货船长
提单运输责任	对全程承担责任	对海上区段承担责任
提单运费收取	收拼箱或整箱货运费	收整箱货运费
提单运输条款	按约定，一般为CFS-CFS	按约定，一般为CY-CY
提单流通途径	通过银行（信用证下）	通过无船承运人（或随船）
提单转让情况	可流通转让，通常为指示提单	不可流通转让，通常为记名提单
提单当事人	实际托运人（发货人）、无船承运人、收货人	无船承运人（托运人）、船公司（实际承运人）、无船承运人代理
使用运价本	无船承运人运价本	海运承运人运价本
关于货物名称、数量、体积等内容	根据各实际托运人交付情况记载	根据无船承运人（托运人）交付情况记载
证据效力	对实际托运人是初步证据，对收货人是最终证据	对实际托运人和收货人无证据效力，对无船承运人（托运人）具有证据效力
运费差价	收	不收
佣金	不收	收
签发数量	按实际托运人数量，一般每位实际托运人一式三份	签发一式一份或者一式三份

显然在两套提单共存的情况下，无船承运人提单类似于多式联运提单或传统的海运提单，用于流通转让，不仅证明无船承运人与发货人（实际托运人）之间存在货物运输合同关系，而且是无船承运人收到货物的证明，以及收货人在目的港（地）凭以向无船承运人提取货物的证明，同时还具有权利凭证（document of title）的作用。有学者认为此时的无船承运人提单可以作为"羽翼丰满"的物权凭证而被接受。因为实践中船公司即实际承运人签发的海运提单中，收货人明确记载为无船承运人指定的卸货港的代理，即常常采用记名提单，因此实际承运人签发的海运提单并不流通转让，只是实际承运人与无船承运人之间内部交接货物的单证，不对外流通，与国际货物买卖合同也不直接发生联系，因此失去了信用证下的议付功能，甚至与买方的提货也没有关联。此时的海运提单仅仅是无船承运人与船公司（实际承运人）之间进行货物交接的收据和海上运输合同的证明。

目前我国法律并没有对无船承运人提单的内容加以任何的限定，根据我国《海商法》第73条，参考目前广泛适用的《海牙规则》及买卖合同的要求，无船承运人提单也须具备一般提单的特征及内容，如货物的三个必要记载事项（货物标志、数量和重量及货物的表面状况），还有一些一般的任意记载事项。上海航运交易所为了配合我国《海运条例》的实施，邀请我国海运界的专家、律师制定了我国无船承运人提单范本（Shanghai Shipping Exchange Form，SSE. B/L Form）。该提单是针对无船承运人特别制定的，具有很强的针对性，因此船公司不适宜使用。该提单是为无船承运人定制的，也就只适用于集装箱运输，不适用于散、杂货运输。

2. 无船承运人提单正面记载的内容及印刷条款

无船承运人提单范本正面记载的内容与一般提单内容基本一致，以保证提单的效力。但是作为无船承运人提单有其附加或者不同的内容，范本抬头印刷有提单号、无船承运人登记号、无船承运人公司的名称、地址和联系方式等。

一般提单的正面通常会有以下印刷条款。

（1）确认条款。该条款是无船承运人表示在货物或者集装箱外表状况良好的条件下接收货物或者集装箱，并且同意按照提单所列条款，将货物或者集装箱从装货港启运地运往卸货港或者交货地，把货物交给收货人的责任。

（2）不知条款。该条款是无船承运人表示没有适当的方法对所接收的货物或者集装箱进行检查，所有货物的重量、尺码、标志、品质等都由托运人来提供，并不承担责任的条款。但是"不知条款"并不一定有效。

（3）承诺条款。该条款是无船承运人表示承认无船承运人提单是运输合同成立的证明，承诺按照该提单条款的规定承担义务和享受权利，而且，也要求托运人承诺接受提单条款制约的条款。

（4）签署条款。该条款是无船承运人表明其所签发提单（正本）的份数，各份提单具有相同效力，其中一份完成提货后其余各份自行失效，提取货物必须交出背书的一份提单以换取货物或者换取提货单的条款。

根据我国《海商法》第73条的规定及无船承运人提单范本，无船承运人提单正面记载内容包括下列事项。

（1）托运人名称（Name of Shipper）。托运人可以是与无船承运人订立运输合同的人，也可以是将货物交给无船承运人的人。

（2）收货人名称（Name of Consignee）。有关收货人名称的记载方法因不同需要而有所不同，如记名提单直接载明收货人名称，而指示提单只载明指示人的名称，也可以记载"指示"字样，即由托运人指示。

（3）通知方名称（Name of Notify Party）。在指示提单中，因为没有写明具体收货人的名称，这样承运人在卸货港的代理人无法与收货人联系，及时办理报关、提货手续，托运人往往在通知栏中写明通知方的名称、地址或者公司的名称。当无船承运人作为托运人时，船公司签发的海运提单中的通知方一般是无船承运人在目的港的代理人。

（4）前程运输（Pre-carriage by）。这一栏主要是为了适应联运或者货物有一程运输需要转运而设立的。在该栏目内填写前程运输情况，比如以铁路、公路、海运等不同运输方式完成前程运输，按照不同情况分别填写。

（5）接货地和交货地（Place of Receipt，Place of Delivery）。签发多式联运提单，则应有货物接收和交付的地点，此时可以不再记载船名。

（6）船名（Name of Vessel）。对于"已装船提单"，这一栏中必须要写明船名，一般可以按照配舱回单填写。在不知道船舶航次编号的情况下，可以不填写航次。货物装直达船时，直接填写船名，用驳船运到香港再转海船时，应当注明驳船和海船的船名。

（7）装货港和卸货港（Port of Loading，Port of Discharge）。对于"已装船提单"装货港一栏中必须要填写装货港的名称。卸货港是指船公司将货物从该承运船舶卸下的港口，一般按照信用证的规定来填写。

（8）货物名称、标志、包装、件数、重量和体积等（Description of Goods. Mark & No.，Number of Package or Container，Gross Weight，Measurement. etc.）无船承运人提单注明以上记载的事项都由托运人提供，上述有关货物的说明是提单内容比较重要的组成部分。

（9）运费的支付。实践中，除非信用证中要求在提单上表明运费的计算和数额，否则提单上不会填写运费数额的。提单上一般都会填写运费是否已经支付。使用"运费预付"还是"运费到付"一般由价格条款决定。当使用 CFR 或者 CIF 条款时，多为"运费预付"，当使用 FOB 条款时，多为"运费到付"。

（10）提单的签发日期、地点和份数。

（11）承运人或者船长或者由其授权的人签字或盖章。

（12）无船承运人提单中"For Cargo Delivery，Please Contact"一栏。这一栏填写无船承运人在目的地的分支机构或者代理人的地址、电话等内容，一般由提单持有人联系提货。

3. 无船承运人提单背面印刷条款

无船承运人全式提单的背面印有各种条款。提单背面条款可以分为两类，一类是强制性条款，另一类是任意性条款。上海航运交易所的无船承运人提单范本背面条款共有 21 条，涵盖了无船承运人提单背面应该具有的条款。主要包括定义条款，仲裁条款、准据法、承运人的受雇人和其他人员的责任、侵权行为的适用、分包契约、索赔通知及时效、货物的描述和货方责任、承运人的集装箱、货方装箱的集装箱、承运人的责任、运输方式和路线、交付、货方责任、运费及费用、留置权等 21 项。在这些背面印刷条款中，有些是为适应无船承运人集装箱货物运输而特有的条款，如在运输方式和路线上，目前基于规模经济的考虑，已经形成了集装箱运输网络的干支线运输。这就意味着安排货物转船在实践中是不可避免的。除非承运人明示确认为直达航班，否则货物的运输往往要经过转船。本条款中规定：承运人可在承运过程中的任何时候：①使用任何运输方式或者存储方式；②将货物自一种运输工具转至另一种运输工具，包括转船或以不同于提单正面所载船舶的另一艘船舶或以任何其他运输方式运输。凡根据本条款而做出的不论何事或产生的任何延误，都应视为在该项运输之内，而非绕航。

二、无船承运人提单的种类

无船承运人提单与其他一般提单一样，以不同的标准可以划分为不同的分类。以货物是否已经装船为标准，可以将货物分为已装船提单和收货待运提单；以提单收货人一栏的记载为标准，可以分为记名提单、指示提单和不记名提单；按照运输的过程可以分为直达提单和联运提单。

此外还有其他种类的提单，如繁式提单、简式提单、舱面货提单、倒签提单、预借提单、顺签提单；并提单、分提单、交换提单、交接提单、过期提单等。

三、无船承运人提单的性质

无船承运人签发的无船承运人提单，如前所述，除了签发的主体不同外，大体上是货运代理以多式联运经营人签发的多式联运提单（包括海上运输），船公司签发的海运提单的翻版。我国《海商法》第71条规定："提单，是指用以证明海上货物运输合同和货物已经由承运人接收或者装船，以及承运人保证据以交付货物的单证。提单中载明的向记名人交付货物，或者按照指示人的指示交付货物，或者向提单持有人交付货物的条款，构成承运人据以交付货物的保证。"据此，一般认为，提单是承运人与托运人之间达成的国际海上货物运输合同的证明。提单是承运人接收货物或者将货物装船的证明；提单是承运人保证据以交付货物的凭证。根据我国《海商法》第71条和我国《海运条例》第7条第2款关于无船承运业务的规定，无船承运人提单完全具备上述提单的三个功能，是我国《海商法》意义上的提单。

UCP500第30条规定，"运输行出具的运输单据，"除非信用证另有授权，否则银行仅接受运输行出具的具有注明下列内容的运输单据：①注明作为承运人或者多式联运经营人的运输行的名称，并且由作为承运人或多式联运经营人的运输行签字或以其他方式证实；②注明承运人或多式联运经营人的名称并由作为承运人或多式联运经营人的具名代理或代表的运输行签字或以其他方式证实。2006年10月25日，国际商会在巴黎大会上通过了UCP600，并定于2007年7月1日施行。虽然，UCP600取消了UCP500第30条对货运代理人签发的运输单证的专门规定，但只要货运代理人签发的运输单证满足UCP600规定的下列七种运输单证，银行都予以接受：①至少包括两种不同运送方式的运输单据；②提单；③不可转让的海运单；④租船合同提单；⑤空运单证；⑥公路、铁路或内陆水路运输单证；⑦快递收据、邮政收据或者投邮证明书。货运代理人作为无船承运人签发的无船承运人提单完全能满足UCP600规定的上述有关提单的要求。

开展无船承运业务须将自己制定的提单在交通运输部备案。目前，有些无船承运人企业提交的提单是根据自身业务开展的情况修改后的提单；有些无船承运人企业提交的提单完全是采用其他公司的提单内容；还有些无船承运人企业提交的提单是上海航运交易所制定的提单范本。根据我国《海运条例》的规定，在交通运输部登记备案的无船承运人提单大体分为两种：多式联运提单和海运提单。一般在内地或港口接收货物的大多采用"多式联运提单"；在港口接收货物的也有采用"海运提单"的。前述介绍的上海航运交易所制定的无船承运人提单范本实际是一份多式联运提单。现在再提供一份中国外运股份有限公司的海运提单,供大家在业务中参考。

中国外运股份有限公司海运提单背面条款内容如下:

一、定义

本提单当中"托运人"一词,应视为也包括提货人、收货人、提单持有人和货主。

二、管辖权

任何本提单项下或与本提单有关的争议均由中华人民共和国法院管辖。

三、光船租船条款

如签发本提单的公司为非船舶所有者或光船租船人(按照实际情况即使与此相反),此提单仅作为当事人是船东或光船租船人的有效合同,作为其代理签订合同的公司,仅作为代理人,对由此所产生的任何问题不承担个人责任。

四、海牙规则

关于本提单承运人的义务、责任、权利和豁免,应遵照1924年《关于统一提单若干规则的国际公约》即《海牙规则》的规定。

五、包装和标志

装运前,托运人应将货物妥善地进行包装,清楚准确地标明,并用5厘米高的字体标明货物目的港,字迹在交货时仍应清晰可辨。

六、选择积载

1. 承运人可以将货物积载在集装箱或加固于类似的运输器具内进行拼装;

2. 不论是承运人或托运人积载在集装箱内的货物,还是积载在平板、货盘、拖车、运输槽罐或类似运输器具内,均可载于舱面上或舱内,而无需通知托运人。这些货物不论载于舱面或舱内,均应被列入共同海损范围之内。

七、舱面货、植物和活动物

舱面货、植物和活动物的接受、搬运、运输、保管和卸货均由托运人或提货人承担风险,承运人对此类货物的灭失或损坏不负责任。

八、运费

1. 运费和费用应视为在承运人接受货物时即已被赚得,托运人应予支付,并且在任何情况下均不予退还和不得进行扣减。

运费到付和其他费用应在货物到达目的地时支付,交货前必须付讫。

2. 为了核实计算运费的依据,承运人有保留检查货物和集装箱、拖车、运输槽罐或类似的运输器具内的货物的权利,以确定货物的重量、尺码、价值或性质。假使托运人提供的货物细目不正确,他应承担相应责任并必须向承运人支付正确运费和已收取运费差额五倍的金额,或者正确运费的两倍减去已收取运费的金额，以小者为准，作为给承运人所受的损失的补偿。

九、留置权

承运人可以为本提单项下应付给他的所有款项和不论应支付给谁的共同海损分摊，以及为收回这些款项而发生的费用，对货物及任何有关货物的单证行使留置权。为此目的，承运人在没有通知托运人的情况下，有权将货物公开拍卖或通过私下协议出售。如果将货物出售所得款项不足以抵付应得款项和发生的费用，承运人有权向托运人收取其差额

十、时效和索赔通知

除非在货物交付后或从货物应当交付之日起一年内提出诉讼，在任何情况下承运人将解除根据本提单所承担的一切责任。

除非在货物交付地将货物交给根据提单有权提取的人接管前或当时，货物灭失或损坏及损失的一般性质的书面通知已送交承运人，或者，如货物的灭失或损坏不明显的，在交货后连续3天内送交有关通知，则这种货物的移交应视为承运人将提单上载明的货物交付的初步证据。

在有任何实际的或可发现的灭失或损坏的情况下，承运人和托运人应对货物的检查和清理相互提供一切合理方便。

十一、赔偿金额

1. 当承运人对货物的灭失或损坏负赔偿责任时，赔偿金额参照货物发票价值加已支付的运费和保险费计算。

2. 尽管有本提单第4条规定，根据《海牙规则》的赔偿限额，这里应视为每件或每单位人民币700元。

3. 只有当托运人声明的超过本条赔偿限额的货物价值经承运人同意注明在本提单上，并按照要求支付了额外运费时，才可以索赔较高的赔偿数额。在那种情况下，声明价值的金额可代替赔偿限额的金额。部分灭失或损坏时应在声明价值的基础上按比例进行调整。

十二、装货、卸货和交货

无论港口习惯是否与此相反，货主应以船舶所能装卸的速度尽快地、不间断地、日以继夜地装货和卸货，星期日和假日也包括在内。违反本条规定所引起的一切灭失或损害均由货主负责。

在无事先通知的情况下，承运人可以开始卸货。如提货人没有及时从船边提货或拒绝提货，或者货物无人认领，承运人可自由地将货物卸在岸上或其他任何适当的地方，风险和费用由托运人或提货人单独承担，承运人的交货责任应视为已经履行。

如货物在合理的时间内无人认领，或不论何时将变质、腐烂或丧失价值，

承运人可自行决定根据其拥有的留置权将货物出售、放弃或作其他处置，并不承担任何责任，风险和费用则由托运人单独承担。

十三、驳船费

装货港或卸货港内外发生的任何驳船费，均由托运人或提货人负担。

十四、转运、换船、联运和转船

如有需要，承运人可用其他船舶或属于承运人或属于他人的船舶，或由铁路或其他运输工具，直接或间接将货物运往目的港，可将货物的全部或部分运往目的港，并采取转船、过驳、卸岸、在岸上或浮动方式储存以及重新装船发运的方式，有关的费用由承运人负担，但风险则由托运人或提货人承担。承运人的责任限于他用自己经营的船舶进行运输的部分。

十五、货物、违禁品

1. 如托运人事先未将货物的性质书面通知承运人，并按运输期间可能适用的任何法律或规章的要求在货物和集装箱或其他包装外面打上标志，不得将任何危险的、易燃的、放射性的及/或其他有危险性的货物进行托运。

2. 不论何时发现所装货物不符合上述第1款的规定或系违禁品或被装港、卸港、挂靠港或运输途中任何地方或水域的法律或规章所禁运，承运人有权将使货物无害、抛弃或卸下或由他决定的其他方法处置而不需赔偿，托运人应对任何种类的灭失、损坏或责任，包括运费损失和由于装运此类货物所引起或造成的任何直接或间接费用负责并赔偿承运人。

3. 如符合上述第1款规定的已装船货物对船舶或货物有危险时，同样可使之无害、抛弃或卸下，或用承运人决定的其他方法进行处置而不需赔偿，但如发生共同海损则除外。

十六、冷藏货

1. 如托运人事先未将需要冷藏的货物的性质及要保持的特定温度的幅度以书面告知时，不得将需要冷藏的货物托运。如违反上述要求，承运人对由此所引起的货物灭失或损坏不负责任。

2. 在货物装入冷藏货舱前，承运人除船级证书外，还应取得船级社验船师或其他有资格人员的证书，证明该冷藏舱和冷藏机器在验船师或其他有资格人员判断对载运和保存冷藏货是适宜和安全的，上述证书对托运人、提货人及/或任何提单持有人均是决定性证据。

3. 提货人须在船舶备妥交货时立即提取冷藏货，否则承运人可将货物卸在岸上，风险和费用由提货人或托运人承担。

十七、木材

本提单内任何对木材装船时"外表状况良好"的陈述，并不表示承运人承认了木材没有污迹、裂缝、裂口、洞孔或碎块，承运人对此问题不负任何责任。

十八、散装货

由于承运人无适当方法核对散装货重量，提单上记载的重量仅能作为参考，决不能构成不利于承运人的证据。

十九、棉花

对棉花或棉制品外表状况的陈述与包装不足或破损无关，与由此造成的货物损失也无关，承运人对此类性质的损失不负责任。

二十、选港货

选港货的卸货必须在船舶抵达第一选港并不迟于 48 小时前向第一选港的船舶代理宣布。

如未宣布，承运人可选择在第一选港或任何选港卸货，而运输合同即视为已经履行。任何的选港货必须是本提单下的全部货物数量。

二十一、一个以上的收货人

散装货或无标志货物或标志相同货物有一个以上收货人时，将货物或散件货的费用或损失应由收货人或货主按比例共同并且各自承担，不足的份额也由他们按承运人其雇员或代理人决定的比例分担。

二十二、超重超长货

每件或每包货物超过 2 000 公斤或 9 米时，托运人必须在承运人接货前书面通知，并必须以不小于 2 英寸高的字体及数字将其重量及长度在货物或包装的外面清楚牢固地标明。一旦托运人未履行上述义务，须对其未履行义务而造成的财产灭失或损害或人身伤亡负责，并赔偿承运人任何因此遭受或引起的损失或责任。

二十三、托运人所装集装箱等

1. 如集装箱不是承运人填充、装箱或积载，承运人对箱内货物的灭失或损坏不负责任，托运人要补偿承运人所发生的任何损失或费用，如果这种灭失、损坏或费用是由下列因素造成的：

（1）填充、装箱或积载的疏忽；或

（2）货物不宜用集装箱运输；或

（3）集装箱本身情况不适合或有缺陷，除非集装箱是承运人提供并且不适合或缺陷的情况在填充、装货或积载时或以前经合理检查后仍然不明显的。

2. 上述第 1 款的规定也适用于不是承运人填充、装货或积载的拖车、运输槽罐、平板和货盘的情况。

二十四、战争、检疫、冰冻、罢工、拥挤等

如果由于战争、封锁、海盗、瘟疫、冰冻、罢工、拥挤以及非承运人所

能控制的其他原因，可能使船舶不能安全抵达目的港并在该处卸货时，承运人有权将货物卸在装货港或任何其他安全和方便的港口，此时运输合同应认为已经得到履行。

在上述情况下发生的任何额外费用应由托运人或提货人负担。

二十五、共同海损

共同海损按照 1975 年《北京理算规则》理算。

二十六、互有过失碰撞

如果承运船舶与另一船舶发生碰撞是由于对方船舶的疏忽和承运船舶在航行或管理方面的任何行为、疏忽或过失所造成，托运人保证支付承运人，或当承运人并非承运船船东和不占有船舶时，付给作为承运船船东及/或光船租船人的托管人的承运人一笔足以赔偿承运人及/或承运船船东及/或光船租船人向对方船舶或非承运船舶或其船东承担的全部损失或责任的款项，但是这种损失或责任只能是对方船舶或非承运船舶或其船东已经支付或要支付给托运人的货物灭失或损坏或由托运人提出的任何索赔，并已经由对方船舶或非承运船舶或其船东作为其部分索赔向承运船舶或其船东或光船租船人或承运人抵销、扣除或收回者。除相碰的船舶或物体外，任何其他船舶或物体的所有人、经营人或管理人员，在船舶、物体发生碰撞、接触、搁浅或其他事故中有过失时，上述规定也将会适用。

二十七、美国条款

尽管有本提单其他条款，来往美国港口的货物运输应适用美国《1936 年海上货物运输法》。如本提单中任何规定根据美国《1936 年海上货物运输法》判定为无效时，该规定仅在此限度内无效，不影响其他条款的效力。

第三节　无船承运人提单的操作规程

一、无船承运人提单的缮制

（一）提单各栏目的填制

（1）提单正面所有栏目均应用英文打印方式填写。如运输协议对语言文字另有约定，按照约定要求填写。

（2）提单编号（B/L No.）：提单编号位于提单右上角，该编号由提单使用单位自行编制，提单编号应当符合航运惯例及操作要求，具有相对唯一性且便于查询。提单编号栏必须填制，不得空缺。

（3）托运人（SHIPPER）：此栏应当根据运输协议（如订舱单、委托单）填写托运人的名称和地址，和/或其他联系方式。托运人栏必须填制，不得空缺。

（4）收货人（CONSIGNEE）："收货人"是指有权提取货物的人。根据收货人栏不同的填写方法，提单可分为记名提单、指示提单和不记名提单。记名提单：直接填收货人的具体名称；指示提单：填写"TO ORDER"即"凭指示"，填写"TO THE ORDER OF ×××"即"凭×××指示"，或填写"CONSIGN TO THE ORDER OF ×××"即"凭×××公司指示交付"，其中"×××"可以是公司也可以是个人。不记名提单：填写"TO BEARER"即"交与提单持有人"。收货人栏的填写应当严格遵照运输协议（如订舱单、委托单）的约定或订舱人的委托，不得随意填写。收货人栏必须填制，不得空缺。

（5）通知方（NOTIFY PARTY）：此栏应当根据运输协议（如订舱单、委托单）填写通知方的名称和地址，并尽可能填写通知方电话号码。在签发指示提单时此栏必须填写通知方的全称、详细地址和电话号码。如果托运人信用证有要求，此栏可再填写位于任何国家的第二通知方的名称和地址，但应提示托运人，注意卸货港或收货地法规对通知方的规定，避免因违反收货地法规而无法结汇或无法提货的情况出现。

需要注意的是，关于托运人对通知方一栏的申报应符合卸货港或交货地点的法律规定及习惯要求，否则一切后果概由托运人负责。有些国家和地区要求通知方必须为当地，否则不允许货物进口，如巴基斯坦、沙特阿拉伯、印度。通知方栏必须填制，不得空缺。

（6）前段运输（PRE CARRIAGE BY）：此栏仅在国际多式联运或联运时填写，通常填写前段承运工具的名称，包括（和/或）航次号、车皮号。

（7）接货地（PLACE OF RECEIPT）：此栏仅在国际多式联运或联运时填写实际接收货物地点，代表承运人开始对货物承担运输责任的地点。

（8）海运船舶（OCEAN VESSEL & VOYAGE）：此栏填写海运船的船名和航次号，但在国际多式联运或联运时填写此栏需注意，当海运船的船名不能确定，仅凭推算时填写"TO BE NAMED"或者"×××（二程船名）OR HER SUBSTITUTE"。

（9）装货港（PORT OF LOADING）：此栏填写货物实际装船港口，在国际多式联运或联运时填写货物装上海运船的港口，该港口名称应与海运船舶一栏的船名、挂靠港口一致。

（10）卸货港（PORT OF DISCHARGE）：此栏填写货物卸船的港口名称。如果托运人要求，应注明中转港：VIA（中转港名称）。

（11）交付地（PLACE OF DELIVERY）（国际多式联运提单）：此栏在国际多式联运或联运时必须填写，表示承运人最终交货及运输责任终止的地点。

如果托运人提供了拼写错误的卸港名称或交货地点，应当及时提示托运人予以更正，未经托运人核实并书面确认，不得自行更正。

（12）货物最终目的地（FINAL DESTINATION）：此栏填写货物最终交付的地点，但该地点不得超出承运人运输责任终止的地点。此栏不得空缺，如承运人在卸货港负责交付货物，则此栏填写内容同卸货港一致。

（13）货物栏：

① 唛头和号码、箱号和铅封号（MARKS & NOS. CONTAINER/SEAL NO.）

通常情况下，托运人会提供货物的识别标志和编号以填入此栏，同时此栏需要填写装载货物的集装箱号和铅封号。

② 集装箱数或包装件数（NO. OF CONTAINERS OR PACKAGES）

在整箱货运输中此栏通常填写集装箱数量、箱型和尺码，如果信用证有要求可在货物描述项下加注托运人提供的件数，但应同时加注"据称内装"（STC）字样，即"SAID TO CONTAIN"。

在拼箱货运输中此栏填写货物件数。

③ 货物描述（DESCRIPTION OF GOODS）

此栏填写的情况，如内容过多，空间不够，可以添加附件，在这种情况下请注明货物件数和货物描述见附页（"QUANTITY AND DESCRIPTION OF GOODS AS PER ATTACHED SCHEDULE"）。

④ 总重（GROSS WEIGHT KGS）

此栏填写装入集装箱内货物的毛重，计量单位为千克（KG）。

⑤ 体积（MEASUREMENT CBM）

此栏填写装入集装箱内货物的总体积，计量单位为立方米。

（14）计算责任限制的总件数（TOTAL NO. OF PACKAGES FOR LIABILITY LIMITATION）：在整箱货运输的情况下，此栏填写收到集装箱的总数，计算单位为集装箱，例如："5个集装箱"即"Five Containers"；在拼箱货运输的情况下，此栏填写收到货物的件数，计算单位为货物的大包装，如："15件"即"Fifteen Packages Only"。

（15）运费和其他费用（FREIGHT & CHARGES），此栏标明下列①至④的全部或部分内容：

①各种费收的类别，如海运费、内陆拖车费、燃油附加费等，其中声明价值附加费（DECLARED VALUE CHARGES）专指托运人要求在提单此栏重新标明货物价值后应支付的附加运费；②运费计收的计算依据：计费单位通

常有重量单位，如重量吨（MT）；体积单位，如立方米（CBM）；件数单位，如件（PC）和整箱单位：20 英尺/40 英尺标箱（TEU/FEU），其中 TEU/FEU 也可用 20FT/40FT 表示，如 10×20FT DC 代表应收取 10 个 20 英尺干货箱的运费；③各种费用的费率，包括：海运费（OCEAN FREIGHT）、燃油附加费（BAF）、货币附加费（CAF）、码头操作费（THC）、内陆拖运费（INLAND HAULAGE）等；④各种费用的计算单位，如"箱（UNIT）、重量吨（MT）、立方米（CBM）"。

此栏必须并入"PREPAID"或"COLLECT"，其中，"PREPAID"表示运费预付，"COLLECT"表示运费到付。对非托运人、收货人的第三方支付运费，也可在提单上打印预付或到付，但必须事先得到第三方同意付费的书面确认。

如需注明运费支付地点，则在此栏中并入"在×××地支付"（"PAYABLE AT ×××"）。

（16）声明价值（DECLARED VALUE）：在客户为规避承运人责任限制而愿意支付额外运费的情况下填写，填写的货值应与货物实际价值相接近。

（17）提货地代理（FOR DELIVERY OF GOODS PLEASE APPLY TO）：此栏填写货物交付地/港，承运人交付货物的代理的详细名称及联系方式，供提货人/收货人联系办理提货事宜。

（18）正本提单份数（NO. OF ORIGINAL Bs/L）：此栏填写根据托运人要求签发的正本提单的数量，通常为三份。

（19）签发地点和日期（PLACE AND DATE OF ISSUE）：此栏填写提单签发的地点和日期。（详见下文之"三、提单的签发"）。

（20）盖章签字（STAMP AND SIGNATURE）：此栏加盖签单章或签发人手签并标明签发人的身份。（详见下文之"三、提单的签发"）

（二）可能并入提单的有关条款

1. 需要并入提单的运输模式条款

（1）运输模式规定了货物运输的方式和区间，并与相应的运价条款相对应，因而应当在提单正面标明提单项下相应的运输模式。

（2）在集装箱运输中，一般有以下几种模式。

① 整箱货，整箱货根据货物交接地点又分为以下几种方式。

"场到场"，表明承运人接受整箱货，责任区间由收货地堆场开始至交货地堆场结束，托运人负责装箱，收货人负责拆箱。

此模式还有"门到门交货"或"场到门"、"门到场"等几种情况，即承运人的责任区间从堆场扩大到收货人或发货人的工厂。

② 拼箱货（LCL-LCL），表示该提单下承运人运输的是集装箱中的部分货物。拼箱货的交接地点只有"站到站"一种方式。"站到站"（CFS-CFS），这种方式表明货物在装货港集装箱场站装箱，在目的地集装箱场站拆箱，装箱和拆箱均由承运人负责安排，费用由货方承担。

③ 拼箱集运（包括 LCL-FCL/CFS-CY 与 FCL-LCL/CY-CFS 两种业务模式）。

LCL-FCL/CFS-CY 模式下，货物由承运人安排在集装箱场站装箱，由收货人自行拆箱；一般是多票拼箱货装同一个集装箱，一个收货人，装箱费由托运人支付。并应在提单上注明"卸货港拆箱费用由收货人负担（DEVANNING CHARGES AT DESTINATION FOR CONSIGNEE'S ACCOUNT）"的字样。

FCL-LCL/CY-CFS 模式下，货物由发货人自行装箱，由承运人安排目的地集装箱场站拆箱；一般是多票拼箱货由同一个发货人装同一个集装箱，拆箱费由收货人支付。

（3）在托运人自装箱后 FCL 交承运人的情况下，提单正面必须加注"托运人自装箱、计数、签封，货物情况承运人不知（SHIPPER'S LOAD, COUNT AND SEAL CONTENTS UNKNOWN 或 SHIPPER'S LOAD, COUNT AND SEAL SAID TO CONTAIN）"的字样。

2. 按照托运人要求并入提单的内容

由于贸易、信用证的特殊要求，托运人为了结汇需要，往往要求在货物描述中插入一些特殊条款和托运人指示，在得到实际承运人的书面确认或取得载有所请求条款的实际承运人的海运提单后方可同意并入，常见的有以下几种。

（1）超龄船条款：当托运人要求承运人在提单上保证承运人船舶符合伦敦保险协会船级条款以避免产生超龄附加保费时，在收到托运人书面请求后，应在取得实际承运人不超过要求船龄及船级的书面确认后，即可在提单上按照托运人要求注明。

（2）最终目的地：当托运人要求在提单上表明货物的最终目的地（FINAL DESTINATION）时，可在货物情况一栏中注明"FINAL DESTINATION OF THE GOODS：×××（FOR MERCHANT'S REFERENCE ONLY.）"。

（3）装卸条款：鉴于有些港口关于装卸费用划分或货物检疫的特殊规定，提单上必须加注特殊的条款，如"CY/FO""CY/LINER OUT"等。对此，无船承运人提单与实际承运人的提单应保持一致。

（4）托运人的特殊要求：当托运人因货物属性原因要求货物装载"远离热源"或"水线以下"等情况时，此类要求必须在实际承运人书面接受并在其提单加注后，方可以接受。

3. 冷藏箱运输温度的标明

在运输冷藏箱时，应尽量避免在提单正面注明冷藏箱设定温度。如果托运人坚持此要求，则在提单正面注明设定温度时应与实际承运人提单注明的设定温度相一致。

4. 有关装载日期的记载

显示有装船日期的提单被称为"已装船提单"，与此相对应的是"收货待运提单"。"收货待运提单"通常出现在联运或国际多式联运业务中，显示的是在装货场站接收货物的日期。无论是"已装船提单"还是"收货待运提单"，都应在提单上标明，如"Shipped on Board 23rd May 1997"或"Received for Shipment 20th May 1997"。禁止在仅收到货物时即签发已装船提单、倒签提单或预借提单，如果货物已处于承运人控制之下且尚未装船，可签发收货待运提单或在提单不显示已装船字样和日期，等货物实际装船后再加注装船日期。采用国际多式联运时，如果货物已经装上火车或汽车，可在国际多式联运提单上标注"已装"或"已装火车/汽车"即"on board"或"on board train/truck"字样。海运提单上注明货物装船日期的批注视为装运日期，国际多式联运提单的签发时间将被视为承运人已经接收货物或货物已被装载运输工具的时间，如果国际多式联运提单上对货物已被承运人接收或货物已经装载于运输工具的时间另有标注，则该标注时间作为承运人已经接收货物或货物装运的日期。

原则上提单中不应加注"清洁提单""Clean On Board"字样，如信用证对此有明确要求，则必须要在能够确认货物是在表面状况良好的状态下装船时加注。

二、提单的复核

提单正式缮制前，应当缮制提单草样。提单草样应当由提单复核人员根据本文之一"无船承运人提单的缮制"的规定逐项进行复核，对于复核中发现的错误，应交由提单缮制人员及时更正。

提单草样经内部复核后，应及时转订舱人审核。对于订舱人提出的合理修改意见，应当按照本章规定及时更正。更正后的提单草样，应再次转订舱人复核。提单使用单位应要求订舱人对审核无异议的提单草样予以书面确认。经订舱人书面确认的提单缮制内容，将作为最终正式签发提单的依据。

提单缮制人员根据订舱人书面确认的提单草样正式缮制提单，缮制完毕后，提单复核人员应当再次复核。

订舱人对提单缮制内容的书面确认，应与该票业务有关的单据一并归档留存。

三、提单的签发

（一）提单签发的具体做法

提单缮制、复核后，转签单章保管人员加盖签单章。签章后的提单交由放单人员保管和放单。

提单使用单位可直接签发提单，也可委托其他公司代理其签发提单，我国境内的代理签单公司必须按照我国《海运条例》及其《实施细则》的规定和要求，具备无船承运人资质。

1. 提单签发的时间

提单使用单位应当在确认已接收货物或者货物已经装上运输工具后签发提单，提单签发的日期应真实记载。提单签发日期不一定就是货物已经装运或已被承运人接收的日期，但应当晚于或与之相吻合。

2. 提单签发的地点

通常提单签发地点为装货港，装货港以外的地点签发请参照有关"异地签单"的规定。

3. 签发人的身份

提单签发人在签发提单时必须表明自己是承运人或承运人代理人的身份。

在以承运人代理身份签发提单时，应注明自己的代理身份及被代理人的身份和名称，填制内容如下：

（1）"FOR AND ON BEHALF OF ×××"即"代表×××"或；

（2）"FOR AND ON BEHALF OF THE CARRIER ×××"即"代表承运人×××"或；

（3）"AS AGENT FOR THE CARRIER：×××"即"作为承运人：×××的代理"。

在以承运人身份签发提单时，应注明自己的承运人身份，填制内容为：

（1）"AS CARRIER"即"作为承运人"或；

（2）"AS CARRIER：×××"即"×××作为承运人"。

其中"×××"为所用总公司提单抬头的英文名称，如当地银行接受可打缩写如"SINOTRANS JIANGSU"即"中国外运江苏有限公司"。

4. 不得签发国际多式联运提单的情况

（1）与托运人未签订国际多式联运合同或与其他任一区段承运人未就各

自的权利与义务达成协议时；

（2）不承担全程运输责任时；

（3）严禁预借提单、倒签提单。

5. 签发第二套提单

原则上签发正本提单后，在不能及时收回原正本提单的情况下，禁止对同一票货物签发第二套提单。

6. 放单的对象

提单原则上必须签发给记载于托运人栏的托运人。如果托运人不是出口货物委托书或托运单、订舱单注明的订舱人，则提单应签发给订舱人；如果订舱人已经明示其货运代理人身份，而且不承担运费支付义务时，则提单应签发给负有支付运费义务的订舱人的被代理人。

7. 放单的方式

提单可以通过速递、送单上门或由订舱人来领取的方式放单。

8. 放单的手续

提单使用单位应当制作提单签放记录，记载提单号码、序列编号、放单时间、放单方式等事项，并由接收单位或人员签字确认。在以速递方式放单时应当记录快递公司名称和快递单号以及寄递时间。代理人代为领取提单的，应要求其提交有权利代领的证明，如订舱人的授权书等。个人代表公司领取提单的，应当要求其出具公司的授权书或介绍信，同时查验其身份证明。领取提单后，领取人应当在提单签发记录簿上签字或盖章并注明日期。

9. 扣押提单

货物已被接收或装运后，应托运人的要求应当签发提单，不得随意拖延或拒绝签发提单，或签发之后无故扣押提单。但在运费应当预付而托运人未能及时支付运费的情况下，可以在向托运人签发的提单中注明"运费未付"。

（二）提单签发的三种情况

目前，我国无船承运人所签发的提单主要包括下述三种情况。

第一种情况是，无船承运人签发其自己在交通运输部登记备案的提单，并作为无船承运人提单上的承运人。由于无船承运人在负责海运货物的同时，往往还承担一部分内陆运输即从接收地到沿海装货港，所以，无船承运人通常在接收货物后即签发其无船承运人提单。签发该提单时货物并未装上船，此时的无船承运人提单的作用相当于一张可以用于结汇的多式联运提单。在这种情况下，无船承运人提单一般不会涉及倒签与预借的问题。

第二种情况是，无船承运人在确认货物实际装船后签发的无船承运人提单，此时的无船承运人提单的作用实际上相当于可用于结汇的已装船的海运提单。在这种情况下，如果无船承运人提单虽是在货物装船后签发，但签发的日期却早于货物实际装船的日期即为倒签提单；如果是在货物虽已由实际承运人接管，但在尚未开始装船的情况下签发已装船提单即为预借提单。无论倒签提单还是预借提单，一旦收货人因此遭受损失，无船承运人均应承担赔偿责任。同时，对于倒签提单和预借提单，承运人是否可以享受单位赔偿责任限制，我国在司法实践中普遍认为，倒签提单与预借提单作为一种欺诈行为，承运人一旦实施便失去了享受提单下的单位赔偿责任限制的权利，因此，无船承运人亦无法享受单位赔偿责任限制。此时，收货人是否可以依据我国《海商法》第63条的规定，要求实际承运人对此承担连带责任呢？尽管我国《海商法》第61条有关于海商法第四章对承运人责任的规定适用于实际承运人的规定，然而实际承运人与契约承运人即无船承运人的责任并不是完全相同的。海运实践中，实际承运人除上述共同承运人的情形外，并无向托运人签发提单的义务，亦不会受无船承运人的委托代其签发提单。因此，实际承运人并无倒签提单或预借提单的侵权行为，当然不应对收货人的损失负有侵权损害赔偿责任，也就是说不应与无船承运人承担连带赔偿责任。

第三种情况是，内陆的无船承运人被合法授权代理签发沿海无船承运人的提单，沿海无船承运人在确认货物已经实际装上船后，通知内陆无船承运人代其签发已装船提单，此时，无船承运人提单的作用也相当于可以用于结汇的已装船的海运提单。此种做法的好处是，一方面沿海无船承运人可以将内陆无船承运人的货量集中起来，统一与船公司洽谈运价，增强讨价还价的能力，获得较为优惠的运价；另一方面，避免所涉多个无船承运人分别签发其提单的烦琐性，以及由此产生的时间损失和法律关系的复杂性，同时，也避免了沿海无船承运人亲自签发提单后，再将其邮寄给内陆无船承运人可能产生的提单丢失风险及时间损失，使托运人能够较早地取得提单实现结汇。但是，此种做法对于沿海无船承运人来说也有其不利之处，即内陆无船承运人对于托运人来说不再是承运人，而仅仅是作为承运人的沿海无船承运人的代理人，沿海无船承运人必须对托运人承担承运人的全部责任与义务，即使损失是由于内陆无船承运人的过错造成的。如果内陆无船承运人违背沿海无船承运人的指示，擅自倒签提单或预借提单，则沿海无船承运人要为此付出代价，即对作为其代理人的内陆无船承运人的此种行为首先承担责任。同时，根据我国《海商法》第59条的规定，沿海无船承运人亦将丧失享受单位赔偿责任限制的权利。

四、异地签单

"异地签单"是指提单使用单位根据托运人的要求在非货物装运港的其他地区（我国大陆境内）委托其他公司代理其签发提单的业务方式。

各提单使用单位原则上只应委托系统内部的公司或分支机构作为其异地签单代理，总公司负责组织、协调各单位之间相互代理签单事宜。

1. 托运人向非装货港公司申请异地签单

非装货港的提单使用单位在接到托运人订舱单后，如发现货物不在本地装运，但又需在本地签发提单，在签发提单前，应做如下工作：

（1）与装货港承运人联系以确认货物是否能在该港装船；

（2）向装货港承运人订舱；

（3）与装货港代理确认运费及港杂费等的收取；

（4）通知装货港代理提单已在本地签发，以避免装货地重复签发提单。

2. 托运人向装货港提单使用单位申请异地签单

装货港提单使用单位在接到托运人订舱后，如托运人要求在另一地点签发提单，提单使用单位应做如下工作：

（1）与签单地代理公司联系并委托其代为签单；

（2）将托运人订舱单传真给签单代理公司，以便其缮制提单；

（3）与签单代理公司落实运费及港杂费等的收取；

（4）货物装运后，立即通知签单代理公司签发提单。

提单签发后，签单代理公司应当立即告知提单使用单位，并将有关单据转提单使用单位留存备查。

异地签单的提单缮制及签发规程应遵照本规程有关条款严格执行。

五、提单的更改

"提单的更改"是指提单已经正式签发，应托运人的要求对提单记载项目进行修改的业务活动。提单签发前的提单修改事宜，应参照本规程有关提单缮制及提单复核的程序进行。

无论在提单签发前或签发后更改提单，均应首先获取订舱人书面更改申请，申请中应当注明更改的理由、更改的事项及申请日期，并由申请人签字盖章。

对于订舱人的更改请求，提单使用单位应当严格审查更改事项的合法性及合理性，同时还要考虑更改提单的可行性，对于无理或规避法律责任的，或者无法操作，以及有可能存在风险的更改申请一律不得接受。

（1）仅在符合本条提单更改的其他要求的前提下，下列提单记载事项方可更改。

① 发货人、收货人和通知方；

② 卸货港；

③ 唛头；

④ 货名；

⑤ 货物的件数、重量和尺码；

⑥ 货物包装形式；

⑦ 运费支付形式；

⑧ 交货条款。

（2）对于上述第（1）条第②项卸货港的更改，提单使用单位应先与实际承运人联系确认操作可行性及倒载等费用，在客户确认费用之后再同意更改；对于本条第③~⑥项的更改，必须审核客户重新报关并被海关认可的报关单据，更改内容应当与之保持一致；对上述第（1）条第⑦项运费支付形式的更改，如预付改到付，必须先联系确认尚未放货。

提单在缮制过程中出现的个别字母的差错，可用加盖更正章的方式予以更正，但该字母的差错必须是不影响该词或该语句的正常意思表示。此种更改每一份提单不得超过三处，否则必须重新签发提单。

提单更改除上述规定外，必须重新签发提单。

因提单的更改而需要重新签发提单的，必须收回原来已签发的全套正本提单，否则不予更改，且不得重新签发提单。

提单号一律不得更改。

由于所采用提单的性质属于无船承运人提单，所有的提单更改事项必须与实际承运人的提单更改事项完全一致，在未取得实际承运人更改后的正本提单或实际承运人书面更改确认前，不得更改所采用的无船承运人提单。

对于在提单已经签发后提出的更改要求不予接受。

提单使用单位可向改单申请人收取一定的费用。

六、空白提单的管理（适用公司或由总公司负责统一管理情况下）

"空白提单"是指提单使用单位从总公司指定的提单印发单位领取的，未经缮制、签章，印有统一流水编号可以正式使用的空白格式总公司提单。

提单使用单位应当明确提单使用部门，规范空白提单领用程序，指定专人保管空白提单，控制空白提单的流向和数量。

空白提单应当妥善保管，不得毁损或遗失，应严格遵照本规程使用，不得作为他用。

提单使用单位应当建立空白提单领取记录本，记载空白提单领取的部门、时间、数量、流水编号、领取人、批准人及使用情况等事项。作为掌握空白提单使用情况的原始记录，空白提单领取记录本应当妥善保管，备份留存，避免遗失或毁损。

空白提单保管人应定期统计空白提单库存量，根据提单使用需求情况及时向总公司××部申请印制。

提单使用单位领取的空白提单仅供本单位使用，不得发放或出借给其他任何单位或个人。

提单使用单位在其提单使用权丧失时，应当向总公司上交全部尚未使用的空白提单，同时应书面记录所上交的空白提单的数量和编号。

七、签单章的管理（适用公司或由总公司负责统一管理情况下）

提单使用单位可根据业务需要，向总公司申请刻制签单章，并向总公司提供经过授权的签单人手签笔迹。签单章由总公司按照统一印模图案制作。未经总公司同意，任何提单使用单位不得擅自改动签单章图案，否则视为无效印章。

总公司对提单签单章实行备案制度，提单使用单位对于所有签单章的任何数量、图案、使用保管单位、编号、签单人等项的变更，都必须向总公司备案更新。

签单章遗失或毁损时，提单使用单位应当立即声明作废，并及时通知总公司，在向总公司申明理由后，经总公司同意方可重新刻签单章。作废的签单章和新刻签单章都必须在总公司备案。

提单使用单位应当指派专人管理签单章，签单章保管人员应当恪尽职守，妥善保管和使用签单章，签单章不得外借、托管。

签单章只能用于签发总公司提单或作为提单附属文件的证明，不得他用。

严禁在空白提单上加盖签单章。

第四节　无船承运人的放货与无单放货

一、凭正本提单放货

1. 审核提单

（1）是否为无船承运人提单？无船承运人在卸货港的代理应审查并收回

无船承运人提单。该代理应凭借手中的一份有无船承运人签署样本的正本空白提单，用以审核比对。特别留意提单上的公司标志颜色、签署章、格式比例和背面文字，以察觉任何伪造的提单。在电子通信日趋发达的今天，如果能直接在电脑上比对实际出具提单的扫描件，更为安全。

（2）是否为指示提单？如果是指示提单，那么该提单的收货人是凭托运人指示还是银行指示？托运人（或银行）是否已将该提单背书给提货人；且该提货人是否也作了背书？

（3）是否为记名/不可转让提单？如果提单上的收货人为被指定名称的一方，而不是"凭指示"，那么该提单就不可转让（称为"记名"提单）。在某些国家，如美国，记名提单下的交货和海运单下的交货是一样的。

此规则与目前我国的法律有明显的冲突。我国法律认为，即使是在记名提单的情况下，也必须是凭正本才能交付货物。

（4）是否为海运单？与提单不同的是，海运单不是物权凭证，且收货人无须提供正本文件。货运代理的职责一般仅限于核对提货方的身份，并确认提货方就是指定的收货人。但是，为谨慎起见，可以要求提货人提供海运单的复印件或货物到达通知。

在我国还可能碰到的一种情况是，收货人的中文名称和英语的名称不匹配。因为企业英文名称是可以不作正式登记注册的，这就造成没有确切的证据来认定某个企业公章上显示的中文公司名称等同于提单上的英文公司名称。在此情况下，可求助于海外发货人的确认，只有他们能给出正确的放货指示。

2. 审查项目

（1）日期和提单号——是不是与货物清单一致？

（2）是否已签署——未经签署的提单不是适当签发的提单，可能是经过修改的副本或是伪造的提单。

（3）提单修改——修改后的提单效力如何认定呢？检查修改处是否经盖章和授权签字证实其真实性？如对修改部分的真实性有任何怀疑之处，可将提单副本传真给装货港代理或委托人要求确认。

（4）签名——是否与存档保存的授权签名一致？

（5）背书——背书看上去是否真实？背书人是否具有资格？

（6）集装箱号/铅封号——号码是否与货物清单一致？

（7）货物描述/包装件数——确认没有将一个集装箱内两票不同提单下的货物误交给一个货主；

（8）多份提单下的一批散装货——散装货物易受测量错误或耗损的影响，因此，不要为一批散装货物签发标有精确数量的分提货单（Part Delivery

Order）；

（9）托运人/收货人/通知方——是否与货物清单一致？

（10）运费或费用——有否任何费用到期应付？如果有，是否已支付？

（11）托运人应收的杂费——是否已收取？

确认所有的费用均已付清，包括本票货物的费用和之前业务产生的而未付清的费用。

对上述各项一一审查后，在交回的正本提单上用大红色字体盖上"已完成"（accomplished）字样，最后签发提货单。

二、凭担保函放货

托运人可能会授权无船承运人在没有任何证明文件，或者只在提供担保函的情况下放货。但对于无船承运人来说，取得担保函并不能解除其对货物所有人的责任。担保函仅规定出具该担保的相关方，在无船承运人必须赔偿给正本提单持有人时，补偿其相应的金额。如若接受担保函，无船承运人也有责任确定担保函的措辞和签署都是正确的，以及确定在必要时有银行的加保。

1. 担保函的审核

（1）对任何无正本提单的放货要求，均须报告公司的董事或高级经理；

（2）基于担保函放货的要求，无船承运人应先从正确的委托人处取得书面授权；

（3）同时，取得货物所有人的书面授权；

（4）取得委托人就担保函的措辞准确无误的书面授权；

取得对担保函的时效/金额/保证（如银行的担保函）的明确书面授权；参阅委托人的业务操作手册中的建议和可用的措辞，或者经法律顾问审查；

（5）确保担保函中提及的货物资料翔实与提单/货物清单上所载内容一致；

（6）确保担保函能补偿所有因该无单放货行为可能受到损害的当事方：包括委托人、无船承运人本身、装货港代理以及所有他们的分代理（在某些国家，无船承运人本身有独立于其委托人之外的自己的责任，这一点应体现在担保函的措辞中）。同样，担保函不应该仅限于合同下的违约性索赔，还应包括一般民事法律下的侵权性索赔；

（7）检查担保函的真实性，伪造银行担保函项下的提单的现象并不罕见，所以，在核实银行担保函项下的提单是否伪造时，也须向提供担保函的银行确认，请银行确认他们确实为该提单出具过该担保函；

（8）将担保函置于安全的地方存放，保留一份记录并尽力从收货人处取得正本提单。若在一定期限内，如一个月内尚未取得正本提单，则应通知委托人并请求指示。

2. 担保函的拒绝

（1）拒绝接受仅由本公司出具的担保函。公司出具的保函可能随着公司的倒闭而成为一张废纸。因此，至少需要由当地的一家银行提供的担保函，才能保证其对法律责任的承担能力；

（2）拒绝接受担保函的传真件或复印件。这些有可能是伪造的。曾经发生过从别的文件上剪切下来的银行公章和签名伪造担保函事件；

（3）拒绝接受非货物所有者出具的任何保函。如果明显知道提供担保函的一方不具有货物所有权，仍凭担保函要求放货，则有可能是对提单下的真正货物所有人的欺诈，或是对提单或货物的权利方（如融资银行）的欺诈。这样取得的担保函是非法的、不可执行的。

切记：担保函的有效性依靠其出具方的诚信和支付能力！

三、"电放"与异地放货

凭单放货交付货物是无船承运人提单放货原则的核心原则，但是从实践中看，严格凭正本提单放货可能会引发收货人在目的港无法及时提取货物等问题，尤其是在远洋航线中。除了凭单提货外，实践中还有一些较为特殊的提单放货形式，如"电放"、异地放货、无正本提单放货及记名提单下的无单放货等。

1. "电放"

电报放货（Telex Release），简称为"电放"。是指承运人或其在装货港的代理人收到货物后将已经签发提单或者应当签发提单而没有签发提单，根据提单上托运人的要求在装货港收回提单或者不签发正本提单，以电报、电传形式发给托运人同时通知卸货港代理人将货物交给提单收货人或者托运人指定的收货人。目前，随着通信手段的发达，传统的电传、电报等方式已经逐渐被传真、电子邮件等新的通信方式取代，但是这种交货方式仍然沿用"电放"这一名称，承运人据此在卸货港向提单记名收货人无单放货。"电放"主要是为了解决收货人收到提单晚于货物抵达卸货港而不能及时提取货物的困难，在当今航运实践中作为承运人提供给收货人的一种服务是十分普遍的。

随着短航次下贸易量的日益增多，为避免等待提单提货所产生的船期损失及行市损失，无船承运业务中"电放"操作日益增多。"电放"基本的操作为：

（1）"电放"实践中多发生在记名提单下，买卖双方彼此较为信任，所采用的付款方式通常为非信用证方式，提单不再用于结汇；

（2）"电放"操作中，托运人向承运人申请"电放"时，应提供签发提单所需的相关数据，托运人"电放"保函（保函中应具体列名收货人详细名址及通信方式，加盖发货人及货运代理公司的公章）并缴纳"电放"费；

（3）承运人接受"电放"申请后，已签发提单的收回全套正本提单并加盖"电放"章（"此单已'电放'，正本提单作废"或"SURRENDER"），但实践中承运人常常不签发正本提单，而是直接根据托运人提供的数据制作提单副本，在提单副本上加盖"电放"章，托运人随后将提单副本传真给收货人；

（4）承运人在保证收货人及时提货的时间内通知卸港代理办理"电放"事宜。通常船公司会为其承运的每票货物设定"电放"号码，使该票"电放"货物可通过船公司的网络查询；

（5）货到目的港后，承运人的目的港代理通知收货人办理提货手续。收货人持提单副本在提供收货人"电放"保函后从承运人的目的港代理处取得提货单，办理报关提货手续。

以上所述运输环节只有托运人、承运人与收货人三方主体，在无船承运人加入运输环节以后，"电放"操作就会更为复杂。众所周知，实际承运人签发给无船承运人的海运提单绝对不会用于结汇，因此，实践中该提单通常会采用记名提单的形式进行"电放"。而无船承运人向托运人签发的无船承运人提单应托运人的要求也可采取"电放"的形式，这就使得整个运输环节可能涉及两个或更多个"电放"（存在不只一个无船承运人的情况下），其操作无形中也变得更为复杂。

实践中，指示提单下较少发生"电放"，指示提单多用于信用证付款方式下，通常是买卖双方彼此并不十分信任，卖方希望通过银行信用和掌握控制货物的单据来获得买方的付款保证，因此，通常只有货到目的港后等待正本提单提货确实来不及或在涉及中间商等情况下，卖方才会应买方的要求临时请求承运人将货物做"电放"，此种情况下除进行上述记名提单下的"电放"程序外，承运人通常会要求将提单上的通知方注明为收货人，使该提单类似于记名提单，同时，承运人会收回其已签发的全套正本提单，并在提单副本上加盖"电放"章交给托运人。此外，一些船公司还明确规定不接受银行指示提单的"电放"。

因海运单的特殊性，实践中，承运人签发海运单通常能达到与记名提单的"电放"相同的效果。在通过无船承运人进行运输的情况下，如果无船承运人与船公司之间存在合同，约定无船承运人可要求船公司签发海运单，那么无船承运人在将该合同号告知船长或船公司的代理后，船长或代理通过查询确认该无船承运人与船公司之间确实存在合同，则可以应无船承运人的要求签发海运单取代海运提单。但是因无船承运人已登记的提单版本中较少有海运单的形式，因此，实践中无船承运人很少向收货人签发海运单以取代无船承运人提单。因而，海运单的使用范围较为有限。

2. 异地放货

异地放货是指由第三方代理人接受申请方的申请，收回正本提单并由该代理人通知卸货港代理人将货物交给申请方指定的收货人。异地放货的申请人通常为托运人、中间商、正本提单合法持有人，而收货人通常是提单中记载的人、通知方或者提单持有人。异地放货实际上是一种变相的电报放货，其操作方法参照"电放"的做法。

四、无单放货

"无单放货"即无正本提单放货，无正本提单放货就是无单放货。构成无单放货的基本条件是：①承运人明知他人不持有正本提单仍然向其签发小提单等提货凭证；②货物已经向海关办理申报和清关手续。货物已经获得海关的放行，并且脱离海关的监管和控制，货物可处于自由流通的状态；③非正本提单持有人完全占有货物，对货物具有完全的处分权、控制权或者使用权；④承运人无法向合法的提单持有人交付货物。

有些时候货运代理可能被指示或要求在没有收到正本提单的情况下交付货物。向非持有正本提单的一方交付货物的行为违反了提单运输合同，提单的合法持有人可以起诉船东、无船承运人或错误交付货物的行为人。提单的合法持有人可以是托运人、收货人、银行或提单受让方。而且，这种故意行为可能无法享受到责任保险的保障。这种做法的风险相当大，因此需要格外小心。

1. 无单放货须严格审核

（1）无船承运人对任何涉及无正本提单放货的请求，均须报告公司的董事或高级经理，由他们获得公司授权、有权做出无单发货的决定后、签署文件或单据以批准放货（特别提醒的是必须留意此种无正本提单放货的行为对本公司责任保险的影响）。

（2）从正确的委托人处取得书面授权。在未收到正本提单作为交换前，无船承运人不得自行做出是否放货的决定。对于无正本提单放货的要求，无船承运人必须每一次都取得委托人的书面授权。此外还须特别注意确定正确委托人（或多个委托人）的身份，以便从其处获得授权性指示。

（3）如果该无船承运人的代理作为两方的代理（既是船东代理，又是无船承运人的代理），则无船承运人指示无正本提单放货可能会损害船东的利益，此时船东有权就其损失向其代理索赔。

（4）确定获得的书面授权容许无正本提单放货。某无船承运人曾经收到他们理解认为可以无正本提单放货的授权；但是，由于该授权只载明"放货"；而未明言是"无正本提单放货"，结果导致该无船承运人承担不可免责的后果。

（5）取得发货人的书面同意（直接取得或通过委托人取得），用以将货物交付给收货人。发货人可能是货主，正在等待收货人支付货款获得正本提单，取得发货人的同意对保护其利益非常重要。

（6）检查所有要求无正本提单放货的授权或指示的真实性。曾经发生过伪造的所谓装货港代理或发货人或委托人做出的放货指示。

（7）确保提单上的通知方接到了"通知"。若提单未显示通知方，无船承运人或其代理应向委托人询问此信息。

2. 无单放货的拒绝

（1）拒绝接受无船承运人提单的传真件或复印件。这并不能证明收货人已经持有正本提单。

（2）拒绝接受来自装货港代理的无正本提单放货的要求。无正本提单放货前永远向委托人要求确认。如果是在我国的货运代理，可与委托人，即无船承运人提单项下的承运人要求确认放货指示。

如果处于优质客户要求无正本提单放货的商业压力，就算向声誉最好的企业无正本提单交货，同样会致使承运人及其代理卷入托运人和收货人之间的纠纷。若收货人未经付款取得了货物，之后发现货物有瑕疵，很可能会不支付货款（或者乘机从与发货人之间的其他交易中抵销货物的价值），从而造成托运人"钱货两空"的巨额损失，必然会追究承运人及其代理的责任。

五、需要特别注意的几个问题

（1）当收到任何涉及放货的指示后，如由运费预付变更为运费到付的指示；在目的港扣货的指示；或者收货人变更的指示，均应立即通知进口方的业务人员，因为任何耽搁都可能导致重要指示在放货后才被送达到进口业务人员处。

（2）空白的正本提单和提货单都是重要文件，不能容许任意拿取，而应由专人负责看管并锁住。

（3）不要习惯性地将货物交付至仓库或冷藏库而不给予明确的书面指示。无船承运人的代理应明确交代仓库或冷藏库，除了指定的收货人，不要将货物交付给任何其他人。

（4）托运人未收到货款时，若指示无船承运人：即使收货人提交了适合的正本文件也不要放货。无船承运人及其代理人不可忽视该指示，但也不能听信托运人的一面之词。此时最好提请法院来判定哪一方是该批货物的所有人。

（5）如果在目的地，有多于一方要求提货，无论是否已持有正本提单，无船承运人及其代理均不得轻信任何一方，必要时可提请法院做出判决。

六、美国企业无单放货所带来的困扰

在美国，无船承运人或其代理人无正本提单放货的现象极为普遍，已经对外国托运人在美国的商业运营造成了严重的困扰。而外国托运人若想通过司法救济来保障自己的权利，则需要耗费大量时间和财力。鉴于此，2013 年10 月菲亚塔向美国联邦海事委员会（FMC）提交本报告，请求其出面制止这一日益严重的现象。本报告提供了该问题出现的背景，解释了业界这种操作方式违反美国《1936 年海上货物运输法》（以下简称"《1936 年 COGSA》"）的原因，并就美国 FMC 可以采取的措施提出了建议。

（一）错误交货

在实际操作中，公共承运人为了节省成本、便于放货，通常会签发海运单或记名提单，以加快从装货港到美国目的港的运输。然而，为了结汇等需要，卖方/托运人通常会要求无船承运人签发可转让的货运代理提单（negotiable forwarder bill of lading），以此证明货物已经发运。很多国家的卖方/托运人都会在以可转让的货运代理提单来保障发票的支付。而买方/收货人不支付运费的原因通常是现金流困境，或者之此前发运批次的质量纠纷。

事实上，许多买方/收货人订购货物就是为了将其转手卖给下家。所以为了避免对货物最终客户/收货人构成延迟交付、加快货物流通以便尽快转卖，买方/收货人通常会要求在不提供正本货运代理提单的情况下收货。而这就导致了对承运人放单代理人的压力，因为如果他们不按照买方/收货人的要求去做，就可能失去这些"好客户"。同时，由于货物已经清关，无论卖方是否已经收到货款，都很难阻止买方取货。

此外，无船承运人的放单代理人通常也同时是收货人的承运人。在此情况下，放单代理人就作为船东提单的收货人，且有权从海上承运人处收货以组织后续的陆运或其他操作。因此，放单代理人可能同时为卖方和买方代理。

因此，在买方/收货人未支付货款，且外国或美国注册的无船承运人或其代理人无正本货运代理提单放货时，卖方/托运人通常会对无船承运人或其代理人无单放货的行为提起诉讼。无船承运人及其放单代理人都需要承担提前放货的责任。

（二）美国法院关于无单放货案件的判决

如上所述，无船承运人无单放货已经引发大量与外国托运人的纠纷，其中部分纠纷已经经过诉讼并有法院公开意见。下列案例表明，除了传统的违约之诉之外，无单放货案的诉因还可能是非法侵占、错误交货或违反《航运法》。

1. Bimsha Int'l v. Chief Cargo Services, Inc., et al., Docket No. 10 – 08 (FMC, September 4, 2013)

（1）托运人委托无船承运人将一批服装从巴基斯坦运到纽约；

（2）在3个批次中，无船承运人在未收到无船承运人背书的可转让提单的情况下，将货物交付给收货人；

（3）托运人向 FMC 投诉，称无船承运人违反 1984 年《航运法》第 10 (d)(1)条（46 USC § 41102(C)）；

（4）FMC 判定，无船承运人在 3 个批次中无正本背书提单放货的行为违反了其应承担的义务，对卖方是不公平、不合理的，所以无船承运人违反了《海运法》。

2. Lite-On Peripherals, Inc. v. Brulington Air Express, Inc. 255 F. 3d 1189 (9th Cir. 2001)

（1）托运人委托无船承运人将一批电脑键盘从中国台湾运至美国洛杉矶；

（2）无船承运人在未收到经无船承运人背书的提单的情况下，将货物交付给收货人；

（3）买方破产，托运人起诉无船承运人；

（4）本案是作为违约案件审理，但法院在判决中有以下论述：关于发货人无权起诉承运人错误交付行为的主张是毫无意义的，因为收货人没有在提单上背书，从一开始就不应该接收货物或者提单。

3. Joyfull Int'l Trading, Ltd. v. Monkey Bus. LLC, 2011 U. S. Dist. LEXIS 113481 (S. D. N. Y. Sept. 28, 2011)

（1）托运人同意向买方出售并交付一批床；

（2）托运人找到一无船承运人负责将床从中国运到美国洛杉矶；

（3）无船承运人在未收到提单的情况下，将货物交付给买方；

（4）托运人诉无船承运人违约、错误交货和非法侵占，并要求返还原物；

（5）法院对无船承运人的动议进行了简易判决，判定无船承运人败诉。

4. C-ART, Ltd. v. Hong Kong Island Lines America, S. A., 940 F. 2d 530 (9th Cir. 1991)

（1）本案与前述案件事实基本相同。

（2）法院判决："'若承运人将货物交付给提单合法持有人之外的其他人，则承运人应承担错误交货的责任'，这一事实构成非法侵占和违约的表面证据。"

（3）本案说明，此类案件可以基于合同之诉或侵权之诉，但是，无论基于哪种诉由，这一类事实通常可以构成侵占的表面证据。

（三）无单放货实务

亚洲地区承运人协会再次向菲亚塔汇报，错误放货现象在由 FMC 注册或授权的承运人中极为普遍。这导致托运人对原承运人的诉讼频发，也降低了货运代理提单的商业信用，导致某些金融机构拒绝为货运代理提单签发信用证。

一货物保险机构主管在接受采访时称，错误交货现象极为普遍，是构成损失的最大因素。

由于承运人或其放单代理人无正本提单放货是有意为之，并且是作为一种商业上的考量，所以为了降低此项风险，已有部分保单明确将"错误交货"从承保范围中删除。

（四）无单放货违反《哈特法》及海事普通法

无单放货本质上是不公平、歧视性的，因为其违反《哈特法》及海事普通法。《哈特法》主要是"关注承运人对货物损失的责任范围"，Lithotip, CA v. S. S. Guarico, 569 F. Supp. 837, 838 (S. D. N. Y. 1983)，并规定"承运人试图通过合同约定，免除其在海商法项下对过失行为（如错误交货或管货过失）所应承担责任的约定无效"，Chilewich Partners v. M. V. Alligator Fortune, 1994 AMC 2296, 2310, 853 F. Supp. 744, 754 (S. D. N. Y. 1994). 根据《哈特法》规定，承运人在合理交货（proper delivery）前对货物的情况承担责任，包括因其自身过失导致的货物损失或遗失 See Seanto, 2001 AMC at 1985, 137 F. Supp. 2d at 449；United States v. Afram Lines (USA), No. 90 Civ. 6850, 1995 WL 224616, at * 11 (S. D. N. Y. Apr. 14, 1995)，"《哈特法》项下，只要货损

发生在货物装船之前、卸货后及交货以前，承运人都应对自身过失导致的货物的任何损失负责"。但《哈特法》本身并未规定"合理交货"的标准，而是"以既定的海事普通法关于合理交货的规定为标准" Chilewich, 1994 AMC at 2310, 853 F. Supp. at 754; see also Farrell Lines Inc. v. Highlands Ins. Co., 1983 AMC 1174, 1175, 696 F. 2d 28, 29（2d Cir. 1982）。（《哈特法》重申了普通法对承运人责任的规定，包括从码头到码头运输货物、向收货人发出到港通知，以及……保护货物直至收货人有合理机会移走货物）。

法律救济会消耗大量资金和时间，因此无法有效制止无单放货行为。甚至在很多案件中，《哈特法》和海事普通法都不能提供全面的救济。托运人的主张只有三个月诉讼时效，See Government of Indonesia v. The General San Martin,114 F. Supp. 289, 290（S. D. N. Y. 1953）（法院认定 3 个月的诉讼时效限制是合理的）；Thiti Lert Watana Co. v. Minagratex Corp., 105 F. Supp. 2d 1077, 1082 – 1083（N. D. Cal. 2000）（法院认定 6 个月的诉讼时效限制是合理的）。托运人的获赔额度可能被限制在每包 500 美元以下，See Institute of London Underwriters v. Sea-Land Service, Inc., 881 F. 2d 761, 765 – 766（9th Cir. 1989）。此外，错误交货不构成承运人寻求美国《1936 年 COGSA》救济的阻碍，See B. M. A. Indus., Ltd. v. Nigerian Star Line, Ltd., 786 F. 2d 90, 92（2d Cir. 1986）and Rexroth Hydraudyne B. V. v. Ocean World Lines, Inc., 547 F. 3d 351, 364（2d Cir. 2008）。

（五）业界无单放货的行为违反美国《1936 年 COGSA》

美国《1936 年 COGSA》要求无船承运人的货物承运是公平、合理的。

46 U. S. C. § 41102. 禁例总则

（c）管货操作。普通承运人、码头营运人或海上运输中间商必须为接收、管理、储存及交付货物而建立、遵守并执行公平合理的规则及操作。

从根本上说，无船承运人违反提单为托运人提供的安全保障而交货的行为构成错误交货。无船承运人将货物交付给在同等情况下本不应该接收货物的提货人。除这一事实之外，错误交货违反《哈特法》及海事普通法，并符合现有法律对侵占的定义等事实都表明无船承运人此种操作不符合美国《1936 年 COG-SA》对承运人货物交付必须公平合理的要求。由于这种现象已经在业内极为普遍，菲亚塔请求 FMC 关注对相关企业的教育，提高企业合规水平。

错误交货的行为本身是歧视性的，因为承运人或其放单代理人会忽视法律并无单释放"好客户"的货物。这一做法是对无船承运人非 VIP 客户的歧视。美国《1936 年 COGSA》的目标之一就是构建非歧视、平等的货物公共承运环境。

46 U. S. C. § 40101. 立法目标

本部分立法目标是：

为美国对外贸易中货物的普通海上承运构建非歧视性的法律程序，同时确保政府干预及法律成本最小化。

FMC 是对国际海事运输事务最具权威的机构，确保无船承运人公平对待所有客户并遵守美国《1936年COGSA》规范符合 FMC 的使命。

（六）结论及建议

错误放货现象极为普遍，尤以美国长滩港和洛杉矶港最为突出。如上所述，传统救济无法制止该现象。根据一位货物保险机构主管的介绍，错误放货一直是造成损失的最大原因。并且，这种操作方式的长期存在破坏了承运业的信誉。

FMC 有能力制止这种业界普遍存在的不法行为。为了解决这一问题，菲亚塔建议 FMC 召集承运业及其代理，召开一系列的讲座、培训会，先从美国西部港口开始。这些会议的目的就在于教育企业无单放货的恶性后果。此外，菲亚塔建议 FMC 准备一份对业内企业的公告，表达 FMC 关于此事的担忧，并警告他们立即停止无单放货的操作。

第五节 无船承运人无单放货 无须承担责任的例外

在国际海上货物运输实践中，按照国际公约和我国《海商法》，承运人（包括无船承运人、多式联运经营人）应当凭身份与提单交货，不能无单放货，否则须承担无单放货的责任。但任何事物都有例外，同样，无船承运人也有一些因无单放货无须承担责任的例外。除第四节介绍的记名提单下无单放货的例外情况，下面再介绍 11 种特殊情况，以便无船承运人遇到类似情况时参考处理。

一、海运单下的无单放货

随着集装箱革命和快速集装箱船的出现，为避免传统提单流转造成的时间耽搁，海运单应运而生。有人将海运单定义为，证明海上货物运输合同和货物由承运人接管或装船，以及承运人保证将货物交给单证所载明的收货人的不可流转的单证。在使用海运单的情况下，收货人提取货物时无须出示海运单，而只需出示适当的身份证明和到货通知，承运人在核实身份后即可将货物交给海运单载明的收货人，而不承担任何无单放货的责任。各国法律对此均已达成共识。

二、卸货港所在国法律的规定或港口当局的习惯做法导致的无单放货

根据有些国家（如韩国、委内瑞拉等）法律的规定或港口当局的习惯做法，承运人将货物卸离船舶后不能将货物直接交给收货人而是由海关监管或港口当局控制，然后由收货人向海关或港口当局提取货物，而如果海关或港口当局在提货人未出示正本提单的情况下就放货，是否应由承运人来承担无单放货的责任呢？我们认为此种情况下，承运人对货物已失去控制，其主观上对无单放货并不存在故意或过失，客观上又无无单放货的行为，因此，不应构成对正本提单持有人权利的侵犯，侵权也不成立。同时，对于因国家法律、政府或主管当局的行为而造成的对海上货物运输合同的违反，承运人也不应承担违约责任。但是此种情况下承运人必须举证证明卸货港确有此种法律或习惯做法，以及其确实已按该法律或习惯做法将货物交给了有权接收的机构，并已做到了应有的谨慎，而实践中承运人往往无法提供明确的可为法官所接受的证据，因而通常会被判定对无单放货承担责任。

在珠江货柜运输中心诉铁行渣华荷兰公司无正本提单放货纠纷案中，二程承运人铁行渣华主张，在目的港危地马拉港，货物卸船后便由当地海关监管，承运人已将货物交给危地马拉海关监管，唯一有权处理货物的机关是危地马拉海关，因此提单持有人无权向其主张无单放货的损失。但是，铁行渣华却未能提供其已将货物交给海关或货物交海关合法性的证据，因此，一、二审法院最终均认定，铁行渣华不能免除其没有凭全程提单放货而给原告造成的损失的赔偿责任。

在"Sormovskiy 3068"（1994）2 Lloyd's Rep. 266 案中，俄罗斯 Vyborg 港口有一个一贯做法，即船长把货物卸下交给港口当局。本案中港口当局后来无单放货，承运人抗辩，货物卸给港口当局是当地的习惯，承运人应对无单放货免责，Clarke 大法官认为船东只能证明 Vyborg 有这样一个宽松的"一贯做法"，但不足以构成习惯，可以使船东免责。

三、提单已不再具有物权凭证效力

实践中在买卖合同项下发生纠纷或单证与信用证不符，买方拒绝付款的情况下，买方可能会凭保函从承运人处直接提取货物，正本提单持有人在得知提单下的货物已被无单放货的情况下，往往可选择采取下列两种方式之一保护自己的合法权益：一是根据提单向责任人主张提单下的权利，恢复对货物的有效控制或占有，或直接要求责任人承担损害赔偿责任；二是在货物已被买卖合同下的买方实际提取的事实下，要求买方继续履行买卖合同支付货款，同时因此种情况下再采用信用证付款方式已无意义，双方通常会将付款方式变为更为简单迅捷的电汇等方式。而如果提单持有人选择了后者，法院通常会判定此种情况下承运人无须再承担无单放货的责任。在华润公司诉湛江船代公司、湛江纺织企业（集团）公司、深圳进出口公司无正本提单交货提货纠纷案中，法院认为，华润公司作为货物的卖方及正本提单持有人在知道买方深圳进出口公司未付货款而提取货物以后，并未通过提单关系向本案的三被告主张提单权利，而是以买卖合同的卖方身份与买方深圳进出口公司交涉支付货款。并将货款支付方式由跟单信用证方式改为银行电汇，以此方式深圳进出口公司向华润公司支付了 60 万美元的货款。华润公司与深圳进出口公司协商改变付款方式及收取了部分货款的行为，应视为认可深圳进出口公司无单提货的行为，同时也认可了湛江船代公司无单放货的行为。这时货物所有权已转移给了深圳进出口公司。特别重要的是华润公司与深圳进出口公司协商改变货款支付方式，标志着提单不再具有物权凭证的效力，华润公司持有的提单只是运输合同的证明和交付货物的凭证。因此，华润公司的请求不予支持。

在晓星公司诉防城港船代等提单侵权纠纷上诉案中，初审法院认定，正本提单持有人晓星公司在被告防城船代未凭正本提单而是凭保函交付货物给六分公司的情况下，并未依据提单的物权向被告主张权利，而是在明知因政策原因未能开出进口许可证、银行不允许开立信用证、防城船代拆单放行的情况下，仍以国际货物买卖合同货主的身份，与六分公司就价格、付款条件及违约问题重新对货物进行处理，并签订协议书。尤其是将付款方式由信用证支付尿素货款改为开立其他信用证贴现给智德公司，说明晓星公司持有的提单不再具有物权凭证的效力，而只是运输合同和交付货物的证明。最高人民法院在再审时亦认可了初审法院的此种认定。

四、正本提单持有人放弃索赔

实践中无单放货发生后如果索赔人因种种原因放弃了对承运人的索赔，

此时承运人当然亦无须承担赔偿责任。上述两案中，正本提单持有人对无单放货予以认可的行为，亦应视为其对以无单放货为由向承运人索赔的权利的放弃，承运人无须再对无单放货行为承担责任。

五、诉讼时效已过

当正本提单持有人就无单放货对承运人提起诉讼时，诉讼时效已过，此时起诉人丧失胜诉权，当然承运人也就免除了无单放货的责任。

在中国（深圳）对外贸易中心有限公司诉丰泰企业有限公司无提单交货纠纷案中，货物于1994年6月10日运抵目的港，法院认为承运人应当在此时交付货物，因此，根据我国《海商法》第257条"交付或应当交付货物之日"的规定，时效应从1994年6月10日开始起算。从被告应当交付货物时至原告起诉止，已超过一年的诉讼时效，因此驳回了原告提单持有人的诉讼请求。

六、缺乏证据

当正本提单持有人就无单放货对承运人提起诉讼时，因诉讼请求人缺乏证据，而被认定为无船承运人不承担责任。

2003年3月12日，原告正宝公司与常州秋惠进出口公司（以下简称"常州秋惠"）签订代理出口协议书，正宝公司委托常州秋惠出口货物。常州秋惠接受委托后，与境外买方韩国三井公司签订了出口合同，价格条件为FOB条款上海，信用证付款，在韩国合法注册并具有无船承运人资质的IMEX海运航空株式会社（以下简称"IMEX公司"）委托被告柏辉公司代理在上海的订舱、装箱和交付装运文件等事宜。柏辉公司接受委托后，安排了货物的送货、装箱、报关，并就无船承运人提单的签发代表IMEX公司同托运人协商。IMEX公司签发了无船承运人提单后，由柏辉公司转交托运人。柏辉公司又向实际承运人订舱。韩国现代商船有限公司（以下简称"现代商船"）和上海仁川国际渡轮有限公司（以下简称"仁川渡轮"）分别签发了海运提单，记名收货人均为IMEX公司，承运船舶分别为MINA轮和MU DAN XIANG轮，由现代商船和仁川渡轮实际承运了货物。货物返抵目的港后，柏辉公司要求仁川渡轮"电放"货物。正宝公司认为，货物在目的港被无单放行，致使其无法就货款进行结汇，请求法院判令无船承运人柏辉公司赔偿经济损失。

上海海事法院经审理认为，正宝公司虽持有无船承运人提单，但仅能证明其不能就货款进行结汇的事实，尚不足以证明涉案货物在目的港被无单放货，且柏辉公司也不是涉案的无船承运人，正宝公司请求赔偿货款损失于法无据，判决对其诉讼请求不予支持。正宝公司不服提起上诉，上海市高级人民法院经审理认为，原判认定事实清楚，适用法律正确，判决驳回上诉，维持原判。

七、权利人同意的无单放货行为

实践中，因单证流转速度的缓慢或信用证结汇下产生的耽搁，为避免船到目的港后因等待正本提单提货而产生的一系列损失，作为卖方的正本提单持有人常常与作为收货人的买方分别向承运人出具保函，要求承运人无单放货。对于这种正本提单持有人与未来权利人均同意的无单放货行为，法院通常会判定承运人不承担责任。

而目前实践中普遍操作的"电放"做法，承运人在同意"电放"前收回全套正本提单或根本不签发正本提单，同时托运人与收货人均出具保函，则更是一种对于承运人来说较为稳妥的，经权利人同意的无单放货行为。

八、托运人承担买卖合同下的责任，免除承运人的责任

实践中曾出现的一个仲裁案中作为买卖合同下的卖方的托运人在货物装上船取得正本提单后，出保函给承运人要求承运人将货物无单放货给第三人，同时表示由此产生的一切责任将由其承担。当买方支付货款取得正本提单后向承运人提货时，却发现货物已被第三人提走，此时卖方声称根据买卖合同约定的 CFR 的贸易术语，他在将货物交给承运人时，即已完成了交货义务，至于出保函要求无单放货给第三人，承运人完全可以不听，因此，买方不应向他而应向承运人索赔。该案中仲裁庭最后裁定，买方要求卖方承担无单放货的责任，卖方有责任承担，承运人此时免除无单放货的责任。因为，本案正是由于卖方的不当行为，使买方不能凭正本提单从承运人处提取货物，卖方对承运人出具保函的行为与其向买方交付正本提单的行为相抵触，为此其交单行为具有瑕疵，不适当，他并没有真正履行交单交货义务，构成对买卖合同的违反。我们认为在此案的情况下，如果买方只要求卖方承担责任，判定卖方单独承担责任是完全恰当的。但是，如果在卖方资信不好，买方只要求承运人承担责任的情况下，判定承运人承担责任亦是完全正确的，而如果买方同时起诉承运人与卖方，二者应承担连带责任。因此，在此种情况下承运人要寻求完全免责实际上是十分脆弱的，因为一旦其接受了卖方的保函进行了无单放货，它就将承担被最终的正本提单持有人索赔的风险。

九、正本提单持有人已不再具有提单权利

在一起提单项下货物侵权损害赔偿纠纷案中，二审法院认为正本提单持有人因下列事实而丧失了提单持有人的权利，承运人的代理人不承担无单放货的侵权责任。

（1）正本提单持有人在承运人的代理人无单放货后与承运人达成协议，约定承运人向正本提单持有人支付875 000美元，作为全部和最终解决方案，而正本提单持有人应在2000年2月18日前向承运人的代表提供正本提单等文件和材料。同时该协议进一步约定，正本提单持有人收到875 000美元的款项解除船方对于上述提单货物的灭失和/或损害或者船方、其代理人或其行为可能由船方承担的人放货而向船方提出的一切命令、索赔、行动、诉讼或诉讼之责任。因此，法院认定正本提单持有人在收到船方赔款后，已不再是本案正本提单的合法持有人，其提单权利因已经实现而消灭。同时依协议作为船方、船方代理和受雇人对于提单及其项下的货物的任何赔偿责任也一并解除。

（2）本案正本提单持有人知悉并参与本案无正本提单放货与提货，表明其同意放弃提单权利并解除基于提单所产生的任何义务或责任。

（3）本案提货人在无单放货后，曾经持有正本提单并用于补办提货手续，因此，正本提单持有人声称其取得正本提单后一直持有该提单不符合事实。同时事实证明本案正本提单在提货人获得后又从提货人手中回流到货主手中，该流转不合法，且该不合法流转系出于正本提单持有人与提货人之间基于非法目的的合意，因此本案提单权利包括物权，因该提单已转让与提货人而已经实现，和/或因该提单非法流转而消灭。

（4）本案正本提单持有人已从提货人处收到部分货款并多次派人向其追讨剩余货款，这一行为进一步说明了正本提单持有人认同了承运人代理无正本提单放货和提货人无正本提单提货的行为，确认了提货人作为国际货物买卖合同的买方提取货物的合法性，并产生本案提单项下的货物的所有权转移给提货人的效力，在正本提单持有人与提货人之间形成合同债务关系，同时消灭本案提单物权凭证的效力。

十、托运人收到货款承运人无单放货责任免除

承运人虽然未凭正本提单交付货物，但如果托运人已经从收货人处收到了货物的全部货款，那么就无权要求承运人再承担提单项下的货款损失或返还提单项下的货物的责任。

在一起仲裁案中，仲裁庭指出根据被申请人提交的经过公证认证的托运人发给收货人的一封电子邮件，托运人在该电子邮件中向收货人表示确认收到货款和同意释放货物，不能免除被申请人无单放货的责任，但根据该电子邮件可以认定申请人已从收货人处收到了款项，申请人没有因被申请人无单放货受到损失，因此，驳回申请人的该项货款请求。

在另一起无单放货纠纷案中，庭审中，原告为证明涉案货款的数额，向法院出示了其已核销的出口收汇核销单。法院认为该出口收汇核销单表明原告出运的该票货物的货款已经收回，故原告请求的损失并不存在，其诉讼请求不予支持。

十一、船代或承运人仍持有提货单，保有货物控制权

实践中为满足收货人尽快报关的需要，船代或承运人常常将提货单提供给收货人作为仅供其报关之用，此种情况下如果船代或承运人在收货人报关后立即收回提货单，就仍然保持对货物的控制权。法院判定此种情况下不能视为船代或承运人已经交付了货物，因为收货人不提交正本提单就不能换取提货单从而提取货物，因而，船代或承运人的此种行为不能构成无单放货。

第六节 记名提单下无单放货尚未统一

一、记名提单下的无单放货做法不一

由于"电放"多发生在记名提单下，所以记名提单下的放货与"电放"有着密不可分的关系，并已成为无船承运业务中较为普遍的做法，而所谓的"电放"其实质正是一种无正本提单交货的做法。虽然由于托运人与收货人出具的两份保函的存在使承运人进行"电放"时的风险性大大降低，但是承运人的这种行为是否构成了传统意义上的无单放货，一旦发生纠纷承运人又是否要承担无单放货的责任呢？这取决于立法与司法实践对记名提单下无单放货是否合法的判定。如果记名提单下亦不允许承运人无单放货，那么"电放"这种做法应该说是有其存在的现实意义的，在海运单的使用十分有限的情况下，记名提单下的"电放"无疑缓解了买卖双方在短航次运输下所受的困扰，但此时承运人应该认识到其行为的违法性和潜在的风险，因此，对于托运人与收货人的保函要做出严格的要求，尽量使其风险降到最低。而如果法律允许记名提单下的无单放货，记名提单与海运单实际上已无区别，那么目前的

"电放"操作也就没有了存在的意义。

目前，包括我国在内的许多国家无论在司法实践中还是在理论上对记名提单下的无单放货是否合法的问题都还没有确定的结论，存在着很多分歧。这一方面是由于各国立法对记名提单本身的定性不尽相同；另一方面也是由于理论上对记名提单是否具有物权凭证性质一直存在争论。

（一）多数国家的做法仍坚持凭提单放货

1. 我国《海商法》明确规定即使在记名提单下承运人也应凭提单放货

我国《海商法》第79条规定记名提单不得转让。第71条规定："提单，是指用以证明海上货物运输合同和货物已经由承运人接收或者装船，以及承运人保证据以交付货物的单证。提单中载明的向记名人交付货物，或者按照指示人的指示交付货物，或者向提单持有人交付货物的条款，构成承运人据以交付货物的保证。"导致对我国《海商法》下记名提单是否需要凭正本提单放货的分歧的正是该条中的"据以"二字。对此一种理解是"以……为凭据"，因此承运人应保证凭借正本记名提单放货。另一种理解是"以……为依据"，则承运人只要依据提单的记载向记名收货人交付货物即视为履行了保证。我们认为对于法律条文的解释不应局限于其字面含义，更不能仅凭现实需要去理解，而应忠于立法者制定法律时的本意，如果确实由于现实情况的变化，按照立法者的本意解释的法律已不再具有合理性，那么应通过对法律的修改使之适应客观情况的变化，而不能试图通过对法条中个别词语的字面意义的变通来代替法律的修改，那样法律将失去确定性。

从该条的源起来看该条实际源于《汉堡规则》第1条第7款的规定①，二者的英文表述完全相同，但中文却存在巨大差别，即前者包括了记名提单而后者却不包括。在1974年9月至10月联合国国际贸易法委员会的国际航运立法工作组第七次会议上审议了有关提单定义的议题，工作组认为如果想严密规定提单作为流通证券的性质，就会因各国法制的不同（如记名提单在美国为非流通证券，但在日本等国则为流通证券）而碰到困难。为避免这种情况，把持有提单就意味着支配货物这一点作为提单的特质，并规定应以提交提单作为换取货物的凭证。由此做出了《汉堡规则》第1条第7款的规定。由此可见，"据以"二字仍应理解为"以……为凭据"，因此，根据我国《海

---

① 《汉堡规则》第1条第7款规定："'提单'，是指用以证明海上货物运输合同和货物由承运人接收或装船，以及承运人保证据以交付货物的单证。单证中关于货物应按记名人的指示交付，或者按指示交付，或者向提单持有人交付的规定，构成此种保证。"

商法》第 71 条的规定，即使在记名提单下承运人也应凭提单放货。

2. 日本韩国主张不交回提单不交付货物

日本《商法典》第 574 条（货物提单的当然的指示证券性）规定："货物提单虽然是记名式，但仍可以依照背书进行转让。但是货物提单上有禁止背书的记载的除外。"第 584 条（缴回货物提单的证券性）规定："在填发货物提单的情形下，不缴回货物提单，不能请求交付运输物品。"

韩国《商法典》第 820 条规定提单准用提货单的第 130 条，即提单虽然是记名式，但仍可以依照背书进行转让。但是提单上有禁止背书的记载的除外。第 129 条（提货单的提货证券性）规定："提货单已经签发，不根据提货单不能请求运送货物的交付。"

由此可见在日本和韩国即便是记名提单做成不可背书转让的形式，承运人也必须凭单放货。即承运人在交付货物时除要审查提货人的身份外，还要看其是否持有正本提单。

除各国法律规定存在差异外，在司法实践中对记名提单的性质及其是否可以无单放货亦存在分歧。

3. 英国法院判未收回提单放货船东承担责任

1889 年的 The Stettin 一案，原告在伦敦托运了一批货物，装载于被告所属的一艘德国船舶上，该票货物的提单分两份签发，依照提单，货物在德国港口交付给提单中记载的收货人或凭他的指示。船长在卸货港将货物交付给了收货人而未收回任何一份提单。Butt 法官认为依照英国法和英国商业惯例（在该问题上他认为英国法与德国法的规定相同），船东无权未收回提单将货物交付给收货人，被告未收回该两份提单中的任何一份，应承担放货产生的后果。

根据 Diplock 大法官在 Bcralays Bank v. Customs and Excise Comrs. 一案中所做的论述，提单所证明的海上货物运输合同是一种保管合同与运输合同的相结合的混合合同，在该合同下，承运人从托运人处接受对货物的占有，将货物运输至合同约定的目的地，并将对货物的占有交付给依照合同条款有权获得货物的人。只有船东确实将货物占有交付给依照合同条款有权获得对货物的占有的人，该合同义务才算履行完毕（也就是说，他丧失了实际占有货物的所有权利）。只要合同没有履行完毕，提单仍是物权凭证，通过背书和交付提单，货物所有权仍可以转移。与海上货物运输合同有关的提单或指示已被发出，除非出示提单，否则船东在未见提单时不能将对货物的占有交付给任何人，不管他是否为记名收货人，这是明确的法律规定（clear law）（见 1889 年 The Stettin 一案）。直至向他出示提单，否则船东有权仍占有货物，除非收货人对其无法出示提单可以做出合理的说明。如果他放掉货物，并且他放货给的人不是实际上有权提取货物的人，他就要承担风险。从以上可以看出，Diplock 大法官是认可 The Stettin 一案所阐述的基本原则的，即除非收回正本提单并且像 Scrutton 大法官表明的对提单的真实性毫无异议，否则交付货物就是违约。

在 1994 年 1 月的 The Sormovskiy 3068 轮一案中，Clarke 法官指出：从商业角度看这是一个简单的道理，合同中没有明确的条款规定时，船长只能将货物交付向其出示提单的提单持有人。只有这样船东和实际上有权占有货物的人才都能得到合同条款的保护。但他同时又指出了可无正本提单放货的特殊情况，即"船长或船东在货主没有出示正本提单但有足够令人信服的理由相信提货人有权拥有货物，而且提货人对无提单的情况做出了正确的解释，在这种情况下承运人可以不见正本提单而放货。"

4. 新加坡法院判承运人未收回正本提单交货承担损害责任

在 VOSS v. APL CO PTE LTD 案中，新加坡上诉法院维持了一审 Judith Prakash 法官的判决，认定承运人 APL 无权未收回正本提单就将货物交付给记名收货人，APL 应对损害承担责任，其理由如下：

（1）对该领域的法律困惑是因为对英国《1992 年海上货物运输法》的误解造成的。根据立法意图，该法案中所指的提单仅指可转让提单；该法案考虑的仅仅是有关海上货物运输的诉权问题；根本未提及交付记名提单是否是提货的必要条件这一问题。

（2）尽管记名提单从本质上讲效用类似于海运单，即两者均不具备可转让性，但这并不意味着两者相同。即使记名提单不能通过背书有效转让货权，也不能就此推断当事人同意放弃提单的其他重要特性，比如凭单交货的义务。

（3）如果当事人意图使该提单完全等同于海运单，并且无须记名收货人出示，那么当事人必须对此予以明确表述；如果当事人要求签发海运单，他们自然会采用海运单的格式；但是他们签发了提单这种单据，就意味着他们希望保留提单的除流通性之外的其他特性。

（4）要求出具提单方能提货的原则可以增加确定性，防止混乱，使承运人无须判断是记名提单还是指示提单，从而避免了因其对此判断错误而承担风险的可能性。

（5）APL 认为"只要运输单据表面表明是不可转让的，无须收回正本提单即可放货"，该观点不予认可，因为对出口商而言，如果使用这样的不可转让提单，其收回货款的安全性会受到极大的影响。

（6）提单之所以不同于海运单，就在于提单具有以下的优点：提供卖方或开证行一些安全保障以防买方不付款；可以使买方相信卖方在他准备付款前已经将货物装上船。相反海运单仅仅是一份货物运输合同及货物收据，凭此承运人将货物交付给托运人确定的有权提取该票货物的人（记名收货人）；海运单只是收据而非物权凭证，不能像提单那样成为卖方据以收回货款的保证。海运单不能用来进行融资。

5. 荷兰法院将提交单据视为交付货物的必要条件

在 The Duke of Yare 案（ARR-Recht B Rotterdam，10 April 1997）中，荷兰法院认为与不可流转的海运单（在英国和荷兰法下通常不被认定为"类似的物权凭证"）相反，记名提单的持有人具有要求交付货物的绝对的权利，因此，交付提单就成为取得货物的要求。由此可见荷兰法院将记名提单视为《海牙规则》意义下的提单并且将提交单据视为交付货物的必要条件。

6. 法国法院认为提单即使是记名的仍是物权凭证

在 The MSC Magellanes 案中法国 REENES 上诉法院认为，提单即使是"记名的和不可流通的"，但仍然是提单和物权凭证，因此承运人有义务根据并且仅根据所出示的提单交付货物。

7. 马来西亚法院认为未收回正本提单交货是违约的

马来西亚高等法院认为船东未收回正本提单交付货物，即使交付给收货人，也是违反合同约定的（The Taveechai Marine 案，1995）。

（二）美国认为记名提单是误用提单名义的海运单可无单放货

根据《美国 1916 年联邦提单法》（The Pomerene Act）的规定，记名提单不得流通，且在其正面应载明"不得流通（nonnegotiable or not negotiable）"。记名提单非经衡平法不能转让，此种提单的背书不赋予受让人任何额外权利。承运人必须根据记名提单收货人的要求交付提单下的货物。但如果货主行使了中途停运权，承运人仍向记名收货人放货则应承担责任。因此，在美国如果提单记名了收货人，则该种提单仅是误用提单名义的海运单的另一别名而已，承运人有权甚至在未提交记名提单的情况下，向记名人交付货物。此外《美国统一商法典》第 §2—505(1)规定："向卖方本人或卖方确定的其他人交货的记名提单，使卖方通过保持对货物的占有而保留权益。因此，卖方必须通过中途停运权，恢复对托运货物的占有及其留置，为其货款提供担保。""以买方为收货人的记名提单，即使为卖方占有，也不使卖方保留担保权益。"

二、学术界对记名提单下无单放货的认定存在分歧

1. 主张记名提单下亦应凭单放货观点

Benjamin 在《货物买卖》（*Sale of Goods*）第 5 版（1997）中指出：从下面两个事实可以看出这种单据（记名提单）是不能通过背书和交付而转移的。首先，收货人（如果占有该单据）不能通过转让单据而使承运人负有向别人交付货物的义务。其次，托运人不能仅仅通过背书或交付提单给其他人，而使承运人负有向与记名人不同的其他收货人交付货物的义务；在记名提单下承运人有权并有义务未收回提单将货物交付给最初的记名收货人，当他交付货物时，根本无法知道提单的所谓转移。这种问题不会在指示提单中出现，因为在指示提单下货物只能凭提单交付。但是，在该书的第 6 版（2002）中，Benjamin 对此问题却作了改变和发展，他对包括"Peer Voss"案和"Rafeala S"案在内的有关记名提单的最近的理论做了讨论，指出收货人无须提交正本提单即可取得货物的主张，是基于在提单可以通过指示转让的情况下，除非提交正本提单承运人无法知道向谁交付货物从而与指示提单相对而确立起来的；但是提交记名提单提货可能不会为提单中的合同条款所要求；1992 年运输法（以及 1971 年运输法）对提单定义范围的缩小不当然地意味着"海运单，或类似的不可转让单证"可以为任何法律意义上的提单。

William Tetley 在其著作的《海上货物索赔》（*Marine Cargo Claims*）第 3 版中认为"记名提单规定将货物交付给一个记名的人，而没有明确'凭指示或转让'"，"记名提单是物权凭证但不可流通。记名的收货人在向承运人提交正本记名提单后可从承运人处取得货物。"（P183）"在记名提单的情况下，单据和对货物的所有权只能被转让一次，即从托运人转让给收货人。因此记名提单所代表的货物的所有权不能通过仅仅交付提单本身来转让。"（P184）"如果货物被交付给未持有正本提单的人，即使他是记名收货人，承运人仍应对由此引起的损失承担责任。在普通法国家中，承运人应承担侵占动产的侵权责任……""美国《波美林》法下的记名提单是混合的（hybrid），既具有某种物权凭证的性质，又不需要凭单交货。"

Paul Todd 在《提单和银行跟单信用证》一书第 1.4.1 段中讲到，当提单记有记名收货人时，收货人也只有合法地出示提单才能获得货物。

Scrutton 在《租船合同与提单》第 20 版中认为，船东或船长交付货物给第一个向其出示……提单的人，尽管该提单只是一套中的一份，只要船东或船长未收到任何其他要求提货的通知，或不知道任何其他可以导致合理怀疑

要求提货的人不享有货物所有权的情况，则将货物交付给出示提单的人是合法的。如果船东或船长收到任何提货通知或知道有关上述情况，他必须承担风险将货物交付给合法所有人，或必须等有关当事人相互诉讼的结果。他未收回正本提单无权将货物交付给记名收货人，否则，如果收货人不是实际上享有货物权利的人，他将承担风险。

Schmitthoff 在《出口贸易》（2000 年出版）第 10 版中指出，逻辑上，提单作为物权凭证的功能通常有别于其可流通的性质。即便是不可流通的提单亦可作为物权凭证，因为收货人仅在出示提单后方能向船舶所有人提取货物。然而，提单作为使在途货物得以快速转让的巨大实际价值可归于提单的两个特性的习惯性结合，即他的半流通性和他作为物权凭证的功能。

2. 主张记名提单与海运单等同，提交记名提单是个"悬而未决"的问题

2001 年第一版的 Carver《提单》一书中认为关于交付货物的义务，记名提单与海运单是等同的。海运单是海运单据的一种形式，长期应用在陆运和空运的联运中。它只是运输中收到货物的收据和运输合同的证明。海运单与提单的一个显著不同是海运单从来不是可转让的单据，因此它通常用于短途海运，托运人和收货人都不需要为获取资金而抵押该运输单据。它不会签发多份，收货人只要验明其身份就可以提取货物。正本海运单不必出示。而且因为海运单不是提单，《海牙规则》和《海牙—维斯比规则》均不适用。"记名提单"在普通法律意义上不是物权凭证，因此其转让不会产生货物推定占有权的转让。它不是货物的象征，因为承运人有权并有义务未收回提单将货物交付给记名收货人。在普通法律意义上运输单据如果在其表面记载有"不可转让"，那么它就不是物权凭证。海运单有同"记名"或"不可转让"提单相同的法律特征：两者同样都不是物权凭证，因为在海运单下只需将货物交付给记名收货人，而不管收货人是否出示海运单，是否为海运单的持有人，等等。

Cooke、Young、Taylor、Kimball、Martowski 和 Lambert 在《航次租船合同》（*Voyage Charters*）第 2 版（2001）认为提交记名提单的问题是一个"悬而未决"的问题：记名提单不同于一般的海运单的一个方面在于，它是在提单的格式之上，通常包括诸如"根据一份完成交货其余各份无效"的文字，这表示其应在交货时被提交。记名提单下的承运人是否有权或有义务不凭提单将货物交付给记名的收货人或是在可转让提单的情况下，他是否仅在出示正本提单时才能交付货物仍是"悬而未决"的问题。

三、记名提单下无单放货承运人无须承担责任的例外

我国学术界及司法界对于记名提单下是否可以无单放货一直以来都存在争议，在第十三届全国海事审判研讨会上，绝大多数的与会者都认为：判断承运人在记名提单项下是否应当凭单放货，取决于支配提单关系的法律，不同国家的海商法规定各不相同，承运人的交货条件也不相同。如果适用我国《海商法》，按照《海商法》第71条和第79条的规定，承运人应当凭身份与提单交货，即承运人必须凭单放货。因为，从文义上解释，《海商法》第71条的规定涵盖指示提单、空白提单、记名提单三种提单，从逻辑上讲，该条规定的交货条件应当适用于记名提单。

我国的海事审判实践中，也曾经出现过承运人在记名提单下无单放货未承担责任的例外：

在万宝集团广州菲达电器厂诉美国总统轮船公司无正本提单放货纠纷案中，最高人民法院认为根据《海牙规则》第1条的规定，《海牙规则》仅适用于与具有物权凭证效力的运输单证相关的运输合同，该案提单是不可转让的记名提单，不具有物权凭证效力，并且《海牙规则》没有关于承运人对记名提单下货物交付行为的规定，因此该案海上货物运输合同不能适用《海牙规则》。同时根据提单首要条款有关适用美国《1936年COGSA》的规定，最高人民法院判定该案应该适用美国《1936年COGSA》，而根据美国《1936年COGSA》第3条第4款规定："本法中的任何规定，均不得解释为废除和限制经修正的、众所周知的《波美林提单法》任何部分的适用。"由此可见，尽管美国《1936年COGSA》对《1916年联邦提单法》做了许多修正，但有关提单部分仍保持不变，所以，当提单运输的准据法调整为美国《1936年COGSA》时，上述《1916年联邦提单法》的规定仍旧适用，从而承运人在记名提单下仍有权不凭正本提单交付货物。由于该案同时适用《1916年联邦提单法》。因而承运人将货物交给提单上记载的收货人，并取得其担保函，履行了交付货物的义务，不应承担无正本提单放货的责任。虽然本案中法院将提单首要条款中规定的《1936年COGSA》认定为准据法不无争议，但这确实表明在提单的准据法为美国法的情况下，承运人在记名提单下无单放货即无须承担责任。

该案例在我国的司法实践中的确是一个例外，但由此得出的结论不能代表我国目前对记名提单的观点。我们认为，第一，对于物权凭证的定义尽管立法和司法实践始终未达成一致，但是我国《海商法》下对物权凭证的理解不应过于复杂化，而应取其最基本的、为人们所通常理解之意，即"所谓物

权凭证，是指持有凭证即意味着持有支配货物的权益而言。"① 由此可见，指示提单和不记名提单显然是物权凭证，而对于记名提单应区分对待，如果法律规定或合同约定记名提单不可转让则记名提单就不是物权凭证，而如果法律允许记名提单转让则记名提单就应是物权凭证。

第二，作为物权凭证的记名提单下，承运人应凭单放货毫无疑问。而对于不是物权凭证的记名提单，尽管其不能通过背书来转让对货物的权利，但是这并不能当然的意味着承运人可以不收回正本提单而交付货物。在作为物权凭证的提单下承运人无单放货可能既侵犯了提单的合法持有人的物权，又构成对运输合同的违反。那么在不是物权凭证的记名提单下，承运人无单放货就没有违反运输合同吗？事实上应当认为无论在可转让的提单下还是不可转让的提单下，承运人凭单放货都是其在运输合同下的义务，若其违反此义务就构成违约，应向提单的合法持有人承担违约责任。从这一点来看我国《海商法》第71条与第79条的规定并不矛盾。

第三，《鹿特丹规则》仅采用了"不可转让运输单证"的概念，对记名提单与海运单未加区分。2008年12月11日通过的《鹿特丹规则》的第45条规定，"未签发可转让运输单证或者可转让电子运输记录时的交付：（a）承运人应在第43条述及的时间和地点将货物交付给收货人。声称是收货人的人未按照承运人的要求适当表明其为收货人的，承运人可以拒绝交付；（b）收货人的名称和地址未在合同事项中载明的，控制方应当在货物到达目的地前或者在货物到达目的地时，将收货人的名称和地址告知承运人；（c）在不影响第48条第1款的情况下，如果货物未能交付是因为：（Ⅰ）收货人接到了到货通知而未在第43条述及的时间或者期限内在货物到达目的地后向承运人主张提取货物；（Ⅱ）承运人因声称是收货人的人未适当表明其为收货人而拒绝交货；或者（Ⅲ）承运人经合理努力无法确定收货人，请求就货物的交付发出指示，则承运人可以通知控制方，请求就货物的交付发出指示。承运人经合理努力无法确定控制方的，承运人可以通知托运人，请求就货物的交付发出指示。承运人经合理努力无法确定托运人的，承运人可以通知单证托运人（《鹿特丹规则》第1条第9款"单证托运人"是指托运人以外的，同意在运输单证或者电子运输记录中记名为"托运人"的人），请求就货物的交付发出指示；（d）承运人根据本条第(c)项按照控制方、托运人或者单证托运人的

---

① 联合国国际贸易法委员会国际航运立法工作组第六次会议，《关于再次讨论〈海牙规则〉的修改问题之三》。

指示交付货物的，解除承运人在运输合同下交付货物的义务。"由此可见，《鹿特丹规则》规定在未签发可转让运输单证或可转让电子运输记录的情况下，承运人可以不凭运输单证放货。事实上《鹿特丹规则》未对记名提单与海运单作以区分，从根本上排除了目前关于记名提单问题的诸多分歧和不统一的做法，简化了对运输单证加以区分的烦琐性，同时根据《鹿特丹规则》第45条的规定，未签发任何可转让运输单证或可转让电子运输记录的，货物抵达目的地而且收货人请求交付货物时，控制权即告终止（转让给收货人）。根据 UNCITRAL 工作组的报告，这样的规定实际上正是为了避免妨碍托运人向承运人下达在承运人收到托运人有关货款付讫的确认前不得交付货物的一般指示，由此将控制权的持续时间延长至货物事实上已经交付。在海运单的情况下托运人要求采用海运单作为运输单证实际上已放弃了货到目的港后控制权对收货人付款的担保作用，因为，海运单下承运人无须凭单放货，货到目的港后收货人何时提货，承运人何时交货托运人都很难控制。但是在托运人要求签发记名提单的情况下，托运人实际上并无意图放弃这种担保作用，而其掌握这种担保的办法就是其手中的记名提单，它是托运人行使控制权的有力保障。根据前述实践中的惯常操作，托运人要求对记名提单下的货物进行"电放"时，如果承运人已向其签发了正本提单，那么承运人只有在收回全套正本提单的情况下才能做"电放"，同时在记名提单下货到目的港后，当收货人不付款赎单时，承运人可以在收回全套正本提单的前提下，允许托运人变更收货人或对货物进行"电放"，而海运单完全不需要上述程序。由此可见，记名提单与海运单无论对于托运人还是对于承运人来说其意义都是不同的，托运人选择记名提单而不是海运单也可能正是为了寻求这些程序所带来的安全保证。

第四，鉴于目前世界上各国立法与司法实践对记名提单的性质的认定并不统一，除美国之外的大部分国家都倾向于认定记名提单应凭单放货，我国的立法和司法实践在对此问题的认识上必须考虑到这种状况。事实上也正是由于这种状况导致各国法院受理的有关记名提单无单放货的案件很多都是针对美国公司提起的，尤其是 APL。虽然如前述广东万宝集团广州菲达电器厂诉美国总统轮船公司一案，APL 的提单首要条款中会规定适用美国法，但首要条款并不能等同于法律适用条款，个案中法院是否会适用美国法具有很大的不确定性，因此，APL 更多的情况下是面临败诉。如果在我国《海商法》中放弃对记名提单下凭单放货的要求，无疑也会使我国的承运人面临 APL 的窘境，同时也会使我国与大多数国家的做法背道而驰，给航运实践带来不便。

第七节　无船承运人在 FOB 条款下的欺诈

近些年来，在国际贸易中，境外买方使用 FOB 条款并指定境外船公司或无船承运人或货运代理安排运输的情况与日俱增。目前 FOB 条款的贸易合同已越来越多。有些被指定的境外无船承运人或货运代理存心不良，与买方串通一气，无单放货，使国内卖方钱货两空；也有些境外买方有意安排货运代理或无船承运人到国内来行骗。对此，我国卖方要有高度的警惕性，切勿上当受骗，特别需要提醒注意的是：我国出口货采用 FOB 条款，不但增加了境外买方的欺诈机会，同时还给我国带来其他方面的巨大经济利益的损失。例如：①大量海运运费流失。目前有 80% 以上的进出口货物，由境外买方指定的外国班轮公司承运。这就意味着有 80% 的利益被外国班轮公司赚取。②保险和税收流失。买方指定 FOB 条款的贸易方式将进一步增加，保险和运费都将在境外进行结算，这样我国的保险业和税收也会受到影响。③货运代理业务受损害。由于指定 FOB 条款的贸易方式的进一步增加，我国货运代理揽取到的货物将越来越少，这势必直接影响到我国货运代理行业的发展。为此，在国际贸易和国际运输中，我们要根据掌握的基本资料和实践经验，事先精心制定取得运输权益的谈判方案，力争以出口 CIF 条款或 CFR 条款和进口 FOB 条款成交，以便达到避免或减少上当受骗和维护我国最大权益的目的。

一、过去诈骗案多发生在进口 CIF 条款下

过去我国多为货物进口时被诈骗，那时诈骗犯主要利用我进口货所采用的 CIF 条款或 CFR 条款，对我国买方进行欺诈。相比之下，出口货物较少采用 FOB 条款，即使有时采用 FOB 条款，被欺诈的情况也很少。当时尚未开展无船承运业务，所以不存在通过无船承运人及接受无船承运人提单的问题。一般是买方通过与货运代理联系安排运输，或卖方将货物交给买方指定的船公司，从而取得船公司签发的已装船清洁海运提单，这样不易被欺诈者钻空子，并且在货物买卖与货物运输中只有一套海运提单，不存在无船承运人和海运提单两套提单的问题，所以出现欺诈案的概率很小。相反，进口货物采用 CIF 条款或 CFR 条款，即对方派船，卖方或船东串谋欺诈我国买方的案件较多，其主要表现是我买方付了款，卖方出的是一套假单证，或假提单，或货物根本未装上船，或货物不符合合同条款的要求，是废物，或船方中途起

歹心，将货物运往其他港口进行销售……总之，我国买方付了货款收不到货，而卖方或船方获得赃款后逃之夭夭，根本无法找到诈骗犯，即使找到了也是人去楼空，损失无法挽回。

二、现在出口货物 FOB 条款下的诈骗明显增加

如今两种情况同时存在，一方面进口货物采用 CIF 条款或 CFR 条款，即对方派船的风险仍然存在，如伪造包括提单在内的假单据，预借提单，倒签提单，胁迫交付运费等欺诈之害。另一方面出口货物采用 FOB 条款，即对方派船的风险也不断增加，主要表现在，诈骗犯利用无船承运人签发的无船承运人提单，一些不法无船承运人与买方相互勾结大肆进行欺诈，造成我国卖方钱货两空。

在出口货越来越多的今天，采用 FOB 条款可能出现的问题有以下几个方面。

1. 提单中的托运人问题

所谓 FOB 条款，即买方负责租船或订舱签订航次租船合同或货物运输合同，并成为出口货物的托运人。这时，境外买方可能要求，在作为物权凭证的出口货物提单的托运人栏内填明买方的名称，因为买方是国际货物运输合同的托运人。但是，按照我国《海商法》有关托运人的定义，托运人应包括两种情况，一是本人或者委托他人以本人名义或者委托他人为本人与承运人订立海上货物运输合同的人；二是本人或者委托他人以本人名义或者委托他人为本人将货物交给与海上货物运输合同有关的承运人的人，而此时买方往往只强调托运人应是与承运人订立运输合同的人，一味的要求提单上的托运人填写为买方。我国的卖方，如果缺乏海商法规知识和国际贸易经验，或者忽视了这一问题，往往会接受此种要求，在出口货物送交买方组织的承运人后，从承运人那里取得以买方为托运人的指示提单，货到港时，提单往往尚未送达，买方可以保函和提单副本取得承运人或其代理人的无单放货。如果买方存心欺诈，可借口单证不符，拒绝付款，然后逃之夭夭；如果买方以货物质量或市场跌价要求卖方降价，也会使卖方遭受很大损失。有人认为，物权凭证——提单在卖方手中，可以提单持有人名义状告承运人无单放货赔偿货款。但是，摆在卖方面前的问题是：①提单上并无卖方的名称，托运人栏内填写的是买方。②提单是指示提单，须凭买方（托运人）的背书和指示方能作为合法收货人向承运人要求提货。这样，提单持有人——卖方能状告承运人打赢这场官司吗？

2. 卖方的诉权和胜败问题

这是一场从国际贸易纠纷转化为国际运输合同纠纷的官司。首先，原告，

即持有整套正本提单的卖方，依据提单有无诉权？卖方认为，他已经将货物交给承运人，取得了持有的提单。根据我国《海商法》第 71 条规定，承运人必须凭正本提单交货，现在货物被承运人无单放行，卖方又收不到货款，当然有权诉承运人交还货物或赔偿货款。承运人认为，与其订有运输合同的是买方——托运人，承运人与提单持有人或收货人之间的权利、义务，按我国《海商法》第 78 条的规定，应当依提单之规定。卖方所持提单的托运人是买方，那么从卖方据以起诉的提单上看不出承运人与卖方有任何关系，他们既不是提单上的托运人，又不是收货人，也不是与承运人订立运输合同的签约人，而他们所持的提单没有托运人的背书，无权提取货物。卖方既不是提单的受让人也不是合法的收货人，手中的这份提单也就失去物权的效力。所以，卖方无权起诉承运人。据了解，近年来我国确实出现上述一类的诉讼，有的法院认为卖方所持的提单无权向承运人要求交付货物，而且他们之间又无运输合同，因此对承运人无诉权，驳回起诉。也有的法院从案情的实际出发，卖方确实交运了货物，承运人确实无单放货，同意卖方的诉权，但是承运人一旦应诉，指出承运人依法不能凭此提单交付货物时，法院仍难判卖方胜诉。

上述案例告诫 FOB 条款下的卖方，一定要在出口货物指示提单上以卖方为托运人，明确填写在提单的托运人栏内，以保护卖方对出口货物物权的控制。否则，货物一旦装船，失去对货物的控制，就可能掉进货款与货物双损的陷阱。具有国际贸易经历的境外卖方一般不允许、也不会出现上述的情况。他们总是作为指示提单上的托运人，在货款未结清前，牢牢保护出口货物的物权。其实只要我们遵循国际习惯做法，懂得国际贸易术语价格条款的含义，并按照我国《海商法》第 42 条第(三)项托运人的定义行事，就可以避免上述不利局面的出现。该项规定将托运人明确为：①与承运人订立运输合同的人；②将货物交给海上货物运输合同有关系的人，也就是说，它为 FOB 条款的卖方可以作为提单上托运人作了法律规定。因此，FOB 卖方完全可以理直气壮地在货物送交承运人后，要求签发以卖方为托运人的指示提单。

我国《最高院关于货运代理若干问题的规定》第 8 条明确："货运代理企业接受契约托运人的委托办理订舱事务，同时接受实际托运人的委托向承运人交付货物，实际托运人请求货运代理企业交付其取得的提单、海运单或者其他运输单证的，人民法院应予支持。"这一规定使得认定卖方有权获取提单有了强有力的法律依据。

三、中小企业出口货物中存在的严重问题

中小企业业务人员对出口货物业务精通不够，对航运市场情况掌握不够，加之风险防范意识淡薄，导致在使用 FOB 条款时问题颇多。

1. 业务不熟，权利失控

在未了解或未充分了解境外买方是否合法存在及其资信的情况下，为节约出口成本，中小企业多与境外买方签订 FOB 条款为贸易条款的出口合同，从而将货物的运输权利、运输方式和承运人的选择权都交给买方，很少使用 CIF 条款和 CFR 条款的贸易方式。

2. 盲目听从，错误认定

在运输环节由境外买方掌握的情况下，中小企业盲目听从境外买方及其（境内和境外）代理的指令，将货物实际交给境外买方（或其代理）在装货港的代理人。纠纷发生后，这些中小企业还错误地认定为货物交给买方代理人，买方代理人就是承运人的观念。

2005 年 12 月 18 日，作者在中国政法大学举办的两岸三地海商法研讨会上就 **FOB** 条款下无船承运业务中的防范欺诈问题发言。

3. 不做审查，不要保函

中小企业在收到境外海运公司签发的提单时，从未要求出具提单的船公司或货运代理公司出具保函，对提单或提单签发所显示的承运人是否合法存在不作审查。

4. 接"软条款"，不做保护

中小企业在没有任何设防的情况下，接受境外买方在信用证议付中的"客户检验证书"的"软条款"，而贸易合同中，对"客户检验证书"上的印鉴如与买方在银行预留印鉴不符又未做出相关约定。

5. 结汇未成，继续发货

中小企业在小批量货物出口成功、小金额外汇结汇成功的情况下，盲目扩大规模和向银行贷款，在结汇未成的情况下，还在短时间内多次大批量地出口货物，极可能造成"小赢大亏"的情形。

四、出口货物中诈骗犯利用 FOB 条款对我卖方进行欺诈

在 FOB 条款下，欺诈者惯常采用的手段与步骤有两种。

(一) 境外无船承运人或货运代理与买方串谋

1. 争取 FOB 条款，控制运输权

在签订买卖合同时，境外买方力争由其负责安排船只运送货物，即采用 FOB 条款。

2. 买方安排运输，陷阱圈套开始

买方争取到运输权后，自行租船，或向船公司租用舱位，或指定境外无船承运人代为安排运输，并确定实际承运货物的船公司。有意行骗的买方在选择承运人时，便开始设置陷阱。

3. 买方委托无船承运人先接收货物

由于卖方的出口货物不是由我国的货运代理安排运输，不能直接将货物装载到船上，往往是通过买方指定的无船承运人与卖方联系，卖方作为托运人，将货物交给该无船承运人。此时，无船承运人作为承运人向卖方出具并签发无船承运人提单。无船承运人提单不一定有假，但有可能被调包。

4. 无船承运人取得海运提单

无船承运人获得这批货物后，再以托运人的身份，将该批货物交给买方指派的船只或事先订下舱位的船只或无船承运人自己找的船公司，获取一份已装船的、清洁的海运提单。

5. 单证不符，卖方无法结汇

由于买方在信用证条款上设置了陷阱，或卖方的疏忽，使得货物单证中存在某些问题，令卖方无法凭无船承运人提单向银行结汇，导致卖方的货物已装船，但收不到货款。

6. 买方与无船承运人串谋将货物提走

无船承运人取得海运提单后，本应交给无船承运人在目的港的代理，待买方付款赎单（指无船承运人提单）后，凭无船承运人提单换取海运提单，才能提货，而早已串通好的无船承运人却将海运提单直接交给买方，这样买方根本无须去银行付款赎单，直接用手中的海运提单就可将货物提走。

7. 卖方找不到无船承运人

卖方在结汇不成的情况下，凭借手中的无船承运人提单向无船承运人索要货物时，无船承运人已跑得无影无踪，得知货物已被买方提走，找实际承运人，一是卖方与实际承运人是否存在法律关系是个问题，二是实际承运人在此过程中没有任何过错，所以卖方找实际承运人企图挽回损失无据可依、无济于事；买方不付款但提走货，按理卖方可去找他，但买方不承认或逃之夭夭。在此情况下，卖方走投无路，只有自尝苦果。

（二）利用"背靠背"信用证

我国许多企业的出口货物需要借助中间商，中间商为卖方寻找买方，在这一出口货物的交易中，买卖双方无直接联系，一般是通过"背靠背"的信用证来结算货款。卖方以 FOB 条款的贸易方式卖给中间商。中间商组织运输，开出以卖方为受益人的信用证。同时中间商又以 CIF 条款卖给买方，买方开出以中间商为受益人的信用证。卖方交付货物取得货款，中间商则赚取两份信用证上的货款差价。

有些不法中间商经过一两次正常交易取得信任后，就利用 FOB 条款，在组织运输、取得正本提单后，又以保函从承运人处取得另一套正本提单，向买方结算货款。中间商在银行取得货款后，理应扣除收货款差额，将其余货款支付给卖方，而不法中间商则将所获全部货款据为己有，扬长而去。卖方被骗钱货两空。据了解，此种骗局近年来在我国不断发生，值得卖方关注。

在实际案例中，我们的业务人员又是怎样上当受骗的呢？

一种情况，买方放长线钓大鱼，先是以小金额做几笔诚信交易，安全结汇、赢得我国卖方的信任后，开出一张大金额的信用证。既然是"老客户"，又是信用证操作，过去几笔结汇都安全无恙，如今在大金额的诱惑下，卖方毅然下单生产、出运。

另一种情况，买方指定货交国内比较知名的货运代理，使卖方有种安全感。结果是议付单据到了开证行，买方因不符点拒绝付款赎单，全单退回。然而，此时货已被货运代理放给了买方。卖方只有求助司法救济，状告国内的货运代理，但它是代理不是承运人。状告船公司（实际承运人），因提单上的托运人不是卖方，没有运输合同关系。状告境外货运代理，它设在国内的办事处已销声匿迹，即使存在也没有民事诉讼能力。这种企图搞诈骗的境外货运代理一般是不会在交通运输部缴保证金的。

在买方指定境外货运代理的情况下，为了确保货权不旁落或具有相当的经济保障，应谨慎签约。如境外货运代理作为无船承运人在交通运输部存有保证金，国内操作代理提供境外货运代理资质保证书，信用险公司调查境外买方资信可靠的情况下尚可签约。

五、FOB 条款下采取的防范措施

纵观全局分析整个被骗过程，我们不难看出，在 FOB 条款的情况下，只要卖方重视业务操作环节，熟悉有关业务与法律知识，了解买方和承运人，做好以下三方面工作，就完全有可能避免欺诈的发生。

（一）争取我方派船，力拒 FOB 条款

避免 FOB 条款下欺诈现象的发生，最根本的、也是最有效的办法就是，尽量争取我方派船，力拒 FOB 条款，避免外商指定船公司、境外货运代理或无船承运人安排运输，将运输的主动权掌握在我方手中。将货物交与国内信誉比较好的船公司，一是可靠；二是国情熟悉，便于了解船公司的资信情况；三是万一出事可找到当事人。而将运输业务交给国内船公司，还可做到肥水不流外人田。

（二）加强自我保护，采取相关对策

当然事情不可能是绝对的，在国际贸易中有一个平等互利的原则，还有市场需求、客户的特殊要求等问题，必然会有某些进出口货采取对方派船。如果外商坚持 FOB 条款并指定船公司、境外货运代理或无船承运人安排运输，则应接受知名度高的船公司，尽量避免接受指定的境外货运代理或无船承运人。同时，为了不影响出口业务，必须严格按程序操作，对指定的境外货运代理或无船承运人的信誉要进行严格的调查，对无船承运人还应了解是否有我国合法代理人代其向交通运输部办理了无船承运人资格的手续，卖方应要求我国的货运代理或无船承运人出具保函，承诺被指定境外货运代理或无船承运人安排运输的货物到达目的港后，必须凭信用证项下银行流转的正本提

单放货，否则承担无单放货的赔偿责任。只有这样，对无单放货进行索赔时，才会有据可依。

（三）FOB 条款的防范措施，应从源头把关

事先预防要比事后补救更为重要。源头就是一开始，一开始把好关，让各种隐患消除在萌芽初期。

1. 选择好货运代理或无船承运人是关键

在出口货物采用 FOB 条款的交易中，要争取由卖方选择货运代理或无船承运人，因为选择一个好的货运代理或无船承运人是重中之重。

2. 卖方应熟悉 FOB 条款

FOB 条款决定贸易合同的性质，在 FOB 条款下，卖方以交出装船单证证明完成交货义务而取得货款，买方则以支付货款取得装船单证实现提货目的。卖方负责在贸易合同规定的期限和装运港，将货物装上买方指定的船舶并通知买方；负责货物越过船舷前的费用和风险；负责办理货物出口手续并取得相应文件；负责提供相关的装运单据。买方负责订舱租船和支付运费；将船名、船期及时通知卖方；负担货物越过船舷后的费用、风险、投保及费用；负责货物进口和收货手续；接受装运单据并按合同支付货款。在采用 FOB 条款时，中小企业应严格依照现行的《国际贸易术语解释通则》对 FOB 条款的规定和解释签订贸易合同。

3. 找好合作伙伴

卖方应与一家资信情况好的商人或中间人做生意，事先通过有关单位和正确渠道进行咨询，这是避免出现钱货两空的根本。我们既不能图省事，忽视对外商的资信调查，也不能图省钱，放弃对外商合法存在及相关情况的了解，否则，十个有十个要吃亏上当，只是时间早晚的问题。

4. 投保出口信用险

中国出口信用保险公司（以下简称"中国信保"）于 2001 年 12 月成立并运营，是目前中国唯一一家专门从事出口信用保险业务的政策性保险公司。2013 年，中国信保实现总承保金额 3 969.7 亿美元，服务客户 4.4 万家。其中小微企业 2.8 万家，占到全部客户数量的 60% 以上。全年共支持企业通过出口信用保险获得融资超过 3 700 亿元，向企业和银行支付赔款 13 亿美元，支持机电产品、汽车整车及零部件、船舶、高新技术、纺织品、轻工产品、农产品和医药产品八大行业出口 2 498.4 亿美元。出口信用保险全年承保金额达 3 093 亿美元，覆盖了我国企业对 219 个国家（地区）的出口。

在短期出口信用保险项下，赔款达 9.3 亿美元。长期出口信用保险全年

共承保 75 个项目，承保金额 181 亿美元，实现了对葡萄牙、西班牙、肯尼亚、阿联酋、摩洛哥、哥伦比亚 6 个国家项目的首次承保。

2013 年累计为我国企业提供海外内企业资信报告近 29 万份，资信调查业务覆盖了全球 200 多个国家和地区，建立海内外资信信息渠道 106 个，损因调查、欠款追讨、物流追踪、法律咨询等服务覆盖全球 221 个国家和地区。在 90 个国家和地区受理案件 1 200 余宗案件，共为企业追回欠款 3.58 亿美元，帮助我国出口企业实现有效减损。

中国信保充分发挥出口信用保险的风险防范功能，通过限额管理、费率机制和承保决策，引导企业控制向高风险地区的出口和与高风险买家的交易。他们利用专业技术优势和广泛的风险信息渠道，向出口企业提供买方资信分析、买方所在国家风险状况分析，及时通报风险信息，帮助企业正确选择贸易伙伴，规避风险，有力保障了企业的稳健经营。企业也应建立企业内部的风险防范体系，在努力把风险控制在最小程度的同时将风险事先转移出去。现在，越来越多的出口企业已将出口信用保险的综合风险管理服务纳入企业整体风险管理机制之中。中国信保还充分发挥出口信用风险的损失补偿功能。通过对承保责任内损失的及时赔付，使遭受损失的出口企业及时获得补偿，渡过难关。

5. 注意订好合同与信用证条款

卖方应严格审核信用证条款，对于信用证中的软条款要加以删除或修改，以防买方埋伏陷阱条款。例如："保证结汇所需的文件均由买方控制，包括买方出具或由中立的第三人如商检机构、保险公司出具"等内容，避免以买家制作的单证，如"客检证"作为结汇单证的情况出现。

软条款的风险及其防范措施包括以下几个方面：

（1）国际贸易术语选择中的软条款设置。

如 FOB 条款下，"未规定买方派船的时间，或在 CFR 或 CIF 条款下，规定船公司、船名、装运期、目的港，须取得开证申请人的同意"。

这是信用证中常见的软条款之一。前者使得买方可以根据自己的意图决定是否派船和派船时间，致使卖方无法主动完成交货，不能按时收汇。后者同样使得卖方在交货、收汇等方面受控于买方。

如果接受信用证中出现此类条款，在履约过程中就会极难操作，其付款的主动权完全被开证申请人及开证行控制。

对此类条款，应采取删除或在合同中直接规定派船时间、船公司、船名、装运期、目的港等方法。

（2）对信用证生效附条件的软条款设置。

即在信用证中规定暂不生效条款，待某条件成熟时信用证方生效。常见的有规定信用证的生效条件为进口方领到进口许可证，或者货样由进口方确认等为条件。

这种信用证变成了变相的可撤销信用证，使开证行的责任处于不稳定状态，从而对卖方极为不利。

对这种情况，可与买方协商，规定一个通知信用证是否生效的日期、最后期限，以保证交易的顺利进行。

（3）客检条款的设置。

即在信用证中规定向银行交单的检验证书必须由买方指定的检验机构或检验人员签发。

这种条款使卖方受到极大牵制，如果买方指定的检验机构或检验人员借故不签发检验证书，卖方冒险发货，银行就会因为单证不符拒绝付款；如果卖方不发货，就会被买方以货物质量有问题不能按时交货追究违约责任。

对这种条款，如不是资信良好的老客户，或在交易过程中以此条款确保质量的原因，应坚决不予接受。

如外商坚持使用"客户检验证书"，卖方须接受，则在发货前将"客户检验证书"的印鉴与外商在银行预留印鉴进行比较，对印鉴不符者坚决拒绝发货。

6. 坚持作为海运提单的托运人

为保障卖方对出口货物权的控制，首先，一定要坚持依法在出口货物指示提单上作为托运人。提单托运人一栏绝不能轻易填制成买方，如果填制成买方，麻烦一定很多。就提单为物权凭证而论，谁拥有提单谁就有物权。其次，若为指示提单必须要由卖方背书才能向船公司提货。

曾有案例显示，货物到了目的港，收货人不去提货，船公司便联系到提单上的托运人将该批货物放给了收货人。此时全套结汇单据因有不符点被银行退回。上诉至法院，法院裁定卖方与船公司无运输合同关系而被驳回，法院做此裁决似有失偏颇。还有的遇到买方不赎单提货，货被搁置在目的港仓库，卖方指示船公司运回或另行处理，又因提单上的托运人不是卖方，买方又不配合处理，造成货物滞港被海关当局拍卖。更有案例显示这是买方精心策划的圈套，当海关拍卖时，买方则以很低的价格买了下来。所以，出口贸易中，如果买方要求提单上的托运人为买方名称时，通常应当拒绝。

在正常的贸易情况下，中间商碍于卖方得知真正的买方，而要求把自己做成托运人，一般不会出现太大的麻烦。但是国际贸易瞬息万变，很难预料会发生什么情况。

7. 一切要符合信用证的要求

卖方应严格按信用证要求操作,按时、按质、按量交付货物,做到单证相符,单单相符,不给诈骗犯留有任何可钻的空子。

为了保证国际贸易的正常运转,确保信用证的安全,使买卖双方的合法权益得到最大限度的保障,银行对其信用证的要求是严格的,在审查信用证条款和单据时是极其认真仔细的,如果碰到单证不符,且不符点属于至关紧要的,那么卖方肯定无法承兑,即使不符点属于无关紧要的,卖方能否成功结汇也很难说。有时,只要单据上出现一个标点符号不符,或一个英文字母、一个日期不对,或单据短缺,都可能成为买方拒付货款的正当理由,从而导致卖方无法结汇。当市场价格对买方不利,或买方不想要货时,这样的结局就更容易出现。尤其当买方存心设圈套,想欺骗卖方时情况就更糟糕。所以,卖方在通过信用证方式履行出口合同时,一定要按时、按质、按量交货,准备好齐全的、有效的单证,一切都要符合信用证条款的要求,不让买方有任何空子可钻。

8. 卖方应获得控制指定无船承运人或货运代理的权利

卖方最好不让买方指定无船承运人或货运代理,尤其是境外的、不了解的无船承运人或货运代理,要坚持由卖方指定熟悉且信誉好的无船承运人或货运代理。若贸易双方约定了 FOB 条款,我们特别要提醒中小企业:可以接受外商指定的承运人和货运代理企业安排运输,但绝不能接受未经我国有关部门批准在华经营货运代理业务的货运代理企业或境外货运代理企业以及资信情况不明的公司签发的提单和安排的运输。

境外货运代理提单必须委托经我国有关部门批准的货运代理企业签发,中小企业可要求代签提单的货运代理企业出具在目的港凭正本提单放货的保函。海运实务中,在提单尚未收到、货物已送交承运人指定或委托的装港代理仓库的情况下,中小企业可要求其根据中小企业的指令装船并出具保函的做法较为普遍。中小企业必须明确,FOB 条款的贸易中,运输由买家负责,即承运人由买家指定,故货物送到承运人的装港代理就是将货物向买家交付。

9. 卖方可争取预先收取部分货款

实践中,卖方会采用预先收取部分货款的手段避免风险,但此种方式不可能从根本上杜绝诈骗的发生。目前的问题往往表现为失去对于货物控制权的卖家无从主张未收余款而遭受损失。

六、加大宣传力度，联手构筑防火墙

为了防止上当受骗，维护我国卖方的合法权益，避免钱货两空，我国各主管单位、各种协会和媒体紧密配合，联手构筑起一道防火墙。他们付出巨大努力，及时总结经验教训，携手做了不少工作。2004 年 12 月我国外贸企业协会曾发出一封致全国货主、货运代理、无船承运人的公开信——"警惕、再警惕境外货运代理（无船承运人）搞无单放货"。信中揭示，在我国出口贸易中，因境外货运代理或无船承运人搞无单放货，使货主货、款两空的案例屡见不鲜，近年来此类案例有进一步增加的趋势。

随着我国航运市场和货运代理市场的不断开放，境外船公司和货运代理企业纷纷在华设立了代表机构，尤其是从我国《海运条例》出台以来，获得无船承运人经营资格许可证的中外企业已达 4 619 家，这对境外贸易商指定境外船公司、货运代理或无船承运人安排运输提供了更优越的条件。

公开信表示，我国《海运条例》及其《实施细则》对无船承运人的管理很宽松，对无船承运人没有注册资金的要求，也没有必须从事过货运代理业务的资格要求，更重要的是没有责任保险的要求，只要求缴 80 万元保证金、提单报备就可以取得无船承运人资格。对于境外的无船承运人，虽规定由我国国内的代理人代办手续，但没有规定代办人要承担的责任。这对货主的利益来说是没有保证的。如果遇到存心不良的无船承运人搞无单放货，80 万元怎能抵得上几百万，甚至几千万元的货值，因此，我国的货主、货运代理、无船承运人对此要格外小心。

第四章　无船承运人的法律双重性

在无船承运业务流程中，我们可以看到无船承运人身处两个运输合同中，第一个合同即无船承运人与托运人（货主）之间的海上货物运输合同，其证明为无船承运人向托运人签发的无船承运人提单；第二个合同即无船承运人与实际承运人之间的海上货物运输合同，其证明为实际承运人向无船承运人签发的以无船承运人为托运人的海运提单。前一个合同中，无船承运人相对于托运人来说为契约承运人；而后一个合同中，无船承运人相对于实际承运人来说为托运人，由此决定了无船承运人的法律地位、权利与义务具有双重性和特殊性。

第一节　无船承运人作为承运人的法律地位

就无船承运人与托运人之间的关系而言，无船承运人享有承运人的地位。这一点不仅被美国、菲律宾及我国等直接确立无船承运人制度的国家所认可，也被其他国家和国际组织所认可，并已适用于相关的国际公约。

一、无船承运人作为承运人身份得到国际公约确认所经历的历程

我国海商法资深专家朱曾杰在《论无船承运人》一文中提及："无船承运人不是承运人，这是白马与非马论的翻版"。朱老认为承运人按照是否经营船舶可以分为"有船承运人"和"无船承运人"，无船承运人也是承运人。但无船承运人作为承运人的身份得到国际条约和国内法的确认，还是经历了一个过程。

承运人是运输的一方当事人，其身份识别曾经是海商法中分歧很大的一个问题。《海牙规则》第一次在国际公约中对承运人进行定义。在其定义下，

承运人或者是拥有船舶的船东，或者是以租船的方式经营船舶的租船人，无船承运人不是《海牙规则》下界定的承运人。

《汉堡规则》第一条将承运人定义为"承运人，是指由其本人或以其名义为托运人缔结海上货物运输合同的任何人。"《汉堡规则》对承运人的定义，突破了《海牙规则》将承运人局限为船东和租船人的限制，将与托运人订立运输合同的人都纳入到承运人的范畴，从而使得为无船承运人法律地位的认可奠定了基础。

联合国国际贸易法委员会制定的《联合国全程或部分海上国际货物运输合同公约》第1条第5款对承运人的界定，即"承运人是指与托运人订立运输合同的人"。这一定义与《汉堡规则》对承运人的定义基本吻合。该公约在法律上承认了无船承运人的存在，并没有强调承运人必须拥有或者经营船舶，否则公约不会引入履约方的概念。这也从一个侧面肯定了无船承运人作为承运人的法律地位。

作者向96岁高龄的海商法资深专家朱曾杰请教有关无船承运人的问题
（2014年4月22日摄于朱老家）。

二、我国关于无船承运人作为承运人的法律规定

我国《海运条例》第7条明确了无船承运人是以承运人的身份接受托运人的货载，签发自己的提单或其他运输单证，向托运人收取运费，承担承运人的责任。这表明无船承运人是从事国际海上货物运输经营活动的公共承运人。

根据我国《海商法》第42条关于承运人的界定，承运人是指本人或者委托他人以本人名义与托运人订立海上货物运输合同的人。显然不论是承运人本人还是另行委托一个代理人，只要满足与托运人订立运输合同的，就构成我国《海商法》界定的承运人。至于承运人是否需要拥有或者经营船舶，并没有限定。而《海牙规则》关于承运人的界定，更是明确承运人系指与托运人订立运输合同的人，包括船舶所有人或者承租人。换言之，这里所说的承运人不一定必须是船舶所有人或者经营人。而我国《海商法》参考和借鉴了《汉堡规则》的规定，除了明确承运人的概念之外，还规定了实际承运人的含义，即接受承运人委托，从事货物运输或者部分运输的人，包括接受转委托从事此项运输的其他人。显然实际承运人概念的引入，进一步说明承运人并非一定是拥有船舶进行经营的人，也可以是不经营船舶的无船承运人，但其通过订立运输合同成为"订约承运人"或者"契约承运人"，从而全面承担履行运输合同项下的一切责任。

因此，在无船承运业务中，无船承运人向托运人签发了提单，这份提单记载了承托双方协议的运输合同条款和实体内容，是运输合同存在的证明，也是运输合同内容的证明。即只要无船承运人安排了海上货物运输，签发了自己的提单或者运输单证递交给托运人，就证明其与托运人之间存在运输合同关系。无船承运人符合我国《海商法》中关于承运人的定义，享有第四章规定的承运人的权利与义务。

根据我国《海商法》第四章的规定，承运人的主要义务包括：①在开航前和开航当时，应当谨慎处理，使船舶处于适航状态，妥善配备船员、装备船舶和配备供应品，并使货仓、冷藏舱、冷气舱和其他载货处所适于并能安全收受、载运和保管货物；②应当妥善地、谨慎地装载、搬移、积载、运输、保管、照料和卸载所运货物；③应当按照约定的或者习惯的或者地理上的航线将货物运往卸货港，不得进行不合理绕航；④应当在合同明确约定的时间内，约定的卸货港交付货物的义务。

此外我国《海商法》第四章有关承运人责任承担、免责、权利及其他抗辩的规定均适用于作为承运人的无船承运人。

三、美国、菲律宾等国关于无船承运人作为承运人的法律规定

从美国《1984 年航运法》及《1998 年远洋航运改革法》关于"无船承运人"的界定可以看出，无船承运人是指不经营用以提供远洋运输服务的船舶的公共承运人，即明确规定了无船承运人以承运人身份接受货物，承担承运人责任。而所谓的无船公共承运人，是指建立并维持一定的运费表，并以

广告招揽或其他方式提供洲际或国际贸易海上运输服务的受雇人；负担海上运输责任或依法负责货物的安全运输；以自己的名义运输货物，而不论是否拥有或控制该运输工具的企业法人。

美国目前仍然是《海牙规则》的缔约国，因此美国在海上货物运输领域适用的法律是以《海牙规则》为蓝本的《1936 年 COGSA》。其中关于承运人的定义与《海牙规则》的规定是一致的，即指与托运人订立运输合同的人，包括船舶所有人或承租人。在 20 世纪末，在美国海商法协会等有关组织和机构的努力下，美国曾有意修改《1936 年 COGSA》，并在 1999 年由美国国会通过了《1999 年海上货物运输法（草案）》（以下简称"《1999 年 COGSA 草案》"）。后来因种种原因，《1999 年 COGSA 草案》一致停留在草案阶段，没有通过成为正式法律。但是在《1999 年 COGSA 草案》中，明确将承运人分为契约承运人、履约承运人和海运承运人。其中契约承运人是指与托运人订立海上货物运输合同的人；履约承运人是指履行、承诺履行或组织履行运输合同项下契约承运人的任何义务的人，但是仅限于直接或间接应契约承运人的要求或受其监督或控制而行为的范围内；海运承运人是指拥有、经营或租用用于海上货物运输的船舶的履约承运人。显然不论是根据美国《1936 年 COGSA》，还是根据美国《1999 年 COGSA 草案》，无船承运人都是承运人或者契约承运人，从而承担美国《1936 年 COGSA》中有关承运人的一切权利和义务。

菲律宾在 1984 年通过的《关于无船公共承运人与海运货运代理的规则》中明确规定，无船公共承运人是指以自己的名义签发提单，对于真正的货主——托运人直接承担公共承运人责任并且不经营提供远洋运输服务的船舶的公共承运人，其与远洋承运人之间的关系是托运人。显然菲律宾的法律更加明确规定了无船承运人承担公共承运人责任的问题。

四、其他国家关于无船承运人作为承运人的法律规定

除中国、美国、菲律宾等少数国家将无船承运业务与货运代理业务区分开来以外，其他国家，特别是欧洲一些国家，基本上没有上述区别，他们将传统的仅作为代理人的货运代理业务与无船承运业务统一在货运代理的名称之下，不过尽管名称上没有具体区分，但是从业务角度看，仍然存在不同之处。例如，在法国、德国等大陆法系国家，将以自己的名义作为合同当事人的货运代理称为"commissionaire de transport"，而将以委托人名义行事的货运代理称为"transitaire"。前者一般适用有关商法典中承运人的规定；后者一般

适用民法典中有关委托合同的一般规定。

　　因此，即使在不区分无船承运业务与货运代理业务的国家，针对货运代理具体行事的情况，也需分别适用有关承运人及代理人的法律规定，并承担相应的责任与义务。

2012 年 6 月 4 日，作者主持的货运代理和无船承运法律问题研讨会在京召开，中国货运代理协会主席罗开富及中远集团顾问朱曾杰出席并发言。

第二节　无船承运人作为承运人的权利、义务与责任

　　从性质上看，承运人的责任可以分成两大类，一类是关于船舶和货物安全运输的责任，包括适航、管货、不得绕航等；另一类是关于船舶商业运营方面的责任，包括签发提单、向提单持有人交付货物等。无船承运人作为契约承运人，必须要履行承运人的义务，但是无船承运人本身并不拥有船舶，需要通过拥有船舶的船舶经营人来完成海上货物运输，因此，在履行承运人基本义务、享有承运人权利的同时，又有其自身的特殊性。在集装箱班轮运输中，订舱、管货、签发提单和放货是无船承运人的主要义务，本节将结合

无船承运人的主要业务和实践中经常遇到的一些突出问题，阐述无船承运人履行契约承运人的权利、义务和责任。

一、无船承运人的权利

（一）收取运费与留置货物权

无船承运人作为承运人，收取运费是其基本权利之一。运费是托运人要求承运人完成海上货物运输的对价，如果合同中规定"运费预付"，则托运人应当在货物装船后、签发提单之前付清运费；如果合同中约定"运费到付"，则应由收货人在卸货港提取货物之前支付运费，此种支付方式必须在提单上注明，否则，承运人无权向收货人收取到付运费。在这两种运费支付方式中，"运费到付"的情况比较简单，因为运费的支付以货物的安排运抵目的港为条件，如果货物在途中发生全损，承运人便无权请求运费，如果发生部分损失，承运人也只能请求未灭失部分的"运费到付"。"运费预付"的情况比较复杂，对此各国的司法实践也不尽相同：在英美国家采用"运费预付"运费不得退还的原则，即使货物在运输途中遭受了灭失或者损害，托运人也不能请求承运人退还已经收取的运费，但是，如果该项损失是由承运人不可免责的原因所导致的，托运人可以将该项运费加在所受损失当中，请求承运人予以赔偿。我国《合同法》第 314 条规定，如果货物在运输过程中因不可抗力灭失，托运人可以请求返还预付的运费。如果货物的灭失是由于托运人应负责的原因所导致的，承运人可以基于托运人的违约行为，请求因"运费预付"的返还而遭受的运费损失，但是应当扣除货物的灭失而节省的运营成本。

实践中，由于市场操作的不规范，很多无船承运人为了揽取货物，纷纷给予货主一定的付款期限，这往往使得货物进出口手续办妥、货物抵达目的地后，无船承运人仍无法收回为货主垫付的运费、港口使费等费用，有些托运人甚至拖欠的金额巨大。为了尽快收回垫付款项，无船承运人便在该货主托运其他货物时采用扣押提单、核销单等方式逼迫其归还以前的欠款。那么，无船承运人扣押与拖欠其费用无关的单证依据何在？是否合法呢？从法律上讲，扣押与拖欠费用无关的单证明显缺乏法律根据，法律本身并没有规定无船承运人可以扣押此类单证；从合同上讲，双方对此又无约定。因此，在无法律规定、无双方约定的情形下，扣押货主单证是违法的。无船承运人扣押单证违法，那么在货物运抵目的地后，货主仍未支付运费，无船承运人是否可以就未付运费部分的货物行使留置权呢？对此问题有两种看法，一种认为根据我国《海商法》第 87 条规定："应当向承运人支付的运费、共同海损分摊、滞留费和承运人为货物垫付的必要费用以及应当向承运人支付的其他费用没有付清，又没有提供适当担保的，承运人可以在合理的限度内留置其货物。"上述规定中，"留置其货物"的"其"，是指根据承运人与托运人的约定或者提单的规定，或者按照我国《海商法》的规定，负有向承运人支付上述费用的人所有的货物。我国《海商法》的这一规定，应当属于民法的占有留置权性质，承运人一旦失去对货物的占有，该留置权随即消失，同时该条还强调货物与债务人之间的权属关系。由于船舶和货物均由实际承运人占有和控制，无船承运人不占有货物，因此不能行使对货物的留置权。另一种认为无船承运人不享有货物留置权是因为无船承运人无法满足留置权成立的要求之一，即合法的占有货物，这是对"占有"概念的一种误解，无船承运人应可享受对货物的留置权（详见第六章第四节）。

（二）赔偿责任限制

在我国《海商法》下，存在两次的赔偿责任限制，第一次是单位赔偿责任限制，第二次是总的赔偿责任限制，即海事赔偿责任限制，当第一次限制的赔偿总额超过海事赔偿责任限制时，第二次限额将起作用。

1. 单位赔偿责任限制

我国《海商法》第 56 条第 1 款规定："承运人对货物的灭失或者损坏的赔偿限额，按照货物件数或者其他货运单位计算，每件或者每个其他货运单位为 666.67 计算单位，或者按照货物毛重计算，每千克为 2 计算单位，以两者中赔偿限额较高的为准。"第 57 条规定："承运人对货物因迟延交付造成经济损失的赔偿限额，为所延迟交付的货物的运费总额。货物的灭失或者损坏和迟延交付同时发生的，承运人的赔偿限额适用本法第 56 条第 1 款规定的限额。"我国《海商法》关于承运人单位责任限制的上述规定，并未对享有责任限制的主体做出特殊要求，凡是承运人均有权利享受单位赔偿责任限制。由于无船承运人也是承运人，因此，无船承运人有享受单位赔偿责任限制的权利。

2. 海事赔偿责任限制

根据我国《海商法》和《海运条例》规定，无船承运人不应是船舶所有人和船舶经营人，当然也不应是租船人。美国《1984 年航运法》中对无船承运人的定义是，无船承运人也不是船舶经营人，基于以上原因决定了无船承运人无权享受海事赔偿责任限制。所以，我国学术界和司法界大多数人士据此认定无船承运人不得享受海事赔偿责任限制。

但也有少数人士仍然认为，无船承运人虽然不经营船舶，但是经营海上运输，仍然要承担责任期间的海上风险，既然大家一致认定无船承运人为我国《海商法》第四章的契约承运人，那么，一方面它应承担承运人的责任与义务；另一方面也应享受与承运人同等的权利，即无船承运人应享受海上赔偿责任限制（详见第六章第五节）。

二、无船承运人的义务

（一）无船承运人下的义务之保障集装箱的适货

根据我国《海商法》第48条规定，"承运人应当妥善地、谨慎地装载、搬移、积载、运输、保管、照料和卸载所运货物。"货物的装载、搬移、积载、运输、保管、照料和卸载，包括了货物承运人从装船到卸船的全部过程，对于货物运输的上述七个环节，每一环节承运人都要履行"妥善"和"谨慎"的义务。但是对于无船承运人而言，由于其并不实际运送货物，因此，无法全部履行以上各环节的义务。比如，在航行途中承运人无法妥善和谨慎地"运输""保管""照料"货物，而对于货物的卸载，一般也是由船舶经营人的受雇人和代理人来完成的。但是，由于无船承运人承运的货物是集装箱货物，很多是由无船承运人自己进行装载的拼箱货，因此在货物的装载、搬移和积载方面，无船承运人还是要履行承运人的基本义务，要保证集装箱适货，避免因为集装箱不适货而导致货物的灭失或者损坏。

在保证集装箱适货这一问题上，无船承运人应当明确以下几点：

1. 保证集装箱的质量合格

如集装箱有较强的密闭性，可以防止海水与雨水侵袭；冷藏集装箱的冷冻机运行正常，符合装载货物的要求等。我们来看一个案例：原告与被告订立了运输合同，由被告向原告提供了两个已经破损拟运到香港修理的集装箱来装载货物。货物运到目的地后，经收货人开箱检查，发现货物受损严重，已无法使用。根据商检局出具的报告：开箱前已发现ZC-SU2065269号集装箱有两处凸现变形，顶部有明显裂缝。箱门的胶圈老化，整个箱体均有严重锈损痕迹，箱内大部分货物均已湿损，整箱货物受到污染。审理本案的法院认定本案争议货物的损害是由于集装箱破损所导致的，判决被告对此承担全都责任。

2. 保证集装箱的清洁、干燥、无味和完整

目前，由于集装箱本身的特点和集装箱管理制度上的不完善和不健全，船公司对集装箱的控制越来越少，从而加重了装箱人对集装箱的检查责任。因此，无船承运人在装箱时一定要重视对集装箱的检查，在集装箱装载货物的时候，尤其要防止不同货物的串味和异味。一般发现集装箱不合格必须立

即提出更换，否则按照惯例，装箱人一旦接受集装箱而未提出异议，即被视为集装箱是合格的、适货的。无论是自有的集装箱，还是租赁的集装箱，或是船舶经营人提供的集装箱，均应在装箱前仔细检验，针对某些有特殊要求的货物，如食品、茶叶等更要多加注意。曾经发生过一个案例，某货代公司装载一批茶叶运到汉堡港，货物到达汉堡港后，收货人一拆箱就发现茶叶串味变质，于是向保险公司在汉堡的代理申请检验，检验查明其中250箱红茶受到精茶污染。事后查明，该集装箱曾经在上一航次中装载过精茶，显然是由于该集装箱不清洁导致的。另外两个集装箱的异味，被认为是受到了冲洗集装箱的消毒剂而受到污染。保险公司在赔付了收货人后，向运输公司追偿，由于未得到全额赔付，在我国某海事法院提起诉讼，将运输公司列为第一被告，某货代公司为第二被告。法院经过审理后认定，根据第一被告与第二被告订立的集装箱运输合同，应当于合同规定的时间、地点，向原告提供清洁、干燥、无味和完整的集装箱；而作为第二被告的某货代公司应当对集装箱进行认真的检查和感官的测试。本案中的三个集装箱在汉堡打开时尚有很浓的异味，而装箱人员在检查时居然没有发现，可见是太疏忽大意了。法院判决由第一被告承担60%的责任，第二被告承担40%的责任。

3. 保证集装箱适合危险品的合理配载与积载

对集装箱装载的危险品不但要认真检查，而且要遵守国内和国际关于危险品运输的规定和行业惯例。无船承运人在装箱时，一定要配载和积载好箱内的危险品，不能将不宜装载在同一箱内的货物放置在一起。同时，要将危险品装入专用的集装箱，根据《国内危规》和《国际危规》的规定对危险品谨慎处理。与件杂货时代的装载器具相比，集装箱的箱体非常坚固、密封，可以防止恶劣天气对箱内货物的侵袭，但是箱内的透视性很低，某些货主利用集装箱的这一特点，在箱内装载违禁品、危险品，如果无船承运人对此不加详查，将会导致非常严重的后果。我们再来看实践中真实发生的一个案例。承运人某运输公司通过期租的一条全集装箱船康星斯轮运载齐鲁石化的305个集装箱，内装危险品环氧氯丙烷。分别置于该轮的第二舱和第六舱。在船舶行驶到红海时，船长发现环氧氯丙烷泄漏，在对第二舱和第六舱进行密闭处理后，船舶继续前行。但是毒气泄漏越来越严重，第一挂靠港汉堡港禁止该轮驶入。后经多方联络，荷兰鹿特丹港口允许该轮挂靠，因为此前该港处理过环氧氯丙烷泄漏的事故，在这方面有经验。然而，在鹿特丹港口处理毒气花费了很大代价，在责任未清的情况下，承运人先行垫付了420万荷兰盾。待处理完毕后，承运人开始查究此次事故的责任方。本案中集装箱货物的配载由托运人负责，集装箱箱体在船上的积载则由承运人负责。由于国际上没有集装箱积载的统一立法，各国也没有专门的法律规定，承运人只好参考相关国家的大船公司关于集装箱积载的惯常做法。康星斯轮的船东是一家德国公司，而根据德国方面的惯常做法，该船的船东在集装箱积载方面并无过失；同时，保险公司经过调查后，认为此次事故的根源在于货物的包装不当，而包装不当引起的损失不在承保范围之内。根据鹿特丹当地一家检验部门出具的报告，毒气泄漏的原因是：集装箱内货物积载不当，箱内货物包装不科学，既没有隔垫，也没有防止桶与桶之间相互碰撞和磨损的措施，桶的包装本身不牢固，其所有的大孔盖和小孔盖均未拧紧，尤其是小孔盖。通过此案可以看出，托运人装载货物不当固然应承担主要责任，但是承运人对此未进行详查也是一种失职，最终导致毒气泄漏，引起了巨大的经济损失，二者都负有责任。

（二）无船承运人下的义务之防止爆仓甩货

所谓出口集装箱班轮运输爆仓是指，某班轮航次的出口集装箱载货量大大超过该船舶实际的载货量。甩货漏装的原因很多，有的是货物结构的原因，不同重量的集装箱货物配载在一起，导致船舶稳性不足，不能按照预计货量装载；有的是码头作业时间和港口潮水等原因，码头要求船舶必须提前离港，货物来不及装载；而最常见的原因是班轮公司自己接受的订舱本身就超过了船舶可装载的能力。

但是，一旦预期发生错误而导致爆仓，班轮公司不得不甩货漏装。而甩货漏装造成的直接后果就是无船承运人的迟延交货。

对于承运人因爆仓而退运的行为，不属于我国《海商法》规定的可以解除合同并免责的两项事由。承运人不能以爆仓为由解除合同，否则承运人应对自己不履行合同的行为承担违约责任（除非双方对此另有约定）。而在现实操作中，承运人以爆仓为由任意退运的事情时有发生，在舱位紧张的情况下，无船承运人往往也不得不同意班轮公司的此种做法。

根据我国法律的规定，不难看出，处于承运人地位的无船承运人在履行承运人义务时，虽然不能向拥有和经营船舶的船舶经营人那样对货物运输的航线、航行的时间进行实际的操作和控制，但仍须履行承运人在保证货物安全、准时达到的义务。

三、无船承运人作为承运人的责任

（一）承运人的责任

我国《海运条例》第7条第2款规定：无船承运人是以承运人身份接受托运人的货载，并向托运人收取了运费，且签发自己的提单或者其他运输单证，然后通过船公司完成海上货物运输，承担承运人责任。由此可见我国《海运条例》将无船承运人划入了承运人的范畴，即无船承运人在与托运人的关系上是契约承运人。同时，根据我国《海商法》第 6 条的规定，"海上运输由国务院交通主管部门统一管理，具体办法由国务院交通主管部门制定，报国务院批准后实行"。我国《海运条例》的制定正是来自于该条的授权，二者是不可分割的。因此，应当认为我国《海运条例》所指的承运人就是我国《海商法》第四章下规定的契约承运人。

我国《海运条例》在起草过程中曾专门有一条规定该《海运条例》是依据我国《海商法》第 6 条的授权制定的，但因种种原因该条后来被删除。我们认为，今后对我国《海运条例》进行修改或补充时仍有必要对此做出明示规定，使纵向行政法律关系与横向民事法律关系有机结合，使我国《海商法》能够明示适用于我国《海运条例》下所规定的包括无船承运人在内的各主体，使他们的权利责任有章可循。

我国《海商法》没有采用《海牙规则》关于承运人的定义（承运人包括与托运人订立运输合同的船舶所有人或者承租人），而是借鉴了《汉堡规则》的规定，我国《海商法》第 42 条将承运人定义为"承运人是指本人或者委托他人以本人名义与托运人订立海上货物运输合同的人"，这就突破了《海牙规则》"船舶所有人或承租人"的局限，使既非船舶所有人又非承租人的无船承运人作为契约承运人不存在法律上的障碍。

由此可见，无船承运人相对于托运人是契约承运人，应承担我国《海商法》所规定的有关契约承运人的责任与义务。

根据我国《海商法》第四章的规定，无船承运人作为契约承运人的主要责任与义务包括以下几方面。

1. 谨慎处理使船舶适航

我国《海商法》第 47 条规定："承运人在船舶开航前和开航当时，应当谨慎处理，使船舶处于适航状态，妥善配备船员、装备船舶和配备供应品，并使货舱、冷藏舱、冷气和其他载货处所适于并能安全收受、载运和保管货物。"

在无船承运人作为契约承运人与托运人订立的海上货物运输合同中，实际履行船舶适航义务的是实际承运人而非无船承运人本人，但是无船承运人却要对因实际承运人未能谨慎处理使船舶适航的过错所造成的损失承担责任，因此这就要求无船承运人在选择实际承运人及具体的船舶时一定要谨慎，要选择资信好的实际承运人，选择各方面状况优良的船舶。

2. 妥善和谨慎的管理货物

根据我国《海商法》第 48 条的规定，货物的装载、搬移、积载、运输、保管、照料和卸载，是承运人管理货物的七个环节，原本只涉及货物从装船至卸船的过程，但是随着集装箱运输的发展，承运人的责任期间已向装船前及卸船后延伸。根据我国《海商法》第46条的规定，承运人对集装箱货物，无论是承运人装箱，还是托运人自行装箱，其责任期间从装货港接收货物时起至卸货港交付货物时止，货物处于其掌管之下的全部期间；承运人对非集装箱装运的货物的责任期间，是指从货物装上船时起至卸下船时止，货物处于其掌管之下的全部期间。

但是，承运人可以同托运人就此种货物在装船前和卸船后其所承担的责任达成协议。实践中，一些内陆的无船承运人往往同时负责完成货物由接收地到沿海港的一部分内陆运输，因而无船承运人通常在接收货物后即签发其无船承运人提单，签发提单时货物并未装上船，此时的无船承运人提单其作用实际上相当于一张可用于结汇的多式联运提单，此时作为契约承运人的无船承运人其责任期间无疑从其接收货物时起即应开始，因此其管货义务亦应从接收货物之时开始，从该时起，无船承运人对于无论是由其负责的集装箱货物的装箱、积载还是货物自内陆至港口、堆场至码头的运输以及集装箱的搬移等都要尽到妥善、谨慎的义务，否则就要对由此造成的损失向货方承担责任。

3. 船舶不得进行不合理绕航

我国《海商法》第49条第1款规定："承运人应当按照约定的或者习惯的或者地理上的航线将货物运往卸货港。"因此，如果承运人与托运人事先对航线有明确约定，船舶就应按约定的航线行驶。若无此约定时，船舶应按地理上的航线行驶，即在保证船舶及货物运输安全的前提下，装卸两港之间最近的航线。实践中，如果无船承运人签发的提单中无"中转港"的约定，那么无船承运人在与实际承运人订立运输合同时也不要约定"中转港"，否则无船承运人将可能向货方承担不合理绕航的责任。

4. 船舶合理速遣

作为契约承运人的无船承运人应依约按时将货物装上指定的船舶，货物装船后应确保船舶及时开航。船舶在运输货物过程中，应尽快完成航次，将货物运至卸货港交给收货人，而不应有不合理的延误。我国《海商法》第50条规定："货物未能在明确约定的时间内，在约定的卸货港交付的，为迟延交付。除依照本章规定承运人不负赔偿责任的情形外，由于承运人的过失，致使货物因迟延交付而灭失或者损坏的，承运人应当负赔偿责任。除依照本章规定承运人不负赔偿责任的情形外，由于承运人的过失，致使货物因迟延交付而遭受经济损失的，即使货物没有灭失或者损坏，承运人仍然应当负赔偿责任。"但是，如果承运人与托运人没有明确约定货物的交付期限，即使承运人未能在合理时间内、在约定的卸货港交付货物，则不会构成我国《海商法》下的迟延交付；但是，这不等于说承运人对于任何未明确约定交付期限的延迟都无须承担赔偿责任。司法实践中，如果延迟交付是由于承运人未能使船舶适航等不可免责的过错造成的，承运人仍应对延迟交付承担责任。而根据《汉堡规则》即使承运人与托运人没有明确约定货物的交付期限，如果承运人未能在合理时间内、在约定的卸货港交付货物亦构成迟延交付。

实践中，由于集装箱班轮运输操作中的特殊性，无船承运人常常会因甩货漏装而向货方承担延迟交货的责任。在集装箱班轮运输中，由于订舱的数量超过了船舶的实际可用舱位，班轮公司不得不将部分货物甩下装至下一航次。

无船承运人在出运集装箱货物之前，通常会向多家船公司订舱，在比较最终运价之后，选定其中一家班轮公司出运，其余订舱实际上被取消（实务中承运人称为"退关"），对此托运人也不会另行通知班轮公司，即便发出通知了，班轮公司也来不及调整。

尽管根据我国《海商法》的规定，托运人取消订舱应支付承运人一半运费，但是出于商业因素的考虑，目前尚无任何一家班轮公司收取，托运人更不会主动支付。由于事实上存在大量"退关"的情况，为了避免船舶舱位亏空，班轮公司在接受订舱时会多接一些订舱，多接的订舱量会根据经验确定，如淡季时为20%、旺季时为5%～10%。由于都是凭经验确定，有的时候"退关"数量并没有预计的多，因此就会产生超配，被称为"爆仓"，需要甩货并漏装至下一航次。由于托运人不支付取消订舱的一半运费，班轮公司作为承运人多接订舱，"爆仓"时甩货似乎也就成了不成文的行业惯例。

在舱位紧张的情况下，无船承运人往往也不得不同意班轮公司的此种做法，有时为了避免修改单证的烦琐，无船承运人甚至不将此种情况通知托运人，不取得托运人的同意而擅自改变装运船舶，由此而造成的延迟交货，无船承运人不但要向货方承担违约的责任，甚至可能丧失单位赔偿责任限制。

在甩货漏装不可避免的情况下，无船承运人要避免承担延迟交货的责任。一方面，应在接受托运前要向托运人声明此种情况存在的可能性，并在甩货漏装后及时通知托运人，使其能尽量减少损失；另一方面，在提单适用我国《海商法》的情况下，在其签发的无船承运人提单上不应保证交货时间即订立迟延条款，约定货物或是注明交货时间仅仅为"预期的到达时间"——该时间可能受其不能控制的情势的影响。

无船承运人因其本身并不拥有船舶，而是通过有船的海运承运人来完成海上货物运输，因此虽是契约承运人，但其责任、义务与权利较之于传统的海运承运人并不完全相同。例如，根据我国《海商法》的规定，虽然无船承运人作为契约承运人都可以享受单位赔偿责任限制，但是在海事赔偿责任限制上，海运承运人作为船舶所有人、经营人或承租人可以享受海事赔偿责任限制，而无船承运人因不属于海事赔偿责任限制的主体，目前还无法享受到该责任限制。因此，若拟将我国《海商法》适用于作为一类特殊的契约承运人的无船承运人时，还有待于进一步的细化、明确，甚至变通。

（二）承运人的责任基础

承运人的责任基础，是指法律赋予承运人对所承运的货物应当承担的责任原则。我国《海商法》有关承运人的责任基础，是参照《海牙—维斯比规则》制定的。就责任基础而言，《海牙—维斯比规则》与《海牙规则》是一致的，即都是"不完全过失责任制"。承运人对所承运的货物实行"过失责任制"，但是作为"航海过失和火灾"的例外，即使承运人的受雇人或代理人有过失也不负责任。无船承运人就其法律地位而言，如前所述，他是承运人，其责任基础自然也要适用这里的"不完全过失责任制"，但是从我国《海商法》对于承运人过失免责的规定来看，大部分免责与承运人经营船舶有关，典型的就是"航海过失免责"，但是无船承运人并不实际拥有和经营船舶者，如何具体享受这些免责呢？

我国《海商法》第51条对《海牙规则》的17项免责事由进行了合并，归结为12项，并且进一步明确了举证责任：

（1）船长、船员、引航员或者承运人的其他受雇人在驾驶船舶或者管理船舶中的过失；

（2）火灾，但是由于承运人本人的过失造成的除外；

（3）天灾，海上或者其他可航水域的危险或者意外事故；

（4）战争或者武装冲突；

（5）政府或者主管部门的行为、检疫限制或者司法扣押；

（6）罢工、停工或者劳动受到限制；

（7）在海上救助或者企图救助人命或者财产；

（8）托运人、货物所有人或其代理人的行为；

（9）货物的自然特性或固有缺陷；

（10）货物包装不良或者标志欠缺、不清；

（11）经谨慎处理仍未发现的船舶潜在缺陷；

（12）非由于承运人、承运人的受雇人、代理人的过失所造成的其他原因。

这12项免责事由中，有些是只有实际承运货物的船舶经营人所遇到的。

如第（1）项、第（3）项、第（7）项，而其余各项则都可能构成承运人的免责事由。此外，对于运输活动物、甲板货的有关规定，无船承运人的责任基础和免责事项都可以根据我国《海商法》，参照船舶经营人的有关规定。

（三）承运人的责任期间

承运人的责任期间，是指承运人对于货物应负责的期间，在此期间因承运人不能免责的原因，导致货物发生灭失，损坏或者迟延交付，承运人应负赔偿责任。如果造成货物灭失或者损坏的原因，发生在承运人责任期间而且承运人对此不能免责，即使货物的灭失或是损坏的发生在承运人责任期间届满之后，承运人仍然需要对货物的灭失或者损坏负责。

根据我国《海商法》第46条的规定，承运人对集装箱货物的责任期间，是指不论是承运人装箱，还是托运人自行装箱，其责任期间为从装货港接收货物时起至卸货港交付货物时止，货物处于承运人掌管之下的全部期间。

承运人对于非集装箱货物的责任期间，是货物从装上船时起至卸下船时止，货物处于其掌管之下的全部期间（从装到卸），该条基本上是仿效了《海牙规则》的规定。从装到卸这一期间可以概括为以下两项规则：一种是钩到钩规则，即从装货港吊钩受力时开始，至货物在卸货港脱离吊钩时止。在此期间造成的货物损失由承运人负责。另一种是舷到舷规则，即从货物在装货港越过船舷时起到货物在卸货港越过船舷时止。该两项规则虽然适用的场合不同，却都可以解释为从装到卸。但是承运人可以同托运人就这种货物在装船前和卸船后，其所承担的责任，达成任何的协议。

如果无船承运人仅负责海上货物运输，处理的绝大部分是集装箱货物，那么，其责任期间就适用集装箱货物责任期间的规定；而如果无船承运人作为多式联运经营人来从事货物运输，根据我国《海商法》第103条的规定，多式联运经营人对多式联运货物的责任期间，自接收货物时起至交付货物时止。《鹿特丹规则》第12条第1款规定："承运人根据本公约对货物的责任期间，自承运人或者履约方为运输而接收货物时开始，至交付货物时终止。"第12条第2款规定："（a）收货地的法律或者条例要求将货物交给某当局或者其他第三方，承运人可以从该当局或者该其他第三方提取货物的，承运人的责任期间自承运人从该当局或者该其他第三方提取货物时开始；（b）交货地的法律或者条例要求将货物交给某当局或者其他第三方，收货人可以从该当局或者该其他第三方提取货物的，承运人的责任期间至承运人将货物交给该当局或者该其他第三方时终止"。同时，《鹿特丹规则》改变了《海牙规则》和《汉堡规则》中关于承运人责任期间的完全的强制性规定，在一定程度上承认了双方的意思自治。第 12 条第 3 款规定："为确定承运人的责任期间，各方当事人可以约定接收和交付货物的时间和地点，但运输合同条款作下述规定的即为无效：（a）接收货物的时间是在根据运输合同开始最初装货之后；或者（b）交付货物的时间是在根据运输合同完成卸货之前"。美国《1999 年 COGSA 草案》规定契约承运人就运输合同所涉及的整个期间承担义务和责任并享有权利和免责，履约承运人在下列期间承担责任和义务并享有权利和免责：（1）界于其接收或接管运输合同项下的货物时起至其不再控制该货物时止的时间；和（2）其参与运输合同所计划的行为的任何其他时间。由此可见，随着集装箱运输的普及，越来越多的国内法和国际条约都注意到这种倾向，扩大传统承运人的责任期间。但是这也产生了一个问题，那就是随着责任期间的延长，尤其是在多式联运的情形下，涉及陆路或者其他方式的运输，这期间所有的行为是否都可以通过海商法来调整呢？是否有必要将运输环节与运输的辅助环节及非运输环节进行必要的区分？这值得我们思考。

第三节　无船承运人作为托运人的法律地位

无船承运人接受了货载之后，因为其本身并不经营船舶，所以通常情况下一定还会通过一个实际从事货物运输的海运承运人来完成全部海上货物运输任务。因此，就无船承运人与实际从事货物运输的海运承运人而言，无船承运人处于托运人的法律地位。但是，我国法律对此并没有明确规定，以下结合有关国家的法律规定予以说明。

一、无船承运人作为托运人的法律地位各国说法不一

1. 我国法律规定

我国《海运条例》及其《实施细则》并没有明确确定无船承运人在与国际船舶运输经营者之间的合同关系中处于托运人的地位。而是仅仅规定无船承运人通过国际船舶运输经营者完成国际海上货物运输活动，至于无船承运人是直接通过还是间接通过国际船舶运输经营者完成货物运输也没有明确。当然由于也没有明确禁止或限定，所以一般认为还是允许中间无船承运人存在的。

此外，"通过国际船舶运输经营者"这一用语，并没有限定无船承运人与实际从事货物运输的海运承运人之间一定要签订提单证明的海上货物运输合

同。根据国内一些学者有关无船承运人含义的理解，其中有一种观点认为无船承运人并不限定于班轮运输，所以无船承运人与实际货物运输的海运承运人之间可以是租船合同关系或者其他合同关系。但是，根据我国引入无船承运制度，以及考虑到美国等其他国家的法律规定，我国规定的无船承运人也应当限定和定位于提供班轮运输的公共承运人，其应当直接与海运承运人订立海上运输合同。海运承运人签发以无船承运人为托运人的海运单证，无船承运人承担托运人的相关责任。

根据我国《海商法》第42条的规定，托运人包括两种类型：一种是本人或者委托他人以本人名义或者委托他人为本人与承运人订立海上货物运输合同的人；另一种是本人或者委托他人以本人名义或者委托他人为本人将货物交给与海上货物运输合同有关的承运人的人。因此，无船承运人作为与海运承运人订立运输合同的人，属于第一种类型的托运人毫无疑问。至于无船承运人是否属于第二种托运人，要看具体情况。如果无船承运人从货主处揽取的货载是整箱货，则可能会亲自将整箱货交付给海运承运人指定的堆场或者要求货主直接将整箱货交付给海运承运人指定的堆场。后一种情况下，货主构成我国《海商法》规定的第二种托运人。如果是拼箱货，则往往是无船承运人或其指定的代理将属于不同货主的多个货物进行拼箱，构成一个整箱后，再将整箱货物交给海运承运人。显然在这种情况下，无船承运人既属于第一种托运人，也属于第二种托运人。

我国《海商法》第四章对托运人的主要义务做出了规定，然而在实际操作中，无船承运人并非能像真正的货主那样对货物拥有实际的控制，也无法保证在货物的品名、数量、包装、性质等方面履行与货主一样的相关义务。但是就其与实际海运承运人之间的关系而言，无船承运人仍然要首先承担托运人的义务和责任，然后再根据其与货主之间的运输合同，从货主那里进行追偿索赔。而不能以自己不是货主为由，拒绝承担托运人的义务和责任。

此外，我国《海商法》第四章有关托运人的权利及抗辩的规定适用于作为托运人的无船承运人。

2. 美国、菲律宾的法律规定

从美国《1984年航运法》及《1998年远洋运输改革法》的规定，以及菲律宾1984年《关于无船公共承运人与海运货运代理的规则》看，都明确了无船承运人与远洋承运人之间的关系是托运人。

至于无船承运人是否直接与远洋承运人订立运输合同，还是通过其他中间的无船承运人再与远洋承运人订立运输合同，两个国家的法律均无限定。但是，根据美国允许无船承运人与另一无船承运人签订服务合同的规定看，美国法律是允许中间的无船承运人存在的。但是不论中间存在几个无船承运人，每一个无船承运人对其货主而言，承担承运人责任，签发运输单证；对于其后手承运人而言，其承担托运人的责任。

美国《1936 年 COGSA》与《海牙规则》一样没有明确托运人的含义，但是《1999 年 COGSA 草案》规定托运人是指与承运人订立运输合同的人。所以在无船承运人与海运承运人之间，如果海运承运人签发海运提单，收取海运运费，承担海运承运人责任的，则无船承运人在这一海上货物运输合同中承担托运人的责任。

第四节　无船承运人作为托运人的权利、义务与责任

一、无船承运人作为托运人的诉权

当海上货物运输索赔纠纷发生后，一个很重要的问题就是有权向承运人索赔的诉权的归属问题。运输合同项下对承运人的索赔请求权的归属问题是我国《海商法》中的一项空白。《鹿特丹规则》规定，除托运人、收货人和取得代位求偿权的保险人有诉权外，提单持有人（即使没有受到损害）和不持有提单而受到损害的人也有诉权。

无船承运人持有船舶经营人签发的提单，当发生货损货差时自然可以向船舶经营人提起索赔之诉。然而这里又出现另外一个问题，即无船承运人虽然以托运人的身份向船舶经营人托运货物，但其并非真正的货物的所有权人。当实际承运人在责任期间发生货物灭失或者损害，而无船承运人赔偿真正的货主之前，其向实际承运人提出索赔，似乎会因为对方主张无船承运人没有损失而败诉。这就涉及如何理解损失的问题：一般而言，损失是指财产的减少及可得利益的丧失，至于将来会承担潜在的责任是否构成损失尚存在争议。如果无船承运人向实际承运人索赔成功，而后真正的货主并没有向无船承运人提起预料中的索赔或者诉讼，那么，无船承运人就有不当得利之嫌。如果将真正的货主未向无船承运人索赔视为其放弃处分权，放弃对无船承运人的追索、债权，那么，无船承运人得到实际承运人的赔偿就无可厚非，不过对此应当严加把关，即托运人行使处分权应当明示或者有作为的默认，不能单凭真正的货主没有在诉讼时效内起诉即做出决定。

二、无船承运人作为托运人的义务

无船承运人作为与实际承运人签订的海上货物运输合同下的托运人，也要履行我国《海商法》规定的托运人的义务和责任，包括提供信息、指示和单证的义务，托运危险品货物上的义务和支付运费的义务。

1. 妥善包装货物并且保证其提供的货物说明正确的义务

无船承运人应当按照运输合同约定的数量提供货物，并且做到下列几点。

第一，对货物进行妥善的包装。

第二，对货物加以妥善的标志。

第三，保障提单内容中货主货物资料的正确性。无船承运人在运输集装箱货物时，一定要如实申报货物，如果错误申报货物尺码导致船舶亏舱，或者原定火车转运而改为陆路卡车运输的，就会增加额外费用；如果错误申报货物的重量，则会导致装卸的吊机受损或需要临时租用适合的吊机，进而造成船期的延误、货物的压港和产生额外的费用等。

2. 及时办理与货物运输有关的各项手续的义务

这是我国《海商法》第67条规定的托运人的义务，这项义务并不因为发货人的存在而解除；

3. 对危险品妥善包装和正确申报的义务

前面提及过作为承运人的无船承运人在从事集装箱危险品运输时必须履行的义务和承担的相关责任。当装载危险品时，无船承运人作为托运人时也须向实际承运人如实正确申报危险品货物，不得漏报、误报，更不得为一己私利而有意瞒报，否则，实际承运人可以按照法律的规定处置其危险品货物，并且追究无船承运人的责任。

4. 支付运费的义务

我国《海商法》第69条规定了托运人支付运费的义务。即"托运人应当按照约定向承运人支付运费。托运人与承运人可以约定运费由收货人支付，但是，此项约定应当在运输单证中载明。"实践中经常出现的另一种情况是，无船承运人签发给托运人的提单上注明的是"运费预付"，且托运人确实向无船承运人支付了运费，无船承运人与实际承运人之间的提单上注明的是"运费到付"，那么在无船承运人未向实际承运人支付"运费到付"而破产或失踪的情况下，实际承运人是否可以就运费留置货物呢？一般地说，作为承运人难以判断货物的所有权人，宜将作为动产的货物占有人推定为所有权人，此时，实际承运人对货物应当享有留置权。《最高人民法院关于适用〈担保法〉若干问题的解释》的第108条规定，"债权人合法占有债务人交付的动产时，不知债务人无权处分该动产的权利，债权人可以按照《担保法》第 82 条的规定行使留置权。"根据该条的规定，可以将上述情况做以区分，即如果实际承运人知道无船承运人托运的货物并非其本人所有，那么它所享有的留置权作为担保物权就不能对抗作为自物权的实际托运人的货物的所有权，即享受不到上述第 108 条的保护。实践中，实际承运人根据其与无船承运人之间的业务往来通常清楚他的交易对象并非真正的托运人，事实上无船承运人也不是货物的所有权人，行使留置权缺乏法律根据。而如果实际承运人确实不知无船承运人的身份，即他并不知货物并非与其签订运输合同的无船承运人本人所有，那么，此种情况下根据上述第 108 条的规定，其可以行使留置权，但应当对其"不知"承担举证责任。

三、无船承运人作为托运人的责任

我国《海商法》第 70 条对托运人的赔偿责任作了规定。根据该规定，托运人应当对承运人和实际承运人或者船舶所遭受的损失承担过失赔偿责任。这里的"托运人"应当既包括缔约托运人即无船承运人，也包括发货人。但是无船承运人作为缔约托运人是运输合同的一方当事人，负有直接的赔偿责任，发货人对此种损害的发生负有过失责任时，无船承运人作为缔约托运人应当有权向有过失的发货人追偿。

我国《海商法》第 66 条至第 68 条在对托运人的妥善包装义务、及时办理运输手续的义务，以及危险品方面的义务作出规定的同时，还在各条款中分别明确规定"由于包装不良或者上述资料不正确，对承运人造成损失的，托运人应当负赔偿责任"，"因办理各项手续的有关单证送交不及时、不完备或者不正确，使承运人的利益受到损害的，托运人应当负赔偿责任。""托运人对承运人因运输此类货物所受到的损害，应当负赔偿责任"。根据这些规定，作为缔约托运人的无船承运人违反第 66 条至 68 条的义务而导致承运人受到损失的，无船承运人应当承担严格责任，即不以其过失作为承担责任的要件。对于无船承运人违反其他方面的义务而给承运人造成损失的情况，仍然应当根据我国《海商法》第 70 条的过失责任原则判定无船承运人是否应当负赔偿责任。

第五节　货方索赔诉权之行使

无船承运人所涉及的两个海上货物运输合同法律关系是相互独立的，分别受两套提单条款的约束，根据合同相对性原则，无船承运人向托运人签发的提单不能约束实际承运人，实际承运人向无船承运人签发的以无船承运人为托运人的提单，在托运人与实际承运人之间亦不具有法律效力。那么，货方发生货损、货差、迟延交付等损失时应当向谁索赔呢？

一、货方向无船承运人索赔

根据我国《海运条例》第 7 条第 2 款的规定，无船承运人被划入承运人的范畴，即无船承运人在与托运人的关系上是契约承运人。同时，根据我国《海商法》第 6 条的规定，应当认为我国《海运条例》所指的承运人就是我国《海商法》第四章下规定的承运人。

我国《海商法》没有采用《海牙规则》关于承运人的定义（承运人包括与托运人订立运输合同的船舶所有人或者承租人），而是借鉴了《汉堡规则》的规定，我国《海商法》第 42 条将承运人定义为"承运人是指本人或者委托他人以本人名义与托运人订立海上货物运输合同的人"，这就突破了《海牙规则》的"船舶所有人或承租人"的局限，使既非船舶所有人又非承租人的无船承运人作为契约承运人不存在法律上的障碍。

因此，货方可以认为无船承运人在与托运人的关系上是契约承运人与托运人的关系，对于货损、货差、迟延交付等完全可以向无船承运人索赔。

二、货方向实际承运人索赔

我国《海商法》引入了《汉堡规则》中的"实际承运人"的概念，根据我国《海商法》第 42 条第 2 款的规定，"实际承运人"是指接受承运人的委托，从事货物运输或者部分货物运输的人，包括接受转委托从事此项运输的其他人。根据我国《海商法》的立法意图及航运实践，无疑应当对此处的"委托"（entrust）与"转委托"作广义的解释，而不应局限于我国《合同法》上的委托合同（航运实践中，承运人与实际承运人之间的关系，很难符合我国《合同法》第二十一章所规定的委托关系），既应包括提单中约定"自由转运条款"的情况，在联运提单（through B/L）下进行的转运，也应包括租船运输（程租租船和期租租船）及无船承运人为履行其与托运人订立的运输合同而与其他人另订运输合同的情况。据此，发生货损、货差、迟延交付等时，货方可以将无船承运人与实际承运人作为共同被告提起诉讼。

（一）侵权之诉

通常认为如果货物在实际承运人掌管期间，因其不可免责的原因发生货损、货差、迟延交付等，实际承运人对货方承担的应是法定的侵权责任。如前所述根据合同的相对性原理，无船承运人与实际承运人之间签订的海上货物运输合同对实际托运人不具有约束力，同样实际托运人与无船承运人之间签订的合同对实际承运人亦不具有约束力，因此，实际托运人对实际承运人所提起的不应是违约之诉而应是侵权之诉，其责任的判定标准应该源于法律对实际承运人权利与义务的明确规定，而不是任何一个合同或提单的条款。我国《海商法》第61条规定"本章对承运人责任的规定适用于实际承运人"，据此，当索赔人对实际承运人提起索赔诉讼时，虽然二者之间无运输合同关系，但实际承运人仍可援引承运人的抗辩理由和责任限制。如果索赔诉讼是对实际承运人的受雇人或者代理人提起，则同承运人的受雇人或代理人一样，也援引承运人的抗辩理由和责任限制。表面上看实际承运人与承运人的权利义务是相同的，但是，承运人在合同之诉中，可以利用其提单中某些有利于的而又不违反我国《海商法》的强制性规定的条款，而实际承运人在侵权之诉中显然无权援引其提单中的此类条款。因此，我们认为鉴于承运人与实际承运人的地位并不完全一致，我国《海商法》仍有必要对实际承运人的权利与义务做出明确的具体规定。

对于没有采用实际承运人概念的英国、澳大利亚等国，实际托运人也并不是不可以直接以实际承担运输的海运承运人为被告提起诉讼。而他所利用的正是英国法下类似于侵权的"托管"的概念。《布莱克法律词典》中对托管概念作了如下阐释"虽然托管通常是根据当事人的协议而产生并导致双方自愿的交付与接收，但托管也可产生于当事人处理争议财产时的行为。无论何时一个人取得另一个人的个人财产，并以正义原则所要求的妥善保管该财产并将其返还给所有人为条件持有该财产，那么托管法律关系就根据法律的默示产生了。"在澳大利亚的 WESTRAC EQUIPMENT PTY LTD v. OWNERS OF THE SHIP "ASSETS VENTURE" and Others 案中，实际托运人即就货物短少根据托管法律关系起诉实际承运人，根据运输合同和托管法律关系起诉无船承运人的。法官判定本案的第一被告——实际承运人与第二被告无船承运人之间有着经常性的业务往来，因此，它应该清楚无船承运人并不是货物的所有人，无船承运人是在为一个第三人安排此项运输。因此，他无须知道该第三人的身份，只要他意识到该第三人将货物托管给无船承运人，并对货物保有利益直至其交付，在他和实际托运人之间就足以成立准托管（quasi-bailment）或者分托管（sub-bailment）法律关系。因此，应就其掌管货物期间货物的短少与无船承运人（与托运人之间同样存在托管法律关系）向实际托运人承担连带赔偿责任。可见托管与实际承运人两项不同的法律制度所实现的最终效果却可能是相同的。同时根据英国法律的"有条件的托管"理论，如果实际托运人对分托管及其条件有明示或默示的授权，则实际托运人就要受到分托管的条件的制约。因此，当实际托运人以托管法律关系对实际承运人提起诉讼时，如果根据案件的情形能够构成"有条件的托管"的话，他就有可能受无船承运人与实际承运人之间运输合同有关条款的制约。

（二）合同之诉

1. "债务加入"说

有学者认为无船承运人相对于实际承运人并不是实际托运人，因为无船承运人不是以实际托运人名义与实际承运人签订运输合同，实际承运人不是与实际托运人签订运输合同的人，实际承运人的定义描述中虽然用了"委托"或"转委托"字眼，但其与承运人的关系不是委托关系或代理关系，而是运输合同下的履约人，为民法中的债务加入人，所以与承运人承担连带责任，而不是以共同侵权人承担连带责任。实际承运人是运输合同中的当事人，不能以实际承运人与收货人未直接签订运输合同，就认定实际承运人不是合同相对人。提单持有人与承运人也并未签订运输合同，但其可以合同之诉起诉承运人，是确定无疑的。同时，该理论也存在缺陷，主要体现在以下两方面。

首先，混淆了两个运输合同及其下不同的承运人与托运人，一方面无船承运人当然不是以实际托运人的名义与实际承运人签订运输合同，实际承运人也当然不是与实际托运人签订运输合同的人，如果是，那么该运输合同下也就不会存在实际承运人的概念；但另一方面无船承运人自身与实际承运人之间确实存在着另一个海上货物运输合同，该运输合同下的承运人是实际承运人，托运人是无船承运人，该合同与实际托运人不存在关系。两个运输合同的解释完全符合实际承运人定义中的广义的"委托"与"转委托"的概念。因此，无船承运人在其与实际承运人的海上货物运输合同中的托运人地位不容否定。

其次，民法上的债务加入又被称为"并存的债务承担"，属广义的债务承担的范畴。并存的债务承担是指债务人并不脱离债的关系，而由第三人与债务人共同承担债务。并存的债务承担成立后，债务人与第三人成为连带债务人。并存的债务承担具有以下特点。

（1）实践中，并存的债务承担往往因第三人以担保债的履行为目的加入债的关系而成立。第三人因加入债的关系而成为主债务人之一，依连带债务的规定，债权人可以向该第三人请求履行全部债务。而根据我国《海商法》第63条的规定，承运人与实际承运人都负有赔偿责任的，应当在此责任范围内负连带赔偿责任。而如果实际承运人对货损、货差、迟延交付等不存在过错将不承担赔偿责任，实际托运人也就无权要求实际承运人与承运人承担连带责任，更无权要求实际承运人履行承运人的全部债务。

（2）并存的债务承担中，第三人所承担的债务应与承担时的原债务具有同一内容，不得超过原债务的限度。但在无船承运人所涉及的两个海上货物运输合同中，虽然无船承运人的意图通常是使两个合同成为完全意义上的"背靠背"合同，但并不能排除两个合同的规定不一致，甚至实际承运人在其与无船承运人的合同中承担更多义务和更大责任的情况。

（3）第三人加入债的关系后，得以原债务人对抗债权人的事由对抗债权人。前已述及，虽然我国《海商法》赋予了实际承运人有关承运人在该法第四章下的抗辩理由和责任限制，但这些抗辩理由和责任限制都是来自于法律的规定，而不是来自于实际托运人与无船承运人之间的运输合同的约定，因此，对于实际托运人与承运人的运输合同中所特别约定的一些抗辩事由，实际承运人是无权向实际托运人援引的。

综上所述，实际承运人的出现并不能构成债务的加入，实际承运人与实际托运人之间不存在有效的海上货物运输合同关系。

最后，有关"提单持有人与承运人也并未签订运输合同，但其可以合同之诉起诉承运人"的理由并不充分。众所周知，虽然收货人不是海上货物运输合同的当事人，但为了保护提单的转让、流通及提单的受让人或收货人的合法权益，我国《海商法》第78条第1款规定："承运人同收货人、提单持有人之间的权利、义务关系，依据提单的规定确定。"《海牙—维斯比规则》规定当提单已被转让与诚实行事的第三方时，便不能接受与此相反的证据。由此可见，收货人或提单的受让人依据提单索赔的权利一方面来自于法律的明确规定，另一方面来自于提单可转让的物权凭证功能。而实际托运人与实际承运人之间的关系既无法律的明确规定，又无顾及善意第三人利益的需要，同时也不涉及提单的流通与转让，两种情况并不具有可比性。

因此，无船承运人所涉及的两个运输合同各自独立，不容混淆，原托运人与实际承运人之间并不存在有效的海上货物运输合同，实际托运人亦无权援引无船承运人与实际承运人之间的运输合同，实际托运人对实际承运人提起违约之诉缺乏理论依据。

2. 共同承运人

海运实践中，还存在着另一种业务流程，即无船承运人向实际托运人签发了自己的无船承运人提单或是与实际托运人签订运输合同后，向船公司订舱，但船公司并非签发以无船承运人为托运人的海运提单，而是直接向实际托运人签发提单。这就同样形成了两个运输合同法律关系，一是无船承运人与实际托运人之间的海上货物运输合同法律关系;二是船公司与实际托运人之间的海上货物运输合同关系,船公司相对于实际托运人不再是实际承运人,而是契约承运人,从而为履行一个海上货物运输就出现了两个契约承运人,这种情况通常被称为"共同承运人"。此种情况下,实际托运人在发生货损、货差、迟延交付等纠纷时,当然可以凭海运提单向作为契约承运人的船公司提起违约之诉。而问题是两个契约承运人如何向实际托运人承担责任呢?有人提出对此应适用不真正连带债务的理论。

所谓不真正连带债务,是指数个债务人基于不同的发生原因而对于债权人负以同一给付为标的的数个债务,基于一个债务人完全履行时,其他债务人即因债权人的目的达到而消灭的债务关系。不真正连带债务的最大特点在于:首先,不真正连带债务的发生是基于不同的事实,各事实之间,不以具有牵连性为必要。因此,不真正连带债务的发生对于债务人来说具有偶然性。其次,不真正连带债务的一个债务人履行了全部债务,虽然其他债务人对债权人的债务即归于消灭,但除发生请求权转移的情形外,不发生求偿权的问题,即已向债权人履行了债务的人不能向其他不真正连带债务人追偿。而在共同承运人的情形下,两个运输合同的存在并非完全出于偶然,亦非毫无牵连关系,托运人与船公司之间运输合同的履行直接决定着托运人与无船承运人之间的运输合同的履行。同时,如果货损、货差、迟延交付等确实是由于无船承运人或实际承运人任何一方不可免责的原因造成的,另一方在依其与托运人之间的运输合同赔付托运人之后,如果剥夺了他向有过错的另一方的追偿权对其将是极不公平的。由此可见,在共同承运人与托运人的关系上并不应适用有关不真正连带债务的理论。

那么,共同承运人又是否应对托运人承担连带责任呢?我国《民法通则》第87条规定:"债权人或者债务人一方人数为2人以上,依照法律的规定或者当事人的约定,享有连带权利的每个债权人,都有权要求债务人履行义务;负有连带义务的每个债务人,都负有清偿全部债务的义务;履行了义务的人,有权要求其他负有连带义务的人偿付他应当承担的份额。"由此可见我国连带之债的发生原因有二:一是来自法律的明确规定,即法定的连带之债;二是来自于当事人之间的约定,即意定的连带之债。意定的连带之债需当事人的明确约定,或由全体债务人明示负担连带债务,默示不能成为连带之债。而对于共同承运人的情况,法律并未像规定承运人与实际承运人之间的连带责任那样,对共同承运人之间的连带责任作以规定,因此,除当事人有关于连带责任的明确约定外,托运人便不能起诉要求共同承运人承担连带责任,而只能选择向任一共同承运人主张其权利。此种情况下可能出现的问题是,如果货损、货差、迟延交付等是由实际承运货物的海运承运人不可免责的过失造成的，而货方只对无船承运人提起了诉讼，无船承运人在依运输合同赔付了货方后，以何为依据向另一共同承运人追偿呢？我们知道海运提单上的托运人是实际托运人而非无船承运人，在无船承运人与实际承运货物的海运承运人之间并不存在运输合同关系，无船承运人亦不对货物具有权利，因此，无船承运人并无向另一共同承运人追偿的依据，这样就会产生一个对无船承运人极为不利也极不公平的状况。因此，无船承运人一方面应尽量避免此类操作流程；另一方面应尽量与当事人对连带责任作以明确约定，以期根据我国《民法通则》第 87 条的规定获得追偿的权利。同时，法律亦应考虑此种共同承运人的情况的存在，从法律上明确相关主体之间的权利与义务关系。

三、货主以无船承运人和实际承运人作为共同被告提起诉讼

我国《海商法》为了更好地保护货方的利益规定了承运人与实际承运人的连带责任，此种连带责任正是基于法律的强制性规定，即为法定的连带之债。根据该条款的规定，发生货损、货差、迟延交付等时，货方可以将无船承运人与实际承运人作为共同被告提起诉讼。如果货损、货差、迟延交付等确实是由于实际承运人掌管货物期间不可免责的过失造成的，无船承运人也可以马上根据其与实际承运人之间的运输合同对实际承运人提起诉讼，法官可以将两个诉讼合并审理，从而避免了无船承运人向实际托运人赔偿后再向实际承运人追偿的讼累，这样对无船承运人无疑是十分有利的。

根据我国《海商法》第 60 条第 2 款的规定，"在海上货物运输合同中明确约定合同所包括的特定的部分运输由承运人以外的指定的实际承运人履行的，合同可以同时约定，货物在指定的实际承运人掌管期间发生的灭失、损害或迟延交付，承运人不负赔偿责任。"此种情况下，实际托运人就无权要求承运人与实际承运人承担连带责任。这对于无船承运人来说无疑是十分有利的，但无船承运人要援引该条的规定必须满足以下几方面：①合同中明确规定了指定的实际承运人，即规定了实际承运人的名称；②合同中明确规定了实际承运人履行的特定的部分运输，即具体规定了哪部分运输由实际承运人履行；③承运人证明，货物的灭失、损害或者迟延交付发生在该实际承运人掌管货物的期间；④合同中约定承运人对这种灭失、损坏或迟延交付可以免责。而从我国无船承运业的实践来看，大多数无船承运人签发的提单很难满足上述条件，从而也就丧失了第 60 条第 2 款的保护。

但在无船承运人完全符合我国《海商法》第 60 条第 2 款的要求，且能满

足四个方面的条件的前提下，无船承运人才能免责，货主只能起诉造成货物损失与迟延的实际承运人。

2003 年 10 月 15 日，作者出席在无锡举办的中国外运无船承运业务暨提单工作会议。

第六节　美国司法实践中对无船承运人法律地位的争议

　　美国是较早确立拥有无船承运人法律概念的国家，无船承运人的法律地位应当是比较清楚的，但是当前在美国的法院，有关无船承运人法律地位的判决也不一致。其中一个非常重要的问题就是无船承运人相对于实际承运人究竟是货主的代理人，还是作为独立的合同当事人，即托运人拥有独立的权利和义务？

一、美国法律规定无船承运人与公共承运人的关系为托运人

　　美国法律明确规定无船承运人相对托运人为承运人，相对实际承运人是托运人。美国《1984 年航运法》第 17 条（B）规定："无船承运人是指不经营用以提供远洋运输的船舶的公共承运人，在其与远洋公共承运人的关系上为托运人"。①

---

①　46 App. U. S. C. 1702（2002）17（B）.

　　某些判例也与美国法律的规定相符，如美国第十一巡回法院在 2002 年 James N. Kirby Pty, Ltd. v. Norfolk Southern Railway Company 案①中判决，无船承运人不能简单地被视为货主的代理人，也有可能是合同的当事人。在无船承运人作为货主的代理人的情况下，无船承运人的职责仅仅是安排货主与海上承运人签订合同；海上承运人直接向货主签发海运提单，并在提单中将货主作为托运人；货主直接向海上承运人支付海运费。而在无船承运人作为合同的当事人的情况下，无船承运人向货主签发货运代理提单（House B/L），将货主作为托运人，无船承运人作为承运人；货主向无船承运人支付海运费；海上承运人向无船承运人签发海运提单（Ocean B/L），将无船承运人作为托运人，海上承运人作为承运人。法院在本案的判决中分析到，本案中同时存在无船承运人签发的货运代理提单和海上承运人签发的海运提单，并且在货运代理提单中明确规定无船承运人作为承运人履行整个运输过程，所以本案中的无船承运人实际上是合同的当事人，要独立地承担合同项下的权利和义务。法院的判决与美国《1984 年航运法》的规定是完全相符的，与我国的看法也是完全一致的。但是上述判决随后被最高法院推翻，也与美国其他法院的很多判决相冲突。

二、美国大部分法院判定无船承运人相对实际承运人为托运人的代理人

　　然而，美国有些法院在认定无船承运人相对托运人为承运人这方面与美国法律相符，但在认定无船承运人相对实际承运人是托运人的代理人。

　　例如，最高院认为上述判决固然符合传统意义上对合同当事人及代理人的规定，但对于国际海上货物运输中无船承运人的角色，最好适用一种简单的、有限的代理人认定标准（a single limited purpose）。原因在于根据该行业的行业惯例（industry practices），海上承运人通常并不知道与其签订运输合同的到底是货主还是无船承运人，而若根据第十一巡回法院的标准，则海上承运人为了明确自身在运输中承担的责任则有必要弄清楚与其签订运输合同的相对方的身份，而这无疑会极大地增加海上承运人的运营成本。

　　在 Insurance Co. of North America v. S/S American Argosy 案②中，法官指出

---

① 参见 17 U. S. F. Mar. L. J. 207（2004—2005）。

② Insurance Co. Of North America v. S/S American Argosy 732 F. 2d 299 C. A. N. Y., 1984.

无船承运人的地位是混合的（hybrid），对于接受其服务的托运人来说，他是一个公共承运人，因为他要向 FMC 报备运价并受管辖公共承运人的法律的约束。但相对于实际承运货物的船舶及其所有人来说，无船承运人就是托运人的代理人，是接受其运输的成百上千的客户之一。在 Orion Ins. Co.，PLC v. M/V Humacao 案中法官亦指出无船承运人虽然在其与托运人的关系上是公共承运人，但是在与实际承运货物的船舶及其所有人的关系上他又是托运人的代理人。① 在美国第九巡回上诉法院审理的 Kukje Hwajae Ins. Co.，Ltd. v. M/V Hyundai Liberty 案②中，法官又一次坚持了上述观点。该案的关键问题是，实际承运人向无船承运人签发的提单中的管辖权条款能否约束托运人。法官指出无船承运人通常是作为货主/托运人的代理人与远洋承运人订立海上货物运输合同的，无船承运人并不是船方的代理人而是货主的代理人，其与远洋运输承运人订立的海上货物运输合同应当约束作为本人的货主。事实上我们无论是从本案法官所陈述的美国《1984 年航运法》中关于无船承运人的定义，还是其列举的学者的著述③中都无法得出本案法官的结论，该案的判定在美国国内也引起了很多学者的批评。④

美国法院因其前述对无船承运人地位的特殊认定，在对无船承运人所涉及的两个海上货物运输合同效力的判定上也有其特殊性。在 Insurance Co. of North America v. S/S American Argosy 案中，法官认为有关船东对承租人签发的提单的"承认"（ratification）理论不应适用于无船承运人签发的提单的情形，船东不可能去承认一个它并不知情也未授权的提单。因此，船东不受无船承运人签发的提单的约束。在 Orion Ins. Co.，PLC v. M/V Humacao 案中，法官指出既然无船承运人是作为托运人的代理人与船东订立的海上货物运输合同，船东签发的提单当然是约束托运人。在 Kukje Hwajae Ins. Co.，Ltd. v. M/V Hyundai Liberty 案中，法官亦持此观点。在 Sabah Shipyard SDN BHD v. M/V

---

① Orion Ins. Co.，PLC v. M/V Humacao 851 F. Supp. 575 S. D. N. Y.，1994.

② 294 F. 3d 1171，2002 AMC 1598（9th Cir. 2002）.

③ Martin Davies，IN DEFENSE OF UNPOPULAR VIRTUES: PERSONIFICATION AND RATIFICATION，Tulane Law Review，December，2000. P. 395 - 96. 该文作者并没有阐述无船承运人的代理人地位，它从"承认"（ratification）理论出发，认为无船承运人向托运人签发的提单并未得到船东的承认或授权，完全不同于船东对承租人签发的提单的承认，因此，无船承运人向托运人签发的提单不能约束船东。

④ David W. Robertson，Michael F. Sturley，RECENT DEVELOPMENTS IN ADMIRALTY AND MARITIME LAW AT THE NATIONAL LEVEL AND IN THE FIFTH AND ELEVENTH CIRCUITS，Tulane Maritime Law Journal，Summer 2003 Recent Developments，p. 521.

Harbel Tapper 案①中，法官判定无船承运人在与托运人的海上货物运输合同中就其地位来说是承运人，因此，无船承运人签发的提单对托运人具有约束力。由此可见，根据美国法院的上述判定，托运人同时为两个海上货物运输合同的当事人，即可根据海上货物运输合同直接起诉实际承运人，也可起诉无船承运人。

三、美国法院判决的不确定性值得重视

显然目前在美国，一般都认为无船承运人是作为货主的代理人与船舶经营人订立运输合同的。但是这就产生了一个问题：托运人根本没有与船舶经营人直接接触，也没有实际审阅过船舶经营人签发的提单；但是却必须要接受该提单所载内容。② 由于美国是判例法国家，法院的判决，尤其是上诉法院的判决必然会对无船承运人的法律地位产生深远的影响，而且会影响无船承运业务的开展。

所以，我们必须关注美国法院在司法实践中的做法，重视他们对无船承运人法律地位的这一特殊认定与不确定性，尤其是如果我们在美国有涉及无船承运人纠纷，或其提单与合同条款中适用美国法律时，都可能因美国司法实践对无船承运人的法律地位认定不一，而出现与我国不同的判决结果。对此，我们事先要有深入的了解与充足的思想准备。

---

① Sabah Shipyard SDN BHD v. M/V Harbel Tapper, 178 F. 3d 400, 405 (5th Cir. 1999).

② 参见 Martin Davie, In Defense of Unpopular Cirtues: Personification and Ratification, 75 Tul. L Rev., 2000, p. 377, pp. 395 – 396。

第五章　无船承运人身份识别

　　无船承运业务是近些年来我国货运代理开展起来的一项新的业务。它是从货运代理业中剥离出来的，但又是货运代理企业可以同时从事的一项业务。

　　当货运代理企业既从事无船承运业务又从事货运代理业务时，如何辨别其所扮演的不同角色和所承担的责任呢？由于货运代理本身就比较复杂，多年来一直因其具有双重角色而引起诸多问题的争议。

　　实践中某些不规范作法使得原本复杂的情况变得更加难以辨别和判断，个别当事人有意或无意地混淆了自己的角色。例如，货运代理希望尽可能排除其责任，因此在合同或协议中往往对其角色和责任作模糊的规定，以便当纠纷发生时寻求对自己有利的解释，这可谓是有意者；又如货运代理签订的是代理协议，收取的却是运费差价，或签发的是多式联运提单但收取的却是佣金，连自己也不清楚是代理人还是承运人。无船承运人与货运代理究竟有哪些区别呢？

第一节　无船承运人与纯粹代理人的货运代理之区别

　　无船承运人与货运代理的最为显著的区别就在于：无船承运人只能做承运人，承担承运人—当事人的责任；而货运代理既可以做承运人又可以做纯粹的代理人，既承担承运人—当事人的责任又承担代理人的责任。

　　这是因为无船承运人仅限于从事集装箱拼箱与集运的无船承运业务。而货运代理的业务既包括传统的、纯粹的货运代理业务，也包括使用自有运输工具进行运输，即从事多式联运、租船运输等承运人业务，甚至可从事船舶代理业务。货运代理日益多样化的身份与业务，使得许多人不仅将货运代理的新旧角色相混同，而且还会把货运代理作为承运人时所扮演的不同角色、从事的不同业务及其相应的权利、义务、责任相混同。为了进一步探讨无船承运人的概念，进而明确其法律地位，有必要理清无船承运人与货运代理不同角色之间的区别。

众所周知，货运代理长期以来扮演着双重角色——代理人与当事人。根据《货运代理规定实施细则》第2条的规定，货运代理企业可以作为进出口货物收货人、发货人的代理人，也可以作为独立经营人，从事国际货运代理业务。FIATA国际货运代理业示范法及很多国家货运代理的标准交易条件中，也都将货运代理区分为代理人与本人。这使得货运代理的法律地位与法律责任一直以来被人们认为很神秘，要揭开这层面纱，在每一个具体的法律关系中明确货运代理的身份和地位，明确其责任与义务，就必须对货运代理的这两种角色加以正确的区分。首先，当货运代理作为无船承运人充当承运人时，与作为纯粹代理人时的区别是怎样的呢？下面从四个方面分析。

一、二者的业务不同

作为当事人的无船承运人，是以自己的名义分别与货主和实际承运人订立运输合同，通常将多个货主提供的散装货集中拼装在一个集装箱中，与实际承运人洽定舱位，虽然此时无船承运人也会提供包装、仓储、车辆运输、过驳、保险等其他服务，但这些服务并非是主业而是辅助性的。

而作为纯粹代理人的货运代理，其主要业务就是揽货、订舱、托运、仓储、包装、货物的监装、监卸、集装箱装拆箱、分拨、中转及相关的短途运输服务、报关、报检、报验、保险、缮制签发有关单证、交付运费、结算及交付杂费等。GATT出版的《货运代理在发展中国家的作用》（*The Role of Freight Forwarder in Developing Countries*）中提到传统货运代理的服务包括：①装货条件的通知；②出口费用的计算；③各项费用（包括海上运费）的代垫；④打包、加刷标志、张贴标签等安排；⑤运送方法及运输工具的选择；⑥代办货物保险；⑦制作必要单据、办理手续，包括报关；⑧做必要的联系（单据的寄送）；⑨提供最新运输消息。

二、二者适用的法律不同

无船承运人与托运人之间所形成的是为提单所证明的海上货物运输合同关系，适用我国《海商法》及国际公约有关提单运输之法律规定；而作为纯粹代理人的货运代理与原托运人（客户）之间签订的是书面的运输委托协议，二者之间是委托合同的法律关系，适用我国《合同法》有关委托合同之法律规定，同时由于目前国际上还没有专门规范货运代理的国际公约，因而各国法律在规范货运代理时不可避免地存在着冲突。

三、二者的权利、义务和责任不同

无船承运人作为本人，与托运人订立的是海上货物运输合同，合同中充当承运人的角色，享有承运人的权利，如留置权等，同时因其签发了提单而对运输过程中货物的灭失、损坏、迟延交付等承担责任，此外无船承运人与实际承运人对货物在运输途中所遭受的损失通常承担连带赔偿责任。

而作为纯粹代理人的货运代理与托运人订立的是委托合同，合同中充当通常受托人角色，享有受托人的权利，承担受托人的责任和义务，仅负有以合理的注意（due care）从事委托事务的义务，仅在因其过错给委托人造成损失时，承担赔偿责任。很明显，二者的权利、义务与责任存在很大的不同。

四、二者签发单证的性质不同

当货运代理作为无船承运人时，只要其所签发的无船承运人提单及其他运输单证能够满足 UCP600 的相关规定，即可得到银行的认可和接受。

但当货运代理仅为代理人时，除多式联运提单外，其他提单依旧不能签发，亦无权签发或代签无船承运人或承运人提单（不能像船务代理那样签发海运提单），一旦货运代理人签发或代承运人签发了任何提单都将不被银行认可和接受，其后果必然会令发货人无法结汇。

虽然菲亚塔为货运代理特制定了货运代理运输凭证，可以解决托运人的某些问题，但它的功能与无船承运人签发的提单不同，仅作为运输的证明；而无船承运人签发的提单，则作为物权凭证，它不同于货运代理的内部提单，亦不同于菲亚塔为货运代理制定的货运代理运输凭证。菲亚塔制定的各种单证已在我国被一些货运代理企业所使用。

五、特殊情况的区分

在海上货物运输合同关系中，断定货运代理是无船承运人角色还是纯粹代理人角色并非易事，有赖于每个案件的具体事实与特定管辖权下法律的规定。通常法院要综合考虑货运代理与客户之间的所有情况，包括合同、双方往来的信函、费率、提单、先前交易等。下面就根据常见的几种情况来区分这两个不同的角色和责任：

1. 收入取得的方式不同

无船承运人根据我国《海运条例》的规定，只能依其向交通运输部报备的运价从托运人处收取运费，赚取运费差价，不得从实际承运人处获取佣金；而货运代理则根据《货运代理规定实施细则》的规定，既可向货主收取代理费，又可同时从承运人处取得佣金。

2. 签发提单的权限、性质和责任不同

无船承运人有权向托运人签发无船承运人提单，该提单表明无船承运人为运输合同下的承运人，对托运人承担契约当事人的责任；而作为纯粹代理人的货运代理则无权以承运人的身份签发提单，同时根据我国《海运条例》的相关规定亦不能作为承运人或无船承运人的代理人签发承运人性质的提单。

3. 依合同的约定和复杂情况的判定

合同中是否对货运代理的法律地位有明确的约定，或操作中是否以当事人的角色出现，以及以往业务操作的习惯做法，等等。然而由于实际情况的复杂性，上述标志也并不是绝对的。例如，货运代理签发了名为"提单"的单证，并不当然地意味着该货运代理就是承运人。在 Zima Corp. v. M. V. Roman Pazinski，493 F. Supp. 268（S. D. N. Y. 1980）中，货运代理签发了提单，海运承运人也签发了海运提单。但进一步调查发现，货运代理与托运人之间的合同明示规定货运代理仅作为代理人。而且，货运代理从托运人或承运人处获取的是佣金，而非运费差价；相反，如其在签发的单证中使用了"货运代理"，也并非当然地意味着货运代理就是代理人，当有其他事实表明货运代理作为承运人行事时，则被认定为当事人。在 James N. Kirby, Pty. Ltd. v. Norfolk Southern Railway Co. 中，澳大利亚的一个货运代理与一托运人签订合同，承诺以其名义履行整个运输过程，将货物运至美国。同时他所签发的菲亚塔提单表明，使用此形式的货运代理提单将担当承运人的角色并因此作为本人订立合同。结果，货运代理被认定为承运人，而不仅仅是托运人的代理人。

更为复杂的是，在多式联运情况下，货运代理可能就一部分运输作为本人（承运人）（如陆路部分的运输），另一部分运输（如海运）作为代理人。在这种情况下判断的标准常常是托运人是否知道哪一个为实际承运货物的承运人。在 Bertex Fashions Inc.（1995）95 F. T. R. 192 at pp. 196 – 197（Fed. C. Can.）中，无论是货运代理与铁路和海运承运人订立的运输合同，还是有关货运代理所提供的服务的性质的任何细节，货运代理都没有提供给托运人，因而加拿大联邦法院判定，货运代理是作为承运人行事的。

第二节　无船承运人与多式联运经营人之区别

　　根据我国《海运条例》及其《实施细则》对无船承运人的定义和对无船承运业务范围的规定，无船承运人仅限于进行国际海上货物运输经营活动及其他相关业务，涉及相关货物的接送等延伸服务应属为履行国际海上货物运输合同而进行的相关业务，不构成多式联运。

　　而根据《1980 年国际货物多式联运公约》的规定，多式联运是指按照多式联运合同，以至少两种不同的运输方式，由多式联运经营人将货物从一国境内接管货物的地点运到另一国境内指定交付货物的地点。为履行单一方式运输合同而进行的该合同所规定的货物接送业务，不应视为多式联运。"多式联运经营人"是指其本人或者通过其代表订立多式联运合同的任何人，他是事主，而不是发货人的代理人或代表或参加多式联运的承运人的代理人或代表，并且负有履行合同的承运人责任。

　　因此，长期以来无船承运人与多式联运经营人最主要的区别是运输方式，无船承运人仅限于国际海上货物运输一种方式；而多式联运经营人必须从事两种或两种以上不同方式的国际运输。

　　虽然无船承运人签发无船承运人提单，多式联运经营人签发多式联运提单，然而著名的菲亚塔多式联运提单在其适用范围中规定，尽管提单名称是多式联运提单，但是在仅有一种运输方式的情况下，该提单仍可适用，这样如果仅有的一种运输方式是海运，它就很难与无船承运人提单相区别，因此，仅凭签发的提单名称本身还无法将无船承运人与多式联运经营人相区分。区分无船承运人与多式联运经营人的关键应在于运输方式。

　　近些年来，随着无船承运人不断开拓向两端延伸的业务，增值服务也不断扩大，无船承运人有时也做"多式联运"的业务，这一点是个很大的突破。那么，无船承运人所从事的"多式联运"业务与多式联运经营人所从事的多式联运业务有何区别呢？二者既有相同点又有不同点。

1. 相同点

　　（1）只要多式联运经营人签发了多式联运提单或者无船承运人签发了自己的无船承运人提单，他们就都是承运人，必须承担承运人的责任。

　　（2）发货人将货物交给多式联运经营人或者无船承运人后，无须货物装上船或其他运输工具，只要在他们的掌控之下，就可以获得他们签发的多式联运提单或者无船承运人提单，而且凭该提单即可到银行结汇，银行一般都会接受和认可的。

（3）除海上运输业务外，若无船承运人从事多式联运业务，则与多式联运经营人从事的多式联运业务范围差别不大（或基本相同），如铁路/空运、铁路/公路相结合的运输业务，二者都是合同的当事人，二者的责任义务是相同的。

2. 不同点

（1）多式联运经营人所从事的多式联运业务是由两种或两种以上的运输方式完成的，其中可以不包含海上运输，如铁路/空运、铁路/公路相结合的运输；而无船承运人所从事的"多式联运"业务虽然也是由两种或两种以上的运输方式完成的，但它必须包含海上运输，如海运/铁路、海运/空运相结合的运输。

（2）无船承运人应当以自己的名义签发无船承运人提单或无船承运海运单；而多式联运经营人应当签发多式联运提单或其他多式联运单证。

（3）无船承运人不拥有船舶；而多式联运经营人可以拥有船舶。如若后者也不拥有船舶而从事海上运输的情况下，则二者含义基本相同。

（4）通常意义上的无船承运人收取的运费仅限于海运运费，其最终获得的收益应当是实际托运人向其支付的海运运费与其支付给实际承运人的运费差额；而多式联运经营人收取的是全程运费，既包括海运运费，也包括提供多式联运服务的其他运输方式下的运费及其他费用，其最终获得的收益不仅是运费差额，还有为提供转运、装卸、仓储等服务而收取的费用。当然，如若无船承运人从事多式联运，对于海运以外的其他运输方式下的费用及增值服务产生的额外费用也是要收取的。一般收取的是包干费，有时也视具体情况，由双方约定收费方式，就目前情况看，该种收费方式的约定及内容不一，只要合同双方同意接受就可以。

第三节　无船承运人与租船人之区别

无船承运人与租船人的区别集中在对船舶的掌控上。顾名思义，无船承运人手中无船、不得掌控船舶的经营与运营。而租船人顾名思义专门从事租船业务：租入、租出、转租、程租、期租、光租，靠手中的船舶进行经营和运营。

目前，越来越多的货运代理利用其与货主的密切关系，开展航次或定期租船运输业务，使很多人误以为无船承运人就是租船人，实际上二者在海上货物运输中是两个完全不同的主体，下面就分别述及二者的具体区别：

一、业务内容不同

我国《海运条例》第 7 条第 2 款规定，"无船承运人是通过国际船舶运输经营者来完成国际海上货物运输"的。而第 3 条第 1 款规定："国际船舶运输业务，是指国际船舶运输经营者使用自有或者经营的船舶、舱位提供国际海上货物运输或旅客运输服务……"这里明确说明"有船"是指"经营船舶"，而"经营船舶"包括经营自有的船舶或非自有的租用的船舶。显然，根据我国《海运条例》及其《实施细则》，无船承运人与租船人属于不同类别的海运业务经营者，无船承运人可以通过租船人订立海上运输合同，将货物交与租船人承运以完成海上货物的运送业务，但绝不是无船承运人自己租入船舶来完成货物的运输。

二、合同形式不同

实践中无船承运人通常是向实际承运人订舱或与其签订集装箱舱位的租赁协议（slot charter party），而租船人为运送货物租用船舶时签订的是租船合同，因此无船承运人与租船人所涉及的实际上是两种不同类型的合同。

三、法律地位、权利义务不同

在与实际承运人的关系上，无船承运人与实际承运人为承托关系，无船承运人是托运人，实际承运人是承运人，受有关提单运输的国内法和国际公约的调整，这些法律通常是强制性的，对当事人的合同自由做了很大的限制；而租船人与实际承运人之间是承租人与出租人的关系，主要受我国《海商法》有关航次或定期租船合同规定的调整。而各国海商法中有关租船合同的规定绝大多数是任意性的，仅在当事人没有约定时才适用。

在与托运人的关系上（自有货物运输情况除外），无船承运人与托运人为又一层的承托关系，无船承运人是承运人，他通过以自己的名义向托运人签发提单，从而与托运人之间形成以提单为证明的海上货物运输合同关系，享有承运人的权利，承担承运人的义务和责任；而租船人与托运人的关系往往涉及承运人的识别问题，租船人相对于托运人并不当然地为承运人，如果提单是以出租人、船长或出租人的代理人的名义签发，则出租人与提单持有人之间就存在以提单为证明的海上货物运输合同关系，出租人是承运人，一般称为船东提单或出租人提单；如果提单是以租船人的名义签发的，则租船人就是承运人之一，亦须承担承运人的责任和义务，一般称为租船人提单。

四、租船业务较为复杂

租船业务较之于无船承运业务往往更为复杂，更需要专业知识和专门的人员，因此货运代理在开展租船业务时应充分衡量自己的能力与条件谨慎行事。

第四节　无船承运人与船舶代理人之区别

无船承运人与船舶代理人最大、最根本的区别是无船承运人不得从事船舶代理业务，因为其本身就是承运人。而货运代理则可以从事或兼营船舶代理业务。

由于货运代理有掌握货源、汇集货载、提供运输服务的优势，因而，许多船东也趋于委托货运代理为其提供船舶代理服务，很多货运代理便同时兼营船舶代理业务。

但是根据我国《海运条例》的规定，经营国际船舶代理业务应当向国务院交通主管部门提出专门申请。也就是说货运代理经营船舶代理业务时也须向国务院交通主管部门提出申请。国际船舶代理经营者接受船舶所有人或者船舶承租人、船舶经营人的委托，可以经营下列业务：①办理船舶进出港口手续，联系安排引航、靠泊和装卸；②代签提单、运输合同，代办接受订舱业务；③办理船舶、集装箱以及货物的报关手续；④承揽货物、组织货载，办理货物、集装箱的托运和中转；⑤代收运费，代办结算；⑥组织客源，办理有关海上旅客运输业务；⑦其他相关业务。由此可见船舶代理人是船方的代理，与船舶所有人、船舶承租人或船舶经营人之间是代理人与被代理人的关系，同时我国《海运条例》及其《实施细则》还规定只有船舶代理人有权代理船方从事上述事项，换句话说，货运代理和无船承运人均无权代替船方代签提单。这对于改变过去我国货运代理与无船承运人均可代替船方签发提单、造成双方代理或主体及权利义务不清的状况，必然会有所裨益。

此外，我国《海运条例》第 29 条规定"国际船舶代理经营者接受船舶所有人或者船舶承租人、船舶经营人的委托，可以经营下列业务：（二）代签提单、运输合同，代办接受订舱业务"；第 33 条规定"经国务院交通主管部门批准，外商可以依照有关法律、行政法规以及国家其他有关规定投资设立中外合资经营企业、中外合作经营企业、外资企业，为其拥有或者经营的船舶提供承揽货物、代签提单、代结运费、代签服务合同等日常业务服务；未在我国境内投资设立中外合资经营企业、中外合作经营企业、外资企业的，上述业务必须委托中国的国际船舶代理经营者办理。"据此，无论是无船承运人还是货运代理均无权代签国际船舶运输经营者的海运提单。

2005 年 4 月 22 日，作者与中远集团副总经理雷海、顾问朱曾杰
参加在北京举办的无船承运人研讨会。

第五节　无船承运人身份识别的
标准与因素概论

目前，除美国、菲律宾针对无船承运人制定了单独法律及我国在《海运条例》中针对无船承运人制定了相关条款外，世界各国与国际组织均未对无船承运人制定单独的法律法规，但在司法实践中，对货运代理究竟是代理人抑或承运人（包括无船承运人）的识别还是有标准的。在缺乏法律规范的情形下，我们更多地应该求助于标准与主要因素。因为世界大多数国家的无船承运业务都是由货运代理业务延伸出来的，所以其仍归属于货运代理业务范畴。也正是由于货运代理所具有的特殊的双重身份，以及二者之间业务交叉、密不可分、难以区别的原因，从而形成对其身份识别的困惑。货运

代理人与无船承运人身份的识别，对判断运输责任归属、保证航运和贸易秩序都具有重要意义。下面就论述货运代理应为承运人的识别标准与主要因素，完全可以作为货运代理是否应为无船承运人的识别标准与主要因素参考。

在处理货运代理纠纷中往往涉及需要先判断货运代理的身份是代理人还是无船承运人，然后才能决定是承担代理人还是无船承运人的责任。所以，本节第一部分看似区分代理人抑或承运人之责任的标准，实际上，此时的承运人是包括无船承运人的。

一、无船承运人身份的识别标准

（一）不同组织与机构的识别标准

各国在立法方面并不统一，联合国专门研究私法统一的罗马研究所曾经在 1967 年起草了一个国际公约。该公约提出主要根据三个方面来区分代理人和承运人：①货运代理是否签发单证表明承担承运人的责任；②货运代理是否充当货主的拼装人；③货运代理是否提供固定的运输费率。根据该公约的规定，如果上述三个条件都具备，则货运代理被认定为承运人。但是该公约至今没有得到普遍认可，因此没有被通过，仅停留在草案阶段。

菲亚塔针对不同货运代理的识别，在其编著的《FIATA 法律手册》中归纳了六个因素：①货运代理是否签发了自己的全程运输单证；②货运代理是否收到了客户据以要求实际承运人履行的运输单证；③货运代理是否以自有的雇员或设备执行部分运输任务；④货运代理是收取基于运输费用的佣金，还是赚取所付运费与向客户收费之间的差价；⑤货运代理与客户是否曾经有过交易；⑥货运代理在商谈契约时，口头表述的确切术语是什么。该手册同时指出：大多数法院认为，货运代理的角色要依一个特定案件的事实来决定。一个案例情况的细微变化均会导致不同的结果。

"北欧货运代理协会（NSAB）规则"在规定货运代理不同身份的判断标准上经历了一个不断发展的过程。NSAB 1974 年规则首先确定了固定价格标准，根据该标准，如果货运代理在市场上以一个固定的价格收取费用，但不向客户说明该价格所包含的内容，此时货运代理应当被认为是承运人。这一标准在实际案例中很少被采用，所以已经被 NSAB 1985 年的规则摒弃。1985 年规则确定的判断标准为如果货运代理签发了自己的运输单证并且表明自己作为承运人，或者订立了国际公路货物运输合同，那么此时的货运代理均可以被认定为是承运人。现在，新修改的 NSAB 2000 年规则第 2 条 a 款规定，当货运代理以自己的运输工具完成运输任务或者当他明确表示承担运输货物的义务时，货运代理可被视为承运人。

（二）不同法系国家的识别标准

1. 大陆法系国家与地区

大陆法系国家与地区，货运代理既可作为委托人，也可在一定情形下作为承运人，或者在某一运输中的部分运输区段作为委托人，部分运输区段作为承运人。那么二者如何区分呢？大陆法系国家与地区普遍有关于国家货运代理"介入拟制"的规定，即货运代理并没有实际运送货物，但却实施了法律所特别规定的行为时，则被视为货运代理自己运送货物，其权利、义务与承运人相同。至于法定行为种类之多寡，各国与地区法律有不同的规定，归纳起来大致有三种，即"固定运费""签发提单""集中载运"。

（1）固定运费

《德国商法典》第 459 条规定："以约定包括运费在内的一定数额作为报酬为限，运输代理人在运送方面，具有承运人或者海运承运人权利和义务。"相似的规定，还有我国台湾地区《台湾民法典》第 664 条"就运送全部约定价额，或承揽运送人填发提单于委托人者视为承揽人自己运送，不得另行请求报酬。"在大陆法系国家与地区，一般认为就运送全部固定费用，多少有投机之嫌，因为约定的运费与实际上货运代理支付给承运人的费用常常有差额，而这部分差额为货运代理所有，这与货运代理"为他人之计算"的性质有异，所以法律上将其视为承运人。

（2）集中载运

《德国民法典》第 460 条规定："（1）运输代理人有权根据以其计算订立的集合装运的货运合同，将货物与另一货主的货物合并发送。（2）运输代理人行使此项权利的，其在以集中装运方式进行运送方面，具有承运人或海运承运人的权利和义务。"在集装箱运输飞速发展的今天，集合不同委托人的货物，将其装入一个集装箱进行运输，即之前我们所讲的无船承运人的拼箱业务，是很常见的。在此情形下，一般货运代理被视为承运人。

（3）签发运输单证

《日本商法典》第 565 条规定，"承揽运送人在没有特别约定时，可以自己运输。在这种情况下，他与运输人有相同的权利和义务。承揽运送人因委托人的请求，填发货物提单时，看作自己运输。"即货运代理签发货物提货单时，视为自己运送。与此有相似规定的，还有我国台湾地区的《台湾民法典》第 664 条，货运代理签发运输单证，法律上视为是商业实践发展的必然结果。

最初只有承运人可以签发运输单证，但在实践中货运代理签发运输单证的情况也非常普遍，法律上于是作此规定予以调和，此规定在实践中消除了很多矛盾，英美法系的国家也有所采纳。

2. 英美法系国家与地区

（1）美国判例法

① 纽约法院判定货运代理身份的准则

在 Zima Corp. V. m/v Roman Pazinski 一案中，纽约法院认为下列问题是判定货运代理身份的准则：

a. 运输单证如何规定各方，尤其是货运代理应承担的义务；

b. 是否有证据表明当事人在过去交易中通常所处的地位，即在之前的交易中，货运代理一般是作为代理人还是承运人出现；

c. 谁签发了运输单证，特别是由谁签发了提单，以何种身份签发；

d. 货运代理如何计算其利润收入。如果他从托运人那里收取的费用中不包括给实际承运人的运费，那么他的身份应当是货运代理而不是承运人；如果托运人给付货运代理的费用中既包括安排运输的费用，也包括履行运输的费用（即运费），那么此时的货运代理就可能被视为承运人。

由于英美普通法对承运人，尤其是对公共承运人的责任规定得比较严格，除非证明货物的灭失、损害是由于天灾、公敌、货物固有缺陷、发货人或收货人的过错或欺诈导致，否则承运人应当就货物的灭失、损害承担责任。为了减轻这方面的责任，很多国家货运代理协会标准交易条件规定在某些情况下，货运代理不被认定为承运人。

② 美国无船承运人与货运代理人的区别

美国航运法将货运代理人和无船承运人均归于远洋运输中介人的名下。由于许多国家和地区未将货运代理人和无船承运人做出明确区分，加上美国的一些无船承运人本身又是货运代理人，故在实际业务中，将这两者相混淆的情况时常出现。因此，很有必要将无船承运人与货运代理人之间的区分做出说明。

根据 FMC 的规定，货运代理人服务是指为便利公共承运人承运货物而提供的服务，包括但又不限于下列内容：

a. 安排货物抵达港口；

b. 准备、制作出口申报单；

c. 预订、安排或确认货物的舱位；

d. 准备制作交货单或场站收据；

e. 准备、制作海运提单；

f. 准备、制作领事文件，或安排这些文件的认证；

g. 安排仓储；

h. 安排货物的保险；

i. 根据美国政府的出口管理规定，办理货物的出口清关手续；

j. 根据需要，准备货物预先通知单或其他单证文件，向银行、发货人或收货人寄送这些文件；

k. 处理运费或发货人预付的其他款项，汇付或预付运费、其他款项或与发送货物有关的信用款项；

l. 协调货物从始发地到船边的运送；

m. 就与信用证、许可证、其他单证或检验或与检验、发送货物有关的问题，向出口商提出专业性的意见。

将货运代理人的业务范围与前文提及的无船承运人业务范围相比较，可以看出货运代理人和无船承运人在六个方面有着明显的区别。

a. 从托运人的角度来看，货运代理人是其代理，仅为托运人的出口货物安排运输，并因此而从托运人处收取货运代理人服务费，但不对货物的安全运输承担责任；而无船承运人则是承运人，承担货物运输的责任，并按照与托运人所签订的 NSA 或自己的运价本向托运人收取运费。

b. 从船公司的角度来看，货运代理人仅代表实际托运人订舱，并可因此而从船公司处得到订舱佣金，但不承担支付运费的责任，只有实际托运人才是运费支付的责任人；无船承运人本身就是托运人，他接受船公司签发的海运提单，并承担按照船公司的运价本或按其与船公司签订的服务合同支付运费的责任。

c. 从经营收入的来源来看，货运代理人的收入来自向实际托运人收取的货运代理人的服务费和从船公司处得到的订舱佣金；无船承运人的收入则来自向实际托运人收取的运费和向船公司所支付的运费的差额，即前面提到的批量购买与加价零售转卖之间的差价。

d. 从接受货物后出具的单据来看，FMC 要求货运代理人只能向托运人签发货物收据，而且必须在收据上清楚地显示"货物收据"的字样，以便与无船承运人签发的提单严格区分开来；而无船承运人则须向实际托运人签发自己的提单。

e. 从托运人的定义来看，由于货运代理人没有自己的提单和运价本，也不是提供运输服务，故不属于托运人，既不能与船公司签订服务合同，也不能以托运人的身份与无船承运人签订 NSA，更不能以承运人的身份与实际托运人签订 NSA；而无船承运人则被列入托运人之列，必须有自己的运价本和提单，且承担公共承运人的责任，故既可以以托运人身份与船公司签订服务合同，又可以以托运人的身份与作为承运人的其他无船承运人签订 NSA，还可以以承运人的身份与实际托运人签订 NSA。

f. 从就承运人提单的缮制来看，货运代理人的名称不能单独出现在提单的发货人栏中。根据 FMC 的规定，如需将货运代理人的名称列入提单的发货人栏中，必须与实际发货人的名称一并列入，并注明货运代理人为实际的发货人的代理，也就是说货运代理人不能作为货物的发货人。而无船承运人则是货物的发货人，其名称可以单独出现在提单的发货人栏中。

③ 在美国既是无船承运人又是货运代理如何收取费用

在美国境内，有不少公司既是无船承运人，又是货运代理人。根据 FMC 的规定，如同一家公司在同一票货物的出运中，既作为无船承运人，又作为货运代理人，其就不能向船公司收取订舱佣金，船公司也不应向其支付佣金。因此，对于一家既从事货运代理业务，又从事无船承运人业务的公司，用下面的说法来概括二者之间的区别是比较恰当的：货运代理人拿佣金，无船承运人吃差价；拿佣金者不得吃差价；吃差价者不得拿佣金；二者只可居其一，不可兼而得之。

（2）加拿大判例法

加拿大著名海商法专家 William Tetley 教授在仔细研究了相关案例后，认为区分这两者可以根据以下几条标准：

①合同以及运输单证中规定的货运代理应承担的义务的特点；②合同当事方以往的关系；③是否签发了提单；④托运人是否知道货物的运送实际由哪些承运人来完成；⑤付款内容方式：货运代理要求的款项是否是运费与其他费用的总和，并在其后另外要求一个费用数额或者百分比作为酬金，或者货运代理要求的是一个包括所有费用在内的金额。

（三）我国内地和香港地区的识别标准

1. 我国内地法律法规的规定

我国《海运条例》第 7 条第 1 款规定"经营无船承运业务，应当向国务院交通主管部门办理提单登记，并缴纳保证金。"第 2 款规定"无船承运业务，是指无船承运业务经营者以承运人身份接受托运人的货载，签发自己的提单或者其他运输单证，向托运人收取运费，通过国际船舶运输经营者完成国际海上货物运输，承担承运人责任的国际海上运输经营活动。"

我国《最高院关于货运代理若干问题的规定》第 11 条指出："货运代理企业未尽谨慎义务，与未在我国交通主管部门办理提单登记的无船承运业务经营者订立海上货物运输合同，造成委托人损失的，应承担相应的赔偿责任。"第12条规定："货运代理企业接受未在我国交通主管部门办理提单登记的无船承运业务经营者的委托签发提单，当事人主张由货运代理企业和无船承运业务经营者对提单项下的损失承担连带责任的，人民法院应予支持。货运代理企业承担赔偿责任后，有权向无船承运业务经营者追偿。"第14条："人民法院在案件审理过程中，发现不具有无船承运业务经营资格的货运代理企业违反我国《海运条例》的规定，以自己的名义签发提单、海运单或者其他运输单证的，应当向有关交通主管部门发出司法建议，建议交通主管部门予以处罚。"

《最高院关于货运代理若干问题的规定》第3条："人民法院应根据书面合同约定的权利义务性质，并综合考虑货运代理企业取得报酬的名义和方式、开具发票的种类和收费项目、当事人之间的交易习惯及合同实际履行的其他情况，认定海上货运代理合同关系是否成立。"

由此可见，目前在如何识别货运代理身份的问题上，各种可供识别的因素包括，无船承运人资质、货运合同/委托合同的内容、提单/运单签发与记载、运杂费等的收付、发票的类型、交易习惯等，而上述各种因素对结果的影响程度及各种因素如何综合考量等问题，法院还远未达成共识。相同的问题，法院做出截然相反的判决时常可见。因此，货运代理的身份仍须依照特定案件的事实来确定，且个案情况的细微变化均会导致不同的结果。

2. 我国香港地区的法律规定

在香港法下，主要的判断依据在于合同条款的约定。例如，在 the Yuen Fung Metal Works Ltd v. Negel（Hong Kong）Ltd 案（〔1978〕HKLR 588）中，法院就认为货运代理与其客户之间的关系"必须由合同本身来确定"（must be ascertained from the contract itself）。简单来说，判断的重点在于合同约定的是货运代理人负责"安排运输"（arrange the carriage）或"承担运输"（undertake to carry）。

如果合同约定对于是否由货运代理自己负责运输并不明确，那么法院在判断货运代理身份的时候就需要考虑涉案的其他因素。其中一项重要因素就是货运代理对其所提供服务的收费方式。如果是以一个总括包干价收取费用，那么该货运代理很可能是一个承运人。第二，向客户提供运输安排信息的责任是参考因素之一，如果该项责任并不广泛，那么货运代理很可能并非承运人。第三，考虑到过往运输中如果该货运代理在同样或类似的货物运输中承担的是承运人的角色，那么除非有明显的相反证据，否则法院很可能会认为该货运代理依旧扮演的是承运人的角色。第四，如果该货运代理以自己的名义签发运输单据，那么其很可能会被判定以承运人的身份承担合同下的责任。第五，如果客户凭借其收到的运输单据可以向实际承运货物的当事人提起诉讼，那么货运代理可能就不会被认定是承运人。最后，货运代理的财产也会被列为考量因素。如果该货运代理自身并不拥有任何船舶、汽车等运输工具承担货物运输，那么法院可能不会认为该货运代理会以承运人身份签署合同。

以上因素都是在合同约定不明确的情况下，辅以判断一个货运代理是否具有承运人身份时，可能需要考虑的因素。另外，在考虑这些因素的时候应该做通盘处理。

二、合同性质不同法律身份不同

1. 运输合同性质

货运代理企业所签合同标题或条款中明确约定其作为"无船承运人"或作为"契约承运人"；或写明"承担承运人责任""作为总承运人"，或以自己的名义签发自己的无船承运人提单，则该合同将被认定为运输合同性质；此外，即使货运代理明确以"代理人"身份签发海运提单，但提交不出授权其签发提单的承运人与船东，无法提供委托人的书面授权，亦无法举证证明提单上记载的承运人在签发提单时依法存在，则所签合同也会被认定为运输合同性质，货运代理企业被认定为无船承运人/契约承运人身份，承担承运人的责任。

世界上的事情是复杂的，往往不能采取一刀切的处理方法。同样，在货运代理业务实践中也会出现一些特殊情形，即在上述情况下，货运代理看起来或本应承担无船承运人的责任，但由于种种原因与具体案情的变化，被认定为代理人身份，只需承担代理人的责任，这种情况也是有的。

2. 代理合同性质

货运代理所签合同标题是代理合同，合同条款明确约定其作为"代理人"或为履行代理合同而以被代理人名义与第三方签订协议，没有签发提单及类似的运输单据，合同条款中采用的词句通常是乙方（货运代理）根据甲方（委托人）的委托，作为甲方的"代理人""安排""代办""代理安排""代为办理"，则可认定该合同为代理合同性质，货运代理企业即为代理人身份，只需承担代理人的责任。

当然，业务实践中也有例外。例如，所签合同标题是代理合同，合同条款中采用的也是"代理安排"，但在履行过程中，由于种种原因，其行为或后续补充协议或所签单证改变了代理合同的性质，使得货运代理的身份发生了变化，被认定为当事人身份，承担当事人的责任。

三、法律身份不同承担责任不同

参照国际惯例，并根据我国有关法律法规及具体业务实践，无船承运人与货运代理人的身份不同、承担的责任亦不同：①无船承运人作为承运人系指对于托运人来说他是契约承运人，其以本人名义承担责任的独立合同人，他对在履行运输合同中实际承运人的过失导致委托人的货物损失，首先承担责任或承担连带责任。②货运代理人对因承运人过失造成委托人的货物损失，不承担责任，除非货运代理人未谨慎选择承运人。

无船承运人与货运代理人的责任通常按以下两种情况进行划分：

1. 货运代理人身份的责任

货运代理作为被代理人的代理时，在其授权范围内，以被代理人的名义从事代理行为，所产生的法律后果由被代理人承担。如图 5－1 所示，在内部关系上，被代理人与货运代理之间是代理合同关系，货运代理享有代理人的权利，承担代理人的义务；在外部关系上，货运代理不是与他人所签合同的主体，不享有该合同的权利，也不承担该合同的义务。当货物发生灭失或残损，货运代理不承担责任，除非其本人有过失；如果货运代理能够证明他对第三人的选择做到了合理的谨慎，一般也不承担因第三人的行为或不行为引起的责任，被代理人可直接向负有责任的承运人或其他第三人索赔。当货运代理在货物文件或数据上出现过错，造成损失，则要承担相应的法律责任，受害人有权通过法院向货运代理请求赔偿。所以，一旦发现文件或数据有错误，货运代理应立即通知有关方，并尽可能挽救由此造成的损失。

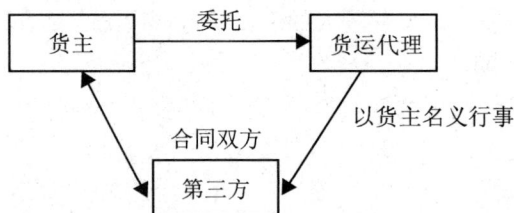

图 5－1　货运代理人的身份

案例 5－1：从事货运代理人业务，本身无过失，不承担任何责任

某货运代理作为海运提单的"通知方"，当提单中指明船舶抵达目的港锚地后，作为"通知方"及时将该轮的动态通知了收货人。但由于收货人申请火车车皮困难，致使该轮无法及时靠泊卸货，产生大量滞期费，于是船东既告收货人，又起诉货运代理，要求他们承担滞期费损失。法院经审理判决：货运代理不是提单当事人，而作为"通知方"已恪尽了职责且无过失，故对船东的滞期损失不承担任何法律责任。

2. 无船承运人身份的责任

随着集装箱运输的发展，中小货主的散装货必然需要有人进行拼箱和集运。如图 5 - 2 所示，无船承运人正是充当了这种角色，将散装货进行拼箱，以整箱货与实际承运人洽定舱位签订运输合同。从而节省了中小托运人分别向公共承运人办理托运的时间，降低了他们的运输成本，且减少了运输的烦琐，提高了小批量货物的运输速度，极大地促进了集装箱运输的开展。无船承运人相对于托运人而言是契约承运人，应当承担我国《海商法》所规定的有关契约承运人的责任和义务。

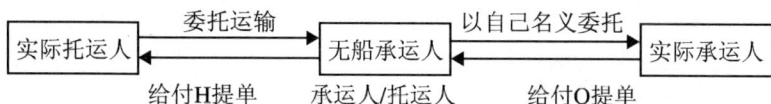

实际托运人	→ 委托运输 → ←	无船承运人	→ 以自己名义委托 → ←	实际承运人
给付H提单		承运人/托运人		给付O提单

图 5 - 2　无船承运人的身份

特别是无船承运业务合同，其在主体上并未独立存在，其与货运代理在主体上的混同、业务操作上的相似，使得有的货运代理为了规避承运人责任，故意在操作中混淆这两种业务，混淆单据的签发，导致一旦发生纠纷，法院或仲裁庭在识别其法律身份时异常困难。司法实践中存在着识别标准十分混乱，裁判尺度很不统一的现象。司法上的不确定性反过来又导致了从业者认识上的更加混乱。商业和司法的双重困惑，互相助长，使得这一问题更加扑朔迷离。

案例 5 - 2：无船承运人赔付后再向责任方追偿

2000 年 12 月，高榕公司、福建土畜产公司分别与日本的 K 公司签订买卖合同，向 K 公司出口菇类货物。在装箱时，高榕公司的 603 纸箱香菇和福建土畜产公司的 726 箱蘑菇装载一个集装箱内。振兴船舶株式会社（以下简称"振兴公司"）以其名义为上述货物签发了自己的两套无船承运人提单，载明托运人为高榕公司和福建土畜产公司，收货人均为 K 公司。而后，振兴公司就上述货物委托立荣海运公司实际承运，立荣海运公司向振兴公司签发了以后者为托运人的海运提单，而振兴公司向立荣海运公司在日本大阪的代理人支付了运费。

由于冷藏集装箱在运输途中发生故障，致箱内温度升高，蘑菇发生货损。货物到港后经分拣，部分出售，部分做废弃物处理。之后振兴公司向 K 公司进行了赔付，并取得 K 公司出具的收据及权益转让书。振兴公司向某海事法院起诉立荣海运公司，要求其赔偿相应损失。

法院认为该货损发生在承运人的责任期间，也在实际承运人立荣海运公司控制货物的期间内，所以被告立荣海运公司同样负有赔偿责任，振兴公司向收货人 K 公司赔付后，有权向立荣海运公司追偿。法院判决立荣海运公司向振兴公司赔偿相应全部损失。

在本案中原告振兴公司是无船承运人，而被告是实际承运人。我国《海商法》第 60 条第 1 款规定"承运人将货物运输或者部分运输委托给实际承运人履行的，承运人仍然应当依照本章规定对全部运输负责。对实际承运人承担的运输，承运人应当对实际承运人的行为或者实际承运人的受雇人、代理人在受雇或者受委托的范围内的行为负责。"同时该法第 65 条规定"本法第 60 条至第 64 条的规定，不影响承运人和实际承运人之间相互追偿。"

无船承运人的法律地位为契约承运人，应就海上运输的全程对托运人承担责任。即使无船承运人对货损没有过失，但由于它收取了全程运费，根据合同相对性原则和权利义务对等原则，它的法定运输义务与实际承运人是一样的，即负有适航、管货、直航等履行运输合同的义务，必须依照运输合同赔偿收货人的损失。但是由于无船承运人对货损没有过失，其赚取的也只是运费差价，在对收货人进行赔付后，有权以托运人的身份向实际承运人追偿。

（一）不同身份不同责任的识别

这是在实践中真实发生的一则案例，围绕着被告究竟是货运代理人还是无船承运人这一焦点问题，一审和二审法院给出了截然不同的两个判决，较为典型地反映出在司法实践中对这一问题的困惑。

案例 5-3：上海太平洋国际货运有限公司（以下简称"货运公司"）是中外合资企业，该公司经营范围：承办海运、空运进出口货物的国际运输代理业务。太平洋集装箱航运公司（以下简称"集装箱公司"）在香港依法注册，在我国内地没有海上货物运输业务经营权、揽货权。集装箱公司与货运公司签订代理协议，货运公司有权安排货物的接收、卸货和交付，代表集装箱公司签发提单和收取运费、内陆运输费等费用。浙江省某进出口公司（以下简称"进出口公司"）以 FOB 条款出口货物，由德国买方负责订舱，结汇方式为付款交单。2001 年 1 月，进出口公司将货物交由德国买方指定的货运代理即货运公司。货运公司接收货物后，代表集装箱公司签发了抬头为集装箱公司的 CHNP05747 号和 CHNP05748 号提单，收货人为德国买方，目的港代理人为 ATEGE。上述两票货物分别装船后，由外轮代理公司代表实际承运人 VORASL 货运公司分别签发了抬头为 NORASIA 的 VcLNGBVNT9911 号和 NCLGBVD900 提单，提单载明托运人为货运公司，收货人为德国买方 ATEGE GMBH，进出口公司向货运公司支付了内陆运输包干费。此后，银行以买方未支付货款为由将上述 CHNP05747 号和 CHNP05748 两份正本提单退回给进出口公司。

2002 年 2 月，进出口公司以货运公司作为承运人无单放货为由，向法院提起诉讼，要求赔偿其货款、利息、银行退单费用、运费等损失。

围绕着货运公司是无船承运人还是货运代理人这一问题，双方展开了激烈的争议。

原告进出口公司认为被告货运公司是无船承运人的理由包括以下 5 点：①根据我国《海商法》第 42 条有关承运人定义和第 71 条有关提单是运输合同证明的规定，提单是货运公司签发的，货运公司应是承运人；②原告与收货人签订的是 FOB 条款的买卖合同，根据《国际贸易术语解释通则》，买方负责租船订舱，卖方负责把货物交给承运人，提单是保证货款收到的重要单据，至于提单抬头公司是什么单位不是其举证范围，而且当存在有许多子公司时，不易举证；③货运公司接收货物后以自己的名义向进出口公司交付了集装箱，并且收取了运费及服务费，因此原告认为其是无船承运人。根据《汉堡规则》第 1 条第 3 款、我国《海商法》第 80 条、《合同法》第 402 条的规定，接收货物的人在签发相关单证时，如果没有明确告知托运人是其货运代理人，即应表示当事人之间已经订立运输合同并开始履行该运输合同，被告货运公司接收原告的货物，应认定为承运人；④实际承运人 NORASI 货运公司签发的提单中的托运人是货运公司。如果货运公司作为无船承运人的代理人，根本无权以自己的名义在船公司即实际承运人 NORASI 货运公司出具的提单中作为托运人。货运公司主张其是集装箱公司的代理人，但不能提供其收取该公司代理费的证据；⑤货运公司所抗辩的承运人集装箱公司在我国境内没有经营权，根据《联合国运输单证统一规则》及我国《货运代理规定》和《货运代理规定实施细则》的规定，货运公司的代理权不能成立。

货运公司抗辩其仅是货运代理人而不是承运人的理由包括以下 6 点：①原告适用法律错误，《汉堡规则》和《联合国运输单证统一规则》我国均没有参加，不适用于本案。上述《货运代理规定》属内部规则，不具有法律效力。②我国《海商法》规定，和托运人订立运输合同的是承运人，而本案中进出口公司与国外买方订立的是 FOB 条款合同，由国外买方负责租船订舱，根本不存在进出口公司与货运公司订立运输合同的问题；③进出口公司接受了由集装箱公司委托货运公司签发的提单，是接受货运公司为集装箱公司的代理人。集装箱公司是在香港依法注册登记的，与货运公司之间订立有业务代理协议。集装箱拼装拆箱是货运公司履行委托人集装箱公司的运输代理业务的行为，属于货运公司经营范围，货运公司没有越权经营和超越代理权的行为。是否收取代理费，不能改变代理法律关系；④收取包干费、内陆运费、在提单上打印出口编号等，是与货运公司经营范围吻合的，不能证明与进出口公司有运输合同关系；⑤根据我国的规定，提单可以由承运人、承运人的代理人或船长签发，且这种代理在《合同法》上属显名代理，根本不适用于我国《合同法》第402条和第403条的规定；⑥在 NORASI 货运公司的提单上载明货运公司为托运人，也是货运公司为集装箱公司履行正常业务操作的代理行为。显然，货运公司不是承运人或无船承运人，非运输合同的一方当事人，不应当承担运输合同下的责任。

一审法院认为：涉案提单是国际海运中常用的承运人交由代理签发的提单，提单抬头为承运人集装箱公司是明确的，提单的背面条款又明确将承运人定义为集装箱公司或其所指定的载运船舶；而货运公司仅是代表承运人签字并且加盖其业务印章，应是集装箱公司的代理人。本案中，货运公司代表集装箱公司签发提单的行为是一种显名代理，进出口公司在接受提单时，就应该知道货运公司与集装箱公司的代理关系。虽然货运公司的业务印章与其公司名称不完全一致，存在一定的过错，但是并不影响本案所涉提单的承运人的识别；况且，当事人双方都对该业务印章代表货运公司予以确认。根据我国《海商法》第72条第2款的规定，提单可以由承运人授权的人签发。本案中，集装箱公司与货运公司的代理协议约定货运公司有权代表集装箱公司签发提单。进出口公司与德国买方订立的是 FOB 条款，由买方负责租船订舱，进出口公司不能证明其与货运公司签订过运输合同。货运公司作为集装箱公司的代理人签发的提单是证明与集装箱公司的运输合同关系，而不能约束货运公司。综上，货运公司作为承运人的代理人，在授权范围内的行为应由委托人集装箱公司承担；而且进出口公司不能证明货运公司在代理过程中有越权或无权代理的行为而侵害其权益，判令驳回对货运公司的诉讼请求。

二审法院认为：承运人的识别问题是本案裁判的前提，是当事人双方诉争的焦点。本案中，被告接收货物、收取内陆包干费、签发提单，另一方面又以托运人名义将货物交由实际承运人 NORASI 货运公司承运。在上述被告的行为及其与当事人双方之间的交易行为中，除提单上表明被告是代理集装箱公司签发提单以外，被告均是以自己名义从事交易。现原告提起诉讼。对被告作为代理签发提单提出异议，认为被告就是承运人。由于本案提单是货物装船后由被告单方签发的文本，故被告有义务举证证明，在签发提单以前的整个交易过程中，原告知道其交易对象是集装箱公司，被告仅是该公司的代理人。被告举证其与集装箱公司的代理协议，然而该协议并不能证明原告在接受提单之前知道被告的身份是集装箱公司的代理人。被告未能举证证明，理应承担举证不能的法律后果。况且，本案提单抬头公司名称与被告在中英文表示上均相近似，被告负有明确告知原告与订立合同有关包括相对方是谁等重要事实的义务，而被告并无证据表明其已履行该义务。因此，原告接收提单的行为，并不能得出其明知被告仅是集装箱公司代理的结论，更不能剥夺其提议以保护其合法权益的权利。再者，被告所谓的被代理人集装箱公司在我国内地没有海上货物运输的经营权、揽货权，何来原告代理其经营、揽货的权利。相反，涉案货物从内陆运输开始，至以托运人名义交由实际承运人运输为止，被告一直以自己名义从事交易，一直以自己名义控制着货物。

综上，被告由于其仅是代理人的抗辩与事实不符，本案事实表明提单证明的海上货物运输合同当事人为原告与被告，作为契约承运人的被告应当承担赔偿责任。综上，二审法院判撤销了一审法院的判决：判令货运公司赔偿进出口公司货款及其利息和银行退费损失。

在本案中，被告以货运代理的身份出现，原告并无异议。关键是当被告签发提单，收取包干运费，并且以自己的名义向实际承运人托运货物后，它的法律地位发生了怎样的改变，这是让原告、被告以及一审、二审法院都困惑不解的问题。本案发生在我国《海运条例》颁布之前，我国《海运条例》对本案不具有溯及力。而我国《货运代理规定》及《货运代理规定实施细则》对于货运代理作为"独立经营人"的含义也没有明确进行界定。立法的空白给司法实践中判定货运代理的身份和权利、义务带来极大的困扰。即便是在我国《海运条例》颁布后，这一问题并没有得到根本的解决。由于我国《海运条例》主要是从行政管理的角度来界定无船承运人及其权利、义务，同时与《货运代理规定》等没有很好的衔接，在司法实践中如何正确确立无船承运人的法律地位、确认其作为承运人而不是货运代理人的身份，在适用标准上也有很大的模糊性。

从世界范围来看，在大陆法系国家，根本就不存在无船承运人的概念，而是将无船承运人包括在货运代理之中；除斯堪地纳维亚地区、荷兰、西班牙以外，根据大陆法系其他国家关于委托合同的法律规定，货运代理人必须是以自己的名义为委托人行事。有学者将其翻译为"承揽运送人"。"民法所称承揽运送人，系以自己之名义，为他人之计算，使他人运送物品之营业者。然而实际上亦有一位委托人为代理人，与运送人订立运送契约为业者，多数承揽运送人兼营此两种业务。"在此情形下，很多大陆法系国家的法院在司法实践中，也是根据合同的内容和双方当事人的意图等多个要素，来判定货运代理究竟是"安排运输"的代理人，还是"从事运输"的承运人。虽然从理论上说，区分货运代理是纯粹的代理人还是承运人还相对比较清楚，但是真正在实践中仍然存在识别上的困难。

（二）无船承运人与货运代理的连带责任

1. 关于货运代理企业不当选任无船承运人的责任

根据我国《海运条例》第 7 条第 1 款的规定，在我国从事无船承运业务以提单登记备案为条件，未经登记备案的无船承运人不得在我国经营无船承运业务。但是在实践中大量无船承运人未进行提单登记即开展无船承运业务。而在货运代理实务中，货运代理企业接受订舱委托后，选择未进行提单登记的无船承运人订立海上货物运输合同的情况时有发生。在发生无单放货等纠纷时，委托人往往由于该无船承运人清偿能力不足而不能得到赔偿或足额赔偿。在此情况下，货运代理企业因不当选任承运人应如何承担责任？

货运代理企业作为受托人负有谨慎处理委托事务的义务，作为专业代理人应保证其选择的无船承运人具有无船承运经营资格。货运代理企业未能选任具有经营资格的无船承运人，即可以认定其过错，对委托人遭受的损失应承担违约赔偿责任。就诉讼而言，委托人就其损失既可以依照海上运输合同关系对无船承运人提起违约或侵权诉讼，也可以依据海上货运代理合同直接起诉货运代理企业。此时货运代理企业与无船承运人并非承担连带责任，而是构成不真正连带债务，应分别对委托人遭受的损失负责。当然，如果委托人能够证明货运代理企业与无船承运人系恶意串通，侵害其合法权益，依照我国《民法通则》第 66 条规定，货运代理企业和无船承运人应承担连带责任。关于货运代理企业的赔偿范围，《最高院关于货运代理若干问题的规定》没有特别的限定，人民法院可以根据案件的具体情况酌定相应的赔偿范围。《最高院关于货运代理若干问题的规定》意在通过这一条款的实施，促使货运代理企业规范其经营行为，净化当前较为混乱的货运代理市场。相信《最高院关于货运代理若干问题的规定》实施之后，货运代理企业应会趋利避害，谨慎选择具有经营资格的无船承运人，避免因选任不当而承担的巨大风险和责任。

2. 货运代理企业代理不具有资质的无船承运人签发提单的责任

在航运实务中，货运代理企业接受不具有经营资格的无船承运人的委托代为签发提单的现象时有发生。此时，货运代理企业的法律地位系承运人的代理人。司法实践中，运输的货物通常是在国外（或境外）被无单放货，国内的卖方无法正常收取货款，而国外（或境外）的无船承运人往往是注册资本极低、事发后人去楼空的公司，国内卖方无法从无船承运人处得到赔偿，遂以货运代理企业为被告提起诉讼。

《最高院关于货运代理若干问题的规定》第12条采纳"违法代理"理论，确认货运代理企业应与无船承运人对提单项下损失承担连带责任。除了以我国《民法通则》违法代理为依据外，还出于司法政策的考虑，目前无船承运人经营不规范，未依照行政法规进行备案取得相应的资质即开展经营活动，而货运代理企业作为专业代理人明知无船承运人不具有资质依然为其代理，对混乱的市场起到了推波助澜的作用。从规范行业秩序、保护运输合同的角度，应加大对货运代理企业违规操作的惩治力度，强化和配合行政机关对市场的管理和规范。需要注意的是，《最高院关于货运代理若干问题的规定》所涉及的违法代理系指货运代理企业接受不具有经营资格的无船承运人的委托代理签发提单，既然作为委托人的无船承运人不具有相应资质，货运代理企业作为代理人从事的行为当然是违法的，双方应当承担连带责任。

四、我国认定无船承运人身份的主要因素

在我国司法实践中，为了区别和认定货运代理与无船承运人的合同性质及法律身份，一般考虑的主要因素包括如下几个方面：

1. 合同条款

货运代理介入货物运输是基于货主的委托，无论其身份如何，货运代理和货主之间都存在合同关系，通过对合同条款的解释来判断当事人的意图，从而确定合同当事人的法律地位，这无疑是最为可行和合理的做法。如果委托人在合同中具体约定了受托人要承担某一项或者某几项的代理事项，则很明显这就是一份委托代理合同，受托人应当是代理人，即货运代理企业。一些规模较大的货运代理企业签订的合同中对合同性质做出明确的约定，这对于法院判断其身份提供了帮助。如我国外运长航（集团）总公司针对订舱业务，就合同的性质分别制定了两种不同的合同格式：《海运出口货物订舱代理合同》及《海运出口货物订舱合同》，并在该合同中明确规定当事人的身份。只要合同中双方有明确的意思表示，并就货运代理的法律地位做出了清楚的约定，法院无疑会充分予以尊重。如果当事人签订的合同名称与合同约定的权利义务内容不一致，我国法院通常按照合同约定的权利、义务内容来确定

合同的性质和当事人的权利、义务。即使货运代理企业在与客户签订的合同中以"委托"、"代理"命名，合同条款中也有类似的字样，但如果货运代理企业承担的是合同当事人的责任而不是代理人的责任，那么法院仍然会做出货运代理不是代理人而是无船承运人/承运人的判决。

案例 5-4：原告致达公司诉被告骏洋公司海上货物运输合同货物交付纠纷案【案号：（2003）广海法初字第 173 号】

骏洋公司与致达公司签订一份《运输合同》，约定：致达公司将货物委托骏洋公司承运，骏洋公司负责安排拖车、转关、码头跟进、出提单、海运等一条龙服务。涉案货物由马鲁巴公司运输。马鲁巴公司签发了海运提单。广州海事法院认为：骏洋公司的法律地位应根据其与致达公司签订的《运输合同》确定。致达公司将货物交由骏洋公司"承运"，骏洋公司"负责"的事项也明确包括了"海运"，因此应认定骏洋公司为本案货物的承运人。至于骏洋公司向致达公司提供自己的提单还是其他公司的提单并不影响骏洋公司在《运输合同》中明确约定的承运人的法律地位。

案例 5-5：原告中新公司诉被告宇阳公司运费纠纷案【案号：（2004）广海法初字第 41 号】

中新公司与宇阳公司签订《协议书》，约定中新公司代理宇阳公司在广州的货物运输业务。广州海事法院认为：《协议书》的内容反映中新公司"代理"宇阳公司的货物运输业务，双方之间建立的是货运代理合同关系，中新公司为货运代理人。虽然《协议书》约定宇阳公司向中新公司支付"运费"，但是，代理人依据约定向委托人收取运费，符合行业习惯，并不因此改变代理合同的性质。

2. 收入取得的方式

收取费用的名义与方式对于确定货运代理是代理人还是承运人/无船承运人的确是一个重要的因素。虽然各国的法律规定并不相同，其行业惯例也不一样，但有些国家的法律法规或行业惯例对此做出了十分明确的规定，即货运代理收取佣金的为代理人，收取运费的或吃差价的为承运人/无船承运人。目前的实际情况是，我国的货运代理企业一般都采取费用"大包干"（向委托人收取一笔总的数额，实务中常以"运费"的面目出现）、"小包干"（海运费代收代付，另向委托人收取包括杂费和代理费在内的一笔总的数额），也赚取其向委托人收取的费用与支付给承运人等有关方费用之间的差价，而不是采用完全代收代付另加一定报酬的收费方式，这已成为货运代理行业的收费习惯和通行做法，符合商业效率的需要。货运代理是否收取运费或吃差价不是认定其为承运人/无船承运人的唯一要件。但货运代理必须清醒地认识到：

根据我国的具体情况，这种收取方式却是认定其为承运人/无船承运人的重要要件之一，所以货运代理在业务运作过程中，对取得报酬的名义与方式应予以高度重视。

货运代理在业务实践中尚需注意区分：

何谓重要因素？货运代理不仅收取运费差价，而且其他作为也多为承运人的业务范围和性质，在此情况下，收取运费差价就成为确定其法律地位和身份的重要因素及要件。

何谓参考因素？货运代理收取了运费差价，但其他作为多为货运代理人的业务范围和性质，在此情况下，收取运费差价即成为确定其法律地位和身份的参考因素之一，而非重要的决定因素。

案例5-6：原告李嘉辉诉被告招商公司海上货物运输合同纠纷案【一审案号：（2005）广海法初字第79号；二审案号：（2005）粤高法民四终字第303号】

李嘉辉委托招商公司将一批货物运至委内瑞拉，招商公司告知李嘉辉有不同的船公司选择并说明各自的运价。李嘉辉选定了船公司并向招商公司支付了海运费。广州海事法院认为：招商公司与李嘉辉约定并收取了全程运费而非代理费，应视招商公司自为运输，认定招商公司为承运人。广东省高级人民法院二审认为：我国法律没有明确规定代理报酬的形式。代理报酬形式不单仅限于代理佣金这一单一形式，运费差价亦可作为代理报酬。招商公司收取海运费这一事实并不足以认定招商公司与李嘉辉之间成立运输合同关系。

3. 提单及运输单证签发的方式

在海上货物运输和货运代理业务中，存在船东提单、无船承运人提单、货代提单等不同形式的提单，提单的签发、正面记载内容和背面条款也有不同的表现形式。这种状况使得根据提单识别当事人的法律身份显得十分复杂，法院在相关判决中所持的观点也不尽一致。

（1）货代公司签发提单

① 签发自己格式的提单，包括无船承运人提单、货代提单或多式联运提单。这种情况下，法院通常认定货代公司为承运人或多式联运经营人，无论其在提单中的签署表示为承运人或代理人，但也有例外。

案例5-7：原告人保公司诉被告华展公司海上货物运输合同货损纠纷案【案号：（2006）广海法初字第159号】

人保公司的被保险人向华展公司托运货物，华展公司以马士基公司代理人的名义签发了华展公司格式的无船承运人提单。广州海事法院认为：华展公司在无马士基公司授权的情况下以马士基公司代理人的名义签发了自己的格式提单，签单行为应视为华展公司自己的行为，因此认定华展公司为无船承运人。

案例5-8：原告丝绸公司诉被告普利福公司、韩进公司海上货物运输交货纠纷案【一审案号：（2001）广海法初字第249号；二审案号：（2002）粤高法民四终字第10号】

丝绸公司向普利福公司托运货物，普利福公司向韩进公司订舱。普利福公司签订了以丝绸公司为托运人的自己格式的货代提单。韩进公司签发了以普利福公司为托运人的海运提单。广州海事法院一审认为：普利福公司接受委托运输货物，并签发了提单，是涉案货物运输的承运人；韩进公司是涉案货物运输的实际承运人。广东省高级人民法院二审维持了一审的认定。

案例5-9：在甲公司诉乙公司一案中，乙公司即货运代理经授权代无船承运人签发了一份提单，而实际承运人远洋公司也签发了一份提单。本案中重要的一点是，在货运代理与实际托运人之间签订的委托合同中清楚地规定了前者即乙公司仅为代理人。根据该合同的这一约定，明确了乙公司代理人身份和代理人责任。做法院免除了乙公司承运人的责任。

② 签发第三人格式的提单

a. 代为签发船东提单

对于货代公司代为签发船东提单的情况下货代公司法律身份的认定问题，法院的裁判并不与以上问题一致。同样是船东提单，同样表明了代签，法院在认定货代公司的法律身份时所持的观点并不相同。在有的案件中，法院不考虑签发人的签单权的来源及其合法性问题，直接根据签署的内容认定签发人为代理人；在有的案件中，法院则要求签发人证明其签单权的合法性，否则认定为承运人；还有走得更远的，即使签发人能够证明其签单权源于船东的合法授权，但是，如果没有向委托人披露承运人，签发人仍然应当承担责任。

案例5-10：原告纺织品公司诉被告嘉宏公司海上货物运输合同纠纷【案号：（1996）广海法商字第68号】

纺织品公司持有的提单为拉美克兰航运公司（CLAN S. A.）格式的海运提单，由嘉宏公司代为签发（Authorized Signature）。广州海事法院认为：提单记载的承运人是拉美克兰航运公司，嘉宏公司仅是承运人签发提单的代理人。与纺织品公司没有形成海上货物运输合同关系。

案例5-11：原告潮州公司与被告万通公司、赤湾公司海上货物运输货损赔偿纠纷案【一审案号：（1999）广海法汕字第9号；二审案号：（2000）粤法经二终字第43号i；再审案号：（2002）粤高法审监民再字第61号】

潮州公司持有的提单为KOL Ocean Lines格式的海运提单，由万通公司作为承运人的代理人签发（As agent for the carrier）。广州海事法院认为：万通公司签发提单时虽然表示其为承运人的代理人，但并未就提单的来源及承运人的身份做出说明，也未就承运人授权其签发提单提出证据，也未就承运人授权其签发提单提出证据，应认定万通公司为承运人。广东省高级人民法院二审认为：提单载明货物由赤湾公司所属的赤湾一号轮承运，万通公司签发提单时也表示其为承运人的代理人，因此认定万通公司为代理人。广东省高级人民法院再审维持了广州海事法院一审的判决。

b. 代为签发无船承运人提单

对于货代公司代签境外无船承运人格式提单的效力以及代签提单的货代公司的法律责任，不同法院的判决也不一致。有判决认定，签发未在我国交通部（现为交通运输部，下同）备案的外国无船承运人提单的行为无效；也有判决认为，未在我国交通部登记备案，并不足以影响提单所证明的海上货物运输合同的成立和履行。

案例5-12：原告沧州公司诉被告大明公司、东光会社海上货物运输合同纠纷案【案号：（2003）海商初字第351号】

沧州公司向东光会社托运货物至韩国，持有东光会社签发的大明公司的提单。大明公司为韩国无船承运人，其无船承运人提单未在我国交通部登记备案。天津海事法院认为：大明公司在中国境内经营无船承运业务，没有按我国《海运条例》的规定向交通部办理提单登记并缴纳保证金，大明公司与沧州公司的海上货物运输合同因违反行政法规的强制性规定而无效，大明公司因其过错应赔偿沧州公司货物损失。东光会社代签未经备案的提单，应承担连带赔偿责任。

案例5-13：原告武进纺织公司诉被告建发上海分公司提单侵权损害赔偿纠纷案【案号：（2003）沪海法商初字第444号】

武进纺织公司向建发上海分公司托运货物至美国，持有建发上海分公司的总公司建发公司代为签发的 NW EXPRESS INC 格式的提单。NW EXPRESS INC 为美国注册的无船承运人，授权建发公司代为签发提单。上海海事法院认为：NW EXPRESS INC 是本案货物运输的承运人。至于 NW EXPRESS INC 的提单是否在我国交通部备案，以及 NW EXPRESS INC 和建发公司是否具有合法无船承运人资格，并不足以影响提单所证明的海上货物运输合同的成立和履行。

（2）船公司签发提单

在货主持有的是船公司签发的提单的情形下，法院一般认定船公司为承运人。货代公司只是转交提单，既没有使用自己格式的提单，也没有代签提单。应当认定为货运代理人。但是，在有的案件中，法院在做出上述认定时似乎考虑了另外一个因素，即货代公司向承运人订舱时以委托人为托运人，船公司签发提单也记载委托人为托运人。如果货代公司向船公司订舱时是以自己的名义，船东提单记载的托运人也为货代公司，则货代公司仍然可能被认定为承运人。

案例 5－14：原告经合公司诉被告货运公司货运代理合同纠纷案【案号：(1995) 广海法商字第 19 号】

经合公司通过海运出口货物委托书向货运公司托运货物后，货运公司以经合公司为发货人，制作了一份相同的海运出口货物委托书向达昌公司订舱，并取得达昌公司签发的以经合公司为托运人的提单。广州海事法院认为：提单是海上货物运输合同的证明。经合公司作为托运人，接受承运人达昌公司签发的提单，双方构成海上货物运输合同法律关系。货运公司接受委托，以经合公司名义办理货物报关、订舱、装船，应认定为货运代理人。

案例 5－15：原告经发公司诉被告同心公司货物交付纠纷案【案号：(1998) 广海法商字第 53 号】

经发公司向同心公司托运一批货物至南非，同心公司又以自己为托运人向地中海航运公司订舱。广州海事法院认为：同心公司接受经发公司的委托后，以自己为托运人委托地中海航运公司运输，因此应认定同心公司为承运人。

4. 经营运作的方式

货运代理若以自己的名义签订运输合同，并通过向托运人收取一笔纯粹的运费，转而向其他实际承运人支付较之收取的运费略低的运费，从该两笔运费的差价中赚取适当的利润；或者货运代理将诸多委托人之货物合并装入一个集装箱，从事拼箱、混装服务，以取得更多的收益。在这种情形下，货运代理对委托人来说其身份为无船承运人，承担契约承运人即承运人的责任。根据承运人的资格，同时享有承运人的全部权利（包括责任赔偿限制），并负有承运人的全部义务。

5. 习惯做法与司法认定

在我国司法实践中，有时也会考虑该行业的习惯做法。例如，目前我国货运代理作为代理人一般不是采用收取代理费，而是采用包干费用，所以，在判断其是否为代理人时，不会将收取包干费用作为认定货运代理身份的唯一标准，只要货运代理在其他方面都符合代理人性质，那么就可认定为代理人。甚至有时也会参考国内外的判例，例如，在英国即使货运代理有时作为托运人的代理人行事，但为了尽快替委托人订妥舱位，货运代理常以自己的名义与承运人订立合同，这在某些地方（如伦敦运输交易市场）是合理的习惯作法。在此情形下，若货物没有按时到达装货地点，根据所属国的司法机构的认定，承运人可以向货运代理要求亏舱费的赔偿。货运代理赔付后可转向其委托人索赔。也就是说，货运代理只要以其自己的名义行事，即使本身没有过失，也会因其当事人的身份而承担责任，同时享有向过失方进行追偿的权利。法院在审理并决定货运代理是否为承运人／无船承运人时，会考虑全部相关事实背景，从而做出判断。因此，即使货运代理无意成为承运人／无船承运人，在一定情况下也有可能被法院认定为承运人／无船承运人。

五、因素成为法律的表现形式

在难以确立规范或标准的场合，因素经常成为法律的表现形式。我国《海商法》第180条关于确定救助报酬应当考虑的十项因素，就是一个典型的例子。"在许多法律场合中，决策者通过评估衡量一定数量的具体内容事先没有加以明确规定"。这种场合在司法实践中十分常见。

1. 未签合同和提单的货运代理并非必然是代理人

以书面合同或者提单作为识别无船承运人和货运代理人的标准，并不能得出这样的结论，即货代公司没有与委托人（托运人）签订书面运输合同或者没有使用自己格式的无船承运人提单，则必然退居货运代理人的地位。我们认为至少在以下两种情形下，识别货代公司的法律身份必须考虑其他因素：①货代公司没有签发无船承运人提单，而是船公司签发船东提单给货主。②货代公司没有签发提单，例如委托人（托运人）与货代公司约定以"电放"的方式放货，因而货代公司不需要向委托人签发提单，船公司也没有签发提单或者船公司签发的提单没有交与委托人。

在委托人与货代公司之间不存在书面合同、货代公司也没有签发自己格式的无船承运人提单的情况下，识别货代公司的身份，首先需要从货代公司对委托人的询价答复、托运单或者委托书的内容、船公司签发给货代公司的提单等方面综合考虑。一般而言，如果委托人指定了船公司，或者货代公司在答复委托人的询价时披露船公司并且／或者提供多家船公司供委托人选择，托运单或者委托书记载了船名或者以其他方式表明了货代公司的代理人身份，船公司签发给货代公司的提单记载的托运人是委托人，则应当认为货代公司披露了承运人，并且明示或者暗示其代理人的身份；反之，如果货代公司在相关文件中没有披露承运人，也没有表明其代理人的身份，而且，船公司签发的提单中记载的托运人是货代公司，则一般应认定货代公司为无船承运人。

2. 收取运费差价是重要的但不是唯一的决定性因素

实际中货运代理企业报酬的取得方式，开具发票的类型以及双方的交易习惯是法院认定法律关系应当考虑的因素。但正如我们所知道的，由于两种业务操作的相近性，以上这些因素均不能单独成为认定当事人法律地位的标准，应该综合考虑方能做出准确的判断。在此，特别需要对报酬的取得方式这一因素做出说明。上文提及货运代理企业常采用"大包干"和"小包干"的取得方式，但对于是否赚取运费差价的收费方式作为认定货运代理企业法律地位的直接依据，实践中分歧很大。有观点认为，从委托合同的性质分析，严格说来，受托人在处理受托事务时应当为委托人的利益计算，而赚取差价的收费方式使受托人更多地为自己的利益计算，某种程度上违反了这一义务，因此赚取运费差价的货运代理企业的法律地位已从"代理人"转变为运输合同的"当事人"，应视为承运人。我们认为，一般而言，赚取向货主收取的运费与支付给实际承运人的运费之间的差价是无船承运人的利润取得方式和同行做法。在这方面，我国的法律法规并没有做出明确的规定，我国《合同法》和《货运代理规定实施细则》仅规定受托人有权收取报酬（代理费），但未明确规定受托人收取报酬的具体方式，以运费（或其他费用）差价的形式收取运费或代理费均不为法律或行业惯例所禁止或否定，该具体款项在性质上究竟属于运费还是代理费取决于具体案件中的证据及其所能证明的事实，而不可一概而论地视为承运人/无船承运人。因此，不能仅以货运代理人收取差价的收费方式认定其具有承运人/无船承运人的法律地位，而应结合其他因素综合考虑。试想，如果因为货代公司收取的是运费而不是代理费就应当被认定为承运人，那么，在中国将几乎没有货运代理人而言，识别无船承运人和货运代理人也就不存在问题了。综上所述，面对我国的客观实际，应尊重该行业的惯例，并依据最高法院的司法解释，在我国司法实践中，不应再仅凭货运代理收取运费、获取差价就轻易地将货运代理定为承运人/无船承运人，即货运代理收取运费或吃差价并非是认定其为承运人/无船承运人的唯一的决定性的因素。

3. 应当综合考虑各种因素

当依据上述因素仍不足以做出判断时，还可以参考其他因素。其他因素包括委托人与货代公司之间的往来函件、双方的交易历史、货代公司的参与程度和发票形式等。这些因素与上文所列的因素相比，正式性、重要性和相关性都比较低，因此，只能作为附加因素考虑。此外，贸易条件也可能成为参考的因素。例如，在 FOB 价格条件下，由买方委托境外的货代公司办理相关事务，境外货代公司转委托境内货代公司办理境内的部分事务，此时，由于境内货代公司不直接受托于国内的买方，因此，其被认定为承运人的可能性极小。

我们显然无法穷尽一切识别因素，也难以赋予每一个因素以一定的权重。这是以因素为决断依据的普遍问题。案件的多样性、复杂性和特殊性也使得将各种识别因素公式化是一种天真的想法。另外，任何单一的因素都不足以作为认定货代公司为无船承运人的依据，应当将各种可供考量的因素综合考虑。

4. 最终如无法识别应定为代理人

在司法实践中，采用了本文中所列标准与考虑了上述各种因素仍无法识别和确定是货运代理人还是无船承运人时，有的人主张在此情况下应认定为无船承运人，而我的意见却恰恰相反，应当认定为货运代理人，因为无船承运人的责任明显大于货运代理人的责任，所以在没有充分理由与证据认定货运代理是无船承运人的情况下，按责任较轻的去认定更加符合法理，也更有利于货运代理与无船承运业务的发展。

5. 认定为无船承运人时须谨慎

我们的基本观点是，以书面合同和提单之外的其他因素认定货代公司的无船承运人身份时，不能随心所欲。毕竟货代公司的主营业务是货运代理，无船承运业务为其附属业务。因此，除了存在明确的书面协议以及货代公司签发自己格式的无船承运人提单这一明显标志其身份的行为外，认定货代公司为无船承运人必须持谨慎的态度。

六、我国无船承运人身份识别的困惑

在司法实践中海上货运代理合同关系的识别与认定是一个比较棘手的问题，造成识别和认定困难的原因是多方面的。

1. 货运代理的双重身份

这是源于法律规定，我国《海运条例》第7条对无船承运业务做出了规定，商务部1998年施行的《货运代理规定实施细则》第2条对货运代理企业也做出了规定。依据上述规定，货运代理企业依法可以无船承运人和货运代理人两种身份进行经营活动。纠纷发生时，必然涉及货运代理企业法律身份及法律地位的认定问题。

2. 操作流程的大致相同

实践中，货运代理企业处理上述两种业务的操作流程大致相同。而货主在与货运代理企业订立合同时只关心货物是否如期抵达目的地，对于所签订的合同的性质并不在意，约定的条款表述不清，因此一旦发生争议，如何认定货运代理企业与委托人之间的法律关系就成为双方当事人争议的焦点问题。

依海商法理论界、实务界的通说，界定货运代理企业的法律地位主要有四条标准：①当事人之间的具体约定；②运输单证的签发；③报酬的取得方式；④双方当事人之间的交易习惯。我国《最高院关于货运代理若干问题的规定》第3条基本采纳了以上认定标准，但有所侧重。

2013年10月14日，作者与中国外运天津有限公司李世臣和王智强等领导交流无船承运业务的开展情况。

3. 无合同经营的混乱局面

合同中关于权利义务的约定是确定当事人之间法律关系首先要考虑的因素。因为法律关系在本质上就是权利义务关系，因此当事人主要权利义务的约定是判定合同性质的关键，应成为认定当事人法律身份及法律地位的主要依据。在货运代理企业与委托人签订书面合同的情形下，人民法院应首先根据合同约定的内容来认定双方之间形成何种法律关系，进而确定货运代理企业承运人抑或代理人的法律身份及法律地位。但在实际业务操作中，订立书面合同的情形相对较少，大多数货运代理业务是通过往来传真和电话完成，所涉内容文字简单，语意不清，这也是导致法律关系难以认定的主要原因。

在没有合同约定或者约定不明确的情况下，人民法院应当依照当事人的实际履行行为综合各种因素确定当事人之间的法律关系。实践中货运代理企业报酬的取得方式、开具发票的类型以及双方的交易习惯是人民法院认定法律关系应当考虑的因素。但如前所述，由于两种业务操作的相近性，以上这些因素均不能单独成为认定当事人法律身份及法律地位的标准，须综合考虑方能做出准确的判断。

4. 报酬取得方式非认定的唯一证据

需要特别指出的是，报酬取得方式不是唯一认定当事人身份的依据。在货运代理实务中，货运代理企业常采用"大包干"、"小包干"或采取吃差价等多种报酬取得方式，并已成为货运代理行业的收费习惯和通行做法，符合商业效率的需要。我国《合同法》和《货运代理规定实施细则》仅规定受托人有权收取报酬（代理费），但未明确规定受托人收取报酬的具体方式。因此，不能仅以货运代理人收取差价的收费方式认定其具有承运人的法律地位，尚需考虑其他因素。

5. 不具备资质的无船承运人比比皆是

提单是国际海上货物运输的主要单证，是海上运输合同关系的证明，因此提单通常是人民法院确定当事人是否具有承运人法律地位的主要依据。由于货运代理业务的广泛性以及进出口业务的需要，货运代理企业在处理货运代理业务时有权以自己名义或承运人代理人名义等多种身份签发提单。但是出于行政管理的需要，货运代理企业能否作为签发提单的主体应当符合法律规定的条件。依照我国《海运条例》第7条和第26条的规定，不具备无船承运人资质的货运代理企业不能以自己名义签发提单。但是实践中货运代理企业未经登记而签发提单的情况比比皆是。

综上，区分无船承运人与货运代理人的法律地位，认定无船承运人的法律身份，一直是我国司法实践的一个难题。

从法律地位看，货运代理兼有双重法律身份，即代理人与承运人，包括无船承运人的身份；而无船承运人也具有双重法律身份，即契约承运人与托运人身份。

从业务经营看，货运代理往往同时兼营两项业务，既做传统的代理人业务，又做无船承运业务，从而形成二者业务的交叉重叠，且不规范。

从市场现状看，货运代理通过身份的互为转换为自己带来利益的最大化，规避法律，逃避责任。

从行业管理看，虽然根据我国《海运条例》的规定，拟将无船承运业务从货运代理行业中剥离出来，但实际尚未真正分离，甚至与现行法规有冲突，从而增加了认定无船承运人身份的难度。

七、无船承运人的自我认定

无船承运人很清楚，一旦被认定为"承运人"，其责任势必比代理人要加大许多倍。在新形势下，为了企业的健康发展，无船承运人应掌握自我界定承运人身份的几个要点：

（1）无船承运人以自己的名义签发提单或类似运输单据时，即被视为"承运人"；

（2）所签合同为无船承运人合同，标题为"运输合同"，其合同条款内容亦明确表达为"承运人"时，即契约承运人，则被视为"承运人"；

（3）无船承运人向实际托运人收取固定费用，或全程运费，或赚取运费差价；将实际托运人的整箱货或拼装的整箱货交付给实际承运人，并为海运提单上的托运人时，就可视为"承运人"。

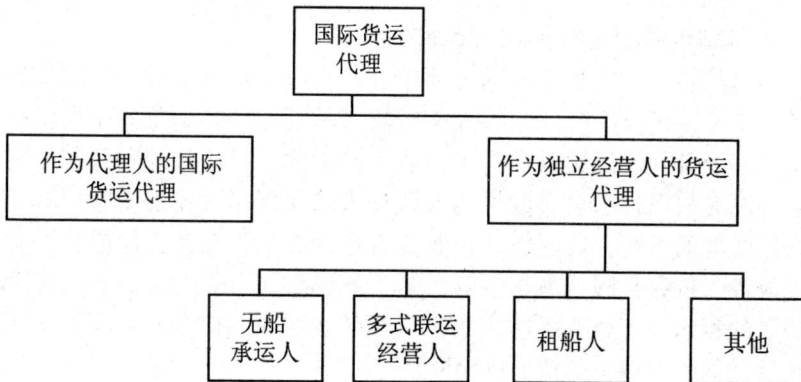

图 5 – 3　货运代理的角色类型

第六章　无船承运人涉及的法律问题

第一节　无船承运人 B 的合法性及其法律地位

人们通常所理解的同时也是实践中为人们所普遍操作的、简单意义上无船承运人仅仅涉及两个运输合同，即无船承运人与实际托运人之间的海上货物运输合同，其证明为无船承运人向实际托运人签发的无船承运人提单，以及无船承运人与实际承运人之间的海上货物运输合同，其证明为实际承运人向无船承运人签发的以无船承运人为托运人的海运提单。然而，实践中出于对运价的考虑或集中订舱的需要，与无船承运人（无船承运人 A）订立海上货物运输合同的可能不是实际承运人而是另外一个无船承运人（无船承运人 B），无船承运人 B 再与实际承运人订立海上货物运输合同，而更为复杂的情况下可能还会出现无船承运人 C 或无船承运人 D，等等（见图 6−1）。那么无船承运人 A 的这种做法是否违反我国《海运条例》及其《实施细则》的规定？无船承运人 B 的法律地位如何？又需承担什么样的责任呢？

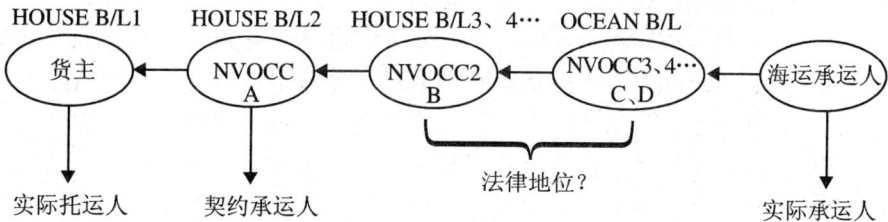

图 6−1　第二无船承运人参与运输的流程

一、无船承运人 A 转委托无船承运人 B 的做法的合法性

根据我国《海运条例》第 7 条及其《实施细则》第 3 条第 4 款对规定（详见第一章第二节），"通过国际船舶运输经营者完成国际海上货物运输"

和"向国际船舶运输经营者或者其他运输方式经营者为所承运的货物订舱和办理托运"是否可以理解为无船承运人为履行与托运人之间的海上货物运输合同就只能转委托国际船舶运输经营者而不能转委托另一家无船承运人呢？立法者实际对此未置可否。

实践中此种做法优劣并存。之所以大量存在固然有其有利之处：首先是可操作性的要求，对于不熟悉某一航线的海上运输或者在舱位紧张无法订到舱等情况下，无船承运人转委托熟悉该运输或者有渠道获得舱位的其他无船承运人无疑是必要的。其次，根据我国《海运条例》的规定国际船舶运输经营者可以与无船承运人订立协议运价，协议运价以合同或者协议形式书面订立。一些无船承运人因货量小，缺乏讨价还价的能力无法从船公司拿到较为优惠的运价，而通过与船公司订立协议运价的另一个无船承运人取得较为优惠的运价无疑是明智之举。此种情况下无船承运人 B 赚取的是它从船公司获得的运价与它给无船承运人 A 的运价之间的差价，无船承运人 A 赚取的则是按拼箱货中的单件计算的运价之和与无船承运人 B 给他的按集装箱计算的优惠运价之间的差额。实践中普遍存在的另一种情况是，一些内陆或中小无船承运人往往与大的沿海无船承运人达成协议，将其集装箱货量汇集在较大的无船承运人处由其集中订舱，从船公司取得相当优惠的运价，同船公司订立协议运价的较大的无船承运人充当的实际上也是无船承运人 B 的角色。再次是为了满足客户的要求，实践中托运人或收货人往往出于多方面的考虑要求无船承运人必须转委托其指定的无船承运人。

而此种做法的不利之处在于：首先，中间人多，环节多，发生的纠纷的可能性就相应的增大，多个"背靠背"合同中的任何一环、一个条款出现疏漏与差异，都可能导致复杂的赔偿与追偿纠纷。

其次，容易为欺诈者开方便之门。虽然我国《海运条例》及其《实施细则》的通过大大加强了对无船承运业的管理，使该市场日趋规范，风险度日益降低。例如，该《海运条例》及其《实施细则》有关提单报备与缴纳保证金的规定、取得无船承运业务经营资格的境外无船承运业务经营人必须委托具有相应资格的代理签发提单的规定、在我国无住所的境外无船承运业务经营人须指定一名联络人，负责《海运条例》及有关司法程序的联络的规定、国际船舶运输经营者不得接受未办理提单登记并缴纳保证金的无船承运业务经营者提供的货物或者集装箱的规定、签单代理人不得接受未办理提单登记并缴存保证金的无船承运业务经营者的委托为其代理签发提单的规定，都使发生无船承运人欺诈的可能性大大降低。然而，这一切毕竟刚刚起步，在国内的无船承运市场上还充斥着一些既未办理提单登记也未缴纳保证金的"黑无船承运人"，构成了巨大的黑洞，埋伏着欺诈的陷阱，而这些"黑无船承运人"又往往会与境外的不法货主相勾结利用买卖合同下的 FOB 条款造成我国发货人的钱货两空。同时，由于我国《海运条例》及其《实施细则》并无有关无船承运人不得与未办理提单登记并缴纳保证金的无船承运人订立运输合同的强制性规定，无船承运人 A 在转委托无船承运人 B 时，往往对其资信疏于调查，特别是在无船承运人 B 是由货方指定的情况下，这样就更容易落入欺诈者的圈套，最终很可能承担无谓的责任。

最后，随着集装箱运价透明度日益增加，无船承运人要拿到比同行业低的运价，就必须向船公司提供与低运价相匹配的高货量，从而催生了许多经营无船承运业务的货运代理联盟的出现，这本是一种好现象，但是由于市场的不规范和缺乏有效管理，导致了"倒箱"的混乱状况时有发生，小批量的集装箱货源倒手次数经常达到 3 道以上，这不仅严重损害了货主的利益，增加了贸易的风险，也影响了无船承运业的整体形象。

综合以上分析，笔者认为根据市场的需求和客户的需要，从有利于对外贸易与运输的良性发展出发，应当允许无船承运人为履行与实际托运人的运输合同再转委托其他无船承运人的现象的存在，即承认无船承运人 B 的合法性。但同时考虑到其风险性和可能带来的不利因素，一方面，国家在加强对无船承运人市场的管理，根除不法的"黑无船承运人"，规制"倒箱"现象的同时，要通过纵向的行政立法对此加以明确规范，使参与者真正有法可依；另一方面，无论是货主还是无船承运人都应提高风险防范意识，认识到此种做法在带来好处的同时也可能存在的潜在风险，对转委托的无船承运人的资信必须进行充分的调查，将风险消灭于未然。

二、无船承运人 B 的法律地位

我国《海商法》第42条对承运人的定义采用了《汉堡规则》对承运人的定义，即"承运人"是指本人或者委托他人以本人名义与托运人订立海上货物运输合同的人。据此规定，在无船承运人 A 与实际托运人的关系上将其认定为我国《海商法》下的承运人毫无疑问。同时，我国《海商法》还引入了《汉堡规则》中的"实际承运人"概念，根据我国《海商法》第42条第2款"'实际承运人'是指接受承运人委托，从事货物运输或者部分货物运输的人，包括接受转委托从事此项运输的其他人。"根据我国《海商法》的立法意图及运输实际，无疑应当对此处的"委托"与"转委托"做广义的解释，即应包括提单中约定"自由转运条款"的情况，在联运提单下进行的转运，也应包括租船运输（程租租船和期租租船）及无船承运人为履行与实际托运人订立的运输合同而与其他承运人另订运输合同的情况。因此，在我国无船承运人与同其订立海上货物运输合同的第三方海运承运人的关系是承运人与实际承运人的关系亦毫无疑问。那么是否可以将无船承运人 B 也认定为实际承运人？他又将承担怎样的责任呢？无船承运人 B 实际上落入了一个立法的真空。

《汉堡规则》制定时，澳大利亚针对规定实际承运人责任的第 10 条第 2 款（"本公约关于承运人责任的所有规定，也适用于实际承运人对自己履行的运输的责任。如果对实际承运人的雇用人或代理人提起诉讼，便适用第 7 条第 2 款、第 3 款和第 8 条第 2 款的规定。"）提出提案，要求把"对自己履行的运输"（for the carriage performed by him）改为"对委托自己的运输"。其理由是，由于在第 1 条第 2 款的实际承运人的定义中，将实际承运人规定为"受承运人委托履行货物运输或部分货物运输"的任何人，所以如使这两个规定前后一致，就可以使实际承运人不履行或不完全履行时的责任明确。在起草《汉堡规则》的联合国国际贸易法委员会（以下简称"UNCITRL"）中对该问题存在着很大的分歧，该提案的反对者认为，由与托运人签订运输合同的承运人和在发生灭失事故的运输区段亲自履行运输的实际承运人二者对货主承担连带责任就够了，无须牵涉虽受承运人委托履行该区段的运输，但自己并未实际履行，而是再委托其他实际承运人的中间的实际承运人。其结果是，赞成该提案的票数为 22 票，反对票数为 30 票，弃权 7 票，否决了澳大利亚的提案。由此可见，《汉堡规则》并不否认上述"中间的实际承运人"的实际承运人身份，但是在从承运人那里接受全部或部分运输委托的实际承运人自己不亲自履行这一运输而是再将其转委托给其他实际承运人的情况下，根据第 10 条第 2 款，对货主承担责任的是实际履行该部分运输的承运人，而不包括中间的实际承运人。同时《汉堡规则》第 11 条第 2 款又进一步规定"实际承运人应对货物在其掌管期间所发生的事故引起的灭失、损坏或迟延交付负责。"因此，这实际造成的结果是某第三人可能是实际承运人（中间的实际承运人）但却对货物的灭失、损害或迟延交付对货主不负赔偿责任，此种情况无异于在实际承运人中又区分出"履约承运人"。我国《海商法》第 61 条的规定似乎回避了该争议，仅规定"本章对承运人责任的规定，适用于实际承运人。"同时也没有类似于《汉堡规则》第 11 条第 2 款的规定，只是在我国《海商法》第 63 条规定"承运人与实际承运人都负有赔偿责任的，应当在此项责任范围内负连带责任。"这是否意味着我国《海商法》要求像上述无船承运人 B 那样的所谓的中间承运人业也对货主承担责任呢？

国际海事委员会（以下简称"CMI"）受 UNCITRAL 委托起草的《鹿特丹规则》中提出了"履约方"（Performing Party）的概念，《鹿特丹规则》第 1.6 条规定：①"'履约方'系指承运人以外的，履行或者承诺履行承运人在运输合同下有关货物接收、装载、操作、积载、运输、照料、卸载或者交付的任何义务的人，以该人直接或者间接在承运人的要求、监督或者控制下行事为限；②'履约方'不包括不由承运人，而由托运人、托运人、控制方或者收货人直接或者间接委托的任何人。"第 17 条规定："'海运履约方'是指凡在货物到达船舶装货港至货物离开船舶卸货港期间履行或者承诺履行承运人任何义务的履约方。内陆承运人仅在履行或者承诺履行其完全在港区范围内的服务时方为海运履约方。"《鹿特丹规则》中所及履约方的概念较之于实际承运人的概念要大得多，其履约方的职责不仅限于海上运输而且包括了陆上的运输、装卸、保管和储存，即将海运承运人、内陆承运人、装卸人、码头经营人等包括在"履约方"的定义之中。对于履约方的范围一直存在争议，一方面的争议源自各方对草案调整范围的争议，即将内陆承运人、码头经营人等包括在"履约方"的范围内是否会与既有的调整这些主体的国际公约或国内法相冲突；而另一方面的争议则是将履约方的范围扩展至任何直接或间接为承运人履行其在运输合同下的责任的人还是将"履约方"这一概念完全排除于《鹿特丹规则》之外，CMI 最终通过的《鹿特丹规则》对这两个极端的观点作了妥协，没有采用最初草案"履行、承诺履行或组织履行承运人在运输合同下任何责任的人"的定义，而是对"履约方"选择了前述的较为限制性的解释。而前后定义的主要差别就在于如何对待中间合同人的问题上，采用现在的概念将把虽与承运人订立合同但并未实际履行该合同下的义务的人排除在"履约方"的范围之外，如此上述情况的无船承运人 B 当然也就不是履约方。同时《鹿特丹规则》第 18 条又对履约方与承运人的责任关系做了规定。第 18 条规定，下列人的作为或者不作为违反本公约对承运人规定的义务，承运人应当负赔偿责任：①任何履约方；②船长或者船员；③承运人的受雇人或者履约方的受雇人；或者，④履行或者承诺履行运输合同规定的承运人义务的其他任何人，以该人按照承运人的要求，或者在承运人的监督或者控制下直接或者间接作为为限。第 20 条关于连带赔偿责任规定：①对于货物灭失、损坏或迟延交付，承运人和一个或者数个海运履约方均负有赔偿责任的，其赔偿责任为连带责任，但仅限于本公约所规定的限额；②在不影响第 61 条的情况下，上述所有人的累计赔偿责任不得超过本公约所规定的赔偿责任总限额。上述关系如图 6-2 所示。

承运人　　履约方　　履约方的受雇人、代理人、分合同人

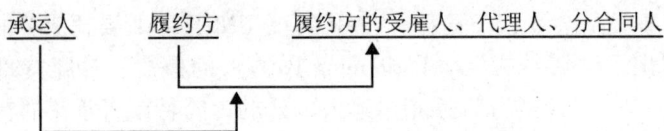

图 6 – 2　履约方与承运人的责任关系

从 CMI 起草《鹿特丹规则》的规定来看，其关于参与履约方的规定已不存在前述《汉堡规则》下实际承运人定义与责任的矛盾，即将中间合同人无论从定义上还是对托运人的责任上都排除在外。这样对托运人来说无疑有利于明确责任，降低诉讼的烦琐性和费用。但是无论是从《汉堡规则》关于实际承运人责任的规定，还是从 CMI 起草《鹿特丹规则》关于参与履约方责任的规定中，都会给人一种错觉，似乎是中间合同人因为其未实际履行与承运人的合同就可以不承担任何责任了，究其原因就在于二者都未明确规定对实际托运人承担了责任的承运人及实际承运人或履约方对有过错的中间合同人的追偿权，为了法律关系的明晰，中间合同人可以不直接向实际托运人承担责任，但是从上述作为中间合同人的无船承运人 B 来说，在其与作为承运人的无船承运人 A 的关系上他是承运人，对实际托运人就要承担承运人的责任，有义务谨慎的选择与其订立运输合同的人，并对货损、货差或迟延交付向实际托运人承担责任。而无船承运人 B 在与实际运输货物的海运承运人的关系上它又是托运人，同样应承担托运人的妥善申报货物、及时办理运输手续等责任，并对因其未能妥善履行这些职责向遭受损失的实际承运人或参与履约方承担赔偿责任。同时中间合同人在追索诉讼中的有关责任限制与抗辩的权利同样需要法律的进一步明确的规定。而这些也是我国《海商法》在进行修改时所应该考虑的。

第二节　无船承运人的"背靠背"责任

无船承运人涉及两个运输合同、两个法律关系，身兼托运人与承运人双重身份，所以习惯上将其责任称为"背靠背"责任，如图 6 – 3 所示，这种"背靠背"责任要求前后两个运输合同的关键内容具有必要的一致性，否则一旦出现由于实际承运人的原因造成的货损、货差及迟延交货等，无船承运人很可能处于十分不利的局面，尤其是在下列情况下。

（1）如果无船承运人向实际托运人签发的提单中规定了集装箱中货物的

件数，无船承运人在与实际承运人订立运输合同时就必须对该件数予以声明，否则一旦出现索赔按一个集装箱视为一件确定的单位责任限制与根据集装箱中的货物的具体件数确定的单位责任限制在数额上将差之千里，而损失只能由无船承运人来承担。

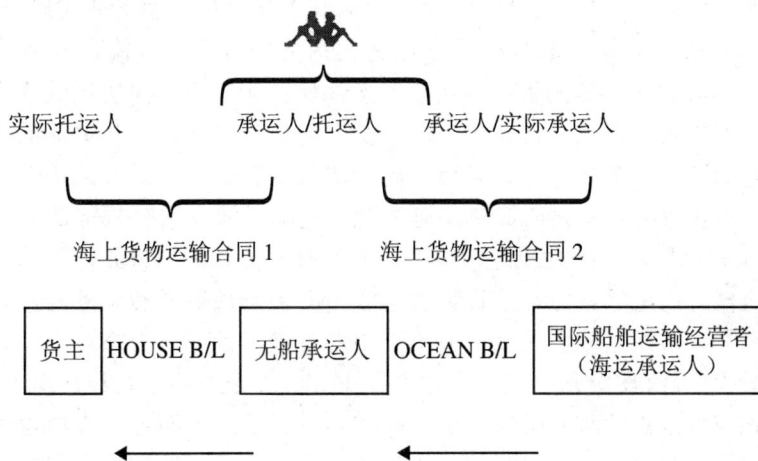

图 6－3　无船承运人的"背靠背"责任

（2）实践中由于对船舶配载、集装箱容量等估算的偏差，经常会出现"改单""甩货"的情况，因此无船承运人为避免承担迟延交货的责任在其签发的无船承运人提单上就不应保证交货时间或是注明交货时间仅仅为"预期的到达时间"——该时间可能受其不能控制的情势的影响。

（3）如果实际托运人所托运的货物是危险品，在实际托运人事先告知其货物性质的情况下，无船承运人亦应向实际承运人做出如实申报，否则根据我国《海商法》第68条有关"托运人未通知或者通知有误的，承运人可以在任何时间、任何地点根据情况需要将货物卸下、销毁或者使之无害，而不负赔偿责任。托运人对承运人因运输此类货物所受到的损失，应当负赔偿责任"的规定，对于由此产生的船货损失无船承运人将不得不独自承担。而如果实际托运人未申报，无船承运人亦未申报的情况下，无船承运人在向实际承运人承担了赔偿责任后，则可向实际托运人追偿。

（4）若无船承运人签发的提单中无"中装港"的规定，那么无船承运人与实际承运人订立运输合同时也不应规定"中转港"，否则无船承运人将可能向货方承担不合理绕航的责任。

（5）在无船承运人提单需要更改的情况下，必须征得船公司的同意，使无船承运人提单与海运提单进行同样的更改，在海运提单确实已经做此更改后，才能对无船承运人提单进行更改。

（6）在涉及舱面货运输的情况下，包括我国《海商法》在内的多数国家的法律、《汉堡规则》及《鹿特丹规则》等均规定，承运人在下列条件下将货物装载于舱面上，对于由此种装载的特殊风险造成的货物灭坏或迟延交付，承运人不负赔偿责任：①承运人与托运人达成协议，即运输合同明确允许（失、损）；②符合特定的贸易惯例或航运惯例；③符合法律法规的规定。后两个条件通常较为客观，具有公示性，发生纠纷时通常仅涉及举证证明的问题。但是对于第一个条件，如何证明此种协议的存在，承运人又是否可以此种协议对抗善意的收货人或提单持有人呢，我国《海商法》规定舱面货的第53条并未对此做出明确的规定，很多国家的海商法立法中将此作为承运人不得以约定减轻或免除其在海上货物运输法下的强制性责任和义务的例外，但条件是承运人需在运输合同或运输单证中对此做出说明，否则对第三方不产生法律效力。《汉堡规则》第7条第2款规定："如果承运人和托运人议定，货物应该或可以在舱面上载运，承运人必须在提单或证明海上货物运输合同的其他单证上载明。如无此说明，承运人有责任证明，曾经达成在舱面上载运的协议。但承运人无权援引这种协议对抗包括收货人在内的相信并持有提单的第三方。"《鹿特丹规则》亦做出了类似的规定。而根据提单"最终证据效力"的理论亦可得出未在提单上载明的此种协议不可对抗包括收货人在内的善意第三人的结论。因而，此种情况下，如果实际托运人与无船承运人之间达成协议，同意货装舱面之上，那么在无船承运人提单及海运提单中均应对此作以明示，否则如果仅仅实际承运人提单中有此载明而无船承运人提单中未载明此种协议，那么在善意的收货人和提单受让人就货装舱面造成的货损、货差或迟延交付起诉无船承运人时，无船承运人将不得不单独承担此种责任。

在上述无船承运人因未在提单中载明货装舱面的协议而不得不承担赔偿责任的情况下或是在实际托运人与无船承运人之间并不存在上述货装舱面的协议同时又无允许货装舱面的特定的惯例、法律、法规，无船承运人擅自同意实际承运人货装舱面或实际承运人未经无船承运人同意擅自将货物装载于舱面上的情况下，货方根据我国《海商法》第63条的规定起诉承担连带赔偿责任的无船承运人与实际承运人是否可以享受单位赔偿责任限制呢？我国《海商法》第53条未对此做出规定，根据《汉堡规则》第7条第3款的规定，此种情况下应视情况而定，即他们可能丧失单位赔偿责任限制，也可能仍享有单位赔偿责任限制，而其决定的依据是，货装舱面的行为是否构成了"故意或明知可能造成损失而轻率的作为或不作为"。

　　但是，如果实际托运人与无船承运人之间存在货物不得装于舱面之上的明示协议，而无船承运人却擅自同意实际承运人货装舱面，或实际承运人未经无船承运人同意擅自将货物装载舱面上，此种情况下有过错的一方是否仍可享受单位赔偿责任限制呢？我国《海商法》亦未对此作以明确规定。一些国家的法律，如1999年《俄罗斯联邦商船航运法典》、1998年《澳大利亚海上货物运输法》、《汉堡规则》及《鹿特丹规则》均规定此种情况下承运人将丧失单位赔偿责任限制。而如果货方在此种情况下仅起诉无过错的一方，在前一种情况下，货方对实际承运人提起的是侵权之诉，但实际承运人对于舱面货的损失主观上并无过错，因此，不应判定实际承运人对该损失承担损害赔偿责任。而在后一种情况下，货方可以依运输合同对无船承运人提起违约之诉，违约之诉下的严格责任原则使得无船承运人即使并无过错亦应对货方的损失承担赔偿责任，那么此时无船承运人是否仍可享受单位赔偿责任限制呢？我国《海商法》第64条规定："就货物的灭失或者损坏分别向承运人、实际承运人以及他们的受雇人、代理人提出赔偿请求的，赔偿总额不超过本法第56条规定的限额"，由此可见我国《海商法》将承担连带责任的承运人与实际承运人的责任限额是作为一个整体考虑的，一方丧失赔偿责任限额，第64条的规定既被突破，承担连带责任的另一方当然也无法再享受责任限额，而只能反过来向有过错的一方追偿，而这也符合我国《海商法》规定承运人与实际承运人的连带责任的初衷。

　　集装箱运输的出现和发展对传统舱面货理论提出了发展的要求，根据目前国际航运实践中的普遍做法，对于甲板专门适用于装载集装箱货物的集装箱船舶，承运人既可以将货物装载在甲板上也可以将货物装载在甲板下，尽管甲板上的集装箱较之于甲板下的集装箱要承担更大的风险，因为被浪卷走或落入水中的通常是装载于甲板上的集装箱，但是仍应当认为无论集装箱货物是否载于舱面，均应视为舱内货物运输，因而无须托运人与承运人之间的特殊协议，这既符合集装箱运输的特殊性及发展需要，也符合《汉堡规则》及大多数国家法律有关舱面货规定的立法精神。但是上述论断的前提是载货船舶必须是甲板专门适用于装载集装箱货物的集装箱船，因此无船承运人在选择实际承运人时必须对船舶的条件做出要求，不能理所当然地认为只要承运的货物为集装箱货即可免除舱面货的责任。

第三节　无船承运人与货物控制权

运输合同与货物买卖合同是两个独立的合同，但运输合同不可避免地与买卖合同存在着密切的关系，运输合同的履行的目的正是为了实现买卖合同。然而，实践中在因不可抗力、情势变更、买方违约，或者双方协商变更、解除合同等导致买卖合同不能完全履行或不能实际履行的情况下，继续按原约定履行运输合同将可能与买卖合同的实现发生冲突。虽然传统货物贸易下有所谓的中途停运权理论，卖方可以依该权利向承运人发出指示，承运人有义务遵循，否则要对卖方因此而遭受的损失承担侵权责任。但是，承运人同样要受到运输合同和提单的物权凭证效力的约束，在承运人签发可转让提单的情况下，当提单流转到善意第三人的手中时，承运人就负有凭单交货的义务，否则将对善意的提单持有人承担违约责任或侵权责任。在 Lickbarrow v. Mason 案中，英国上议院认为卖方的中途停运权适用于买卖双方，不能对抗已向买方支付货款的提单受让人。正是为了协调这种运输合同与买卖合同的冲突，《鹿特丹规则》采用了一些航空运输公约、铁路运输公约和公路运输公约及《国际海事委员会海运单统一规则》下既有的控制权制度。《鹿特丹规则》第50 条关于控制权的行使和范围规定："1. 控制权只能由控制方行使，且仅限于：（a）就货物发出指示或者修改指示的权利，此种指示不构成对运输合同的变更；（b）在计划挂靠港，或者在内陆运输情况下在运途中的任何地点提取货物的权利；以及，（c）由包括控制方在内的其他任何人取代收货人的权利。2. 控制权存在于第 12 条规定的整个承运人责任期间，该责任期间届满时即告终止。"那么控制权在通过无船承运人安排的海上货物运输下是如何行使的呢？由于在实际托运人与无船承运人之间，以及无船承运人与实际承运人之间分别存在其各自的海上货物运输合同，因此在每个运输合同下都存在一个控制权，其行使应当遵循控制权的一般理论自不待言，但是这里的问题是，实际托运人可否直接向实际承运人行使货物控制权呢？事实上，实践中在无船承运人已破产或失踪而买卖合同又发生变动的情况下，实际托运人往往已无法向无船承运人行使货物控制权，这在一直盛行的 FOB 条款欺诈下是时有发生的，此种情况下是否应赋予实际托运人直接向实际承运人作出指示以挽回损失的权利呢？我们认为这应当通过对控制权的性质、内容、权利义务主体及行使条件等的综合考察来判断。

首先，从控制权的性质来看，控制权是基于合同而产生的法定权利（其行使不以合同相对人同意为条件），是法定之债，即是债权而不是物权。控制权体现了债权的相对性，不具有对世性，其行使的对象只能是特定运输合同下的承运人，控制权人不能指示运输合同以外的人为或不为某种行为。从《鹿特丹规则》的起草过程中的讨论我们亦可看出立法者的此种意图，控制权定义中的"在运输合同下向承运人发出有关货物的指示的权利"一语正是立法者为了明确在运输期间控制方应被视为承运人的对应方，从而有助于确定控制权的定义而规定的。而我们知道在实际托运人与实际承运人之间并不存在有效的运输合同关系，实际承运人向无船承运人签发海运提单，其提单上的托运人为无船承运人，而非实际托运人，因此，除前述所谓共同承运人的情况之外，实际托运人向实际承运人直接行使货物控制权缺乏理论基础。

其次，从对控制权的必要限制来看，控制权的规定实际上是增加了承运人的单方义务，因此必然要对其做一定的限制，这包括以下几点。

（1）对控制权的权利主体的限制。由于买卖合同下复杂的所有权转移问题是运输合同下的承运人所无法掌握的，所以承运人仅能根据提单所表征的物权（更恰当的说法应该是占有权）来判断谁是其所承运的货物的真正权利人，因此控制权的权利主体的判定与承运人是否有凭单交货的义务存在密切关系。在承运人负有凭单交货的义务的情况下，承运人负有向正本提单持有人交付货物的义务，因此，应当认为此种情况下有权向承运人行使控制权的主体只能是正本提单的持有人。根据前文的讨论，在我国，无论是在可转让的不记名提单、指示提单下还是在记名提单下，目前承运人都负有凭单交货的义务，因此，可以断定在承运人签发了提单的情况下，控制权的权利主体为提单持有人。在承运人签发不可转让的海运单的情况下，由于海运单不是物权凭证，承运人不负有凭单交货的义务，托运人是唯一有权向承运人就货物的交付等运输合同事宜发出指令的人，除非托运人在承运人接收货物之前，将对货物的支配权转让给收货人，并在海运单上注明。由此可见在承运人签发了不可转让的海运单的情况下，控制权的主体是托运人。而在承运人未签发书面运输单证的情况下，因承运人仅与托运人之间存在运输合同，因此，此时控制权的主体只能是托运人。

在无船承运人安排运输的情况下，因实际承运人并未向实际托运人签发提单，实际托运人不是海运提单上的托运人，亦不可能持有实际承运人签发的海运提单，因此，可以断定实际托运人不是海运提单下控制权的权利主体。

（2）对控制权的义务主体的限制。有学者指出控制权的义务主体中亦应包括实际承运人，否则将会迟延对控制权所发出的指示的实际履行。但实践中因实际承运人根本不可能以自己的名义作为承运人向实际托运人签发提单，实际承运人无法判定实际托运人是否是货物的真正权利人，因此，仅为了时间上的快捷与便利而让实际承运人承担如此大的风险和责任不仅是不可行的，也是不合理的。由此可见，实际承运人仅相对于无船承运人是控制权的义务主体，而不是实际托运人的控制权的义务主体。

（3）对控制权的行使方式的限制。在提单持有人是唯一的控制权人的情况下，承运人识别控制权人的唯一标志是运输单证，因此，控制权人必须提交全套正本提单并在提单上注明相应的指示，从而避免其余的单证授让人的存在，使承运人承担额外的风险。而实际托运人亦无法满足向实际承运人行使控制权的这一前提条件。

此外，对控制权的限制还应包括对控制权的内容、行使条件以及转让、终止的限制等，在此不再赘述。

2009 年 5 月 20 日，作者以评委身份参加中国政法大学博士生答辩会
（论文题目为《无船承运人法律问题研究》）。

综上所述，在无船承运人安排运输的情况下，实际托运人应无权向实际承运人行使货物控制权，在买卖合同发生变动时仍持有无船承运人提单的实际托运人只能向无船承运人先行使控制权，然后无船承运人再根据海运提单向实际承运人行使控制权。虽然这一过程不可避免地要造成时间损失，但此种风险产生于买卖合同中，应由买卖合同的当事人来承担而不应转嫁于运输合同之下。这里可能产生的问题是，实际托运人是否可以通过向法院申请海事强制令来要求实际承运人遵循其指示呢？这同样是不可行的，因为根据我国《海事诉讼特别程序法》的规定，海事法院做出海事强制令必须具备下列条件：①请求人有具体的海事请求；②需要纠正被请求人违反法律规定或合同约定的行为；③情况紧急，不立即做出海事强制令将造成损害或者使损害扩大。但是，如前所述，实际承运人对遵循实际托运人的指示既不负有法定的义务，亦不负有约定的合同义务，故而并不能满足申请海事强制令的条件。因此，此时无船承运人已成为实际托运人的买卖合同最终顺利实现的安全阀，这就要求实际托运人在选择无船承运人为其安排运输时，必须选择资信良好的无船承运人，尤其是对代签他人提单的无船承运人和境外无船承运人一定要注意考察其是否具有相应的资格，是否已在交通运输部登记备案并缴纳了保证金，或提供保证金责任险，或提供保函，从而避免在买卖合同下发生纠纷时失去对货物的控制，造成钱货两空的不利处境。

第四节 无船承运人所涉运费纠纷与留置权

一、无船承运人的货物留置权

实践中实际托运人为了满足信用证的要求常常在未实际支付运费的情况下要求无船承运人签发注明运费预付的提单，而无船承运人为争取更多的客户常常又不得不按照实际托运人的要求签发此种提单，那么如果货物到达目的地后实际托运人仍未支付运费无船承运人是否可以就未付运费对货物行使留置权呢？

在美国联邦法院审理的 Logistics Management v. One Pyramid Tent Arena 案，法官判定无船承运人就运费损失对货物享有海事留置权，并可提起海事对物诉讼来强制执行该项权利，该项权利不因货物已交付给托运人（但仍对货物具有推定占有权），或是无船承运人已根据其与海上实际承运人之间的提单向海上实际承运人支付了运费到付（Freight to Collect）而消灭。提单上注明的"运费预付"（Freight in Advance）也不能禁止无船承运人在收货人不支付运费且不存在误解的情况下就运费对货物行使留置权，因为收货人在这一声明之上并不存在信赖。虽然美国的"海事留置权"的意义较之于我国《海商法》中的留置权的意义有所不同，但该案无疑表明了美国法官在该问题上对托运人、收货人与无船承运人之间权利义务的态度。

在英国若无明示协议，对于运费预付，承运人不享有普通法上的留置权，在 Tamvaco v. Simpson 案中，货物根据一份提单装船，该提单规定"依租船合同，在支付运费时按指示或指定交付货物……运费按现行汇率在卸货时，交付货物当时，减去预付的现金立即支付……一半预付的运费由承租人在签发提单后 3 个月内承兑……船东对该金额投保并将保赔协会保单一并存放于承租人"。承租人出具了一半运费的 3 个月到期的汇票，船长在提单上背书"兹收到依租船合同支付的运费 300 镑"。船抵目的港，在承租人的承兑到期前，船长听说承租人破产，因而拒绝交货，除非支付全额运费。最终法官判定对于预付的 300 磅运费，船东对货物不享有留置权。

目前包括我国在内的大多数国家的法律中都规定除非托运人与承运人另有约定，且在运输单证中载明，托运人支付运费的义务不能转移给收货人。我们认为提单虽然在承运人与托运人之间是运输合同的证明但在货物的收货人或提单持有人与承运人之间已不再是运输合同的证明而构成运输合同本身，因此，除非确有相反证据，承运人应受其上关于运费支付方式的记载的约束，"运费预付"已不再是一个运费支付的时间概念，而是表征了运费的支付义务人，当承运人与托运人签订运输合同接受此种约定时，应当认为承运人对于目的港针对运费的货物留置权已经构成了弃权。但此时作为承运人的无船承运人仍可向托运人追索运费，它们之间的权利义务关系并不因提单上的"运费预付"而消灭，只是不再享有货物的留置权。

有人指出无船承运人不享有货物留置权是因为无船承运人无法满足留置权成立的要件之一，即合法地占有货物，我们认为此种观点是对"占有"概念的误解。民法上，占有是指占有人对物有事实上管领力的事实，其本质在于主体以自己的意志对物进行现实的支配。以占有人是否直接占有标的物为标准，英美法系国家将占有区分为实际占有与推定占有，大陆法系国家则区分为直接占有与间接占有。直接对物有事实上的管领力的，成为直接占有；自己不对物予以直接占有，而对于直接占有物之人有返还请求权，因而间接的对物有事实上的管领力的，称为间接占有。实践中，无船承运人虽然不实际控制船舶，进而实际控制货物，但却通过控制实际承运人签发的海运提单对直接占有货物的实际承运人享有返还请求权，因而对货物成立间接占有，此种间接占有亦是"占有"的事实不容否认，因此认为无船承运人不占有货物因而不能行使留置权的理由是不充分的，事实上如果无船承运人签发的提单上注明的是运费由收货人支付或运费到付那么在收货人不按约定支付运费的情况下，无船承运人完全可以根据提单对货物行使留置权。

二、实际承运人在运费到付下的留置权

实践中经常出现的一种情况是，无船承运人签发给实际托运人的提单上

注明的是"运费预付"，且实际托运人确实向无船承运人支付了运费，无船承运人与实际承运人之间的提单上注明的是"运费到付"，那么在无船承运人未向实际承运人支付"运费到付"而破产或失踪的情况下，实际承运人是否可以就运费留置所有权已属于收货人或提单持有人的货物呢？对于实际的收货人来说，在实际承运人与托运人、收货人及提单持有人之间均不存在海上货物运输合同关系，收货人并没有向实际承运人支付运费的义务，在实际托运人已向无船承运人运费预付的情况下，货方更没有支付双份运费的义务。而对实际承运人来说，在其签发给无船承运人的提单上，注明的托运人是无船承运人，收货人往往是无船承运人在目的港的代理，在无船承运人未支付运费的情况下，实际承运人留置运输合同项下货物似乎也在情理之中。根据我国物权法理论留置权为法定的担保物权，其成立需依据法律的严格规定。

我国《海商法》第 87 条规定："应当向承运人支付的运费、共同海损分摊、滞期费和承运人为货物垫付的必要费用以及应当向承运人支付的其他费用没有付清，又没有提供适当担保的，承运人可以在合理的限度内留置其货物。"大多数的解释认为这里"留置其货物"的"其"，是指根据承运人与托运人的约定或者提单的规定，或者按照我国《海商法》的规定，负有向承运人支付上述费用的人所有的货物。根据该规定，上述情况下是实际承运人应无权留置非债务人的收货人或提单持有人的货物。我国《合同法》第 315 条规定："托运人或收货人不支付运费、保险费及其他费用的，承运人对相应的运输货物享有留置权，但当事人另有约定除外。"根据该规定，实际承运人无疑有权留置运输合同项下的货物，而不论该货物是否为债务人所有，除非当事人事先另有约定。《最高人民法院关于适用〈担保法〉若干问题的解释》第 108 条规定，"债权人合法占有债务人交付的动产时，不知债务人无权处分该动产的权利，债权人可以按照担保法第 82 条的规定行使留置权。"根据该条的规定，可以将上述情况做以区分，即如果实际承运人知道无船承运人托运的货物并非其本人所有，那么它所享有的留置权作为担保物权就不能对抗作为自物权的托运人的货物所有权，即享受不到上述第 108 条的保护。实践中，实际承运人根据其与无船承运人之间的业务往来通常清楚他的交易对象并非真正的托运人，因此，上述情况下实际承运人能够行使留置权的可能性在实践中应该微乎其微。而如果实际承运人确实不知无船承运人的身份，即他并不知货物并非与其签订运输合同的无船承运人本人所有，那么在此情况下根据上述 108 条的规定，实际承运人可以行使留置权，但应当对其"不知"承担举证责任。《国内水路货物运输规则》第 40 条规定："应当向承运人支付的运费、保管费、滞期费、共同海损的分摊和承运人为货物垫付的必要费用以及应当向承运人支付的其他运输费用没有付清，又没有提供适当担保的，承运人可以留置相应的运输货物，但另有约定除外。"由此可见，我国《海商法》、《合同法》与《最高人民法院关于适用〈担保法〉若干问题的解释》在该问题的规定上是相互矛盾的，而我国《海商法》作为特别法在上述问题上无疑应当优先适用。同时，2001年下半年在宁波召开的海事法院院长会议针对沿海运输和国际运输的不同情形形成了倾向性的意见，即虽然远洋运输仍适用我国《海商法》，但对沿海运输的留置权适用我国《合同法》不以货物是否为债务人所有为条件。但综观各国（地区）立法对海上货物留置权的规定，我国《海商法》第87条的规定应当说是不合理的。

日本《商法典》第4编海商部分第753条规定："收货人的义务、船长的留置权，（1）收货人已收取运输物品时，依运输合同或船载证券的内容，承担运输费、附带费用、垫付款、停泊费及与运输物品价格有关的共同海损或为救助应负担的金额的支付的义务。（2）船长若非取得前款规定的金额的支付，不须交付运输物品。"

韩国《商法典》第5编海商部分第800条第1款规定："收货人的义务和船长的留置权，（1）收货人收取货物时，应按海上运输合同或提单的约定支付运费、附带费、滞期费及依货物价值承担共同海损或发生海难救助时应付的救助款项的义务。（2）船长收到前款规定的各项金额前，没有交付货物的义务。"

瑞典《海商法》第十三章第20条规定："如果承运人依据第19条拥有请求权，或依据第三章第43条对货物有船舶优先权担保的请求权，则在收货人没有支付费用或提供相应担保之前，承运人可以不交付货物。"

挪威《海商法典》第270条规定："如果承运人根据第269条享有还是请求权，或根据第61条享有受货物优先权担保的海事请求权，在收货人未支付款项或没有提供担保前，承运人不必交货。若已经交货，承运人可以请求从担保中获得赔偿，除非收货人通过扣押或临时禁令预防。"

荷兰《商法典》第496条第1款规定："被储存的货物如果易于腐烂，承运人和保管人均可经法院命令授权其变卖其全部或部分；承运人亦可被授予类似的权力以便能够补偿变卖过程中应付与其的费用。"

俄罗斯《联邦商船航运法典》第160条规定："收货人提取货物的费用货物留置权，（1）收货人提取货物时应偿还承运人所花费的与货物有关的费用、卸货港的滞期费，以及在提单或其他货物运输单证中有明确规定的情况下支付运费或装货港发生的滞期费，发生共同海损情况下参与共同海损分摊或者提供充分的担保。（2）承运人有权继续占有货物，直至本条第1款规定的费用付清或者已提供担保。如果货物储存在非收货人所有的仓库中，在立即通知仓库所有人的情况下，承运人保留继续占有货物的权利。"

意大利《航海法典》第 437 条规定："留置或变卖货物如果运费未获支付，船长可经卸货地司法机关授权留置货物，如果必要，可以变卖足以补偿其运费和滞期费的相应部分的货物，除非受货人存下相当承运人的债权的款项。"

德国《商法典》第 614 条规定："收货人支付款义务，承运人之交货义务，（1）收货人收货时，根据承运合同或者提单中有关规定交付运费、其他杂费和滞期费，并补偿已由承运人支付的关税和其他费用、履行其他各项义务。"第 615 条规定："承运人留置权，未支付共同海损分摊费用，打捞救助费用前或为此提供担保前承运人可以不提交货物。"

我国台湾《民法》有关特殊留置权的第 647 条规定："运送认为保全其运费及其他费用，得受清偿之必要，按其比例，对于运送物，有留置权。"

在英国法下对于运送货物所产生的费用船东针对货物可行使的留置权分为两类，一是在普通法上的留置权，二是依据明示协议的留置权。普通法上的留置权为占有留置权，涵盖下述事项：①运费；②共同海损分摊；③船东或船长在保护和维护货物方面发生的费用。该留置权是普通法赋予承运人的，只要承运人：①在改变或改善货物上付出了劳务、技能或费用；②已从海上事故或敌方掠夺中救出货物，则对其占有下的货物享有留置权。因而，在普通法下，承运人因运费、共同海损分摊及为保护货物而支出的费用未付时，即可自动地对其船上所承运的货物有留置权。而除了普通法所规定的上述三项原因之外，当事人若想因其他原因而行使留置权，就必须在合同中明确、清楚地定明。

虽然根据留置权的一般理论，留置权在立法例上有债权性留置权与物权性留置权之分，上述成文法下的承运人货物留置权亦可归于不同的类别，具有不同的效力，但是，其共性是均突破了留置物须为债务人所有的传统留置权理论，未将承运人货物留置权行使的对象限定为债务人所有。事实上正如杨良宜先生所说，我国《海商法》第 87 条的规定对于承运人来说既无异于画饼充饥，又有可能成为错误留置的危险陷阱。这不仅与各国的立法相冲突，同时也不符合航运与贸易的实践活动，将海上货物运输合同与买卖合同下复杂的所有权转移问题相挂钩，不仅增加了法院审理案件的复杂性，而且使承运人无从行事，使海上货物留置权这一制度设立的目的大大减损。因此，我们认为有必要将我国《海商法》第 87 条的规定与我国《合同法》的规定相统一，将"其货物"修改为"相应的货物"，同时允许当事人另有约定作为例外。如此，前述情况下的，实际承运人应可合法的对货物行使留置权，因此遭受损失的托运人或善意的提单持有人则应通过买卖合同或设法向无船承运人求偿。同时这也要求货方要谨慎地选择资信良好的无船承运人订立运输合同。

三、实际承运人在运费预付下的运费请求权与留置权

实践中实际承运人向无船承运人签发运费预付的海运提单，常常延长信用期限给无船承运人，运输合同中往往约定在装货港装完货后的几个银行工作日支付运费，而在船舶开航后，无船承运人不支付运费，实际承运人留置提单又可能被判定为非法，实际承运人是否有权要求实际托运人支付运费或对在目的港对货物行使留置权呢？此时可区分下述三种情形：

首先是我们前面提到的共同承运人的情形，即实际承运人签发的海运提单上的托运人非无船承运人而是实际的托运人，且往往在海运提单上注明无船承运人为实际托运人的代理人，那么此种情形下如果实际的托运人已将运费支付给了无船承运人，而无船承运人未将该笔运费支付给实际承运人但却破产或失踪，实际承运人是否有权要求实际的托运人再支付运费呢？加拿大联邦法院审理的作为经典判例的 C. P. Ships（Plaintiff）v. Les Industries Lyon Corduroys Ltee 一案类似此种情形，法院判决实际的托运人未能证明第三人事实上被授权接收此项支付，即实际承运人赋予第三方此项权利或诱导实际的托运人相信此种情况的存在，或是存在有效的贸易惯例，在特定情况下债权人和债务人通常都预期款项支付给第三方。同时没有任何证据表明第三方不是实际的托运人的代理人，实际的托运人没有解除举证责任因而败诉。该案确立了多年来为加拿大法院所不断援引的处理此类问题的四条普遍性规则，即如果债务人选择向第三人付款而不是向债权人，对该行为他自行承担风险。如果款项未能交付给债权人，债务人有责任证明：债权人实际授权第三人代表其接收该款项，或债权人表示已授权第三人，或债权人以行为或其他方式诱导债务人得出该结论，或存在这样一种贸易惯例以致在该特定的贸易和在那些特定的情形下，债权人和债务人双方通常预期向第三方付款。我们认为此种情况下，在实际的托运人与实际承运人之间以及实际的托运人与无船承运人之间均存在着有效的海上货物运输合同，针对同一货物运输实际的托运人当然没有支付双份运费的义务，因此，在订立运输合同时就应就运费如何支付与实际承运人和无船承运人做以明确的约定，确定运费的接收主体，以避免产生不必要的纠纷。

其次，如果实际承运人向无船承运人签发的运费预付的海运提单上的托运人是无船承运人，在实际托运人已将运费支付给了无船承运人，而无船承运人未向实际承运人支付运费的情况下，我们认为在实际托运人与实际承运人之间并不存在合同关系，除非当事人之间有由实际托运人向实际承运人支付运费的特殊约定，应当认为实际托运人向无船承运人支付运费的行为并无不当，因此，实际承运人无权要求实际托运人支付双倍运费。而同时因实际承运人签发的是运费预付的海运提单其实际上已放弃了目的港的货物留置权，因此，此种情况下实际承运人亦不能留置收货人或提单持有人的货物。

最后，如果实际托运人并未向无船承运人支付运费，情况可能较为简单，因为即使在实际托运人与无船承运人之间并不存在运输合同关系，但是其受益于海运承运人的运输而未支付任何款项应可成为不当得利，但此时实际承运人必须承担举证责任，证明实际托运人受益于其提供的服务但未支付任何款项。

第五节　无船承运人赔偿责任限制

既然无船承运人与实际托运人订立海上货物运输合同时属于承运人的范畴，他当然也就有权享受承运人的单位赔偿责任限制，这几乎为各国法院所认同。即使对无船承运人法律地位有不同认定的美国在 Kukje Hwajae Ins. Co., Ltd. v. M/V Hyundai Liberty 案中，法官亦认定与实际托运人订立海上货物运输合同的无船承运人有权享受法定的单位赔偿责任限制。同时无船承运人作为承运人亦可因其行为而丧失单位赔偿责任限制。我国《海商法》第 64 条规定，就货物的灭失或者损坏分别向承运人、实际承运人及他们的受雇人、代理人提出赔偿请求的，赔偿总额不得超过我国《海商法》第 56 条规定的限额。但是若无船承运人或实际承运人或他们的受雇人、代理人因故意或明知可能造成损害而轻率的作为或不作为而丧失了单位赔偿责任限制，另一方是否仍可援引我国《海商法》第 64 条的规定呢？我们认为此种情况下根据实际承运人制度设计的初衷，以及实际承运人与承运人之间的连带责任都应当认定另一方应无权再援引第 64 条的规定，亦即同时丧失了享受单位赔偿责任限制的权利。

除单位赔偿责任限制外无船承运人是否可以享受海事赔偿责任限制呢？对此则存在着较大的争议。我国《海商法》基本采纳了《1976 年海事赔偿责任限制公约》的规定，规定责任限制的主体包括船舶所有人（shipowner）、船舶承租人（charterer）、船舶经营人（operator）、救助人（salvor），以及他们对其行为和过失负责的人，此外还包括责任保险人（insurer of liability）。那么无船承运人是否属于上述任何一类的范畴呢？从我国《海运条例》对无船承运人的定义来看，无船承运人是通过国际船舶运输经营者完成国际海上货物运输的，而《海运条例实施细则》第 3 条第 1 款规定"国际船舶运输业务，是指国际船舶运输经营者使用自有或者经营的船舶、舱位提供国际海上货物运输和旅客运输服务……"，根据此规定无船承运人不应是船舶所有人和船舶经营人，当然也不应是租船人。美国《1984 年航运法》中对无船承运人的定义是"无船承运人是指不经营用以提供远洋运输的船舶的公共承运人，在其与远洋运输公共承运人的关系上为托运人。"由此可见，在美国无船承运人也不是船舶经营人。

但是，在 AMC（American Maritime Cases）收集的从 1923 年至 2001 年第四季度的判决报告中，有 72 个判决中无船承运人代表 "non-vessel-operating common carrier"，而在 11 个判决中无船承运人却被解释为代表 "non-vessel-owning common carrier"，这无疑是一个文字上的错误，但却同时导致了很多人的误解。基于以上分析如果严格按照现有法律和国际公约的规定无船承运人将享受不到海事赔偿责任限制，然而我们认为这不仅会造成对无船承运人极不公平的状况，不利于无船承运业乃至整个航运业的发展，而且也有违海事赔偿责任限制制度的设立初衷。

如前所述，无船承运人所承担的是一种"背靠背"责任，如果他无法享受实际承运人可享受的海事赔偿责任限制的话，将导致对无船承运人极不公平的局面。例如，因实际承运人的过失而造成货物损失 1 000 万元，无船承运人向实际托运人赔付损失之后向实际承运人追偿时实际承运人因可享受海事赔偿责任限制可以只承担 600 万元的损失，那么剩下的 400 万元就只能由无船承运人独自承担，虽然无船承运人可以根据我国《海商法》第 60 条第 2 款以合同中关于货物在指定的实际承运掌管期间发生的灭失、损害或迟延交付承运人不负赔偿责任的约定来对抗实际托运人。但是实践中，出于种种原因无船承运人很少与实际托运人作此明示约定，而即使无船承运人在其提单中做出了这样的规定，在未采用实际承运人制度的国家，这样的规定的效力仍存在着很大的不确定性。在这种情况下，如果无船承运人不能享受海事赔偿责任限制，那么上述所列的无法追偿的差额对其来说无疑是不公平的，同时也将产生法律救济上的失衡。众所周知，无船承运人与有船承运人的重大区别之一就在于无船承运人的偿债能力十分有限，赋予偿债能力强的有船承运人以海事赔偿责任限制，而与有船承运人近乎承担同样风险的无船承运人却处于无法享受这种特殊保护的状态，那么，这无疑违背了设立海事赔偿责任限制制度所要达到的保护航运业健康发展的初衷。

事实上，随着航运与贸易的发展，越来越多的批评已指向传统的关于海事赔偿责任限制的国际公约及国内立法的滞后性，发展了的航运实际导致了越来越多"不受限制"却又与责任限制主体承担同样责任的主体的出现，海事责任主体已经呈现出多元化的发展趋势，而这其中就包括了无船承运人。在航运业发展的初期，海事责任主体限于单一的船舶所有人及其雇用的船长、船员等，他们直接承担着海上的特殊风险，因而需要赋予他们特殊的保护，海事责任限制制度便应运而生，《1924年关于统一船舶所有人责任限制若干规定的国际公约》仅将船舶所有人作为责任限制的主体。随着航运业的发展，海事责任主体的范围不断发生着变化，已不再局限于船舶所有人及其雇员，《1957年海船所有人责任限制国际公约》根据航运业发展的需要，扩大了责任限制主体的范围：除船舶所有人外，还包括了作为第一类主体的承租人、经理人和经营人，以及作为第二类主体的受其雇用的船长、船员及为第一类主体服务的其他雇用人员。为了鼓励海上救助和海上保险事业的发展，在《1976年海事赔偿责任限制公约》中又将救助人和责任保险人增列为可以享受海事赔偿责任限制的主体。而为了保护更多的其产生、存在和发展为航运业所必需的海事责任主体，海事赔偿责任限制的主体范围必将也必须不断扩大。但是海事赔偿责任限制主体的增多并不代表对货方的保护的弱化，事实上海事赔偿责任限制的额度正在逐渐地提高，这也正体现了立法者在各主体之间的利益权衡。

虽然海事赔偿责任限制制度是以船舶为基础建立起来的，但是救助人、责任保险人等责任限制主体的引入已经为无船承运人享受海事赔偿责任限制突破了理论障碍和实际实施障碍。同时，对无船承运人的责任限制因货物保险的风险转移作用的存在事实上也并不会造成托运人或收货人利益的减损，正如Friendly法官所指出的，"大多数货物损害赔偿的诉讼都是同保险人间进行的……因此没有必要为托运人或收货人的利益而流下鳄鱼的眼泪。"此语保险人未必赞同，但事实上将无船承运人本不该承担也无力承担的风险转移给本应承担此风险的货物保险人并无不妥之处。因此，考虑到我国海运业和无船承运业的发展完全有必要在我国《海商法》关于海事赔偿责任限制主体范围的规定中加入无船承运人。

无船承运人有别于其他新的海事责任主体，其他新的海事责任主体如港站经营人、岸外经营人、交管中心指挥人员等，其赔偿责任与传统的海事赔偿责任相比，在责任基础、产生原因及损害后果方面有着重大的差别，因而不能简单地以传统的海事赔偿责任限制制度对他们予以规范，但无船承运人无论是法律地位、权利、义务还是赔偿责任与传统的海事赔偿责任限制主体，如租船人都存在很大的相似性，因此完全可以将既有的制度稍作补充后适用于无船承运人，而无须再设立针对无船承运人的特殊的责任限制制度。

青岛海事法院在其审理的烟台集洋集装箱货运有限责任公司申请海事赔偿责任限制案中，判定与无船承运人法律地位极其类似的作为多式联运经营人的集洋集装箱货运有限责任公司有权申请对托运人的海事赔偿责任限制，虽然本案法官将多式联运经营人归于船舶经营人的范畴尚存争议，但是其从公平原则、法律救济的平衡，以及集装箱运输的飞速发展、无船承运人和货运代理在现代海运业中的作用等角度所陈述的理由却是不争的事实。本案中还引发了设立几个责任限额的问题，即如果实际承运人已申请设立海事赔偿责任限制基金，那么对于无船承运人是要求其就同一请求单独设立自己的责任限额和责任基金，还是就该责任与实际承运人共享责任限制基金呢？我国《海商法》采用了"一次事故，一个限额"的原则，第212条规定："本法第210条和第211条规定的赔偿限额，适用于特定场合发生事故引起的，向船舶所有人、救助人本人和他们对其行为、过失负有责任的人员提出的请求的总额。"对该条的理解通常认为是，我国《海商法》第210条或第211条规定的赔偿责任限额，适用于单独一次事故引起的赔偿请求总额。即索赔人向船舶所有人、救助人本人，及其在受雇或者受委托范围内行事的受雇人、代理人（船舶所有人或救助人应对他们的受雇人或代理人在受雇或受委托的范围内的行为或过失负责），就同一事故造成的损害，提出我国《海商法》第207条规定的赔偿请求，索赔人得到的赔偿数额，不超过第210条或第211条规定的赔偿责任限额，除非被索赔的责任人中，具有本法第209条规定的作为或者不作为，因而丧失赔偿责任限制的权利。由此可见，该条并未规定索赔人对因实际承运人的过失造成的损害向实际承运人和无船承运人同时索赔的情形，因此，我国《海商法》在赋予无船承运人享受海事赔偿责任限制的权利时，对此种情况需要加以明确规定，这里不妨可借鉴我国《海商法》第64条的规定，规定"就特定场合发生的事故引起的货物灭失或者损坏分别向实际承运人、无船承运人以及他们的受雇人、代理人提出赔偿请求的，赔偿总额不超过本法第210条和第211条规定的赔偿责任限额。"

第六节　无船承运人参与运输
情况下的诉讼与追偿时效

一、无船承运人参与运输下的诉讼时效

根据我国目前的法律和司法实践，货方可以对无船承运人提起合同之诉，但对实际承运人却只能提起侵权之诉，根据我国《海商法》第 257 条的规定，就海上货物运输合同向承运人要求赔偿的请求权，时效期间为一年，自承运人交付或者应当交付货物之日起计算。同时，根据最高人民法院 1997 年对山东省高级人民法院《关于赔偿请求权时效期间的请示》的批复，承运人就海上货物运输合同向托运人、收货人或提单持有人要求赔偿的请求权，在有关法律未予以规定前，比照适用我国《海商法》第 257 条第 1 款的规定，时效期间为一年，在权利人知道或者应当知道权利被侵害之日起计算。由此可见，我国海上货物运输合同下纠纷的诉讼时效均为一年。但我国《海商法》第 257 条并未规定一年的诉讼时效亦适用于实际承运人和侵权之诉，同时根据我国《海商法》第 61 条的规定，仅《海商法》第四章有关承运人责任的规定适用于实际承运人，并不包括有关诉讼时效的规定，而根据我国《民法通则》的规定，侵权纠纷的诉讼时效则为两年，这样就将会产生一个时效差。对此有学者指出，《海牙规则》没有把诉讼时效与承运人责任条款分割开来，超过一年时效，"承运人和船舶将免除责任"。这里的"船舶"相当于《汉堡规则》的实际承运人。《汉堡规则》虽然将诉讼时效条款与承运人的责任条款分开，但第 20 条第 1 款明确规定，"如果在两年之内未提起法律诉讼或仲裁，根据公约的有关货物运输的任何诉讼，即失去时效"，这里所指的"有关货物运输的任何诉讼"当然包括对实际承运人的诉讼，因此，对我国《海商法》第 257 条的合理解释应为一年时效同样适用于实际承运人，而同时如果允许两年时效的存在，在适用我国《海商法》有关追偿时效的规定的情况下，将会导致对承运人提起赔偿请求的时效被变相延长为两年。同时我国最高人民法院民四庭发布的《涉外商事海事审判事务问题解答》中亦认定我国《海商法》规定的就海上货物运输向承运人要求赔偿的请求权，无论当事人以合同还是侵权诉因提出，时效期间均为一年。如此即可避免上述时效差的产生，但仍有待于未来的我国《海商法》的修改对此予以明确。

二、无船承运人参与运输下的追偿时效

在上述时效差仍然可能存在的情况下，如果作为契约承运人的无船承运人对货损、货差、迟延交付等负有过错，而货方却在一年后以侵权为诉因对实际承运人提起诉讼。那么对于已超过诉讼时效的因无船承运人的不可免责的过错造成的损失部分，实际承运人是否应承担赔偿责任呢？如果承担了赔偿责任又是否可以向无船承运人（相对于实际承运人是托运人）追偿呢？根据连带之债的一般理论，在连带债务中，就债务人一人所发生的事项，其效力是否及于其他债务人，各国的立法不尽一致。从连带债务为数个债的角度，就一个债务人所发生的事项，效力不应及于其他债务人；但从连带债务具有同一目的的角度，其效力又应及于其他债务人。在理论上，就一个债务人所发生的事项，效力及于其他债务人的，称为有涉他效力的事项；效力不及于其他债务人的事项，称为无涉他效力的事项。虽然我国民法对此未做明确规定，但理论上普遍认为，因免除、时效完成、抵销而使一个债务人负担的债务消灭的，就其分担部分构成有涉他效力的事项，其他债务人消灭责任。因此，从这一点出发，应认为货方无权就无船承运人应承担的损失部分再向实际承运人索赔。而同样是时效问题，时效的中断却通常被认为是无涉他效力的事项，债务人一人同意履行债务而导致时效的中断，其效果仅对该债务人发生法律效力，其他债务人所负担的债务份额的消灭时效仍正常进行，并不中断。因此，即使无船承运人与实际承运人对托运人承担连带责任，货方向他们索赔的时效仍应分别考虑。

而即使实际承运人就货损、货差及迟延交付等向货方承担了赔偿责任，对于因无船承运人的不可免责过错造成的损失部分亦可根据我国《海商法》第257条第1款有关追偿时效的规定向有过错的无船承运人追偿。反过来，如果货损、货差及迟延交付等是由于实际承运人的不可免责过错造成的，无船承运人在赔付货方后亦可根据该条向实际承运人追偿，然而，在实践中适用该条款时我们却发现其存在某些模糊与不尽合理之处，主要体现在以下几点：

1. 有关追偿时效的起算点

根据我国《海商法》第257条第1款的规定，在时效期间内或者时效期间届满后，被认定为负有责任的人向第三人提起追偿请求的，时效期间为90日，自追偿请求人解决原赔偿请求之日或者收到受理对其本人提起诉讼的法院的起诉状副本之日起计算。由此可见，我国《海商法》规定的追偿时效的起算点存在以下两种情况：①追偿请求人解决原赔偿请求之日；②追偿请求人收到受理对其本人提起诉讼的法院的起诉状副本之日。第一个起算点的

"解决"一词沿用了《海牙—维斯比规则》与《汉堡规则》的规定，同时，美国《1999 年 COGSA 草案》和《鹿特丹规则》中有关追偿时效的规定亦采用了"解决"一词，事实上"解决"一词的含义相当广泛，主要的争议集中在以下几种解释：①此处的"解决"应理解为双方当事人未经诉讼或仲裁程序，自行协商解决，达成和解；②双方当事人在诉讼或仲裁程序中庭外和解或在法庭或仲裁庭的主持下调解结案；③追偿请求人实际支付了赔偿。而对于第二个起算点，争议则更大，因为仅仅是"收到起诉状副本"相对于发生法律效力的判决本身就具有很大的不确定性。我们认为对追偿时效起算点的理解与规定既应探究立法者的本意亦应考虑诉讼的实际。《海牙—维斯比规则》、《汉堡规则》及后续的立法者之所以设计了追偿时效制度主要是考虑到承运人在向原索赔人支付了损害赔偿后，再向转包承运人即实际承运人提起求偿诉讼时，该诉讼时效期限与向承运人本人提起诉讼时一样，这样根据有关诉讼时效的规定，承运人往往就会失去求偿的机会，所以设置了这一特例。由此可见，立法者的初衷是为了实现追偿请求人向第三人追偿的确定性，保护追偿请求人合法的追偿权的实现。然而，因各国法律制度的差异，这种确定性在一些国家却无从实现，甚至变成了追偿请求人实现追偿权的障碍。也正因此种不确定性，一些作为独立经营人的货运代理纷纷在其标准交易条件中做出如下的规定，即"公司在货物交付，或应当交付，或因未交付而收货人有权视为货物已灭失之日起 9 个月，免除所有责任"，从而为自己留下三个月的时效期间，这无疑是为了防止在追偿时效不可用的情况下自己丧失向有过错的第三方追偿的权利，但该条的效力还有待于发生纠纷时法院的认定。

追偿之诉实质上是损害赔偿诉讼。以回复或填补他人所受损害为标的之债，谓为损害赔偿之债。根据大陆法系国家的传统民法理论，损害赔偿之债一般需具备三个要件：发生损害的原因事实存在；损害发生；损害与事实有因果关系。因此，在很多大陆法系国家，在对诉案下达最后判决前是不能提起赔偿诉讼的。此种情况下，无论是将"解决"理解为双方当事人未经诉讼或仲裁程序，自行协商解决，达成和解还是双方当事人在诉讼或仲裁程序中庭外和解或在法庭或仲裁庭的主持下调解结案，还是"收到起诉状副本"的规定都无法使追偿请求人满足实现损害赔偿之债，提起损害赔偿之诉的条件。同时，"收到起诉状副本"的起算点的规定，还将造成追偿请求人的讼累。实践中追偿请求人为防止丧失追偿权，往往在收到起诉状副本后即向法院提起对第三人的追偿之诉，追偿请求人在此种情况下提起的诉讼，虽然根据我国《民诉法》第 108 条的规定可以满足起诉的要件，且法院通常也会立案受理，但因追偿请求人此时尚未遭受实际的损失或实际损失还无法确定，法院将不得不中止追偿之诉的审理而等待原诉的生效判决。而如果原诉中追偿请求人获得胜诉则不得不撤销追偿之诉，这不仅造成司法资源的巨大浪费，同时在无船承运业务广泛开展的今天，对当事人来说也不能不说是一种讼累。因而，即便是不以"实际损失"为提起损害赔偿之诉的必要条件的美国，在其1999年《海上货物运输法》中亦对"收到起诉状副本"的规定做出修改，将追偿时效的起算点规定为针对承运人的判决下达或该承运人解决赔偿之日。也正是鉴于上述问题，《鹿特丹规则》在第64条有关追偿诉讼时效的规定中将追偿时效的起算点规定为："被认定负有责任的人，可以在第62条规定的时效期间期满后提起追偿诉讼，提起该追偿诉讼的时效期间以下列较晚者为准：提起程序的管辖地准据法所允许的时效期间内；或者自追偿诉讼提起人解决原索赔之日起或者自收到向其本人送达的起诉文书之日起90天内，以较早者为准。"而这里的"解决原索赔"，应当理解为除根据生效的判决或仲裁裁决外，其他追偿请求人向索赔人实际支付赔偿的情况，既包括追偿请求人根据双方当事人未经诉讼或仲裁程序自行协商解决，达成的和解做出的支付，也包括根据双方当事人在诉讼或仲裁程序中庭外和解或在法庭或仲裁庭的主持下的调解做出的支付。只有这样的规定与理解才能既从实际上又从理论上真正保证追偿权的实现。同时我们注意到最高人民法院民四庭在其发布的《涉外商事海事审判事务问题解答》中也认为如果原赔偿请求是通过法院诉讼解决的，追偿请求人向第三人追偿时效的起算点自追偿请求人收到法院认定其承担赔偿责任的生效判决之日起计算，由此可见我国的司法实践亦认识到现有规定的不合理之处，我国《海商法》第257条亟待修改。

2. 追偿时效起算点之间的关系

无论是国际公约还是各国的国内立法在所规定的追偿时效的两个起算点之间都使用了"或"字，那么二者之间是否是一种可选择关系呢？选择权是由追偿请求人来行使，还是由法院或仲裁机构来决定呢？实践中一些追偿请求人正是利用这一模糊之处以及上述追偿时效起算点规定的不合理之处，在其从某一个起算点起算的追偿时效届满的情况下，人为制造第二个起算点，钻法律的空子。而此种情况下将使被追偿人的责任始终处于不确定的状态，对被追偿人来说无疑也是不公平的。《鹿特丹规则》的起草者正是注意到这一问题，对此做了限定，即以根据两个起算点确定的较晚的期限为准。而事实上如果将起算点中的"解决"理解为实际支付赔偿，将"收到起诉状副本"规定为"判决生效"则在很大程度上避免上述窘境的发生。

3. 追偿请求权与违约或侵权损害赔偿请求权时效竞合的处理

我国《海商法》第257条有关追偿时效的规定与《海牙—维斯比规则》

及《汉堡规则》的不同之处在于，不论在时效期内还是在时效期间届满后，都可以起算 90 日的追偿时效，而《海牙—维斯比规则》、《汉堡规则》及《鹿特丹规则》都仅规定了时效期间届满后，可以起算追偿时效。实践中追偿请求人提起的追偿之诉实质上又是一个违约之诉或侵权之诉，如实际承运人向有过错的无船承运人的追偿之诉，同时又是一个承运人向托运人提起的海上货物运输合同之诉，那么此时就会出现一个时效竞合的状况，即适用 90 日的追偿时效还是适用自权利人知道或应当知道权利被侵害之日起一年的普通诉讼时效呢？二者的届满之日完全可能并不相同。如前所述，追偿时效制度创设的目的是为了避免追偿请求人的追偿之诉与原诉时效同时届满，甚或追偿之诉先于原诉时效届满，使追偿请求人无法实现追偿权。那么，应当有理由认为，在同时亦是追偿之诉的违约之诉或侵权之诉的时效尚未届满时，如果追偿请求人已经向索赔人做出了实际的赔付或法院或仲裁机构已经做出了发生法律效力的判决或仲裁裁决，那么追偿请求人就应在剩余的时效期间内行使其追偿权，而不应允许其再利用 90 日的追偿时效，同时在剩余时效期间超过 90 日的情况下，将 90 日的追偿时效再强加给他就更是有违常理的。因此，我们认为我国《海商法》应秉承上述公约的规定，即只有在追偿请求人可以提起的合同之诉或侵权之诉的时效期间确实届满后，才能赋予其 90 日的追偿时效，只有这样才能真正体现追偿时效制度创设的目的，同时也有利于国际海上货物运输秩序的稳定和法院审判的顺利进行。

目前，对于第一个追偿时效起算的条件"解决原赔偿请求"这个概念也有不同的理解。在某案例中，承运人向负有责任的实际承运人追偿的时效是从货物发生灭失的时间起算？还是从承运人被索赔人起诉时起算？还是从一审判决时起算？还是从二审终审判决生效的时间起算？这里很难去衡量何为"追偿请求人解决原赔偿请求之日"。因为对于这一个起算条件，我国《海商法》没有明确说是否存在诉讼的情况，因此有的学者认为应在非诉状态下进行追偿时效起算的判断，也就是说应该是指当事人自行协商解决赔偿的情况，不存在适用于收到起诉状副本的起算条件。对此我们并不苟同，因为法律没有规定前一个追偿时效的起算点就不包括在法院或仲裁庭主持下的和解，因为在收到起诉状副本后也可存在双方当事人和解的情况。好在此案最后是三方进行了和解，作为实际承运人的船公司也承担了一部分的责任，所以最后承运人不需再去追偿。但若是原赔偿请求人只起诉了承运人，而且诉讼超过了 90 日才解决争议，那么这时应该适用哪种追偿时效起算呢？是从承运人收到起诉状副本开始计算还是从解决原赔偿请求之日起计算？这里根据目前法律的规定无法进行判断。如果是适用收到起诉状副本 90 日来判断，追偿时效已过了；如果使用解决原赔偿请求之日的标准，这时还远没有解决原赔偿请求，也就是说追偿时效还未起算。

为了安全，目前大部分涉及无船承运人追偿诉讼都是在收到起诉状副本后90日内就提起的，从而暂时避免上述问题。目前海事法院一般也理解无船承运人提起追偿之诉的此种无奈，尽管此时通常无船承运人的实际损失还未确定也没发生，但法院也会受理其追偿之诉，并裁定中止诉讼等原赔偿请求之诉审结。

三、对我国法律追偿时效起算标准的修改建议

设立追偿时效的目的是为了给与原索赔中责任承担者（一般是承运人）的一种救济和补偿，使他有时间行使法定的追偿请求权，补偿他不因承担或多承担的责任。立法者把前一起算标准与后一起算标准用"或"作为连接，出发点是给予追偿请求人清晰明确的选择，无论提起追偿请求权的人适用哪一个起算点都是合法的。为此，建议法律在现有的基础上采取修订后的第二种方法对此加以修改。也就是修改第二个起算标准为"生效的调解书、判决书和裁决书发生法律效力之日起计算"。同时对第一个起算标准明确为解决原赔偿请求以非诉方式解决（当事人之间自行和解）。应该说根据法院判决（包括仲裁裁决）作为追偿时效的起算点是一个巨大改进，能很好的消除诉讼程序开始作为起算标准带来的问题，法院也可名正言顺地受理无船承运人追偿之诉（因为符合"实际损失是追偿之诉前提"的法理）。考虑到"实际损失是追偿之诉的前提"，今后修改我国《海商法》相关条目时可明确规定法院判决书为有效的判决书。

综上所述，我国《海商法》对于追偿时效起算时间的规定可考虑修改为：追偿请求人向负有责任的第三人提起追偿请求的，时效期间为90天，自追偿请求人自行解决原赔偿请求之日起或者收到对其本人的生效判决书、调解书或仲裁裁决书之日起计算。

四、在目前的法律框架内无船承运人的对策

最高人民法院民事审判第四庭曾于2004年4月8日颁布了《涉外商事海事审判实务问题解答》（一），供各级法院在审理案件中参考，在追偿时效这一问题上其指出：根据我国《海商法》和《民诉法》的有关规定，原赔偿请求若是通过法院诉讼解决的，追偿请求人向第三人追偿时效的起算点自请求人收到法院认定其承担赔偿责任的生效判决之日起计算。与我们的观点颇为接近，但经过仔细推敲可以发现这一解释逻辑性并不严密，它仅仅明确诉讼方式解决争议，而没有考虑到当事人和解解决争议的情况。其对第一个起算

标准"解决原赔偿请求"扩大解释为通过法院判决来解决原赔偿，削弱了第二个起算标准。其并不能成为修改我国《海商法》条款含义的效果。

　　在此，建议区分两种情况，第一种情况是如果当时无船承运人和索赔方是通过协商解决纠纷的，那么在双方达成和解协议后90日内，无船承运人就应该采取向负有责任的第三人的追偿行动；第二种情况是如果无船承运人已经收到了法院转来的索赔方的起诉状副本，为了避免在90日内双方无法解决争议而超过追偿时效的第二个起算标准，而目前法律的规定并没有明确排除第二个起算标准的适用，稳妥的方式是在收到起诉状副本后90日内向第三人提起追偿之诉/或根据仲裁协议申请仲裁，或要求第三人明确同意履行义务，以避免超过追偿时效。

2004年5月22日，在北京大学法学院"百年院庆"学术研讨会系列之"国际经济法的新世纪"论坛上，作者就无船承运人议题在会上发言，资深专家朱曾杰主持。

第七章 无船承运人的风险与防控

在无船承运业务开展过程中存在着许多风险，如契约承运人风险，不合理绕航风险，货物损坏和灭失责任风险，承担错误与疏忽风险，第三者责任风险，相关罚款、关税与费用风险，以及提单风险（包括倒签提单风险、无单放货风险、"电放"风险、套约风险、提单管理不善风险、提单欺诈风险）。本章拟通过各种不同类型的案例加以深入分析，有针对性地提出一些风险防控的措施与建议。

第一节 承担契约承运人之风险

无船承运人相对于实际托运人而言，承担的是契约承运人风险。无船承运人作为契约承运人与实际托运人订立海上货物运输合同中，必须符合我国《海商法》有关契约承运人须谨慎处理使船舶适航的规定。根据我国《海商法》第 47 条规定，本应实际承运人履行的船舶适航义务，同样适用于作为契约承运人的无船承运人，他须对由于实际承运人未能谨慎处理使船舶适航的过错及造成的损失承担责任，因此，这就要求无船承运人在选择实际承运人及船舶时，要特别谨慎地考察其资信情况和船舶状况。

案例 7-1：2000 年 12 月，实际托运人高榕公司、土畜公司分别与收货人 K 公司签订买卖合同，K 公司向上述两家购买菇类货物。装箱时高榕公司的 603 纸箱香菇和土畜公司的 726 纸箱蘑菇装在一个集装箱内。原告即无船承运人以自己的名义为上述货物签发了两套提单，载明实际托运人为高榕公司和土畜公司，收货人均为 K 公司。原告又与被告立荣香港公司联系实际运输事宜，由另一被告立荣海运公司实际承运涉案货物。由于冷藏集装箱在运输途中发生故障，致箱内温度升高，蘑菇发生货损。货物抵港后分拣，部分出售，部分作废弃物处理。原告向 K 公司进行了赔付，K 公司向原告出具了收据及权益转让书。随后原告起诉立荣香港公司和立荣海运公司，要求两被告承担责任。

经法院审理，最后判决立荣海运公司赔偿货物价值、海运费及检验费。

理由是：①该货损发生在承运人的责任期间，也在实际承运人立荣海运公司控制货物的期间内，所以被告立荣海运公司同样负有赔偿责任，原告向收货人 K 公司赔付后，有权向立荣海运公司追偿。②被告立荣香港公司仅为中间联系人，非实际承运人，故不承担责任。

案例 7 - 2：2000 年 3 月，原告无船承运人承运货主 D 公司的一批冻虾（共 3 个冷藏集装箱），从加拿大运往我国宁波。原告无船承运人签发了全套正本提单，提单记载的装运指示：冷藏集装箱温度须保持在 - 25℃。货物几经转船，于 5 月 26 日由浦海公司经营的向荣轮运抵宁波。卸货后由于北仓公司未及时给该冷藏集装箱通电，造成货物解冻。6 月 21 日，货主 D 公司又将货物运回上海，开箱后发现货物变质。货损事故的发生引起两个诉讼，一个是提单持有人起诉无船承运人和货物管理人；另一个是无船承运人赔付货主后向实际承运人、船舶经营人和货物管理人进行的追偿诉讼。

法院认为：提单持有人即货主 D 公司有权起诉无船承运人和北仓公司，货主 D 公司与无船承运人存在海运合同关系，无船承运人收取了全程运费，应对全程运输负责，对货损负有赔偿责任，法院判决无船承运人赔付货主 D 公司的货物损失。

无船承运人赔付后，同样有权向责任人即实际承运人进行追偿。于是，无船承运人向某海事法院起诉区段实际承运人中海公司和向荣轮的经营人浦海公司及北仓公司，并获得胜诉。

防控措施：

1. 争取将实际承运人列为共同被告

我国《海商法》引入了《汉堡规则》中的"实际承运人"概念，根据我国《海商法》第 42 条第 2 款的规定，"实际承运人"是指"接受承运人的委托，从事货物运输或者部分运输的人，包括接受转委托从事此项运输的其他人。"就我国《海商法》的立法意图及航运实践，无疑对此处的"委托"与"转委托"应做广义解释，而不应局限于我国《合同法》上的委托合同（在航运实践中，承运人与实际承运人之间的关系，很难符合我国《合同法》第 21 章所规定的委托关系），既应包括提单中约定"自由转运条款"的情况，在联运提单下进行的转运，也应包括租船运输（程租租船和期租租船）及无船承运人为履行与托运人订立的运输合同而与其他人另订运输合同的情况。

因此，应当认为与无船承运人订立海上货物运输合同的海运承运人的地位应为我国《海商法》中的实际承运人。我国《海商法》为了更好地保护货方的利益规定了承运人与实际承运人均负有赔偿责任的连带责任，据此发生货损、货差、迟延交付时，货方可以将实际承运人作为共同被告提起诉讼，因此，无船承运人应争取将实际承运人列为共同被告，以便一步到位地解决纠纷的责任与赔偿问题，避免另案起诉追偿，省时、省钱、省精力。

2. 争取由实际承运人承担责任

此外我国《海商法》第60条第2款规定，"在海上货物运输合同中明确约定合同所包括的特定的部分运输由承运人以外的指定的实际承运人履行的，合同可以同时约定，货物在指定的实际承运人掌管期间发生的灭失、损害或迟延交付，承运人不负赔偿责任。"当出现此种情况时，托运人则无权要求承运人与实际承运人承担连带责任，而应由实际承运人独立承担责任，托运人应直接向实际承运人索赔。

这对无船承运人来说无疑是十分有利的，但无船承运人要援引该条规定就必须满足其所要求的条件，即事先在合同中约定并写入实际承运人的名称；约定实际承运人具体承担哪部分的运输；承运人要证明货物的灭失、损害或者迟延交付发生在其掌管货物的期间且承运人对此可以免责。然而实践中，绝大多数无船承运人签发的提单是很难做到上述各项条款的，也就是说无船承运人无法满足该条款所要求具备的条件，也就无法获得我国《海商法》第60条第2款的保护。

3. 争取享受与海运承运人同等的权利

无船承运人因其本身并不拥有船舶，而是通过拥有船舶的海运承运人来承担海上货物运输，因此虽是契约承运人，其责任、义务与传统的海运承运人完全相同，但其权利却不完全相同，如无船承运人不可享受海事赔偿责任限制。因此，在将我国《海商法》适用作为一类特殊的契约承运人的无船承运人时，还有待于进一步的细化、明确，甚至变通，使无船承运人也可享受海事赔偿责任限制，否则对无船承运人是不公平的，同时也不利于无船承运业务的发展。

第二节　承担不合理绕航之风险

我国《海商法》第49条第1款规定："承运人应当按照约定的或者习惯的或者地理上的航线将货物运往卸货港。"因此，如果承运人与托运人事先对航线有明确约定，船舶就应履行约定的航线；没有约定时，船舶应按地理上的航线，即在保证船舶及货物运输安全的前提下，装卸两港之间最近的航线航行。实践中，如果无船承运人签发的提单无"中转港"，而实际上在海上运输途中发生货物被中转，那么，无船承运人有可能对货方承担不合理绕航的责任。

　　案例 7-3：无船承运人 A 公司接受 B 公司的委托承运一套挖掘机设备，从我国台北运往美国纽约，托运人自行负责装箱，货物总价值超过 20 万美元。B 公司在办理托运手续时为与合同和信用证相符，要求 A 公司签发从我国台北至纽约的直达提单，而 A 公司实际将货物运至美国塔科马港再通过铁路运至纽约。当设备运抵纽约时已严重受损，后来被认定为全损。货物保险人赔付了货主全部损失后诉 A 公司要求其承担全部责任。根据美国法律，正常情况下无船承运人本可享受赔偿责任限制每件货物只赔付 500 美元，但此案中无船承运人 A 公司选择的实际航线与提单、合同记载完全不相符，被判定为"不合理绕航"，从而丧失了就货损索赔享受赔偿责任限制的权利，须全额赔付货主损失。

　　防控措施：

　　1. 按合理航线航行

　　无船承运人与实际承运人一样，在货物运输中应履行自己的责任，其中很重要的一项就是船舶要按运输合同约定的航线航行，或按国际航运惯例的航线航行，或在不可抗力情况下采取的合理做法，即需偏离原定航线或另外选择航线航行，或船舶在海上为救助或者企图救助人命或者财产而发生的绕航或者其他合理绕航，不属于违反前款的规定的行为，或在一些意外情况下，无船承运人事先征得货方同意而改变其原有航线航行。上述这些做法均属于合理绕航，并不违反我国《海商法》的规定与国际航运惯例。

　　2. 须知晓不合理绕航的法律后果

　　根据我国《海商法》第 59 条第 1 款规定："经证明，货物的灭失、损坏或者迟延交付时由于承运人的故意或者明知可能造成损失而轻率地作为或者不作为造成的，承运人不得援用本法第 56 条或者第 57 条限制赔偿责任的规定。"如果无船承运人本身或与实际承运人一起，为了自己一方或双方的利益而擅自改变航线，如为了装载不在原定航线港口揽到的货物，造成偏离航线，引起货物迟延抵达目的港，则属无船承运人一方或无船承运人与实际承运人双方严重违约，无船承运人一方或无船承运人与实际承运人双方必须承担不合理绕航的责任，赔偿由此所引起的一切损失，并且不得享受赔偿责任限制。如属实际承运人一方违约擅自不合理绕航，无船承运人也须承担连带责任。可想而知，不合理绕航的法律后果及其责任是非常严重的。

3. 发生绕航前须征得货方同意

无船承运业务中的运输是较为复杂的，尤其是海上货物运输更加复杂，在整个航行中可能会出现一些变化，当发生一些事先无法预料的事情，或出现一些意外事故需要绕航时，如果涉及货方利益，或涉及需要改变运输合同所规定的事项，那么无船承运人与实际承运人在决定绕航前应该与货方洽商，征得货方的同意或达成新的协议，这样就可避免纠纷，避免承担责任或减小绕航的损失。

如果是应货方要求，无船承运人与实际承运人需要绕航，那就完全是另外一个问题。此时，无船承运人与实际承运人的绕航不但不属于不合理绕航，反而需由无船承运人，尤其是实际承运人来决定是否同意绕航，如同意尚需加收运费等。

第三节　承担货物损坏和灭失责任之风险

我国《海商法》第 48 条规定："承运人应当妥善的、谨慎的装载、搬移、积载、运输、保管、照料和卸载所运货物。"承运人管理货物的上述七个环节，原本只涉及货物从装船至卸船的过程，但是随着集装箱运输的发展，承运人的责任期间已向装船前及卸船后延伸。根据我国《海商法》第 46 条的规定，承运人对集装箱装运的货物，无论是承运人装箱，还是托运人自行装箱，其责任期间从装货港接收货物时起至卸货港交付货物时止，货物处于承运人掌管之下的全部期间；承运人对非集装箱装运的货物的责任期间，是指从货物装上船时起至卸下船时止，货物处于承运人掌管之下的全部期间。但是，承运人可以与托运人就此种货物在装船前和卸船后各自承担的责任达成协议。

实践中一些无船承运人往往承担货物自接收地到沿海港口的一部分内陆运输，在此情况下，无船承运人通常于接收货物后便签发无船承运人提单。然而，签发提单时货物并未装上船舶，此时无船承运人提单的作用实际上相当于一张可用于结汇的多式联运提单。但身为契约承运人的无船承运人的责任期间却已从接收货物时开始起算，而其管货义务亦应自接收货物时开始，即此刻起，无船承运人对于无论是由其负责的集装箱货物的装箱、积载，还是货物自内陆至港口、堆场乃至码头的运输及集装箱的搬移等，都要尽到妥善、谨慎的义务，否则就要对由此造成的损失向货方承担责任。即无船承运人需承担因货物的实际损坏或灭失所造成的责任，以及因此引起的间接损失的责任。

案例7-4：上海某家无船承运人，出具无船承运人提单承运118桶化学品到德国汉堡港。货物运抵目的港拆箱时，发现化学品在集装箱内泄漏。承保公司马上指派当地的"通讯代理"和检验人员调查，经核查共计35桶化学品"全损"，另有83桶需重新包装。结果收货人向无船承运人索赔20 000美元作为货损、额外包装费用和经济损失的赔偿。

案例7-5：一票散货共计44箱手表，由上海装箱运抵意大利的NAPLES港。在目的港拆箱时发现只有40箱手表，另外4箱手表不见踪影。意大利货运代理公司立即与上海联系，上海方面在拼箱仓库进行了彻查，但一无所获。在这起事故中虽然无法判明4箱手表遗失的原因，但作为"契约承运人"的无船承运人仍需承担赔偿责任。承保公司对由其承保的这宗货物丢失案给予了赔偿。

案例7-6：无船承运人华东公司负责货物拼箱并运至中东迪拜（在新加坡中转），2005年3月6日货物所装船只驶离上海，当时一切正常。3月22日接新加坡代理（JSAS）来电称：该货物在准备转运装上二程船时发现部分货物遗失，并随即收到JSAS的邮件，华东公司在第一时间将该消息电话告之客户。4月3日收到JSAS转来的仓库（HABALOGISTICS）信函称：其中的13箱货物仍在仓库。另外的货物正在寻找中，并已提交警方处理。华东公司将这一消息告知了客户，为了避免迟延交货，客户要求立刻空运13箱货物并承担相应的费用。经过多次与代理、代理与仓库的交涉，剩余的13箱货物赶上了MH6120/06航班，并于4月7日到达迪拜。2005年4月5日收到仓库第二封邮箱信函称：另外的18箱货物已经遗失，到目前为止尚未找到，警方仍在调查中。

从客户提供的发票看，31箱货物的发票金额为32 550美元。其中13箱改为空运的货物发票金额为11 488.50美元。由于另外18箱货物无法找到，客户另外安排了补货。2005年4月1日客户向华东公司提交了对18箱货物遗失的索赔函，共计索赔金额为32 550美元。事故发生后，华东公司随即向无船承运人责任保险公司报了案。

本案华东公司实际应承担的货损金额为17 460美元，按照保单条款的约定需扣除4 000美元的免赔额，责任保险公司经过几个月的理赔证据搜集工作，最后确定的赔偿数额为 13 460 美元。客户收到赔款后，撤销了对华东公司的索赔并表示不再追究。

防控措施：

1. 每个环节都要过细

海上货物运输涉及的环节较多，我国《海商法》第48条中所列承运人需承担责任的环节就有 7 个之多，而无船承运人作为契约承运人所涉及的环节则更多。要想使所承运的货物安全、准确、完好运抵目的港/地，并依据无船承运人提单交付给收货人，必须在整个运输过程中不出一点问题。所以，无船承运人作为组织并承担整个运输的经营人，不但自身工作要做好，尚需与海运实际承运人、船务代理、装卸货物的雇员、理货公司、仓储公司等每个环节及时沟通、细致工作，尤其是对一些薄弱环节更要加强管理，不得有丝毫大意。

2. 严格遵循操作流程

海上货物运输虽然很复杂，存在着各种风险，但是，它毕竟已有数百年的历史，积累了丰富的经验，形成了许多国际海上运输中的正确做法与科学管理，且制定了许多配套的国际公约与各国的法律法规，所以只要严格按照这些规范的流程进行操作，就可避免或减少货损货差及迟延交付的风险。

3. 特殊货物特殊安排

现代运输与传统运输有很大的区别，尤其体现在所承载的特殊货物方面。随着社会的发展，有特殊要求的货物越来越多，如危险品货物、化工产品、冷藏冷冻货物和超长超重货物等，对待这些货物必须加以"特殊照顾"，绝不能掉以轻心。尤其是危险品，一旦未能认真严格按规矩办事，稍有不慎就会出事，甚至出大事，所以必须倍加小心。另外，货物是否合理积载，不仅影响到货损货差的产生，还会直接影响到船舶是否适航的大问题，同时还涉及船舶的稳定性，所以承运人在货物积载时，一定要特别注意货物装卸港的顺序，重货在下、轻泡货在上；各种危险品按《国际危规》存放在不同货舱或同一货舱不同部位，或同一部位但相隔一定距离，将易燃怕热的货物远离船体发热处，将冷藏冷冻货物妥善存放并按要求接插电源、设置温度；对集装箱货物的码放也要合规。

4. 所载货物必须符合运输方式要求

无船承运人揽取的货物一般都是集装箱形式，且责任较之海运货物有所延伸，往往不是从货物装上船开始、到卸下船为止，而是从无船承运人或其代理人接收或照管货物开始、到收货人收到货物为止。所以，货物的包装不但要符合海上运输，还要符合陆路运输，集装箱内部的货物包装也必须考虑到这一特点。货物的包装须符合各种运输要求的标准，需要隔垫或固定的货物，必须做到符合买卖合同约定的标准，没有约定的应按运输惯例的标准进行隔垫或固定。虽然无船承运人对非由其本人负责装箱和铅封的，只要集装箱运抵收货人手中时，箱体外部完好、铅封完好，其对集装箱内产生的货损货差不承担任何责任，但如果无船承运人一开始就注意到这些问题，并且事先提醒货方，那么也可减少出现集装箱的货损货差，避免产生一些不必要的纠纷。

5. 防止信息有误

当今社会已进入一个信息化时代，各行各业都依赖网络信息进行高效业务活动，许多无船承运人及相关企业也通过这一途径开展工作。利用电脑网络无疑提高了工作效率，降低了成本，加速了各种货物运输信息的交流，有利于无船承运业务的发展，但也促使无船承运人在工作中更加认真负责，仔细对待每一件"小事"。例如，填错一个数字、一个地址、一个客户名称、一个字母（或多一个或少一个字母）、一种货币、一项货物名称等，这些看似"小事"，却可能成为导致承担巨大经济损失的"大事"。所以在业务操作过程中，无船承运人要有这种由于信息有误亦会引起货损货差，甚至会带来巨大风险的意识。

第四节　承担错误与疏忽责任之风险

此种风险主要表现为：①迟延——无船承运人因迟延履行合同义务而导致客户损失的责任；②交货错误——无船承运人在交付货物方面有违合同约定，导致客户任何经济损失的责任；③其他经济损失——无船承运人因部分或完全未履行合同义务，造成客户任何其他经济损失的责任；④填写单证资料不正确——无船承运人因未正确填写提单或其他运输合同或文件的资料，导致货损货差或扩大货损货差损失范围的责任。

案例7-7：某货运代理作为无船承运人承运一批货物，从新加坡运抵伦敦，并签发了无船承运人提单，该提单符合信用证的要求。货运代理将实际承运人签发的海运提单交给伦敦代理人，并指示其一定要凭无船承运人的提单换海运提单。但由于该代理的过失，在未收到无船承运人提单的情况下，将海运提单交给收货人。结果，收货人凭该海运提单提货后拒付运费和货款，于是发货人为索赔货物价值起诉无船承运人，作为无船承运人的货运代理则通知其责任保险人赔偿。

防控措施：

1. 轻易不订立/接受迟延条款

我国《海商法》第 50 条规定："货物未能在明确约定的时间内，在约定的卸货港交付的，为迟延交付。"承运人对有明确约定的迟延交付须承担责任。所以，无船承运人对不熟悉的航线与港口，即对船期不了解，时间无法控制，或对时间要求很严格又无法做到的货物，不能签订或接受迟延条款。

2. 避免不合理延迟

虽然我国《海商法》仅对承运人迟延交付做出须承担责任的规定，但如果适用我国《合同法》或《汉堡规则》，即使没有明确约定，承运人也须在合理的时间内交付货物，否则同样要承担延迟（指无明确约定，这是延迟与迟延的区别）交付的责任。作为契约承运人的无船承运人应依照约定，按时将货物装上指定的船舶，货物装船后应确保船舶及时开航。船舶在运输货物过程中，应尽快完成航次，将货物运至卸货港交给收货人，从而避免发生不合理的延迟。

3. 不擅自改变装运船舶

在舱位紧张的情况下，无船承运人不得不同意班轮公司甩货、改装于下一班轮的做法，而另一方面为了避免修改单证的烦琐，无船承运人又未将此种情况通知托运人，未取得托运人的同意而擅自改变装运船舶，由此造成的迟延交货，无船承运人不但要向货方承担违约责任，甚至可能丧失单位赔偿责任限制。因此，无船承运人的正确做法（如同处理绕航情况）应征得托运人的同意。

4. 临时甩货应征得托运人同意

在甩货漏装不可避免的情况下，无船承运人为避免承担迟延交货的责任，也应事先征得实际托运人的同意（此点如同处理绕航情况），可以在接受托运前向实际托运人申明此种情况存在的可能性，并在甩货漏装后及时通知实际托运人，使其尽量减少损失；同时，在提单适用我国法的情况下，无船承运人签发提单时不应保证交货时间或应注明交货时间仅仅为"预期的到达时间"——该时间可能受其不能控制的情势的影响。

5. 投保无船承运人责任险

只要无船承运人投保了其责任险，所发生的事故又在承保范围之内，则承保公司会给予赔偿。无船承运人的代理人未按其指示行事，如果这一行为确属偶然，由于"疏忽或过失"所致，则在查清责任后，责任保险人应予受理。即使代理人的行为带有欺诈性质且为故意，只要无船承运人能证明自己并非欺诈一方，责任保险人也应接受该理赔。

第五节 承担第三者责任之风险

第三者责任风险主要包括：①第三者的财产损坏或灭失——无船承运人对第三者的实际损坏或灭失的责任，以及由此引起的间接责任；②第三者的人身伤亡——无船承运人对其雇员以外的第三者的人身伤亡或疾病（包括住院、医疗和丧葬费）的责任，以及由此引起的间接责任。

案例7-8：2001年8月某无船承运人负责承运装有乒乓球的集装箱，集装箱内装有148个纸箱，每箱有3 600个乒乓球，总共有532 800个乒乓球。装有乒乓球的集装箱运抵香港后存放在露天集装箱堆场。在阳光强烈照射下，气温高达32℃，致使处于密封在集装箱内的乒乓球自燃并引起爆炸。爆炸发生后，火势蔓延，有毒气体泄漏，周围人群需要疏散。此次意外事故不仅造成货物全损，而且导致周围的饭堂、写字楼被烧坏，有人因吸入毒气需送医院进行治疗，其损失金额超过500万港元。

如果实际托运人已经告知作为承运人的无船承运人，集装箱内装载的货物是乒乓球，也有特别要求，而作为海运托运人的无船承运人未将此情况告知实际承运人，那么实际承运人只按一般性集装箱货物照管处理，对此往往不应承担责任。作为海运托运人的无船承运人往往要承担责任，并且包括承担对第三者的人身伤亡和财产损坏或灭失。

防控措施：
1. 投保第三者责任险

无船承运人一定要改变排斥、不买责任险的传统观念，及时正确地投保第三者责任险才是明智的做法。投保责任险是无船承运人开展业务不可分割的一部分，它是事先将责任风险转移的最好也是最可靠的保障，是为无船承运人创造良好形象的重要手段。同时，无船承运人也应要求托运人与实际承运人对其拥有的财产即货物和船舶进行投保，这将有利于日后事故的解决。

2. 挑选资信好的实际承运人

无船承运人虽然不是实际承运人，但他却要承担海运实际承运人的责任与义务。无船承运人虽然投保了责任险但并不等于万事大吉，一切问题都可解决了，相反，要想杜绝事故的发生，还需从源头抓起，即寻找一家资信好的船公司承担实际运输。好的船公司不但实力雄厚，万一出事有足够的赔付能力，而且更重要的是讲究诚信，具有较高的航运经营管理航运水平与丰富的经验，船长熟悉运输航线及装卸港，船舶适货，如果这些均能做到位，那么就可以说从源头堵住了货损货差的产生，做到不出事、少出事或不出大事。

3. 加强对实际承运人的监管

作为无船承运的经营人，尽管自己并不实际承运货物，但绝不意味着自己只需揽货，签发无船承运人提单，委托实际承运人承运货物，之后就可以不用操心了。恰恰相反，无船承运人必须经常与实际承运人保持沟通，掌握船舶与货物的动态，督促实际承运人严格按照正确的流程进行操作，尤其是承运危险品等一些特殊货物或有特别要求的货物时，更要按规范办理，注意特别要求事项，须有应急预案。

第六节　承担相关惩罚、关税与费用之风险

在远洋运输途经各装卸港口，无船承运人会发生垫付上述所及各项费用。此外，在无船承运人的业务实践中，还常常为了满足实际托运人对于信用证的要求，在未实际支付运费的情况下，要求无船承运人签发注明"运费预付"的提单。无船承运人为了争取更多的客户，而出于无奈不得不按实际托运人的要求签发此种提单。在此情况下，无船承运人将面临货物运抵目的地实际托运人仍未支付运费，而无船承运人又无法就未付运费对货物行使留置权的风险。在运费预付的情况下，负有向承运人支付运费义务的显然是实际托运人，而且是承运人与实际托运人之间约定好的，因此，无船承运人不得因实际托运人违反他们之间的约定未支付其应当支付的费用而留置收货人已享有所有权的货物。但无船承运人可以向实际托运人追索运费，他们之间的权利义务关系并不因提单上的"运费预付"而消灭，只是不享有货物的留置权。

这方面风险的主要内容包括：

1. 承担无船承运人因违反下述列明之六项规定（除非另有约定）而承担的罚款和关税的责任

（1）有关任何货物进出口的规定。

（2）有关客户设备进出口的规定。

（3）有关移民出入境方面的规定。

（4）有关提供安全生产或工作环境的规定。

（5）有关防止污染方面的规定。

（6）有关保安或反恐方面的规定。

2. 承担相关的费用

（1）调查、抗辩和减少损失的费用。发生本保险项下的意外事故后，所支付的调查费用和保护其利益的费用，如律师费、检验费或专家咨询费，以及为避免或减少损失而产生的费用。

（2）处理费用。本保险项下的货物、客户财产或设备发生意外事故后，为处理该货物或财产（非船舶或飞机或其残骸）或设备所支付的额外费用。

（3）检疫和消毒费用。事故发生后的和正常业务开支以外的检疫、熏蒸或消毒费用。

（4）货物错运费用。当货物被错运至第三地而必须转运至正确目的地时，运输经营人所产生的额外成本。

（5）共同海损和海难救助分摊费。在发生共同海损或海难救助的情况下，运输经营人必须承担而又无法从货主处获得补偿的成本分摊。

（6）无主货物处理费用。目的地收货人拒绝提取货物而产生的额外开支。

（7）为完成运输合同而产生的额外费用。运输经营人为将货物运至目的港，履行其在运输合同中的交付义务而产生的额外费用。但此费用的产生必须是以运输经营人的代理或其分包商未清偿其所欠债务为前提。

案例 7 - 9：2002 年 7 月 11 日，原告浙江能源有限公司（以下简称"浙江能源"）与案外人上海旦华新能源开发有限公司（以下简称"上海旦华"）通过传真方式签订了石油产品供销合同，约定浙江中油向上海旦华销售 180CST 燃料油。次日，浙江能源与被告宁波燃料有限公司（以下简称"宁波燃料"）签订了船舶运输合同，约定宁波燃料派遣大威 5 号轮承运上述燃料油，涉案燃料油实际由第二被告宁波大威海运有限公司（以下简称"大威海运"）派遣大威 5 号轮承运。同年 7 月 17 日，装货完毕后，宁波燃料未依约开具"装港提单"，浙江能源亦未对船载货物进行铅封，收货人上海旦华派员随船押运。同年 7 月 19 日燃料油抵达上海港，因燃料油的含水率及重量与装货时不一致，浙江能源向法院提起诉讼。

在庭审中，宁波燃料确认，因浙江中油不支付运费在卸货时行使"留置权"，扣留了 50 立方米的燃料油。宁波燃料和大威海运均确认没有向浙江能源开具过运输发票以主张运费，也不能提供书面证据证明在行使"留置权"之前浙江能源已明确表示过不支付运费。宁波燃料确认已将"留置"的 50 立方米的燃料油自行处理。

法院经审理认为，本案是水上货物运输合同货损货差纠纷。宁波燃料系涉案运输的无船承运人，大威海运系实际承运人。由于浙江能源不能证明涉案燃油发运时、运抵时含水率的数据，是商检部门通过检验所得的合法有效的数据，不能据此认定货损货差的发生。但宁波燃料行使留置权不符合法律规定。据此，判决两被告向浙江能源连带赔偿人民币72 160元。

案例7-10：2000年8月19日，某五矿进出口公司（以下简称"被告"）向某货运代理公司（以下简称"原告"）出具AOMDS5139托运单，该托运单记载：委托原告运输4 200件铁烤篮，装运港广州，目的港澳大利亚弗里曼托（FREMANTLE），收货人凭指定，全部铁烤篮装入一个集装箱内，箱号CAXU4761547，封号YMD514978，提单托运人载明广州利丰实业有限公司，运费缴付方式为运费预付。

2000年8月25日原告签发了已装船清洁提单，提单所记载的内容除增加船名"广驳运557" V 20031外，其余内容与托运单记载的一致。

8月29日，原告把提单交给被告。9月7日，原告出具海运费1 850美元和文件、码头费720美元发票各1份。9月12日船抵达澳大利亚，原告因为被告没有向其支付海运费等费用的缘故，在目的港行使货物留置权。9月27日，被告收到原告出具的海运费和文件、码头费发票，同日办理汇付海运费1 850美元和文件、码头费720美元事宜。原告9月29日收到文件、码头费720美元，10月8日收到海运费1 850美元。原告于9月27日在得知被告已汇出海运费及文件、码头费以后，通知原告在澳大利亚的代理商放货。

双方争议的主要焦点：

（1）原告的诉讼请求。原告认为，被告未在约定的时间内支付运费的行为构成违约，原告为确保得以收取运费，依法行使海上货物留置权，因此，在目的港留置货物所产生的滞仓费应当由被告负担。为此，原告向广州海事法院提起诉讼，要求法院：判令被告赔付原告因留置货物而产生的滞仓费2 450澳元（折合人民币10 437元）。

（2）被告的答辩意见被告认为，9月12日船抵达澳大利亚。被告于9月27日支付海运费，9月28日支付文件码头费。9月28日以前，原告从未要求被告支付任何费用。被告于货物到港后支付海运费和杂费的行为符合双方交易习惯并取得原告业务员的口头承诺，并未违约。

9月29日原告电话告知已在澳大利亚留置货物。由于在原告留置货物之前，本案提单项下货物的所有权已随提单的转让而转移给第三人，被告不是提单的持有人，因此，原告无权向被告追索其并不属于被告所有的提单项下的货物行使留置权所导致的损失。

广州海事法院认为：

本案是一宗涉外海上货物运输合同滞仓费纠纷。原、被告双方在诉辩过程中均援引中华人民共和国法律说明各自的主张，可见，双方对处理本案合同争议所适用的法律选择一致，因此，本案应当适用中华人民共和国法律。

原告与被告达成运输协议，出具自己的格式提单，将被告托运的货物经海路由广州运至澳大利亚弗里曼特尔，并收取全程运费等行为表明，原告与被告业已形成海上货物运输合同法律关系。原告是无船承运人，被告是托运人。原、被告达成的海上货物运输合同，是双方真实的意思表示，合法有效，双方均应按照合同约定全面履行自己的义务。

本案运输合同约定的运费支付方式是"运费预付"，对此应遵从理论上的通常解释，理解为托运人应在取得提单之前向承运人支付运费。原告认为被告必须于船到目的港前付清运杂费，是其单方解释，对被告没有约束力。被告辩称原告口头承诺遵从被告的交易习惯，被告支付运杂费并未违约，该主张没有事实依据，不予支持。被告未能在取得原告签发的提单之前支付相应运费，属违约行为，构成迟延履行。

原、被告之间是海上货物运输合同关系，应受我国《海商法》调整。根据该法第 87 条规定，应当向承运人支付的运费、承运人为货物垫付的必要费用及应当向承运人支付的其他费用没有付清，又没有提供适当担保的，承运人可以在合理的限度内留置其货物。据此，国际海上货物运输的承运人只能对债务人所有的货物行使留置权。承运人占有债务人所有的货物是留置权成立的法定必要条件之一。本案中，原、被告约定的是运费预付，提单亦是载明运费预付的指示提单，在此情况下，货物所有权可能已随提单的合法流转，从负责支付运费的托运人转移给包括收货人在内的提单持有人。此时，对承运人而言，货物所有权处于不确定状态。在不能明确所占有的货物是作为债务人的托运人所有的情况下，对货物进行留置，不符合法律规定，将严重影响国际贸易中的单证买卖的交易安全，因此，原告无权在目的港对本案所涉货物行使留置权。由此可见，尽管被告违约，迟延履行支付运费的义务，原告也不能因此对所涉货物进行留置。留置权是法定担保物权，必须依法行使。没有法律根据留置货物，所产生的货物保管费用应自行承担。据此，原告主张被告违约拖延支付运费，造成原告目的港滞仓费实际损失，不成立，不予支持。

综上所述，被告认为原告无权行使留置权向被告追索运费，滞仓费是原告方擅自留置货物所致，应由原告自行承担，答辩理由成立，应予支持。原告请求被告赔偿因其违约造成的滞仓费实际损失，没有事实基础和法律依据，不予支持。依照我国《海商法》第 69 条、第 79 条、第 87 条的规定，广州海事法院判决如下：驳回原告的诉讼请求。

防控措施：

1. 须事先清楚所适用的法律

如果运输合同当事人想对货物实行留置，必须首先清楚有关留置权的法律问题，即适用的法律为我国《合同法》还是《海商法》，因为二者是完全不一样的。

（1）适用我国《合同法》被留置货物不一定为债务人所有

案例 7 - 9 所反映的就是适用我国《合同法》下对货物行使留置权的情况。留置权作为一种法定担保物权，其适用前提是必须符合法律的明确规定，按照我国《担保法》第 84 条的规定，留置权的行使范围仅限于保管合同、运输合同、加工承揽合同。根据我国《国内水路货物运输规则》（以下简称"《水规》"）和我国《担保法》的相关规定，我们认为水上货物运输合同中货物留置权的成立条件应当包括以下内容，留置权的标的物为动产、需根据合同约定占有财产、留置权人须有债权、债权的发生与留置的动产有牵连关系及债权必须已届清偿期。

被留置的货物不一定是债务人所有。我国《水规》中对被留置货物的表述是"承运人运输的相应货物"，其与我国《担保法》第 82 条中"债务人的动产"规定是一致的，即对该货物的所有权归属没有做出明确限定，换言之只要是与债务相关的货物，承运人均可留置。比较而言，我国《海商法》第 87 条对被留置货物的表述为"承运人可以在合理限度内留置其货物"，尽管在理论界对此表述的含义存在较大争议，但司法实践中，往往要求承运人所留置货物必须是债务人享有所有权的货物，这与我国《水规》和《担保法》的规定显然存在很大的差异。就本案而言，由于本案属于沿海货物运输，应当按照我国《水规》和《担保法》的规定对被留置货物的范围做出界定，因此涉案燃油的所有权情况不影响承运人行使留置权。

未规定运费支付期限的情况下，承运人须在履约催告期满后方可行使留置权。在水上货物运输中，仅凭运单上"运费到付"的字样是无法直接确定运费的支付期限的。因为在航运交易惯例中，"运费到付"并不具有交货同时付费的意思。因此，如水上货物运输合同与运单上均没有对运费的支付期限明确约定而仅约定"运费到付"时，按照我国《合同法》第 62 条的规定，属于履行期限约定不明，债权清偿期处于不确定状态。此时，承运人应当依照我国《民法通则》第 88 条的规定，向债务人发出履约催告，该履约催告是债权清偿期的证明。只有当履约催告期届满，而债务人仍未履行运费支付义务时，承运人方可行使留置权。在案例7-9中，宁波大威海运作为实际承运人在运费支付期限不明的情况下，未向浙江中油主张运费，也未给予浙江中油合理的履约催告期，直接对运输货物行使留置权，其留置权的行使条件不符合"债权必须已届清偿期"的成立要件。

（2）适用我国《海商法》被留置货物必须为债务人所有

法律的适用承运人海上货物留置权是指在海上货物运输中，承运人对承运的货物在一定条件下予以留置，并在催告期满未获担保或债权清偿时经法定程序处分留置物以优先受偿其债权的权利。

案例7-10应当适用中华人民共和国法律解决纠纷，但由于我国《民法通则》及其司法解释、《合同法》《担保法》及其司法解释和《海商法》均含有关于留置权的规定，所以海上货物承运人留置权的法律适用是应首先解决的问题。

运输合同作为我国《合同法》中规定的一类有名合同，根据承运工具的不同，具体又可分为几个子类别，如航空运输合同、铁路运输合同、公路运输合同、海上货物运输合同和内河水路运输合同等。仅就国际海上货物运输中的货物留置权而言，我国《合同法》中关于货运合同内容属一般性、原则性的规定，而我国《海商法》中海上货物运输合同的内容则是特别法的例外，我国《海商法》的效力应优于我国《合同法》。因此，在我国《海商法》已经就海运货物留置权做出规定的情况下，我国《合同法》关于运输合同中货物留置权的规定不适用于海上货运。关于海上货物运输承运人留置权的成立条件，还是应依我国《海商法》的规定予以执行。本案应适用我国《海商法》作为裁判依据。

2. 依法行使货物留置权

海上货物承运人留置权的成立要件我国《海商法》第87条规定，海上货物留置权具有以下特征。

（1）承运人依合同占有债务人的财产。承运人取得货物占有是基于运输合同而由托运人交给其占有的，如果以侵害他人权利的手段取得动产的占有，虽然债权成立，也不得就该动产行使留置权。

（2）留置物为产生债权的货物。我国《海商法》第87条所列举的几项费用与标的物都有密切牵连关系。运输和支付运费是同一法律关系中双向的权利义务，运费是因运输留置物而产生，共同海损分摊及承运人为货物垫付的费用是承运人为留置物支出的费用，滞期费是在完成货物运输过程中而受到的损失。

（3）债务已届清偿期。债务人有迟延履行的行为，没有在约定的时间内支付部分或全部费用。

（4）留置物的价值与债权额相当。承运人以债务清偿为目的留置货物，应符合诚实信用的基本原则，留置物与应清偿债权价值相等的货物，并且应尽量减少留置费用，兼顾到收货人的利益。如果留置物为不可分物时，债权人可就留置物的全部行使留置权。

案例 7 - 10 中，被告委托原告承运货物，原告向被告签发了运费预付提单，被告没有依约在提单交付前支付运费，原告在目的港留置了被告的全部货物。由于全部货物由一个集装箱盛载运输，该集装箱可视为一个不可分割的整体，原告所留置的货物没有超出我国《海商法》第 87 条所规定的"合理限度"的要求。

3. 行使留置权时应注意的问题

货物的留置权，就是货物托运人或者收货人不按合同约定支付运费、保管费及其他运输费用的，承运人对相应的运输货物进行留置，以留置财产折价或者以拍卖、变卖该留置的货物，从所得价款中优先受偿的权利。

承运人在行使留置权时，应当注意下列问题：

（1）除法律另有规定外，承运人可以自行留置货物，不必通过法定程序留置货物。但实践中，一般都是通过法定程序对货物进行留置的。

（2）留置"相应的货物"包括两层含义：①对于可分的货物，承运人留置的货物应当合理和适当，其价值应包括未支付的运费、保管费及其他运输费用加上可能因诉讼产生的费用，而不能留置过多的货物；②对于不可分的货物，承运人可以对全部货物进行留置，即使承运人已取得了大部分运费、保管费及其他运输费用。

（3）当事人如果在合同中约定在运费、保管费及其他运输费用没有付清的情况下，承运人不能留置货物的，承运人就不能留置货物。如果托运人或者收货人提供了适当的担保，承运人也不能留置货物。

4. 避免产生损失提前做好权益保护

（1）在实际未收到运费的情况下，轻易不要同意并在提单运费一栏打上"运费预付"；如果打算同意在无船承运人提单上打上"运费预付"，则一定要对托运人的资信情况有很好的了解，并酌情要求其本人出具一保函，或者要求其提供第三者出具的保函。万一托运人不支付运费，无船承运人可根据我国《海商法》第 87 条规定向托运人追索运费。

（2）将费用风险提前转嫁。对于无船承运人所面临的上述各种费用风险，境内外都有保险公司予以承保，如联运保赔协会承保的费用风险就包括：①承担无船承运人所承担的上述六项罚款和关税的责任（除非另有约定）；②承担上述七项相关的费用。

2013 年 10 月 15 日，作者赴中国外运天津有限公司进行无船承运业务调研。

第七节　承担提单之风险

无船承运人提单不是一张普通的单证，而是一张价值不菲的票据，所以我们一定要慎重使用和掌握无船承运人提单。在无船承运业务实践中，围绕无船承运人提单的纠纷不少，并且许多纠纷最后不得不采用诉讼或仲裁的司法程序来解决。为了避免或减少无船承运人提单的风险，我们首先要知晓无船承运人提单潜在的风险在哪？为此，现将无船承运人提单涉及的六个方面的风险归纳整理如下。

一、承担倒签提单风险

目前，我国无船承运人签发的是其在交通运输部登记的提单，并作为提单上的承运人。由于无船承运人往往同时负责完成货物从接收地到沿海装货港的一部分内陆运输，因此无船承运人通常在接收货物后即签发无船承运人提单，签发提单时货物并未装上船舶，此时无船承运人提单的作用实际上相当于一张可用于结汇的多式联运提单，因此，此种情况下不会涉及无船承运人提单的倒签与预借的问题。

无船承运人在何种情况下会出现倒签提单与预借提单呢？一种情况是，无船承运人在确认货物实际装船后签发的无船承运人提单，该无船承运人提单的作用实际上相当于可用于结汇的已装船的海运提单。如果无船承运人在货物装船后签发早于货物实际装船日期的提单,即倒签提单;如果货物交由实际承运人接管,但尚未开始装船就签发了已装船提单,即预借提单,应对收货人由此而遭受的损失承担赔偿责任。倒签提单与预借提单均属于欺诈行为,承运人一旦实施便失去了享有提单下的赔偿责任限制的权利,同样无船承运人也将无法享受单位赔偿责任限制。

另一种情况是,内陆的无船承运人被合法授权为代理,签发沿海无船承运人提单,沿海无船承运人在确认货物已实际装船后,通知内陆无船承运人代理,代其签发已装船提单,此时无船承运人提单的作用亦相当于可用于结汇的已装船的海运提单,托运人便能较早地取得提单实现结汇。如果内陆无船承运人代理此时违背沿海无船承运人的指示,擅自倒签提单或预借提单,沿海无船承运人亦须对其代理人的此种行为承担责任,同时根据我国《海商法》第59条的规定,沿海无船承运人也将丧失享受单位赔偿责任限制。

案例7-11:中纺公司与麦格里公司签订买卖合同,购入美国原棉1 000吨,付款方式为即期不可撤销信用证。信用证约定最后装船日期为2004年6月30日。

地中海航运美国公司(承运人的代理人)代理地中海航运公司(承运人)签发了提单,提单上记载装船日为2004年6月30日,而实际装船日为2004年7月17日。

船舶到达后,中纺公司为提货与索赔事宜多次与地中海航运公司交涉。2005年1月,中纺公司提取了货物,转卖给唐山公司,价格为10 500元/吨。当时的棉花市场价格为11 338元/吨,因货物进口报关滞期,海关向中纺公司收取了滞报金。为提取和处理货物,中纺公司还支付了进口货运代理费、拆箱、仓储、商检过磅费、铁路运费和保险费等。

另外,2004年6月15日,中纺公司与云锦公司签订合同,约定云锦公司购买涉案进口棉花1 000吨,价格为17 000元/吨。因货物不能按合同约定时间到达,中纺公司需要赔偿给云锦公司违约金340万元。

中纺公司将地中海航运公司和地中海航运美国公司作为共同被告,要求其赔偿四项损失:①货物市价下跌的损失;②因对第三人违约产生的损失,包括中纺公司与云锦公司买卖合同中的违约金和可得利益损失;③海关滞报金;④进口货运代理费、拆箱、仓储、商检过磅费、铁路运费和保险费。

上海海事法院认为:地中海航运公司实施了倒签提单行为,且主观上存在故意。该行为侵害了中纺公司在贸易合同中依据提单上真实的装船时间可以选择的拒绝付款的权利，以及协商修改或解除贸易合同的权利。货物市价下跌的损失，以及海关滞报金与倒签提单行为之间存在因果关系，地中海航运公司应当赔偿。其他两项请求，与倒签提单没有因果关系，不予赔偿。

二审法院认为，市价下跌的损失金额为：进口棉花成本价（16 040 元/吨）与处理货物时棉花市场价格（11 338 元/吨）间的差额×货物吨数计算。而原判的其他部分正确，予以维持。

防控措施：

1. 须知晓倒签提单的法律知识

（1）倒签提单侵权案中的因果关系

通常情况下，认定侵权行为与权利人所受的损失之间是否存在因果关系的标准为：如果没有该侵权行为，权利人的损失是否会发生。如果没有侵权行为，其损失就不会发生，则二者之间存在因果关系。因果关系决定侵权行为与损失发生之间的关联性。即只有与倒签提单行为有因果关系的损失，承运人才承担赔偿责任。

（2）承运人与其代理人对承运人的损失承担连带责任

我国《民法通则》第 67 条规定，"代理人知道委托代理的事项违法仍然进行代理活动的，或者被代理人知道代理人的代理行为违法不表示反对的，由被代理人和代理人承担连带责任。"倒签提单属于性质严重的违法行为，海运承运人明知实际装船日期，却倒签提单，符合我国《民法通则》第 67 条规定。因此，代理人应当与地中海航运公司连带赔偿原告。

（3）倒签提单应赔偿的范围

① 货物市价下跌的损失。虽然市场价格下跌与倒签提单行为之间没有因果关系，但提单持有人因市场价格下跌而受到的损失，与倒签提单行为之间有因果关系。在货物买卖合同下，交货日期是合同的实质性要件之一。1980年《联合国国际货物销售合同公约》第 33 条规定，卖方必须按规定的日期交付货物。第 49 条规定，卖方不交货或迟延交货的补救办法，其中包括宣告合同无效。我国《合同法》第 138 条规定，"出卖人应当按照约定的期限交付标的物。约定交付期限的，出卖人可以在该交付期间内的任何时间交付。"对于收货人、提单持有人来说，货物的实际装船日期具有十分重要的意义，信用证规定的装船日期也是根据货物买卖合同而定的，或者是买卖合同双方协商确定的，如果不能在该期限内装船，信用证就不能结汇。因此，如果货物不能在期限内装船，买方有一系列补救手段，包括不支付信用证下的款项，解除或者修改买卖合同等。而由于信用证不能结汇，卖方会处于十分不利的地

位。但是，倒签提单使收货人丧失了这些救济权利。该项损失与倒签提单之间有因果关系。

② 因对第三人违约产生的损失，包括买卖合同中的违约金和可得利益损失。即使没有倒签提单，货物也无法按时到达，或者货物不会到达（国际货物买卖合同解除的情况下），一方当事人无法履行与另一方当事人之间的买卖合同。因此，不论是否倒签提单，该项损失均会产生，属不可避免的损失，与倒签提单没有因果关系。

③ 海关滞报金。该项损失系倒签提单后，海运承运人与货方之间未及时达成提货协议引起，如无倒签提单行为，则不会发生。因此，该项损失与倒签提单之间有因果关系。

④ 进口货运代理费、拆箱、仓储、商检过磅费，铁路费用和保险费等。这些是货物正常进口过程中都要支付的费用，应计入正常的销售成本，与倒签提单行为没有因果关系。

2. 作为承运人不可倒签提单

倒签提单通常会被法院认定为是欺诈行为。尤其是在货物市价下跌，或者某些有很强的时效性的货物，承运人会面临收货人的索赔。即使有托运人的保函，也很可能被认定为无效。索赔的范围包括与倒签提单有因果关系的损失，这往往是一个巨大的数额。比如，市场下跌时的货物差价数额；如果是时令货，货物差价也将是十分巨大的。

3. 作为承运人的代理人也不可参与倒签提单

由于倒签提单是欺诈行为，代理人将承担连带责任。即使是承运人明确授权签发，代理人也难逃责任。这一点，与无单放货不同。代理人须认清倒签提单的风险。

4. 作为收货人／提单持有人要注意索赔范围和索赔对象

倒签提单下，收货人的损失索赔有两种途径，一是根据贸易合同向卖方索赔；二是根据提单向船方索赔。收货人可以根据实际情况，决定向哪方索赔，或者同时向两方提出索赔。只有与倒签提单行为有因果关系的损失才能向船方索赔。与倒签提单没有因果关系的损失，收货人只能考虑向卖方索赔。不过，卖方是否有赔偿责任，要看合同约定以及法律的规定。例如，1980 年《联合国国际货物买卖公约》第 74 条，关于损失赔偿的范围采取了"合理预见"的标准，即"损害赔偿不得超过违反合同一方在订立合同时，依照当时已经知道或理应知道的事实和情况，对违反合同预料到或理应预料到的可能损失"。

二、承担无单放货风险

按照海上国际公约与我国《海商法》的规定，承运人必须凭正本提单放货，否则要承担无正本提单放货的责任。在海上货物运输实际业务中，经常会出现无正本提单放货，并且引起纠纷，其结果往往是承运人要承担责任及赔偿由此引起合法提单持有人的经济损失。同样，在无船承运业务实践中，也常出现无正本提单放货问题，主要发生在海运实际承运人无正本提单放货。同时，还会出现在 FOB 条款下，一些买方诈骗犯往往利用无船承运人方式，先让海运实际承运人无单放货，而又以卖方的单证有不符点而拒付货款，使得卖方处于货物被提取、货款收不回的困境，其最终结果往往是卖方钱货两空。所以，在开展无船承运业务中，要特别注意防范无单放货的风险。

案例 7 – 12：2001 年 8 月 30 日 A 公司委托某货运公司（以下简称"B 公司"）承运一批价值 93 360 美元的货物，从天津至土耳其。A 公司从 B 公司领取了我国香港 C 公司抬头的提单，该提单已打印好承运人 C 公司名称，代理香港 D 公司名称，但是承运人签章处 B 公司以自己名义签章，C 公司和 D 公司均未签章。E 公司从 B 公司处得到 F 公司为承运人，B 公司为托运人，承运船舶为 V 轮的提单。A 公司于 2001 年 11 月 30 日从 D 公司传真得知，承运货物于 2001 年 11 月 9 日在卸货港被无单放货。A 公司遂于 2002 年 1 月 10 日在某海事法院对 B 公司和 E 公司提起诉讼。

本案涉及的主要争议是，B 公司是否为 A 公司所持提单下的承运人，即 A 公司与 B 公司之间是否存在海上运输合同关系，以及 B 公司可否享受赔偿责任限制。

首先，针对 A 公司与 B 公司及 E 公司之间是否存在海上货物运输合同关系。

A 公司认为，本案中 B 公司应为契约承运人，E 公司应为实际承运人，A 公司与两被告公司之间存在海上货物运输合同关系。

B 公司认为，其只是承运人在当地的代理，从事签发提单及相关事宜。C 公司是承运人，D 公司是 C 公司的代理。

E 公司认为，自己仅代表作为实际承运人的 F 公司订舱，与无单放货无关。

对此问题法院认为，A 公司与 B 公司存在运输合同关系。B 公司为无船承运人，同时是契约承运人，A 公司是委托人，同时是正本提单持有人。E 公司为装港船舶代理，与 B 公司和 A 公司的运输合同及无单放货没有直接法律关系。

其次，针对两被告对 A 公司损失是否负有给付之责任，某货运公司是否应享有赔偿责任限制。

A 公司认为，B 公司作为承运人应凭正本提单交货，承运人明知故犯，丧失了赔偿责任限制，应全额赔偿。

B 公司认为，承运人应为 C 公司或 D 公司，收货人是 D 公司在土耳其的代理。D 公司给 A 公司传真，详细说明货物如何被放行，B 公司不应承担责任。假如有责任也应享有赔偿责任限制。

法院认为，B 公司是契约承运人，对无单放货造成之损失应承担赔付责任。因本案无单放货是故意行为，属承运人故意或明知会造成损失而轻率的行为或不作为，不属于享受赔偿责任限制的范围，因此 B 公司不应享受赔偿责任限制。而且关于赔偿责任限制原则上是选高不选低，即按件或按公斤计算哪个数额高按哪个计算，本案涉案金额不大，即使不享受赔偿责任限制也不会超过限额。因此，本案不涉及赔偿责任限制，只涉及赔偿货损及相关损失问题。同时，因 E 公司与无单放货无关，E 公司不承担责任。

法院认为，本案是典型的货运代理公司作为无船承运人（契约承运人）参与揽货、租船运输整个过程，出现无单放货纠纷的案件。依照国际贸易惯例，FOB 条款下，买方租船订舱，卖方只能根据买方指示将货物交给买方指定的承运人（包括无船承运人），而后提取提单。本案中在 FOB 条款下，作为卖方的 A 公司将货物交给 B 公司，领取了抬头为香港 C 公司，托运人为 A 公司的提单。B 公司又在 F 公司为承运人的提单上作为托运人，E 公司从 B 公司处得到此提单。说明 B 公司虽为货运代理公司，但实际在本案中已参与货物运输整个过程，处于契约承运人即无船承运人地位，应承担无单放货之责任。

从另一角度讲，假如 B 公司作为代理人应在提单代理人位置签章或注明作为承运人代理人，但本案中 B 公司却错误地在承运人处签章。又没注明作为承运人代理，那么作为原告并不知情，在 B 公司披露委托人情况下，按我国《合同法》规定，A 公司仍有权选择要求委托人还是被委托人承担责任。况且 B 公司在另一提单即 F 公司作为承运人的提单中，以托运人的身份出现，再一次否认了 B 公司签错章的可能性，因为如果确实签错章，那么在另一提单即 F 公司为承运人的提单中托运人名称就不应是 B 公司，而应是我国香港 C 公司或 D 公司，对此 B 公司无法自圆其说。

经过庭审、质认、认证，B 公司所出示的证据均不能否认 A 公司出示的正本提单，E 公司出示的提单及证明放货事实传真、所证明的无单放货事实。

因此 B 公司否认自己承担责任之主张不予支持。提单是用以证明海上货物运输合同和货物已经由承运人接收或装船，以及承运人保证据以交付货物的单证。海上货物运输合同中承运人风险责任自签发正本提单始至交付货物收回正本提单止。本案提单项下货物在交付、收回正本提单前，仍属 B 公司掌管。在此期间发生无单放货，B 公司应承担损失赔偿责任，至于 B 公司与案外人香港 C 公司、D 公司之间的关系与本案没有直接的关系。据此，判决 B 公司向 A 公司承担无单放货损失之赔偿责任，E 公司不承担责任。

防控措施：

1. 坚持凭正本提单放货

无单放货目前虽是航运业中的一种默认做法，但并不等于它的合法性已为立法和司法实践所认可，除少数例外情况，无单放货仍是一种违法行为，承运人均须对提单持有人承担赔偿责任。同时，由于无单放货往往发生在故意的情况下，多数国家的海上货物运输法以及相关的国际公约，都将承运人故意或明知可能造成损害而轻率的作为或不作为列入承运人丧失赔偿责任限制的条件，承运人在无单放货时，很可能将面临责任限制的丧失，故承运人一定要坚持凭正本提单放货。

2. 合作伙伴与交易对象的信誉为首选

与境外船公司、代理人打交道时，一定要对他们的资信和经营状况做充分的了解，本案中 A 公司最初起诉时，被告还包括香港 C 公司和 D 公司，但法院按提单上的地址送达时，却无法找到这两个公司，导致 A 公司对这两个公司提出了撤诉。而 B 公司提供的与这两个公司有关的重要证据也因其失踪而无法确认，致使对排除 B 公司承运人身份有利的证据未被法院认可。由此可见合作伙伴与交易对象的信誉和选择至关重要。

3. 清楚自己的法律地位

长期以来，我国货运代理开展的各种业务相当混杂，而从事具体业务时，往往对自己的角色和权利义务不清楚。从我国《海运条例》及其《实施细则》的规定来看，无船承运人可以作为无船承运人的签单代理人为其代签提单。如果无船承运人仅意向做无船承运人的代理人而非作为承运人签发提单，则在提单的落款处一定要清楚地写明代××承运人签发提单，否则无船承运人将很难摆脱承运人的责任。而与无船承运人存在密切关系的货运代理，则被排除在无船承运人的签单代理人范围之外，货运代理已无权代无船承运人签发提单。当然，未在我国办理提单登记且提供财务责任证明的无资质的无船承运人也不得签发提单。

同时根据我国《海运条例》第29条和第33条的规定，有权代签国际船舶运输经营者的海运提单的主体包括：①国际船舶代理；②经我国批准，外商在我国设立的企业为其自己拥有或经营的船舶代签提单。而我国内地的无船承运人或货运代理都不具有代签国际船舶运输经营者的海运提单的资格。无船承运人更不得为未在我国办理提单登记并提供财务责任证明的境外无船承运人签发提单。

4. 无船承运人须正确放货

正确放货是无船承运人履行的最重要的职责之一。当货物具有贵重价值，而对货物不具有所有权的人试图提取货物时，无船承运人的错误放货就可能导致极大的损失，而无船承运人也会因此要面临数十万甚至上百万美元的索赔。因此，对无船承运人进行培训使其正确应付各种各样的情况就凸显其重要了。

三、承担"电放"风险

我国《海商法》对如何签发正本提单没有明确的规定。实践中，通常签发一套正本提单，一式三份，每份具有同等法律效力。之所以要求签发三份正本提单，是因为一份交实际托运人办理结汇、一份用于承运人作为货物收据、另一份留承运人备用，以防止提单在递送过程中被盗或遗失，令收货人在货物运抵卸货港后无法凭提单提货。提单上一般都注明一套正本提单的份数，还印明：承运人或其代理人所签发的提单，若其中一份已经完成提货手续，其余各份便自动失效。承运人在卸货港将货物交与提单上注明的收货人或提单受让人，并收回正本提单，其交付货物的责任即告终止。有些公司的提单管理规定中要求，提单可以通过速递、送单上门或由订舱人来领取的方式发放。

但在调研中发现，很多提单并不进行通常意义的"签发"，只是填写电脑中的无船承运人提单格式，通过电子邮件的方式发给实际托运人。通过电子邮件发给实际托运人的无船承运人提单，有提单号、签章（通过扫描预先录入电脑）和提单正面内容，但是没有提单背面条款。这样做的原因是近来货物很多做"电放"，提单不进行流转，实际托运人并不在意是否取得正本提单。这样做的风险在于，一旦实际托运人或者提单上的收货人向无船承运人主张权益的时候，无船承运人无法以提单的背面条款进行抗辩。

案例 7－13：无船承运人即 C 公司接受国内货主 A 公司委托，为其安排国内某港口到日本某港口的海上运输。同时向 A 公司签发了无船承运人提单。

该提单委托人为 A 公司，承运人为 C 公司，收货人为目的港的实际收货人，提单签发人为 C 公司。需要说明的是，该提单并未进行通常意义的签发，只是在电脑中保留的提单样本上填写了货物情况，通过电子邮件的方式提供给了 A 公司。

该批货物的实际承运人为 B 公司，B 公司向 C 公司签发了海运提单。海运提单的托运人为 C 公司，承运人为 B 公司，收货人及通知方为 C 公司在目的港的代理。C 公司享有 B 公司的协议优惠运价，但与本次货物运输没有任何关系，且 C 公司对此次货物运输完全不知情。同样，B 公司的海运提单也未进行通常意义的签发，只是在电脑中保留的提单样本上填写了货物情况，通过电子邮件的方式提供给了 C 公司。

C 公司通过某车队（独立经营人，为 C 公司分包商）从 A 公司的仓库中提取了货物，送到 B 公司的堆场。B 公司根据 C 公司的指示，在目的港将货物做"电放"处理。

案例 7 -14： 某电器生产企业委托无船承运人（以下简称"托运人"）向德国一客户（以下简称"收货人"）出口电水壶、吸尘器等货物，委托某货运代理公司（以下简称"货运代理"）办理出运事宜。托运人向货运代理确认涉案的两票货物做"电放"。货物出运后，货运代理收到经托运人盖章的"电放"保函传真件，指示货运代理向收货人无单放货。同时收货人也致电货运代理，询问是否收到托运人的"电放"保函。当货运代理提出需要"电放"保函的正本时，收货人便在货运代理收到的保函传真件上注明"正本资料等五一节后寄到"，再次将其传真给货运代理。货运代理向实际承运人出具了要求对货物进行"电放"的正本保函。承运人据此在目的港向提单记名收货人无单交付了货物。收货人收取货物后未支付货款。货运代理也一直未收到"电放"保函的正本。托运人向收货人索要货款未果，于是起诉货运代理，要求赔偿因其未取得托运人的正本"电放"保函而指示承运人放货所导致的货款损失、退税损失和运费损失计 59 万余元人民币。

某海事法院认为被告货运代理在代理出运货物过程中，未按约准确接受原告的放货指令，致使货物在目的港被他人提取，造成原告的货款损失，依法判令被告支付原告货物损失 47 万余元人民币。

被告不服，提起上诉，二审法院最终驳回上诉维持原判。

防控措施：

1. "电放"须坚持必要的原则

货运代理作为托运人的代理人或无船承运人，在"电放"操作中应坚持一项基本原则，即严格依据托运人的指示行事，做好托运人与实际承运人之间的衔接。货运代理在收到托运人发出的正本"电放"保函后，再向实际承运人发出自己的正本"电放"保函，切不可在没有收到托运人的指示或指示来源不明确时，就贸然要求实际承运人放货。否则托运人一旦收不回货款，必然追究货运代理的责任。

2. "电放"是无单放货的特殊情况

"电放"实际上是一种无单放货的情况，是使用提单时的一种特殊情况。但这种情况非常特别，使提单的"准流通证券"的性质，即提单可以通过交付或背书加交付自由转让的性质被消灭。目前，尚无国际公约或各国法律赋予"电放"以定义和规范。"电放"的原理是异地收回提单，然后交付货物。这种做法也是参照了在签发提单时的特殊情况，即"异地签单"的做法。但是，"异地签单"仍然是存在着问题的，并且也有人对其做法提出过质疑，可以说"异地签单"做法的后果存在着不确定性。"电放"在一定程度上便利了业务的开展，但也要看到选择"电放"对于承运人和托运人而言都存在着风险。货运代理不管是作为托运人的代理人还是无船承运人，都应妥善尽责地衔接好承托双方，使业务得以安全顺利地开展。

3. "电放"在散杂货运输中风险加大

相比集装箱运输，"电放"方式在散杂货运输中存在的风险更大。其一，散杂货运输（特别是整船运输）涉及的货物金额大；其二，散杂货运输目的港不确定，卸货港国家的法律规定不同，存在不确定因素；其三，散杂货货物损失不容易分辨和确定，而集装箱货物运输，承运人通常以集装箱箱体完好和铅封完好可以免责。因此，在条件允许的情况下，尽量避免在散杂货运输中使用"电放"的方式。

4. "电放"须注意的事项

如未能收回全套正本提单，一旦"电放"货物发生货损货差或者其他纠纷，就会导致正本提单持有人向货运代理主张物权，货运代理却无法通过提单背面条款进行抗辩。所以，货运代理在进行"电放"时应严格按以下原则行事：

（1）收回全套已签发的正本提单。

（2）托运人必须详细列明收货人信息，并书面提出"电放"申请，申请中明示"受×××无船承运人提单背面条款约束"（subject to the clauses of ×××B/L）字样。

（3）托运人必须提供保函。

（4）在目的港，严格核对收货人的资料，避免放错货物。

（5）收货人出示的"电放"提单传真件或者复印件上须明示"受无船承

运人提单背面条款约束"。

（6）将背面条款一并扫描提供。

（7）如果是长期客户，则要在订舱协议中对提单的签发形式以及适用的背面条款做出约定。

四、承担套约风险

套约的现象在某些地区比较常见。套约的形式也有很多种。第一种形式下，无船承运人接受客户委托，签发无船承运人提单给客户。因某货运代理与船公司洽谈的运价优于无船承运人的价格，所以无船承运人以委托人的身份向某货运代理订舱，取得某货运代理的无船承运提单或者船东提单。第二种形式下，无船承运人在签发了无船承运人提单给客户后，以第三方的名义向船公司订舱，目的是套用第三方与船公司签订的优惠运价。形式一的套约是规范的业务操作；形式二的套约是不规范的业务操作，一旦在运输责任期间发生了货损货差，无船承运人向实际承运人的追偿将很困难。我们要严格禁止第二种形式的套约。

防控措施：

1. 严格禁止上述第二种形式的套约

即严格禁止无船承运人在签发了无船承运人提单给客户后，以第三方的名义向船公司订舱。

2. 保留好货物交付给船公司的证据

保留好证据的目的是，一旦因套约业务发生纠纷，且船公司提单的托运人未显示为无船承运人的时候，可以根据我国《海商法》第42条关于"将货物交给与海上货物运输合同有关的承运人的人"亦为托运人的规定，向船公司主张权利。

五、承担提单管理不善风险

无船承运人提单是有价值且很重要的单据，所以无船承运人应十分重视对自己的提单管理，既要保管好空白提单，又要加强对借出提单的掌控与监督，稍有不慎就会承担由于空白提单所引发的法律责任及造成的经济损失。

案例7-15： 2004年5月27日，广东省粤东磁电公司以无单放货为由对华美航务公司（以下简称"华美公司"）提起诉讼，索赔包括货款损失及货款逾期利息在内的经济损失共计203 850美元，同时被提起诉讼的还有捷达公司和平野对外运输有限公司。广东海事法院汕头海事法庭（以下简称"海事法庭"）受理了此案，并定于 2004 年 8 月 24 日在汕头开庭。华美公司为外运公司在美国设立的全资子公司，已在我国取得了无船承运业务经营资格。海事法庭根据我国《海运条例实施细则》第 25 条"在中国委托代理人提供进出中国港口国际货物运输服务的外国无船承运业务经营者，应当在中国境内委托一个联络机构，负责代表该外国企业与我国政府有关部门就《海运条例》及其《实施细则》规定的有关管理及法律事宜进行联络"的规定，从我国交通运输部获取信息了解到华美公司北京代表处，并将传票留置送达华美公司北京代表处。同时，海事法庭还通过财产保全的裁定冻结了华美公司在交通运输部缴存的无船承运人保证金。

华美公司经调查发现本案所涉 03C NO0003577 号提单为其出借给钱塘公司使用的以华美公司为抬头的提单中的一份，但是本案实际签发该提单的却是捷达公司。经了解，钱塘公司并未授权捷达公司签发该提单，也不清楚其是如何得到该份提单的。华美公司推测，该份提单可能为捷达公司盗用，甚至是捷达公司与收货人合谋欺诈。

通过钱塘公司的配合调查，捷达公司承认该份提单为其下挂靠的一个个人所签发，该人也承认了未经授权签发提单的事实，并答应直接与货主联系。后该人与货主达成协议，货主同意撤诉，法院做出裁定并解除了对华美公司保证金的冻结。

案例 7-16：某贸易公司（以下简称"B 公司"）诉某运输公司（以下简称"A 公司"）无单放货称：B 公司通过某货运代理公司（以下简称"C 公司"）托运其货物从国内某港口运往国外某港口。货物装运后，C 公司向 B 公司提交了由 C 公司签发的、抬头为 A 公司的无船承运人提单。货物到达目的港后，A 公司在未收回正本提单的情况下，将货物交与收货人，收货人拒绝赎单，正本提单仍由托运人 B 公司持有。根据提单编号及防伪标记判断，涉案提单的确属于 A 公司，C 公司在提单签发处注明：作为抬头承运人的代理，接到应诉通知书后，A 公司立即展开调查，对于涉案业务，A 公司未接受任何订舱，也未办理任何运输手续，同时也未收取任何运费或者代理费用，A 公司与提单上标明的承运船舶也未有任何契约运输关系，A 公司与 C 公司也无任何业务合作关系，从未授权 C 公司代理其签发提单。事实表明：A 公司与本案无关，C 公司系冒用 A 公司的名义承揽运输业务，盗用 A 公司的空白提单并假借其代理的身份签发提单。案件标的金额近 200 万元人民币。

接到起诉状后，A 公司立即找到 C 公司，C 公司对于盗用 A 公司提单从事运输业务供认不讳，A 公司声称要追究其刑事责任。C 公司无奈之下与 B

公司协商，最终于开庭前双方达成和解协议，C公司赔偿部分货物损失，B公司撤诉了结此案。

防控措施：

1. 重视对提单的使用

长期以来，许多无船承运人并不重视对提单的使用，除委托代理签单外，出借提单的现象也十分普遍，而对借用人保管、使用提单的情况又缺乏监督。提单往往随意放置，极有可能被其他公司的往来人员拿走。事实上提单所代表的不仅仅是一份单证，上面往往附有几十万、几百万甚至几千万人民币的价值。一旦出现问题，其损失将无法估量。因此，无船承运人一方面要认识到将自己登记的提单出借给他人使用本身就是违法；另一方面也要意识到出借提单潜在的巨大风险。即使根据我国《海运条例》及其《实施细则》的规定委托其他无船承运人代签提单，也必须对提单进行严格的监督和管理，受委托的无船承运人也应建立独立的管理体系，选派专门人员负责管理和签发提单，包括签单印章的统一、规范提单操作流程、落实责任制，等等。无船承运人应真正做到了解自己每一份提单的去向，清楚每一份提单中潜在的风险与责任。同时，一旦出现问题应积极调查应对，不能因为该提单非我所签而置之不理。须知，使提单随时处于有效的控制之中，是无船承运人避免经营风险的一个重要因素。

2. 加强对提单的管理

对于提单，无船承运人应当制定严格的管理规定和操作流程，对于提单流转的各个环节诸如空白提单的保管与分发，提单的缮制、签发与回收务必进行全程监控。对于空白提单一定要由专人负责，妥善保管，"管好自己的人，看好自己的单"。对于空白提单的分发和领取必须严格履行手续，每一份空白提单的走向都要有明确的记录，做到不错发一份单，不遗失一份单，单单有据可查。不给任何人可乘之机，尤其是那些盗用无船承运人名义、欺骗客户、转嫁风险、扰乱市场的不法经营者。同时，无船承运人应加强对相关提单操作人员的培训，通过提高业务人员的素质提高管理提单的水平。

提单管理应采取法律职能部门统一归口管理，各业务部门、各单位分口管理的模式。法律职能部门对提单的签发和履行负有监督、审查和指导的职责。具体操作上，各业务部门和所属各单位作为提单二级管理单位，负责本部门、本单位的提单签发和履行工作。同时，应加强无船承运人公章或提单专用章的管理。

提单需要全过程、全方位的管理，对一些重要提单更要视为重点管理对象，由法律职能部门或专业法律人士参与，进行严格管理和全程跟踪，从而预防法律纠纷和风险的发生。

3. 筛选有资质的无船承运人的代理人

无船承运人一定要认真筛选代理人，在选择代理人时要按照我国《海运条例》及其《实施细则》规定的条件和程序，筛选具有资质的无船承运人作为代理人，同时在交通运输部指定的媒体上公布。此外，还要考察代理人的经营实力、资信可靠度，挑选声誉良好的无船承运人作为代理人。在与代理人签署代理协议中，一定要明确双方的责任，尤其是对代理人在管理和签发无船承运人提单中可能出现的过错，要约定代理人的违约赔偿责任。平时，要加强监督、检查代理人的工作，定期考评，及时撤换不合格的代理人。

4. 利用舆论宣传打击盗用提单者

无船承运人为加强对其代理人的监管，应广泛利用媒体，包括在官方网站上，以及无船承运人自己的网站上，登载代理人的名录，介绍代理人的基本情况，说明代理人的代理权限和代理期限。向公众公开代理人的信息，以便广大货主查询、识别真正的代理人，避免上当受骗，也使代理人置于公众的监督下，使假冒者无藏身之处。这样做，一方面维护广大货主的利益，打击非法无船承运人；另一方面，当发生盗用提单案时，使无船承运人又多了一项抗辩的理由。

5. 及时采取措施避免自身损失

当无船承运人提单被盗用时，应采取果断措施，及时要求行管部门对盗用者予以查处、制止和惩罚。情节严重者，可提请司法部门追究其刑事责任。可利用媒体充分揭露盗用者的非法行为，正本清源，提醒广大货主不再继续上当。如无船承运人因提单被盗用而遭受索赔，应及时对盗用者进行质询，施加压力，使其主动承担责任，同时保留追究其行政乃至刑事责任的权利。如盗用者拒绝配合或逃之夭夭，无船承运人应在最短的时间内搜集有效证据，证明提单被盗用的事实，证明自身没有参与实际业务的事实，以摆脱可能承担的赔偿责任。

6. 正确认识和利用财务责任证明制度

为了尽量减少和降低货主的风险，防范欺诈行为，我国《海运条例》及其《实施细则》引入了无船承运人财务责任证明制度。按照以往无船承运人的观点，会认为设立财务责任证明只对货主有利、而无利于无船承运人。但实际上无船承运人完全也可以利用这种财务责任证明制度，保护自己的利益，如在向另一个无船承运人索赔时，无论是采取保全措施还是申请强制执行法院裁决均可利用财务责任证明来维护自己的权益。但是无船承运人一定要清楚和符合申请冻结扣划保证金的条件与程序。

六、承担提单欺诈风险

有些无船承运人不仅对其提单的签发、签单章样及对目的港无船承运人提单的回收，而且对其空白的无船承运人提单，甚至对已作废的无船承运人提单的处理都有管理规定，严防外人参与。在这种管理制度和管理环境下，无船承运人空白提单的流出被彻底杜绝。基于长期与国际航运欺诈者交手，总结多年的经验教训，深知国际骗子的厉害，以致无船承运人不得不篱笆自紧，以免横生麻烦。

这些无船承运人的举动，绝非杞人忧天。试想，如果这些国际骗子掌握有正式的印有公司抬头的正本空白提单，然后像模像样地制成本文前述的无船承运人提单，那么，受害人在找不到骗子时，无船承运人提单抬头上印就的承运人就自然成了其追究的对象。到那时，自己提单被人冒用的无船承运人就要苦果自尝了。所以，我们必须谨防欺诈，管好自家公司的无船承运人提单。

案例 7 - 17：国内某企业手持一套价值近 40 万美元的正本提单，来某无船承运人处查询该提单注明的 × × 轮 V9898 是否由其代理？提单所示货物是否运抵？

× × 轮系中外运箱运公司租船，上海船代公司为其上海港代理。经审查，该国内无船承运人出示的提单是一份抬头为国外 A 公司，并由 B 公司的境外代理代抬头承运人 A 公司签发的无船承运人提单。而某无船承运人从 × × 轮 V.9898 提供的进口舱单上，却查不到该提单项下的货物。显然，该国内某企业花了 40 万美元购入的可能是一份假提单，起码是一份有麻烦的提单。

如果确实是一份假提单，面对这一欺诈事实，受害人就很难从预谋者手中追回损失。在此情况下，受害人可以考虑向出口商索赔，但如果出口商参与了欺诈，可能早已逃之夭夭，而提单抬头上的承运人就可能成为被追索对象。

案例 7 - 18：1999 年 1 月 5 日，原告 L 公司与波兰 R 公司签订了出口童鞋的合同，价格条款为 FOB 厦门，付款方式为电汇。3 月 5 日，R 公司传真原告，指定 ASTG 的香港公司负责一切运输事务。此后，益通公司作为 ASTG 的香港公司的厦门代理与原告联系，并代理原告办理了拉货、配载、报关等手续。3 月 16 日，该票货物装上法国 CMA 公司经营的 XINGANG 轮，厦门外代代法国 CMA 公司签发了 CMA 提单，提单记载的托运人为原告，收货人为 ASTG 汉堡公司。货物发运后，益通公司经理黄某亲自将一份抬头为 ASTG 集装箱有限公司，且有该公司签发字样的、黄某亦签名的提单。黄某称，该提单在其填写前空白便签传真给黄某，黄某遂以原告的名义写了一份要求法国 CMA 公司将该批货物"电放"给 ASTG 汉堡公司，由原告负责的"电放"保函，传真给法国 CMA 公司厦门办事处。货物运抵汉堡后，法国 CMA 公司凭该"电放"保函将货物放给 ASTG 汉堡公司，ASTG 汉堡公司在未收回 ASTG 正本提单的情况下，于 4 月 20 日将提单项下货物交付给 R 公司，R 公司提取货物后，未向原告付款。钱货两空的原告 L 公司在厦门海事法院对被告 ASTG 我国公司提起诉讼。

尽管本案的法律关系错综复杂，涉及两套提单、数家公司、多种法律关系，但其"双重无单放货"的形式可概括为：实际承运人法国 CMA 公司凭该"电放"保函将货物放给无船承运人在目的港的代理 ASTG 汉堡公司，而该公司又无单放货给收货人 R 公司。

厦门海事法院认为：根据国际贸易价格解释通则，在 FOB 条款下，买方负责租船订舱，卖方的义务是根据买方的指示和要求将货物交给承运人。R 公司指定 ASTG 的香港公司负责运输，而后益通公司作为所谓香港公司的代理人在厦门接收了货物，并向原告交付了以 ASTG 集装箱公司为抬头、ASTG 我国公司签发的货运代理提单，原告根本无从得知诸多冠以 ASTG 抬头的公司之间的关系。但有证据表明，ASTG 我国公司即是 R 公司指定的 ASTG 的香港公司。在被告未能提出充分合理的证据证明 ASTG 集装箱公司的客观存在及它们之间有委托代理关系的情况下，应当认定被告 ASTG 我国公司即原告出口货物的无船承运人，并判决被告作为无船承运人赔偿原告 41 370 美元货款及利息损失。

防控措施：

1. 代谁签发提单须明确

本案涉及复杂的承运人识别问题，承运人的识别关系到海上货物运输合同当事人的确定，进而关系到权利义务主体的确定。提单抬头记载的公司与提单的签发人往往并非同一人，实践中出借提单、使用某行业协会的统一提单、承运人签发实际承运人提单的现象十分普遍，因此仅凭提单抬头来判断承运人是非常不可取的，提单抬头在承运人识别中仅能起到辅助作用。而通过提单签发人来识别承运人则是目前司法实践中较为普遍采用的做法。如果提单签发人没有写明代谁签发提单，那么该人通常会被认定为承运人（租船合同下的情况则较为复杂不能一概而论）。即使提单签发人是代他人签发提单，此种情况实际上也构成了我国《合同法》上的隐名代理，托运人或善意的提单持有人完全有权选择将提单签发人作为承运人提起诉讼。如果提单签发人注明代谁签发提单，则存在两种情况，一种是该人确实经过被代理人的授权，如船公司授权船代代签提单的情况，那么被代理人就应当被视为承运人；另一种情况是提单签发人为了摆脱自己的承运人责任，在提单落款处做出虚假的表述，此时，不仅要看由谁签发提单，代谁签发提单，还要考查签单者是否经过有效授权，这可以说是承运人识别的实质判断标准。

2. 严格依照我国《海运条例》行事

我国《海运条例》及其《实施细则》为了加强对无船承运业务的管理，对无船承运人提单的登记、公示和签发都做了严格的规定，根据该《海运条例》及其《实施细则》的规定，任何单位和个人都不得擅自使用无船承运人已经登记的提单。无船承运人需要委托代理人签发提单或者相关单证的，应当委托依法取得经营资格的国际船舶运输经营者、无船承运国际海运货物装卸、国际海运货物仓储、国际海运集装箱站和堆场等业务的经营者。无船承运业务经营者应当将其在我国境内的船舶代理人、签发提单代理人在交通运输部指定的媒体上公布。公布事项包括代理人名称、注册地、住所、联系方式。代理人发生变动的，应当于有关代理协议生效前 7 日内公布上述事项。国际班轮运输经营者、无船承运业务经营者应当及时将公布代理事项的媒体名称向交通运输部备案。由此可见，过去普遍存在的无船承运人出借提单，委托不具有相应资格的货运代理或个人签发提单，甚至对自己的提单疏于管理导致提单被盗用等已经成为一种违法行为，由此使托运人或善意提单持有人相信提单抬头的无船承运人就是承运人，无船承运人将不得不承担责任。

3. 完善我国无船承运人的配套法律制度

无船承运业务在国内外的国际航运实践中很普遍。比如，我国有不少货运代理经常以自己的名义签发提单或订立海上货物运输合同，从事无船承运业务。境外无船承运人虽然未在我国内地建立商业公司，但通过其在华办事处，仍可方便地在我国境内开展经营活动。由于国内管理体制未完全理顺等原因，我国对无船承运人的立法尚未完善。到目前为止，仅我国《海运条例》及其《实施细则》对无船承运业务经营者的资质有一定的要求，至于无船承运人的业务已超出海运范围，该条例的监管功能就远远不够了。这种法律调整的缺失，使得境外无船承运人在我国境内的经营活动处于无人监管的状态，我国的对外开放领域超出了我国对外承诺的实际开放水平。国内从事无船承运业务的无船承运人，由于相关立法不够明确、全面，监管不力，甚至没有监管，造成我国无船承运人市场的混乱状况。建议我国《海商法》修改时，在第四章第42条"承运人"定义中增加"包括不经营船舶的承运人"，对无船承运人签发的提单是否具有与海运提单相同的三大功能予以明确，完善相应立法，进一步规范无船承运人定义和运输单证管理等配套制度。

另外，目前在无船承运业务中，还存在着不实际签发无船承运人提单的情况，虽然不是很严重，但存在着风险，值得大家注意。有些无船承运人不实际签发无船承运人提单，只是填写电脑中的无船承运提单格式，通过电子邮件的方式发给实际托运人。通过电子邮件发给实际托运人的无船承运提单，有提单号、签章（通过扫描预先录入电脑）和提单正面内容，但是没有提单背面条款，这样会给无船承运人以背面条款的规定对抗索赔人带来困难。

2013年12月10日，作者夫妇与《中国远洋航务》社长张彤、总编章晓彤和执行主编姚亚平共同探讨有关无船承运人风险与防控的议题。

第八章　无船承运人的责任保险

第一节　无船承运人的责任保险

从事无船承运业务的企业与从事传统货运代理业务的企业相比其责任与风险都加大。我国《海运条例》发布后，对"无船承运人"有了较明确的定义，虽然他本身不拥有船舶，也不经营船舶，但对于实际托运人来说他是承运人，承担承运人的法律责任。因此无船承运人不是代理人而是承运人，他收取的是运费，适用我国《海商法》有关契约承运人的规定。无船承运人所扮演的这一个角色，说明他所承担的是当事人的责任与风险。当事人比代理人的责任和风险要大多了。

为了维护无船承运人和实际托运人的合法权益，无船承运人应投保责任险。为了维护无船承运人自身的形象，无船承运人事先将责任风险转移给保险公司，是从根本上解决问题的办法。而由于目前无船承运人责任险业务在我国起步不久，进程各异：有的保险公司尚处于调研阶段，有的保险公司在货运代理责任险中包括了无船承运人责任险，有的保险公司则在物流责任保险中包括了无船承运人责任险。另外，无船承运人的状况也参差不齐：少数无船承运人有一定的风险防范意识，在境外保险公司投保了无船承运人责任险；有的无船承运人在国内保险公司投保了货运代理责任险，其无船承运人责任已在承保范围内；有的无船承运人在国内保险公司投保了物流责任险，其无船承运人责任在此承保范围内；有的无船承运人不了解该险种的承保范围而处于犹豫状态；多数无船承运人为了节省保费心存侥幸，这是最大的风险隐患。

在我国保险公司尚未出台无船承运人责任险之前，我国《海运条例》规定采取强制性的办法，要求无船承运人在成立时必须向交通运输部缴纳80万元保证金，这无疑是对的。但这样做，只是过渡阶段的一种权宜之计，并不能从根本上解决问题。一方面缴纳80万元保证金，增加公司的负担；另一方面万一发生重大事故，80万元保证金是不够的；再则，数千家公司累计起来就是几十个亿，这几十个亿存放在银行成了"死钱"，对国家也是一种巨大的资金浪费。现在情况有了很大的改变，交通运输部已将只能缴纳保证金的强制唯一的做法，改成了无船承运人既可采用缴纳保证金的做法，也可采用投保保证金的责任险和提供银行担保与第三者保函。究竟采用哪种办法由无船承运人视本人的具体情况自行决定。

上述三种方式从长计议，应以无船承运人投保保证金责任险取代当前的保证金制度为上策，在我国真正开展起无船承运人责任险业务，并为其营造一个良好的商业保险环境，已提上日程。

一、无船承运人为什么要投保责任险

在国际贸易中，买卖双方所签合同的运输条款或采用 FOB 条款，或采用 CIF 条款，或采用 CFR 条款，无论采用哪一种，总有一方将负责对货物进行投保。

在国际货物运输中，船舶所有人要对船舶本身投保船壳险，承运人要对所载货物投保责任险。谈到这里，有人不禁要问：货方对货物已进行了投保，为什么承运人还要对货物投保责任险呢？首先，承运人投保的是责任险，非货物本身的风险；其次，财产险有其特殊性，即当货物在运输途中发生货损货差或灭失时，保险人在赔付了货方后，便依法取得代位求偿权，法律赋予他有权向真正的责任方进行追偿。若属承运人责任，毫无疑问承运人要承担部分或全部赔偿责任，这一责任有时是巨大的，令承运人难以负担。为此，船东自愿组成了船东互保协会，承保作为承运人的船方这一责任风险，船东则为该协会会员。

对于无船承运人来说，同样会有人提出质疑：船和货都有人投了保险，无船承运人既无船又无货为什么也须投保责任险呢？道理很简单：其一，无船承运人的责任应适用我国《海商法》的规定，依据该法，无船承运人被视为契约承运人，承担承运人的责任；其二，无船承运人非船舶所有人（船东），不能成为船东互保协会会员，不能在该协会投保责任险，却要承担承运人的责任和风险，所以更须在保险公司为自己投保一份责任险；其三，无船承运人投保责任险是提高企业品牌、形象和信誉的一种标志，令货主放心地、无后顾之忧地将货物委托其承运。

二、无船承运人责任险的承保范围

无船承运人责任险没有单独设立为一个险种，它被包含在货运代理和物流责任险中。多年来，境外一些保险公司在承保国际货物运输代理责任险时，将承保范围分为两个方面：一方面承保其作为纯粹货运代理时的风险；另一方面承保其作为当事人时的风险，这其中就包括无船承运人、海运承运人、公路承运人、多式联运经营人、租船人、仓库管理人、甚至第三方物流经营人的责任风险。近年来，我国保险公司也已开展了承保无船承运人责任险。

承保无船承运人责任险包括哪些方面呢？无船承运人与保险公司对其责任险所包括的具体内容是可以事先约定的。一般来讲，如果承保范围宽一些其所需缴纳的保费也肯定高一些，如果承保范围窄一些其所需缴纳的保费也肯定低一些。一切可根据双方当事人的需要与可能来确定其承保的范围。下面分别介绍一个承保范围较宽的内容和一个承保范围较窄的内容。

（一）承保责任范围宽的承保以下责任

1. 承保货物损坏和灭失的责任

无船承运人因货物的实际损坏或灭失所造成的责任，以及因此引起的间接损失的责任。

案例 8 - 1：上海某家无船承运人公司，出具无船承运人提单承运 118 桶化学品到德国汉堡港。货物运抵目的港拆箱时，发现化学品在集装箱内泄漏。承保公司马上指派当地的"通讯代理"和检验人员调查，经核查共计 35 桶化学品"全损"，另有 83 桶需重新包装。结果收货人向无船承运人索赔 20 000 美元作为货损、额外包装费用和经济损失的赔偿。

案例 8 - 2：一票散货共计 44 箱手表，由上海装箱运抵意大利的 NAPLES 港。在目的港拆箱时发现只有 40 箱货，另外 4 箱手表不见踪影。意大利货运代理公司立即与上海联系，上海方面在拼箱仓库进行了彻底查找，但一无所获。在这起事故中虽然无法判明 4 箱货物遗失的原因，但作为"契约承运人"的无船承运人仍需承担赔偿责任。承保公司对由其承保的这宗货物丢失案给予了赔偿。

2. 承保错误与疏忽责任

（1）延迟——承保无船承运人因延迟履行合同义务而导致客户损失的责任。

（2）交货错误——承保无船承运人在交付货物方面有违合同约定，导致客户任何经济损失的责任。

（3）其他经济损失——承保无船承运人因部分或完全未履行合同义务，造成客户任何其他经济损失的责任。

（4）不正确填写单证资料——承保无船承运人因不正确填写提单或其他

运输合同或文件的资料，导致货损货差或扩大货损货差损失范围的责任。

例如，某货运代理作为无船承运人承运一批货物，从新加坡运抵伦敦，并签发了提单，该提单符合信用证的要求。货运代理将实际承运人签发的海运提单交给伦敦代理人，并指示其一定要凭无船承运人的提单换海运提单。但由于该代理的过失，在未收到无船承运人提单的情况下，就将海运提单交给收货人。结果收货人提货后，拒付运费和货款，于是发货人为索赔货物价值向无船承运人起诉，作为无船承运人的货运代理则通知其责任保险人赔偿。

本案无船承运人的伦敦代理人未按其指示行事，如果这一行为确属偶然，由于"疏忽或过失"所致，则在查清责任之后责任保险人应予受理。即使代理人的行为带有欺诈性质且为故意，只要无船承运人能证明他自己并非欺诈一方，责任保险就应当给予赔偿。

3. 承保第三者的责任

（1）第三者的财产损坏或灭失——承保无船承运人对第三者财产的实际损坏或灭失的责任，以及因此引起的间接损失的责任。

（2）第三者的人身伤亡——承保无船承运人对其雇员以外的第三者的人身伤亡或疾病（包括住院、医疗和丧葬费）的责任，以及因此引起的间接损失的责任。

4. 承保相关的罚款与关税

承保无船承运人因违反下述列明之六项规定（除非另有约定）而承担的罚款和关税的责任：

（1）有关任何货物进出口的规定；

（2）有关客户设备进出口的规定；

（3）有关移民出入境方面的规定；

（4）有关提供安全生产或工作环境的规定；

（5）有关防止污染方面的规定；

（6）有关保安或反恐怖方面的规定。

5. 承保相关的费用

（1）调查、抗辩和减少损失的费用。承保发生本保险项下的意外事故后，所支付的调查费用和保护其利益的费用，如律师费、检验费或专家咨询费，以及为避免或减少损失而产生的费用。

（2）处理费用。承保本保险项下的货物、客户财产或设备发生意外事故后，为处理该货物或财产（非船舶或飞机或其残骸）或设备所支付的额外费用。

（3）检疫和消毒费用。事故发生后的和正常业务开支以外的检疫、熏蒸或消毒费用。

（4）货物错运费用。承保当货物被错运至第三地而必须转运至正确目的地时，运输经营人所产生的额外成本。

（5）共同海损和海难救助分摊费。承保在发生共同海损或海难救助的情况下，运输经营人必须承担而又无法从货主处获得补偿的成本分摊。

（6）无主货物处理费用。承保目的地收货人拒绝提取货物而产生的额外开支。

（7）为完成运输合同而产生的额外费用。承保运输经营人为将货物运至目的港，履行其在运输合同中的交付义务而产生的额外费用。但此费用的产生必须是以运输经营人的代理或其分包商未清偿其所欠债务为前提。

（二）承保责任范围窄的承保以下责任

在本保险协议期间，对被保险人从事的无船承运业务，由于被保险人以无船承运人名义签发的提单中的规定及被保险人的过失和疏忽造成对所承运货物的下列损失、费用或责任，依据中华人民共和国法律和被保险人签发的提单条款规定应由被保险人承担的，保险人根据本保险协议的约定负责赔偿。

（1）被保险人作为无船承运人因签发提单中承运人责任范围内的原因造成的货物的灭失或损坏而承担的赔偿责任，包括延迟交付所产生的费用损失。

（2）由于被保险人发错货物、货物运错、漏发货物、单证填写或操作中的遗漏或疏忽产生的费用损失，但不包括因此产生的货物的损失。

（3）集装箱拆箱、装箱、拼箱过程中，被保险人的过失或疏忽导致的货物灭失或损坏。

（4）被保险人的雇员、代理人的过失或疏忽行为导致的货物灭失或损坏。

（5）对被保险人应付索赔人的诉讼费用及事先经保险人书面同意负责的诉讼、仲裁及其他费用，保险人在本协议列明的责任限额内负责赔偿。

三、无船承运人责任险的除外责任

无船承运人责任险通常被归于货运代理和物流责任险中，即使联运保赔协会这样的商业保险公司也是如此。作为此类保险的投保人，无论是无船承运人还是货运代理都必须清楚地意识到：投保了责任险并不意味着所有风险都已转移给保险公司，因此，绝不可误认为在任何情况下、发生任何事故，即使自己有责任，也无须负责，通通转由保险公司承担一切后果，这种想法是错误的。事实上，任何保险险种都有除外条款，即保险公司不予承保的部分，所以要特别注意阅读保单中的除外条款，并加以认真地研究和考虑。当然作为保险公司负有如实告知的责任。

除外条款的后果就是导致投保人全部或部分地得不到赔偿。此外，保单中还定有要求投保人履行的义务条款，如投保人未尽其义务，也会导致保险公司部分或全部予赔偿的后果。

（一）全部除外责任

全部除外，即保单中明确规定的除外责任，通常适用于所有险种中的除外条款和限制，包括责任险，主要有以下几个方面：

（1）在承保期间以外发生的危险或事故；

（2）索赔时间超过承保条例或法律规定的时效；

（3）承保合同或保险公司的条例中规定的除外条款，即不在承保范围内的损失；

（4）违法行为造成的后果，如运输毒品、枪支、弹药、走私物品或国家禁止的物品；

（5）蓄意或故意行为，如倒签提单、预借提单引起的损失；

（6）战争、入侵、外敌、敌对行为（不论是否宣战）、内战、反叛、革命、起义、军事或武装侵占、罢工、停业、暴动、骚乱、戒严和没收、充公、征购等的任何后果，以及为执行任何政府、公众或地方权威的指令而造成的任何损失或损害；

（7）任何由核燃料或核燃料爆炸所致核废料产生之离子辐射或放射性污染所导致、引起或可归咎于此的任何财产灭失、摧毁、毁坏或损失及费用，不论直接或间接，还是作为其后果损失。

（二）部分除外责任

部分除外，通常表现为免赔额或最高限额的规定，如超出承保合同关于赔偿限额规定的部分。

（三）以投保人履行的义务为前提的除外责任

事先未征求保险公司的意见，擅自赔付对方，也可能从保险公司得不到赔偿或得不到全部赔偿。例如，当货物发生残损或短少后，无船承运人自认为是自己的责任，未征求保险公司的意见，就自作主张赔付给了对方。事后证明不属于或不完全属于无船承运人的责任，保险公司将不承担或仅承担其应负责的部分损失。

四、无船承运人投保时须履行披露义务

无船承运人向保险公司投保责任险时，须遵循诚信原则，提供相关资料，

将所有应披露的材料予以披露。如未能做到，其行为将令所签发之任何保单或证明失去效力或部分失效。当然保险公司也会要求无船承运人提供必要的情况及相关的资料，尤其是公司的经营范围、业务量、营业额、采用的运输方式及单证、风险范围、适用的法律、事故索赔记录、处理业务能力等；同时还会要求提供无船承运人与委托人的委托运输合同及无船承运人的提单和实际承运人的提单（如有）等资料，以便于保险公司以此为依据，对无船承运人可能遭受的风险与承担的责任进行评估，并拟订保单条款，确定保险费率。无船承运人所提供的资料应是足以使保险公司评估或接受该投保申请的情况。无船承运人须提供的资料一般包括以下几个方面：

（一）基本资料

公司基本资料包括申请人名称：列出本保单所承保的公司或若干公司，含所有附属及分支机构的名称；地址：申请人的地址、电话、传真、电子邮件、投保地点及联系人的姓名、地址、电话、传真、电子邮件；公司：成立日期、所有人、合伙人、执行董事或职员的姓名、职务、工作经验及年龄。

（二）业务活动

（1）业务区域——需列出主要的业务区域。如远东至美国。

（2）运输合同——是否与客户签订了有效的运输合同，如签订了合同（无论口头或书面形式），但所承担的责任，保险公司认为属提单、费用或常规性服务条款以外的责任，则保险公司不予赔偿。

（3）业务项目——业务项目是指适用于公司业务运作的项目及每一项的大约收益。

（4）单证签发——提供单证签发的情况通常指是否签发了无船承运人提单。

（三）营业额

（1）收入估算——收入估算指所有运费及有关业务之收入。其数字包括给船公司的付款，但不包括税款。

（2）产品和运输——产品和运输包括两部分，即收入占20%以上的产品及其所占比例说明，以及下列货物在运输中所占的比例："项目"运输＊，需要控制温度的货物，易变质的货物及二手设备/货物等。其中注有"＊"符号的为特定项目，如建筑安装货物运输。

（四）实际承运人

无船承运人尚须提供有关实际承运人的资料，实际承运人是否接受无船承运人对委托的责任人所承担的同等责任。

（五）须说明的限制事宜

无船承运人如有以下限制，须向保险公司说明：货物之法律责任，如索赔额/上限/免赔额；错误和疏忽，如每一保险年度内累计的最高限额/业务人员数目/免赔额；集装箱风险，指拖头拥有/租用/租赁情况，如拖头总金额，其中价值最高的一种/总值；集装箱总金额，其中价值最高的一种/总值；区域限制。

（六）以往保险历史

这一要求适用此保险之所有项目，包括：过去历年内是否在此类保险下发生过索赔案及其赔偿结果，此前是否对此类保险进行过投保，此类保险之申请是否曾经被拒绝或取消，是否曾经遭拒绝续保。

第二节 无船承运人责任保险单

为了使尚未投保责任险的无船承运人了解该保险单所包含的内容、格式、条款、义务及免责条款等，特将已开展多年无船承运人责任险业务的某保险公司的预约保险协议介绍如下。

无船承运人责任保险预约保险协议

一、保险人：某财产保险股份有限公司

　　　　被保险人：无船承运人及其各子公司和分公司（包括直接控股和间接控股）

二、保险责任

在本保险协议期间，对被保险人从事的无船承运业务，由于被保险人以无船承运人名义签发的提单中的规定及被保险人的过失和疏忽造成对所承运货物的下列损失、费用和责任，依据中华人民共和国法律应由被保险人承担的，保险人根据本保险协议的约定负责赔偿。

（一）被保险人作为无船承运人因签发提单中无船承运人责任范围内的原因造成的货物的灭失或损坏而承担的赔偿责任，包括因延迟交付而导致的运费损失，但此费用的最高赔偿限额为 666.67SDR/每标准箱，且每次事故货物损失赔偿金额和费用的赔偿金额的总计以本协议规定的每次事故赔偿限额为最高赔偿限额。

（二）由于被保险人发错货物、货物运错、单证操作中的遗漏、疏忽产生的费用损失，但不包括因此产生的货物的损失。

（三）对被保险人应付索赔人的诉讼费用及事先经保险人书面同意负责的诉讼及其他费用，保险人在本协议列明的责任限额内负责赔偿。

三、承保区域

本保险自被保险人根据有关的提单在集装箱集散站或其他场所接受承运货物起生效，在其控制照管下，运抵目的地交收货人为止。

四、除外责任

（一）除"保险责任"中规定的法律责任外，根据其他合同或协议应由被保险人承担的责任。

（二）被保险人对其自身财产，其租赁或租用财产造成的灭失或损坏。

（三）由于下列原因引起的责任：

1. 被保险人的欺诈行为、恶意行为或犯罪行为；

2. 被保险人或其雇员、代理的私吞、藏匿、转移或任何不诚实的行为；

3. 被保险人所遭受的罚金、罚款和惩罚性赔款；

4. 对于战争或类似战争行为、恐怖、敌对行为、内战、叛乱、革命、暴动、政变、政府没收征用或因为任何的政府当局或地方当局的命令而直接或间接引起的承运货物的灭失或损坏以及由此引发的责任；

5. 对于由于核污染或核废料引起的直接或间接的损失。

（四）以下货物发生的损失，无论被保险人是否承担赔偿责任，保险人都不负责赔偿：武器弹药、有价证券类，文件类，艺术品、金银、珠宝、文物等贵重物品，易燃易爆易腐易碎品，活生动物、植物、二手设备。

（五）任何性质的间接损失，如错发漏发造成延迟交付而导致的货物损失。

（六）由于货物本身的自然属性、合理损耗或固有缺陷造成的货物的损毁、灭失。

（七）托运人、收货人的过失造成的货物的损毁、灭失。

（八）被保险人未能遵守本保险的有关事宜。

（九）货物包装完好而其内容短少或不符，而无法证明是因意外事故所致者。

（十）货物因存放在仓库、堆场或其他建筑物内的损失，但正常运输途中必需的临时仓储不在此限。

（十一）因台风、暴风、地震、洪水及其他人力不可抗拒因素所造成的损失。

（十二）驾驶人员的故意行为及重大过失如酒后驾驶。

（十三）被保险人或其代表先知道或应知道运输工具不适航或不适载。

（十四）全程公路运输的整车提货不着。

五、被保险人的义务

（一）被保险人应履行如实告知义务，并回答保险人就有关情况提出的询问。

被保险人故意隐瞒事实，不履行如实告知义务的，或者因过失未履行如实告知义务，足以影响保险人决定是否同意承保或提高保险费率的，保险人有权解除保险协议；

被保险人故意不履行如实告知义务的，保险人对于保险协议解除前发生的保险事故，不承担赔偿责任，并不退还保险费；

被保险人因过失未履行如实告知义务的，对保险事故的发生有严重影响的，保险人对于保险协议解除发生的保险事故，不承担赔偿责任，但可以退还保险费。

（二）一旦得知承运货物发生损失，而根据本保险这种损失有可能构成本保险项下的索赔，被保险人应立即将有关损失书面通知保险人。

（三）被保险人应选用合格的雇员照管、看管或控制货物，在任何时候都应采取合理的安全措施，以防意外事故、自然灾害导致承运货物的灭失或损坏。

（四）在诉讼或处理索赔过程中，保险人有权自行处理任何诉讼或解决任何索赔案件，被保险人有义务向保险人提供一切所需的资料和协议。

（五）被保险人应将其在保险期限内将要签订的提单、运单等运输合同的样本交保险人备案。

（六）一旦发生本保险所承担的任何事故，被保险人或其代表应在预知可能引起诉讼时，立即以书面形式通知保险人，并在接到法院传票或其他法律文件后，立即将其送交保险人。

六、赔偿处理

（一）没有保险人的书面同意，被保险人不得对任何事故或索赔承诺任何责任，处理有关索赔或支付费用。保险人如有需要，有权以被保险人的名义全权处理有关的赔案。除非得到有关律师的建议，并获得保险人与被保险人双方同意，被保险人不得尝试任何法律行为。

（二）一旦发生本保险所承担的任何事故，被保险人或其代表应根据保险人的要求提供作为索赔依据的证明文件、资料和单据。

（三）若在本保险项下涉及其他责任方时，不论保险人是否已赔偿被保险人，被保险人应立即采取一切必要措施行使或保留向该责任方索赔的权利。在保险人交付赔款后，被保险人将向责任方追偿的权利转让给保险人，移交一切必要单证，并协助保险人向责任方追偿。

（四）本保险协议负责赔偿损失、费用或责任时，若另有其他保障相同的保险存在，不论是否由被保险人或他人以其他名义投保，也不论该保险赔偿与否，本保险协议仅负责按比例分摊的责任，其他保险人应承担的赔偿份额，本保险人不负责垫付。

（五）保险人仅对受害人在本协议有效期限及之后三个月内向被保险人提出索赔负责。

七、协议终止

保险人与被保险人双方有权提前30天以书面形式通知对方解除本协议但保险人对这30天中发生的运输责任仍予以负责，本保单终止后，保险人将按日比例退还被保险人本保单项下未到期部分的保费。

八、争议处理

本保险协议项下发生的任何争议应友好地协商解决，如协商不能解决可提交仲裁机构裁定。除事先另有协议外，仲裁或诉讼应在被告方所在地进行。

九、司法管辖

本保险受中华人民共和国法律制约，中华人民共和国法院对本保险项下任何争议、索赔具有管辖权。且保险人仅对受害人在本协议有效期限内向被保险人提出索赔负责。

十、保险明细

（一）赔偿限额

1. 每次事故赔偿限额（不含律师费用）

每次事故律师费用赔偿限额

2. 累计赔偿限额（含律师费用）

（二）年运输量

（三）每次事故免赔额

（四）保险费率

（五）保险费

1. 预收保费：

2. 最低收费：

（六）保费结算：被保险人在收到本保险协议后的十五天内支付保险费。

（七）申报规定：被保险人于本协议生效日起每星期末将该星期内所有承运业务以清单形式（包括提单号，货物所有人名称、货物名称、车号、出运日期、运输路线、货物收费/吨或货物价值等）交保险人。在得到保险人确认签章后，此申报清单将作为被保险人在发生保险事故时向保险人索赔的依据。

十一、备注

（1）本协议中未尽事宜，将以中华人民共和国的有关法律及相关国际公约为准。

（2）本保险协议由保险人出具的批单、保险单、被保险人提供的有关名单及涉及本协议的所有特别约定组成。所有文件必须以书面形式签署或出具。

（3）兹经双方特别同意，被保险人的年实际申报运输量如果超过预估运量，保险人将按实际运量计收保险费。

（4）如果作为保险协议附件的保险明细中列名的签发某无船承运人提单的公司名单发生变化，则应当及时书面通知保险人。保险人应当以批单的形式重新确认变更后的名单，把变更后名单中列名的分支机构作为被保险人。

（5）协议的被保险人某无船承运人与保险人的协议是各自独立的。如果被保险人违反本保险协议的约定，则因违约行为导致的一切责任（如保险协议解除、保险人不承担保险赔偿责任等）由某无船承运人自行承担。

释义：（视同为协议的特别约定）

1. 无船承运人签发提单中承运人的责任列举如下：

（1）集装箱拆箱、装箱、拼箱过程中，无船承运人的过失或疏忽导致的货物灭失或损坏；

（2）无船承运人的雇员、代理人的过失或疏忽行为导致的货物灭失或损坏；

（3）保险协议中规定的由于被保险人以无船承运人名义签发的提单中规定的及被保险人的过失和疏忽造成对所承运货物的损失、费用和责任，依据中华人民共和国法律应由被保险人承担的，保险人根据本保险协议的约定负责赔偿。

2. 被保险人发错货物包含漏发货物。

3. 承保区域是指保险的起讫时间，保险人负责的责任开始时间是根据提单约定在集装箱集散地或其他场所接受承运货物时开始，到运抵提单约定的目的地交收货人止，在此期间如发生保险责任范围内的损失，保险人负责赔偿。

4. 易燃易爆易腐货物规定标准参照国际危险品运输规则的规定，易碎物品依惯例执行。易腐品不包括冷藏货，冷藏货适用于本保险协议的保险责任。

5. 托运人指与无船承运人订立运输合同的托运人。

6. 全程公路运输是指根据提单约定全程只有公路运输一种方式。

7. 赔偿处理中的对被保险人限制的规定只在被保险人索赔金额在保险人赔偿限额之内的部分生效，对于超出赔偿限额的部分，被保险人有权自行处理。

8. 受害人指对货物的实际所有人。

9. 每次事故指不论一次事故或一个事件引起的一系列事故。

10. "被保险人未能遵守本保险的有关事宜"中的"有关事宜"举例如下：被保险人的如实告知义务、被保险人的管理义务、被保险人及时施救的义务等。

11. 保险公司在保险协议规定的责任范围内，承担被保险人所签发的提单项下的临时仓储的责任。

12. 保险责任第一条中的666.67SDR/每标准箱的赔偿限额只适用于因延迟交付而导致的运费损失，包含在每次事故的赔偿限额之中。

2008年5月16日，作者在宁波调查无船承运业务开展情况。

第三节　无船承运业务的索赔流程

一、货方向无船承运人索赔的流程

一般在发生货损货差之后，货方向无船承运人索赔的流程如下：

（1）货方在发现货损货差后应首先通知无船承运人及其代理，然后视案情通知有关当事方，如实际承运人（船公司）及其代理、货物的托运人、商检、理货公司等。如货物投保了货运险，货方也应立即通知货运险的保险人。

（2）一般货方会申请检验人进行检验。检验分两种，一种是有承运人代表在场的联合共同检验，一种是货方自行单独委托检验人进行的检验。检验人会在检验后初步确定货损货差的原因及判断损失程度；

（3）货方在检验之后需要及时搜索相关的单证及文件，尽可能地多掌握证明货损货差原因的资料，以备索赔；

（4）为了保护索赔时效，货方应向相关责任方发出书面索赔通知书，一般是发给无船承运人及其代理、船公司（实际承运人）及其代理，并通知货物所有权人、货运险的承保公司等相关方；

（5）根据与无船承运人、实际承运人协商的情况，货方决定是否提起诉讼或仲裁。如货运险的承保公司对货损货差按照保险索赔流程进行了理赔，货方应按照货运险的承保公司的要求，配合采取保险代位求偿权的程序，例如货方向承保公司签发有关的权益转让书及移交相关的索赔文件等。

二、无船承运人向实际承运人索赔的流程

在货方因货损货差向无船承运人索赔之后，根据法律法规的规定（参考《海商法》等），无船承运人可以向实际承运人追偿，其索赔的流程如下：

（1）收到货方提出的索赔文件后，要仔细收集该批货物运输有关的单证、资料；并初步判断该运输中负责货物实际运输的各类承运人的类型及其承运的方式及条件。

（2）了解货损货差发生地的相关法律及一般的国际上的相关法规，以便及时制定追偿对策；

（3）如无船承运人方面投保了无船承运人责任保险的，无船承运人应在收到货方提交的货损货差索赔文件后第一时间向无船承运人责任险承保公司报案，获得该承保公司的指导；

（4）对于损失较大、案情复杂的，建议在征求责任险承保公司的意见后，聘请专业海事律师处理；

（5）在责任险承保公司的指导下，向实际承运人发出索赔通知书，明确要求实际承运人负责承担货损货差责任（在初步判断为实际承运人的原因造成货损货差时）。

三、无船承运人向承保公司索赔的流程

总公司代下属分公司一并投保无船承运人责任险的情况下，发生事故后，无船承运人提单使用单位的保险管理人员立即通知投保无船承运人责任险的

总公司，简述事故经过/损失情况，总公司将提供损失处理建议，并立即向该责任险的承保公司电话报案。

（一）索赔流程

（1）如提单使用单位的客户根据提单使用单位签发的分提单的规定，就其货物的物质损失或损坏向提单使用单位提出索赔，提单使用单位应积极协助施救，保护好现场，通知实际承运人索取货损货差证明，申请联合检验。

（2）向承保公司提交"索赔申请"和"无船承运人责任险出险通知书"及"出险通知书"。

（3）在可能的情况下，在承保公司理赔人员或检验人查勘前，保持货物的原始状态，并积极协助承保公司理赔人员或公估人实事求是地确定损失原因和损失金额。

（4）协助承保公司理赔人员或公估人进行处理赔案所必需的资料收集工作，提供必要的理赔单证。

（5）在进行受损财产修理前，提单使用单位和承保公司应当就由承保公司负责赔偿的受损财产的损失程度、数量、施救费用等达成统一意见，避免争议。

（6）如货物损失由第三方的原因造成，提单使用单位应及时向第三方提出追偿，但不应做出任何承诺，同时应将有关事项告知承保公司。

（7）一旦保险责任确定，承保公司所需资料齐全，承保公司将在10个工作日内支付赔款。请注意，根据错误和遗漏保险索赔的要求，如果提单使用单位知道发生错误或遗漏，那么无论是否发生实际索赔，都需立即通知总公司。

（二）索赔程序

1. 分提单（提单使用单位的客户根据提单使用单位签发的分提单发生货物的物质损失或损坏）

索赔时请按如下步骤操作：

（1）立即书面通知实际承运人并将其公司名称列于信函上（如果在收到货物后三天内没有书面通知实际承运人，那么就等于默认货物在收到时完好无损）；

（2）向索赔人发"责任隔离书"；

（3）提交索赔申请和无船承运人责任险出险通知书；

（4）将以下列明的文件送至总公司法律部：

① 主提单（海运提单）复印件（正反面）；

② 分提单（无船承运人提单）复印件（正反面）；

③ 发给实际承运人的信函复印件；

④ 发给索赔人的信函复印件；

⑤ 实际承运人回复函；

⑥ 实际承运人，仓库所有人或受托人签发的操作过失或损坏货物的拒收报告或收条；

⑦ 损失查勘报告（如必要）。

2. 错误和疏忽保险项下索赔程序

由于提单使用公司的错误或疏忽导致提单使用单位的客户遭受经济损失，索赔时请按如下步骤操作（若知道发生上述疏忽、失误或错误，则无论是否收到索赔，提单使用单位都必须立即通知总公司）：

（1）请将以下列明的相关信息通知总公司。当发生意外失误时，即使未有索赔发生，也请配合提供相关信息。提单使用单位需提交索赔申请和无船承运人责任险出险通知书。

① 发生错误或疏忽的时间，地点；

② 提单使用单位中涉及的人员；

③ 事件描述，损失与否，可能导致提单使用单位何种损失；

④ 可能发生的损失额；

⑤ 可能的索赔人的名称，地址，电话及传真号码；

⑥ 与该笔交易相关的文件复印件，包括失误发生前提单使用单位收到的客户的指示以及提单使用单位使用的提单；

⑦ 提单使用单位的客户书面要求及提单使用单位书面回复的复印件；

⑧ 与索赔人口头或书面沟通的记录；

⑨ 与如下提示相关的内部文档或所有的内部口头或书面沟通的记录：

（i）导致索赔的提单使用单位的操作；

（ii）当收到索赔或知道可能引起索赔的事件后提单使用单位的应对操作。

（2）协助承保公司及其法律代表对任何索赔或诉讼展开的调查，谈判或诉讼。绝对不要在得到承保公司书面确认之前承认对某次索赔负有责任，否则会导致本保险单对该次索赔不负保障责任。

（3）立即通知所有与该次运输有关的参与者——空运、海运、驳船、卡车等实际承运人及其他货运代理公司，集运人和报关经纪人。及时提交给他们适用的具有法律效力的书面通知。

如果提单使用单位知道已经发生损失或认为有可能发生损失时，请务必遵循下列注意事项：

提单使用单位不能同意承担任何经济责任，不能承诺任何费用或在未得到承保公司书面同意的情况下支付任何费用。进而，提单使用单位不要对此索赔做出任何陈述或采取任何措施承认理赔责任。如果提单使用单位有任何以上的行为都会导致承保公司拒赔，即使该索赔可能属于本保单的保障范围。另外，提单使用单位绝对不能在未得到承保公司书面同意的情况下同意延长诉讼时效。

第四节 保险公司赔付与拒赔的案例

一、保险公司赔付的案例

案例8-3：冷藏货货损香港诉讼案

2006年2月8日某公司收到香港法院的传票，传票中第一原告和第二原告为货物的发货人和收货人，第一被告为A公司，第二被告为B公司，索赔金额为10 036 320日元。随即，A公司向该票货物具体操作的业务单位某货运代理公司了解了有关业务的操作过程。本案涉及的提单为某货运代理公司签发的A公司抬头无船承运人提单。承运的冷藏货配装在B公司的货轮上，B公司签发的船东提单注明的托运人为货主的代理商，而非A公司。船舶于2005年8月27日离开宁波，驶往日本，挂横滨及东京后抵达名古屋。抵港时间为9月2日，并于同日由日本代理"电放"给收货人。9月初货方曾电话通知某货运代理公司该批货物在目的港发现有货损发生，但是没有告知货损的具体情况和处理办法。现已得知冷柜验箱和PTI操作由B公司进行，冷藏箱也由B公司提供。

A公司投保了无船承运人责任保险，因此责任保险人进行报案。同时经太保责任保险人认可，后经过A公司的律师建议，根据A公司无船承运人提单背面管辖权条款在香港申请中止诉讼。在3月7日，A公司律师通知了B公司和其律师，要求B公司直接和原告方谈判，协商解决该索赔。4月7日，A公司向香港地方法院申请中止诉讼，经过开庭审理后，香港地方法院在8月4日的裁定中驳回了申请，2006年8月15日香港地方法院根据原告申请，以A公司未答辩为由，进行中间判决，判A公司败诉。A公司申请撤销原告申请的该中间判决，香港法院在11月21日判决A公司败诉。最后按照责任保险人意见，A公司未再上诉，并和原告就赔偿金额进行了谈判，最后和解金额为108 500美元。双方达成和解协议，责任保险人已按照责任保险协议的约定进行理赔。之后责任保险人向实际承运人 B 公司提起追偿诉讼。追偿实际承运人的诉讼由责任保险人委托的律师自行进行，A 公司已经将有关索赔文件转交责任保险人，以便其开始向实际承运人追偿。

案例 8－4："冷冻鱿鱼丝" 无船承运人货损代位追偿案

有关货物为冷冻鱿鱼水产品，于 2006 年 5 月 14 日装船，船名为 SITC TOKYO 轮，货物启运港为宁波，目的港为东京。船舶在 2006 年 5 月 20 日抵达目的港。索赔方为日本某保险公司，其委托代理人向无船承运人（A 公司）提出索赔，索赔金额为 39 075.58 美元。索赔人提供的文件有：①提单；②货物发票；③装箱单；④在 2006 年 6 月的索赔通知；⑤权益转让书；⑥卸货时的货物照片。后来索赔方律师又补充了货损报告、货物保险合同及保费支付凭证。A 公司后来又要求其提供了保单签发的说明和保险公司支付保险赔款的水单及索赔人要求其全权代理索赔的委托函。

经向提单签发人某货运代理公司了解，有关货物是由托运人装箱和计数的。负责集装箱运输的 B 公司提供了集装箱，货物最后配载在船公司的船上。双方多次进行了协商。本案情况已经在第一时间报给无船承运人责任保险人。经和 B 公司联系，A 公司取得了箱体温控记录表，该记录表显示温度是正常的。但是货检报告中提到的箱体上有漏洞，因为 B 公司已经在航次结束后将该集装箱进行了处理变卖，目前无法核实箱体的情况。经与 B 公司协商，B 公司表示愿意承担货方的损失金额最多为 2 000 美元，否则不再接受更高的索赔金额。如 A 公司赔偿索赔人的损失后，B 公司可将该笔赔偿付给 A 公司。

因索赔方提供的保险协议文本所列抬头人不是索赔人，而是另外一家保险公司的名字。需 A 公司的责任保险人认可对方提供的补充声明后，A 公司才能考虑是否签署和解协议（在和解协议中约定 A 公司按照索赔金额的 40% 比例支付有关赔偿）。最终在确认接受对方的补充声明后，索赔方与 A 公司达成了和解协议签署，A 公司责任保险人最终按照责任保险协议承担理赔责任（扣除 A 公司自行承担的 4 000 美元绝对免赔额），理赔金额约为 13 000 美元。

二、保险公司拒赔的案例

案例 8－5：无船承运人电源设备货损纠纷案

2008 年 4 月 22 日根据托运人要求，无船承运人（以下简称"A 公司"）签发了一票从厦门港到英国南安普顿港的以其母公司为抬头的无船承运人提单，装货港：福建厦门港，卸货港：英国南安普顿。托运人：B 公司，收货人：C 公司。货物件数：10 个货盘。货物名称：电源设备（POWER SUPPLY），服务方式：CFS-CFS。提单签发时间：2008 年 4 月 22 日。

业务操作的具体流程：A 公司接受托运人 B 公司委托，运输一票货物到英国南安普顿（发票总价 85 453.80 美元），并签发了母公司抬头的无船承运人提单。之后 A 公司将无船承运人提单项下的货物委托给 D 公司承运，D 公司签发了船东提单给 A 公司。提单项下的货物于 2008 年 5 月运抵目的港。根据收货人委托检验人安排检验后出具的报告，该票货物发现有 10 个货盘的货是损坏的，货物由某检验人进行了检验并出具了报告。索赔人为 A 公司无船承运业务线上的前一家货运代理，其在 2008 年 6 月 2 日向 A 公司提出了索赔。索赔金额为 5 088 美元，索赔人声称其已向实际货主投保的货物保险人做出了 5 088 美元赔款。2009 年 2 月 9 日，索赔人委托律师向 A 公司方面提出了索赔，索赔金额仍为 5 088 美元。2009 年 2 月 15 日，A 公司也向实际承运人提出了索赔，索赔金额为 5 088 美元。

2009 年 5 月 13、14 日，货物保险人的代理向 A 公司发出了索赔函，索赔金额变为 103 399.10 美元，同时要求延长索赔时效期限。2009 年 5 月 15 日，索赔方向 A 公司母公司发出了同样的索赔函。

A 公司在 2009 年 5 月 8 日向责任保险人提交了出险索赔通知书。之后责任保险人要求补充材料，A 公司补充了部分材料，截至目前，责任保险人认为索赔人尚没有提供其实际支付给赔款给货运险保险人的有效凭证，尽管 A 公司多次向其进行索要，但至今索赔人没提供必要的文件。因此责任保险人认为索赔方的索赔资料不全，至今尚未对该货理赔。

案例 8-6：无船承运人承运花生货损拒赔案

2010 年 2 月 10 日，做无船承运业务的 A 公司与 B 公司合作，配合其代理的散杂货班轮揽货，共计装运了 23 个 20GP，A 公司签发的是母公司抬头无船承运人提单，托运人为 C 公司，其中一票的装载货物为花生仁，货物到港后经收货人检查发现集装箱体外有生锈现象，打开后发现内部装的花生仁发生了霉变，收货人拒绝收货并提出索赔。

如按照原定开航计划，承运船舶应为 2010 年 2 月 10 日从连云港开航，托运人方面于 2 月 5 日左右安排装箱进场，但是由于船东的原因，该船于 2 月 28 日才从连云港开出。船期被推迟了 18 天，按照正常航程 35 天左右，应该于 3 月 30 日左右到目的港，但是直到 4 月底货物还没到港，船东方面给出的解释是为了避开海盗因此改变了航线，从非洲绕道行驶，而没有走红海—苏伊士运河航线，致使航程过长，从而导致实际到港日推迟到 5 月 4 日。货主在目的港提货后发现该集装箱中有水侵入，所有货物发生了霉变且拒绝收货并提出索赔。索赔方在 2010 年 5 月 5 日发函向 A 公司索赔。A 公司已保留向实际承运人索赔的权利。

2010 年 5 月 5 日，A 公司向责任保险人进行了报案，告知索赔金额共计 23 920 美元和 5 256. 10 元人民币，并提供了部分索赔证据材料。责任保险人的初步意见是船东有权利进行航线变更，因此货损的关键因素要看是否是集装箱本身出现破损，之后因为货方及索赔人无法提供有关集装箱在装货港和目的港的书面交接记录，无船承运人的责任保险人无法判断箱体本身是否存在问题，因此该索赔在报案后至今，A 公司的责任保险人未进行赔付。

第五节　无船承运人责任险进展缓慢的原因及建议

一、我国无船承运人责任险进展缓慢的原因

目前，我国的无船承运人责任险业务虽已开展起来，已有少数企业投保了该险，但总的来说进展仍旧十分缓慢，其主要原因有以下几个方面。

1. 观念未转变，保险意识差

无船承运人企业保险意识差，主要是人的保险观念问题，说到底是领导的保险观念没有转变。

有的无船承运人只顾做生意，从来不考虑自己的法律地位，至今不了解自己所从事的业务可能产生的法律责任及存在的责任风险，也根本未意识到应该投保，更不清楚有无船承运人责任险这一险种。

有的无船承运人虽然知道自己的法律责任，也听说过"无船承运人责任险"这一名词，但不知其具体内容，也不清楚投保后哪些赔偿责任属于承保范围？哪些赔偿责任不在承保范围之列？

还有的无船承运人虽然知道有保险人对此险种进行承保，但心存侥幸，认为自己从未出过事故，或未出过大事故，不愿投保；甚至出过事故，承担过责任，尝到过未投保责任险的苦头，想投保此险，又担心保费太贵（其实并不知道要交多少保费），贪图节省保费，而放弃投保。

2. 产品待开发，宣传待加强

境外有的保险人曾想打开我国这个大市场，但苦于不了解我国的情况，犹如大海捞针，不知从何下手。例如，香港某保险人 30 多年前进军内地，几经努力，有一点点突破，但收效不大，始终未真正开展起来。当然，保费太高也是其中的一个重要原因。

我国有的保险公司已经开展了此险种的业务，有的保险公司还在考虑承保该险种，但终因搞不清无船承运人的性质、经营范围和所承担的责任范围与程度，而未能下决心开展这一业务。同时，除一些大的无船承运人企业外，一些想投保的中小无船承运人企业既无法提供有参考价值的业务资料（如一年的营业额、事故的发生率等），又无法提供其规范性的业务单证（如提单及相关合同等）。

目前，我国缺乏一批既懂无船承运业务、又懂保险的专业人才，来研究这方面的问题，不能制定出一套适合我国国情的产品和切实可行的实施方案；缺乏无船承运人责任险的中文资料；缺乏宣传、推销的力度及其配套措施。

而我国有的无船承运人想投保，但苦于不知到何处去投保？也不知投保的程序、手续及需提供的资料。总之，无船承运业务的发展与其责任险的投保极不相称。

3. 政府要推动，法律要健全

虽然我国《海运条例》已经出台，但未普遍加以推广使用和得到有关方面的认可。目前我国的有关部门只是提倡与鼓励无船承运人投保责任险，并非作为一种强制性的要求。此外，我国有关无船承运人的法律法规也尚未健全。

二、关于促进我国无船承运人责任保险开展的建议

针对上述各种原因，我们提出克服这些障碍的几点建议：

1. 观念得转变，宣传要加大

保险不仅对社会的稳定和人民的安居乐业具有重要的作用，而且是促进国民经济、加速企业发展、提高人民生活素质的重要途径。保险的广度和深度对于每个国家、每个企业、每个家庭的渗透，标志着一个社会的发展程度，这一点已被发达国家的历史验证，是不容质疑的。

当然保险的发展也与一个国家整体经济的发展、全民素质和文化程度密切相关、同步提升。目前从我国市场经济的进程看，应该说客观上已基本具备了这一条件。关键是主观上、观念上和认识上的问题。人们的保险观念薄弱是个普遍问题，观念一旦转变了，事情就好办多了。保险人应不失时机地加强这方面的工作。

首先是保险人自身的学习和提高。保险人自己要对保险的重要性和必要性有充分的认识，要有很强的社会责任感和使命感，不断拓展业务，改善服

务质量，并从加强和改进管理的角度出发，努力向国外有经验的同行取经，积极参加有关的国际活动。

同时还要加大对保险的宣传力度，保险人要不惜投入一定人力、物力、财力在我国广泛宣传有关投保无船承运人责任险的好处，使无船承运人了解其所从事的业务中存在哪些风险；须承担哪些责任；哪些风险可以由保险人承担；哪些责任属除外责任，保险公司不予承保等。更重要的是使无船承运人意识到投保责任险是关系树立企业形象、取得客户信任的大问题，是企业不可缺少的一项投资，从长远讲，对无船承运人开拓市场、揽取更多的业务大有好处。

要收集、整理和提供一些国内外有关无船承运人纠纷的实务案例，不定期地举办各类培训、讲座、研讨活动，向无船承运人企业的从业人员提供更多的帮助和咨询，设法为他们排忧解难，解决一些较为疑难的问题。一方面不断提高其自身的风险意识；另一方面增强其对保险人的信任。从而不断扩大保险人的知名度和客源，为保险人推销无船承运人责任险打开局面和市场。

要紧紧抓住多年来从事无船承运人的专业公司，与他们建立良好的沟通渠道，及时向这些公司传递有关责任保险知识的宣传材料，使他们对产品加深了解，对保险人加强好感，从中感受到保险人的素质、专业和能力。既加强了与客户的关系，又了解了客户的需求，既让保险深入企业、深入民心，又获得了改进自己工作和产品的第一手材料。

2. 当务之急需，产品快问世

保险人更应不失时机地抓紧实施此项工作，让无船承运人责任险尽快在我国得到广泛推广，为我国的无船承运人企业保驾护航、提供服务。

为此，首先要弄清我国无船承运人的基本情况，分析其特点，了解其业务范围和法律责任，制定出适合我国国情的保险条款，同时要考虑无船承运人责任险保费的合理性，尤其在目前无船承运业务处于发展的初级阶段，制定的条款和费率一定要适合我国市场的需求，为营造保险市场的良性循环打下坚实的基础。

此外，还要制定出一套适合无船承运人投保责任险的书面文件，以方便责任险的推销和投保人的运用。

总而言之，要想在我国真正打开无船承运人责任险这个保险市场，必须做到：好处明显，费用合理，手续简便，赔款及时，服务周到。

3. 保险经纪人，作用应发挥

目前，我国的保险经纪公司也不少，我们可通过他们进行投保。保险经纪公司有专门从事研究无船承运业务的专家，他们知道应该在哪家保险公司投保，也熟悉投保的程序、手续及需提供的资料，应该说这是达到投保目的的一个捷径。要做到这一点，保险人与无船承运人须转变观念，重新认识保险经纪人的重要作用。

为什么要通过保险经纪人进行投保呢？因为，一方面他们比较了解无船承运人的需求，另一方面也清楚市场上各保险公司的资信情况与相关保险条款的内涵。他们可以向无船承运人推荐服务规范、经营稳健的保险公司。他们将代表无船承运人的利益去市场寻找能满足无船承运人的需求的承保公司，作为专家与保险公司进行谈判，并可争取到有利的条款与合理的保费，在此前提下签订保险协议。同时，保险责任期间，保险经纪人随时与无船承运人和承保公司之间保持联系加强彼此的沟通，及时发现问题，并尽早解决，使保险渠道一路畅通。一旦事故发生需要处理，保险经纪人可协助无船承运人与保险公司进行交涉或向承保公司进行索赔，不仅使无船承运人的合法权益得到充分保障，而且能够在最短的时间内得到合理的赔偿。此外，保险经纪人可经常对无船承运人进行保险知识的培训，让无船承运人在知道自己的权利的同时，也明了自己的义务。他们还可加强无船承运人的防损意识，随时督促无船承运人做好风险防范工作，将其责任风险控制并降低到最低程度，这对无船承运人和保险公司都有好处，它将使无船承运人责任险业务处于一个好的开端和形成良性的循环，对无船承运业务和保险业务的进一步发展起到积极的促进作用。当然，保险经纪公司的作用是否得到充分发挥、保险经纪市场能否尽快成熟，不但与我国有关部门的大力推进，相关法律的尽早完善密不可分，还有赖于保险经纪人本身综合素质的提高。

4. 从长来计议，保险须规范

根据我国《海运条例》第 8 条及其《实施细则》第 18 条，为担保无船承运人清偿因其不履行承运人义务或履行义务不当产生的债务及支付罚款，而由无船承运人在我国保监会监管的商业银行开设的无船承运人专门账户上缴存一定的款项。这在一定程度上有助于保障市场交易信用，同时也可以发挥政府对无船承运人市场经营主体的数量和规模的宏观调控作用。

从担保责任人的债务得以清偿的意义来说，国际上普遍采用责任保险或财务担保形式，并规定对保险人或财务担保人可以直接诉讼。对此，《1996 年国际油污损害民事责任公约》及其 1992 年议定书、《1996 年国际有毒有害物质损害责任和赔偿公约》及《1974 年海上旅客及其行李运输雅典公约》的 2002 年议定书都有规定。美国依据《1984 年航运法》和《1998 年远洋航运改革法》允许无船承运人在缴存保证金、投保保证金责任险和提供经济担保三者之间进行选择。我国目前采取的办法：一是，每家无船承运人企业可以向由我国银监会监管的银行交存 80 万元人民币作为保证金，每增设一家分支机构增加 20 万元人民币；二是，与国际接轨，归入商业保险，可以采用由我国保监会监管认可的保险机构提供的保证金责任保险的规范制度来取代政府行为，用保险的赔偿金取代企业的保证金；三是，可采用由我国银监会监管批准的银行机构、融资性担保公司和企业集团财务公司提供的担保函。

当前，我国无船承运人行业正朝着国际化、法制化、规范化的健康道路发展，收集和整理各国有关无船承运人的法律法规资料，尽快制定出我国的与无船承运人相配套的专门法律法规或条例，无疑对我国无船承运人行业的发展及其与国际接轨是大有益处的。

第九章　无船承运人案例分析

第一节　迟延交货、错交提单、留置货物案

案例 9-1：无船承运人错交提单承担损失案

大连某出口公司即原告（以下简称"实际托运人"）诉某货运代理公司即被告（以下简称"无船承运人"）海上货运合同纠纷案。

实际托运人诉称：2006 年 10 月 5 日，实际托运人与韩国某公司签订出口合同，将货物交给无船承运人承运。无船承运人接受实际托运人委托后，未将无船承运人提单交给实际托运人，使实际托运人无法结汇取得货款，实际托运人因此遭受损失 9 880 美元，按照应当结汇时的美元与人民币的汇率 1∶7.8 计算，折合人民币 77 064 元。实际托运人诉至本院，请求判令无船承运人赔偿货款损失人民币 77 064 元。

无船承运人辩称：①无船承运人作为承运人于 2006 年 11 月 18 日向实际托运人签发了符合实际托运人与韩国公司签订的出口合同项下信用证结汇条款要求的副本清洁提单；②无船承运人根据实际托运人的代理人 D&K 公司的指示，直接将正本提单邮寄给韩国公司，无船承运人的行为并无不当；③即使无船承运人向实际托运人签发了正本提单，银行也不能根据正本提单结汇，因为实际托运人必须先把正本提单邮寄给开证申请人韩国公司，实际托运人不能行使对货物的控制权和停运权，且付款银行要求的正本提单与信用证相矛盾；④实际托运人未能结汇的根本原因在于其与韩国公司出口合同的问题，即没有按时交货以及货物存在质量问题，与无船承运人无关。综上，实际托运人诉称的因无船承运人未交付正本提单使其无法结汇而遭受经济损失，与事实不符，请求驳回实际托运人的诉讼请求。

经审理查明：2006 年 10 月 5 日，实际托运人与韩国公司签订出口合同，约定韩国公司向实际托运人购买服装，运输目的地为日本。9 月 22 日，韩国

公司向实际托运人开具了不可撤销即期跟单信用证，并于 10 月 16 日、25 日、27 日和 11 月 14 日分别对信用证部分条款进行了修改。修改后的信用证规定，实际托运人应于 11 月 30 日前向银行提供下列单据用以结汇：已签署的商业发票，装箱单，一套清洁已装船副本提单，受益人（实际托运人）出具的证明全套正本提单、发票和装箱单已于装运后 24 小时内通过快递发送给了开证申请人的证明及快递收据。

实际托运人根据上述出口合同委托无船承运人通过海运运输服装 760 件，价值 9 880 美元。11 月 18 日货物装船后，无船承运人签发的提单载明：实际托运人为托运人，收货人为凭实际托运人指示，船名航次为 SYMS SONG SHAN V.0639E，装运港为我国大连，卸货港为日本大阪，货物为 1 124 千克服装。提单抬头名称和提单承运人签名均为 Chang Young Shipping Co., Ltd. 。无船承运人在签发提单后，直接将全套正本提单邮寄给韩国公司，而向实际托运人交付了副本提单。货物正常运至日本并已交付给收货人。实际托运人凭副本提单无法在付款银行结汇，未收到货款 9 880 美元。

以上事实，有提单、海关出口货物报关单、发票、装箱单、信用证、出口合同等经当庭质证的证据及庭审笔录加以佐证，可以认定。

本案的争议焦点是：被告无船承运人是否应向原告实际托运人交付正本提单。

法院认为：提单抬头印制的名称和提单中承运人的签名均是 Chang Young Shipping Co., Ltd. 。该公司名称未在工商登记部门登记，但被告承认该名称是被告的英文名称，故提单是被告以自己的名义签发。原告委托被告运输出口货物，被告接受了原告交付的货物，以自己的名义签发提单，并在提单中将原告记载为实际托运人，因此，原、被告间是海上货物运输合同关系，原告是实际托运人，被告是承运人。

信用证条款是原告与案外人韩国公司间贸易合同下的约定，仅对原告与韩国公司具有约束力，与本案的海上货物运输合同无关。而且，信用证并未允许承运人直接将正本提单交付给韩国公司，原告收到正本提单后是否在结汇前向韩国公司邮寄正本提单，即原告是否放弃货物控制权与被告无关，被告无权擅自代替原告履行信用证规定的义务。被告作为承运人，应当对原告履行交付正本提单的义务，不能以信用证条款作为自己不履行海上货物运输合同义务的理由。被告提出，其按原告的代理人 D&K 公司的指示将正本提单邮寄给韩国公司。但被告没有举证证明原告与 D&K 公司的代理关系，也不能证明 D&K 公司曾指示其将正本提单邮寄给韩国公司。被告没有得到实际托运人的指示，擅自将正本提单交给贸易合同的买方韩国公司，使韩国公司在未支付货款的情况下拥有了货物控制权，并造成原告没有获得货款 9 880 美元。被告的行为构成违约，应向原告承担赔偿责任。至于原告是否按时交货以及货物是否存在质量问题，是贸易合同下的纠纷，与原告能否及时获得货款无关。因此，原告要求被告赔偿货款损失 9 880 美元的诉讼请求，本院予以支持。原告本应在 2006 年 11 月 30 日前结汇并获得该笔货款，但因被告违约而未获得，故原告有权按照 2006 年 11 月美元与人民币的汇率 1∶7.8 计算其货款损失为人民币 77 064 元。依照我国《海商法》第 72 条第 1 款之规定，判决被告于本判决生效之日起 15 日内一次性给付原告货款损失人民币 77 064 元。

案例 9-2：无船承运人未承担迟延交付责任案

2002 年 9 月 6 日，科瑞公司通过海顿公司（外贸代理），与美国的 M 公司传真签订买卖合同，出口 2 000 千克化工产品，并约定货物于同年 10 月 15 日前装运。10 月 13 日，科瑞公司将上述货物委托海金公司（货运代理）出运，海金公司又以传真托单的方式委托开源公司（货运代理），托运单注明"请配 10 月 15 日船"；开源公司接受委托后，将订舱事宜委托给明州公司（货运代理），但托运单上没有注明船期要求。

10 月 19 日，开源公司以 E 公司代理人的名义签发了 E 公司抬头的提单，提单载明：托运人海顿公司，收货人 M 公司，提单号为 VKUSA00672。12 月 12 日，开源公司接到海金公司函，被告知科瑞公司的货物实际未装上 10 月 19 日的航次，而是装上 11 月 2 日的同一船公司的 MSC ALESSIA 0243R 航次，目的港客户 M 公司至今未能提到货物。开源公司回函称，由于实际托运人科瑞公司申报货物有误，致使整个集装箱超重，为避免整个箱子被退关，临时决定将原告的货物拉下，并另配了最近到美国的航次出运，由于二程中转的原因致使货物耽搁了两周左右才到达。

实际上 MSC ALESSIA 0243R 航次是明州公司代理向德威公司订舱，德威公司向明州公司签发的提单，实际承运人 MSC 向德威公司签发的海运提单。

12 月 23 日，装运科瑞公司货物的船舶抵达目的港纽约，M 公司凭 VKUSA00672 提单提取了货物。

2003 年 7 月 7 日，M 公司以科瑞公司及海顿公司为被申请人，向我国国际经济贸易仲裁委员会上海分会提交仲裁。2004 年 3 月 30 日，仲裁裁决科瑞公司赔偿 M 公司因迟延交付货物造成的经济损失 32 933 美元，补偿律师费 3 000 美元和仲裁费人民币 29 041 元。

科瑞公司赔偿 M 公司后，即向某海事法院起诉开源公司和明州公司，要求两被告赔偿其支付给 M 公司的全部赔偿金及其他损失人民币 10 万元。

海事法院审理后认为：开源公司接受海金公司委托后，代理出运科瑞公司的货物，并以 E 公司代理人的名义签发该公司抬头的已装船清洁提单。从提单表面看，被告开源公司仅是承运人 E 公司的代理人。除提单等有关单证上显示了 E 公司的地址、传真号外，开源公司并不能举证证明提单抬头的承运人 E 公司在签发提单时依法存在，且其已取得 E 公司签发提单的明确授权，故而其签发提单的行为不能认作代理人的行为，只能视为其本人的行为，所以应将开源公司认定为本案的契约承运人。原告科瑞公司作为实际托运人，与开源公司存在以提单为证明的海上货物运输合同关系，涉案提单是一份虚假提单。开源公司的行为既违反了承运人签发提单应当真实的合同义务，又构成对原告科瑞公司依据提单处分货物权利的侵犯，导致原告为此遭受损失。开源公司的行为具有违约和侵权的双重属性，原告有权选择对开源公司提起侵权损害赔偿之诉。一审判决被告开源公司赔偿科瑞公司迟延损失 35 933 美元，驳回原告的其他诉讼请求。

而后案件进入二审，二审法院认为科瑞公司不是该记名提单记载的收货人，该提单也非科瑞公司持有，故科瑞公司对该提单项下的货物不享有权利。提单项下的货物已被提单上的记名收货人提走，科瑞公司因迟延交货而向收货人承担了违反合同的赔偿责任，并非提单所代表的物权受到侵害。故驳回科瑞公司的诉讼请求。

（一）法律分析

1. 谁是无船承运人

本案复杂在牵扯的主体非常多，仅货运代理就有四个。实际托运人与实际承运人之间的中间环节很多，存在多个委托关系：原告科瑞公司通过其外贸代理海顿公司委托货运代理海金公司代理发运本案所涉货物；海金公司转委托开源公司；开源公司再转委托明州公司；明州公司向德威公司订舱；德威公司最终以海运提单上的托运人身份与实际承运人 MSC 公司订立海上货物运输合同。那么四个货运代理公司即海金公司、开源公司、明州公司、德威公司，哪一个是无船承运人？根据我国《海运条例》第 7 条规定，要成为一家无船承运人，在具体业务中至少应符合以下几个条件：①经营者以契约承运人的身份接受货载；②签发承运人自己的提单或者其他运输单证；③向托运人收取运费；④通过实际承运人完成运输；⑤承担承运人的责任。其中签发自己的提单给托运人是很重要的一个标志。在本案中，原告的一票货物，实际上存在两份提单，一份是由开源公司签发的以 E 公司为抬头，开源公司为签单代理的 VKUSA00672 提单，这也是买方在目的港用于提货的提单；另一份是由德威公司签发的，以明州公司为托运人，德威公司为承运人的提单。也就是说四个货运代理在本案中有可能充当无船承运人的只有开源和德威两家公司，而海金和明州两家公司都是作为普通的货运代理，充当了托运人与承运人间的中间环节。德威公司在本案中操作的是典型的无船承运业务，那么开源公司充当的是否也是一个无船承运人呢？答案是肯定的。开源公司作为契约承运人向实际托运人科瑞公司签发了提单即 VKUSA00672 提单，这一点是得到法院的认定的。而后开源公司又委托明州公司代为订舱，而明州公司是作为开源公司的代理人行事的，虽然德威公司签发的无船承运人提单上的托运人记载的是明州公司，但实际上应理解为开源公司。也就是说，在本案中存在两个无船承运人。

2. 迟延交付应由谁承担责任

原告被目的港买方索赔迟延交付的损失，买方的依据是双方间的贸易合同。造成货物迟延到港的真正原因是什么呢？原告在委托海金公司时明确要求货物应在 10 月 15 日装船，海金公司在转委托开源公司时也明确了这一点，但开源公司再向下转委托时就没有提到委托方对装船日期的要求。在这一点上，开源公司是有过失的。但原告自身也有过失，因其申报的重量有误，造成集装箱被临时拉下本应配载的船舶，应该说主要是由于原告的错误申报导致该批货物未能及时发运。

我国《海商法》第 50 条规定，货物未能在明确约定的时间内，在约定的卸货港交付的，为迟延交付。也就是说，构成承运人迟延交付的前提是承托双方对货物抵达目的港的时间有明确的约定。本案中，开源公司作为无船承运人，应当履行承运人的各项职责，但其与实际托运人并未就货物抵达目的港的时间做出约定，所以承运人开源公司不应承担原告迟延交付所导致的损失。

（二）经验教训

对于实际托运人而言，在委托货运代理发运货物时，应尽量避免多次转手的情况出现。如果对货物到达目的港的时间有明确的要求，应当在相关的运输合同中予以明确约定，避免发生不必要的纠纷。此外，发货人对于货物的申报一定要做到准确无误，否则造成的损失只能自己承担。

案例 9-3：无船承运人留置货物不慎导致败诉

某货运代理公司（以下简称"原告"）就某矿产公司（以下简称"被告"）违约不得已行使留置权导致的损失要求被告承担责任。

2000 年 8 月 16 日被告委托原告将一个装有铁烤篮的 40 英尺集装箱从广州托运至澳大利亚某港口。双方约定的运费缴付方式为预付运费。原告作为无船承运人，向货主签发了自己的已装船预付运费海运提单，同时要求被告必须于船到目的港前付清运杂费。

9月7日原告通知被告船舶即将到岸，并开出运费发票催促被告尽快付款。9月12日船抵目的港，原告在目的港行使货物留置权，被告直至9月29日支付了文件费，10月8日支付了运费。原告收款后立即放货，但货物已压仓14天，产生滞仓费2 450澳元。原告索要未果，遂在启运港广州海事法院对被告提起了诉讼。

原告认为双方约定在先，被告应于船到目的港前付清运杂费，而被告没有依约行事，为维护自身的合法利益，原告不得不对所运货物行使留置权，就此产生了滞仓费的损失，该笔损失理应由被告承担。而被告则认为之所以当初将该笔货物交原告发运，是因为原告方的业务员同意遵守被告与各船公司形成的业务惯例，即承运人签发预付运费提单并为被告办理海关出口退税手续，待承运人退还报关单、核销单后，被告再支付海运费及杂费，周期约需30天。所以被告并没有违约。同时，被告指出在海运提单已经转让的前提下，根据我国《海商法》的规定，原告无权留置货物；而且原告用于证明滞仓费发生的发票没有履行我国《民诉法》对于涉外证据规定的法定认证程序，所以不能作为证据使用。

法院认为原告未能提供有效的证据证明目的港留置货物实际产生的经济损失；而被告认为原告无权行使留置权向被告索要运费，滞仓费是原告擅自留置货物所致，应由原告自行承担，答辩理由成立，应予支持。从而驳回了原告的诉讼请求。

（一）法律分析

1. 对预付运费的理解

本案中，原告货运代理公司组织装船发运货物后，在没有收到运费的情况下，将预付运费提单交给托运人，要求托运人必须于货物到达目的港之前付清全部运杂费，原告认为这是承托双方对运费缴付所做的特别约定。被告矿产公司则举证说明自己向来与船公司有关于运费支付时间的业务惯例，提单上注明的"预付运费"是托运人指示承运人在海运提单上载明的运费支付方式，并不是托运人承诺的付款期限，承运人在托运人付清运费之前交付提单，表明双方对支付运费的期限另有约定。而原告承运人所谓的必须于船到目的港前付清运杂费的说法，仅是原告事后单方面对预付运费的解释。

运费支付的方式可以分为预付运费和到付运费。预付运费通常是指在装货港装船完毕，签发提单或开航之前，由托运人支付的运费。航运界的通常做法是托运人在货物装船后，承运人签发提单前足额付清运费。本案中的原告及被告对"预付运费"都存在一定的误解。我们认为，货运代理公司在本案中作为缔约承运人，在没有收到运费的情况下向托运人交付预付运费提单，是单方面承担了无法收回运费的商业风险。因为预付运费提单是托运人在装船或签提单前已经交付运费的证据，如果承运人提不出相反证据，就可以认定托运人已经如约支付了运费。在实践中，为了揽取生意，承运人往往同意先向托运人交付预付运费提单以用于结汇，之后托运人再支付相关运杂费，换句话说，预付运费是否能真正做到"预付"受到承托双方供求关系的影响，与市场的行情有很大的关系。这实际上是一个承运人自身风险控制的问题，体现了商业利益和商业风险之间的矛盾。

需要指出的是，根据我国《海商法》第 69 条的规定，如果托运人与承运人约定运费由收货人支付，该项约定必须在提单或其他运输单证中载明，否则承运人无权向收货人索要运费。在提单上没有就运费支付方式进行约定的，承运人应当向托运人索要运费，依据的是双方的运输合同关系。

同时我们认为这个问题与承运人是否能在目的港行使留置权是相关联的。由于提单已交托运人结汇，即提单已经被转让，作为物权凭证，提单的转让标志着所有权的转移，虽然托运人（通常情况下贸易中的卖方）可以与目的港的买家约定所有权转移的时间，但此情况对于承运人而言是不可得知的，也是无法控制的。按照我国《海商法》第 87 条的规定，应当向承运人支付的运费、共同海损分摊、滞期费和承运人为货物垫付的必要费用，以及应当向承运人支付的其他费用没有付清，又没有提供适当担保的，承运人可以在合理的限度内留置其货物。虽然目前业界对"留置其货物"的"其"的理解有分歧，但在我国《海商法》正式修改之前，司法界对于"其"的认定仍限于托运人本人，即托运人享有所有权的货物。所以在本案中，托运人已经将海运提单转让，承运人就无权在目的港对所涉货物行使留置权。可以看出，这种对留置权的司法理解对于承运人而言是非常不利的。

2. 收货人、提单持有人不承担在装港发生的费用，除非另有明确约定

根据我国《海商法》第 78 条规定，在装货港发生的滞期费、亏舱费或其他与装货有关的费用，一般情况下，是由托运人承担的。但是，根据该条规定，收货人、提单持有人与承运人之间的权利义务依据提单的规定，假设提单中规定上述费用应由收货人、提单持有人负担，那么收货人、提单持有人就负有支付上述费用的义务。这一义务来源于提单。所谓"提单中明确载明"，应理解为提单上明确载有滞期费、亏舱费或其他与装货有关的费用由收货人、提单持有人承担的条款。

3. 涉外证据的使用

本案原告为证明目的港滞仓费的发生，向法院提交了如下两份证据：一是澳大利亚某公司出具的收取滞仓费 2 450 澳元的发票复印件，证明滞仓费产生的原因及数额；二是澳大利亚码头收取滞仓费的发票复印件，证明滞仓费产生的原因及数额。但这两份证据都没有经过我国驻澳大利亚使领馆的认证。最终该证据都没有被法院接受，法院认定在滞仓费是否发生及具体数额问题上，原告需承担举证不能的后果。《最高人民法院关于民事诉讼证据的若干规定》第 11 条规定，当事人向人民法院提供的证据系在中华人民共和国领域外形成的，该证据应当经所在国公证机关予以证明，并经中华人民共和国驻该国使领馆予以认证，或者履行中华人民共和国与该所在国订立的有关条约中规定的证明手续。根据上述规定，没有履行公证和认证手续的域外证据不能在我国的诉讼中作为证据使用，当事人需自行承担举证不能的不利后果。

（二）经验教训

1. 签发预付运费提单须谨慎

在预付运费的条件下，承运人首先应当明白提单注明"预付运费"的法律含义，考虑在实际未收到运费的情况下向托运人签发该提单的商业风险是否能自行控制。为了维护与货主的合作关系，承运人往往不得不接受先开单后收钱的操作方式，此时，其就要承担收不到运费的风险。建议承运人首先要考查客户的资信和实力，如果是有长期合作关系且信誉良好的客户，可以为方便其结汇或其他目的而接受上述操作；如果是不熟悉的客户，各方面的情况又难以调查清楚，最好要求其先支付运费，至少要求其提供相应的担保，或者双方订立一个书面的协议，以证明预付运费提单下的运费实际未付。在司法实践中，如果承运人在签发了预付运费提单的前提下，起诉托运人索要运费的话，只有承运人能够举出相反的证据，且该证据被法庭接受，才能推翻提单原有记载的证据效力。总之，承运人不能贸然在未收取运费的情况下，为托运人开具预付运费提单，要协调好商业利益与商业风险的关系，维护自身利益。

2. 承运人在目的港行使货物留置权须谨慎

在我国《海商法》的调整下，承运人行使货物目的港留置权时要特别小心，一旦提单已经转让，实际托运人不再享有货物所有权，而承运人又向实际托运人索要有关费用时，就不可再留置货物。否则在我国法院审理有关纠纷时，很可能被认定为错误行使留置权。为此，在决定行使留置权时应注意以下三个方面的问题。①要注意行使留置权的方式。承运人行使留置权有两种方式：一是承运人自行控制货物，暂不交付；二是申请法院扣押货物，第二种方式的实质是将留置权转化为扣货申请权，通过法院的强制措施达到实现债权的目的。②要注意留置货物的范围。承运人行使留置权，应当明确哪些货物可以留置，哪些货物不可以留置。对不能留置的货物行使留置权，不仅不能起到保全海事请求权的目的，还要承担错误留置的法律后果，赔偿货物所有权人因此而产生的经济损失。所以在实践中绝不能因主动和一时痛快而行使留置权。③要注意留置货物的数量。我国《海商法》第87条的规定是在"合理的限度内"，是否合理应从请求权的大小与留置货物的价值量进行比较，要求留置货物的价值量与留置货物所依据的海事请求权基本一致，但不能要求绝对相等。一般来说，留置货物的价值可以是海事请求权以及可能预见的费用（留置货物可能产生的一定费用和将来进行诉讼可能产生的诉讼费用）之和。

3. 注意证据效力

当诉讼中涉及在域外形成的证据时，当事人应当履行《民诉法》规定的相关程序，以免丧失证据效力。

案例9-4：无船承运人有权追讨垫付海运费

无船承运人山东海丰货运代理有限公司（以下简称"原告"）就为实际托运人北京锦绣大地农业股份有限公司（以下简称"被告"）代垫运费向某海事法院提起诉讼。

2001年10月1日，被告与案外人享进公司就出口货物达成合作协议，协议约定，享进公司负责收购货物及签订与日本客户的出口合同，被告负责组织货款，货物所有权归被告，货物出口收汇后，被告扣除货款、代理费及相关费用后，将余款支付享进公司，享进公司协助被告委托货运代理公司办理出口运输事宜，并承担整个过程所发生的一切费用。

2002年4月20日至2002年9月底，货物分批出运，原告为被告承运20票货物，海运费为22 4669元。20票提单均记载预付运费。原告作为契约承运人即无船承运人为上述货物出运垫付港口费13 176元、装箱费33 092元、陆运费17 496元、报关费2 700元、检疫检验费44 447元。2002年4月29日享进公司给付原告海运费50 000元。

原告诉称，从2002年4月20日至2002年9月底，被告先后委托原告为其承担了20笔出口货物海运业务及与此相关的港口、陆运、装箱等服务，上述发生海运费及其他费用共计341 749元。原告按照被告的委托，履行了将货物安全运抵目的港的义务，并为被告提供了装箱、陆运、报关和代垫港杂费等相关服务，然而被告至今拖欠原告海运费等款项，遂请求法院依法判令被告给付拖欠的海运费等费用 341 749 元及其上述款项的逾期付款利息损失。

一审法院认为，实际托运人作为涉案货物的所有人，可以直接与承运人协商订立海上货物运输合同，也可以委托他人以其名义与承运人协商订立海上货物运输合同，无论实际托运人采取上述哪种方式，承运人签发的提单均为海上货物运输合同关系的重要证明，从涉案提单记载的内容看，原告为承运人，被告为实际托运人，因此原、被告依法形成海上货物运输合同法律关系。从被告与享进公司签订的协议书明显可以看出，被告和享进公司系合作出口货物而非外贸代理关系，且出口货物的所有权明确约定归被告保留，货物出口运输事宜由享进公司协助被告办理，因此本案不适用我国《合同法》第 402 条的规定，即涉案提单所证明的海上货物运输合同关系当事人为原、被告，享进公司不受该运输合同的约束。至于被告和享进公司约定出口运输费用由享进公司负担，根据合同相对性的基本理论，此项约定对原告没有约束力，原告享有依据海上货物运输合同向被告主张海运费的请求权。被告主张"与原告洽谈、订立运输合同的是享进公司，被告与原告不存在海上货物运输合同关系，原告签发提单时知道被告和享进公司的代理关系，原告应向享进公司索要运费"的理由缺乏法律依据，理由不成立。原告依约将被告所有的货物安全运抵目的港，履行了运输合同项下的义务，享有向被告主张海运费的权利。被告拒付海运费系违约行为，应承担违约给付责任。一审法院判决，被告给付原告海运费 174 669 元。被告不服提起上诉，二审法院判决维持原判。

（一）法律分析

本案承运人实际上是作为无船承运人与实际托运人之间形成海上货物运输合同关系的，作为承运人在依约完成了货物的运输的情况下，当然有权向运输合同的实际托运人请求支付海运费。本案一、二审均只支持了承运人关于海运费的请求而未支持承运人对于垫付港口费、装箱费、陆运费、报关费、检疫检验费等其他费用的请求，这是因为在承运人与实际托运人的海上货物运输合同下，作为承运人并没有代为垫付上述费用的义务，实际托运人事实上也未委托承运人垫付上述费用。承运人垫付上述费用的依据实际上是其与享进公司之间的货运代理合同，因此，承运人当然无权依运输合同向托运人主张上述费用。实践中无船承运人往往同时兼做货运代理业务，本案告诉我们海上货物运输合同与货运代理合同是完全不同的两个合同，无船承运人完全有必要将二者加以区分，并明确其在各自条款下的权利和义务。

我国《海商法》引入了《汉堡规则》中的"实际承运人"的概念，根据我国《海商法》第42条第2款的规定，应当认为与无船承运人订立海上货物运输合同的海运承运人的地位应为我国《海商法》中的实际承运人。我国《海商法》为了更好地保护货方的利益规定了承运人与实际承运人均负有赔偿责任时的连带责任，据此发生货损、货差、迟延交付时，货方可以将无船承运人与实际承运人作为共同被告提起诉讼。

（二）经验教训

作为无船承运人事先要确定自己的服务对象，即谁是实际托运人，谁是实际托运人的代理人或雇员。同时，在垫付费用时，需要有明确的书面授权，否则，轻易不要垫付费用。

无船承运人因其本身并不拥有船舶，而是通过拥有船舶的海运承运人来完成海上货物运输，因此虽是契约承运人，但其责任、义务与权利较之于传统的海运承运人又不完全相同，如二者可享受的责任限制等。因此，在将现有的我国《海商法》适用作为一类特殊的契约承运人的无船承运人时，还有待于进一步地细化、明确，甚至变通。

第二节 集装箱冷藏货物损坏案

案例9-5：与实际承运人共担冷藏货物损失案

三井住友海上火灾保险株式会社（以下简称"原告"）诉被告北良物流集装箱有限公司（以下简称"北良公司"）、被告泛亚航运有限公司（以下简称"泛亚公司"）海上货物运输合同纠纷案。

原告诉称：原告承保的1 520箱冻草莓，装载于一个40英尺冷藏集装箱，于2006年8月27日在大连被装上松城轮，运往日本横滨。北良公司作为货物承运人，签发了编号为PASU52278550的正本清洁提单；泛亚公司所有的松城轮实际承运了该批货物。8月31日，货物运抵横滨，随后被运至收货人仓库。开箱卸货时，收货人发现冷藏集装箱内货物均有严重霜冻及变质现象。经检验证实，致损原因系海运途中冷藏集装箱内温度升高。原告核损理赔后向被保险人实际赔付2 089 000日元，并依法取得代位求偿权。同时，为确定货损程度和致损原因，原告支付检验费75 057日元。北良公司和泛亚公司分别作为涉案货物的无船承运人和实际承运人，在运输途中未能适当履行管货义务以致货物受损，应当依法向原告承担连带赔偿责任。原告诉至法院，要求判令北良公司与泛亚公司连带赔偿货物损失 2 089 000 日元（折合人民币 134 800 元）和检验费 75 057 日元（折合人民币 4 850 元）及上述两笔款项自保险赔付日 2006 年 9 月 27 日起，至给付之日止按中国人民银行同期企业贷款利率计算的利息，并承担诉讼费用。

北良公司辩称：①收货人从未向北良公司发过货损通知，应视为货物已完好交付给收货人；②涉案货物是实际托运人自己提箱、装货、铅封并直接交付给泛亚公司，原告不能证明货物在装箱前进行了预冷，也不能证明货损发生在承运人责任期间，承运人不应承担责任；③收货人单方委托货损检验，没有证据证明货损检验人有资质对冷藏集装箱的技术问题做出判断，检验报告的关键信息很多是收货人提供或检验人主观臆断，且从检验报告所述的集装箱情况看不出该集装箱存在功能故障，故检验报告不能作为判断损失及其原因的依据；④北良公司为实际托运人联系的集装箱在交给实际托运人时经过检验，工作完全正常。实际托运人只有检查集装箱正常工作后才接受并用来装货，使用过程中实际托运人从未对集装箱提出异议；⑤泛亚公司在集装箱堆场接收集装箱时已进行检验，没有问题才允许其进入堆场和上船。泛亚公司从未通知北良公司集装箱出现故障，如集装箱在泛亚公司掌管期间发生故障而泛亚公司没有发现导致货物受损，属于泛亚公司管货不当。

泛亚公司辩称：①原告没有就声称的货损提出索赔的权利。原告作为保险人是从被保险人即收货人处获得代位求偿权，而提单是"电放"提单，承运人在装货港已收回全套正本提单并按实际托运人的"电放"指示交付货物。收货人没有取得正本提单，无权向承运人索赔，故原告取得的代位求偿权也无效。②原告没有举证证明声称的货损发生在泛亚公司的责任期间。货物由实际托运人装箱、封箱，且货物在装箱前没有预冷，原告没有证明货物在交付运输时完好；检验是收货人在将货物运回自己的仓库后进行的，检验时间和地点均超出了泛亚公司的责任期间，不能证明货损发生在泛亚公司的责任期间，且泛亚公司没有收到货损通知，初步证明交付的货物完好。③根据松城轮对涉案冷藏集装箱所做的冷藏箱温度记录表，该集装箱外部的温度记录盘在船舶航行期间显示的箱内温度始终在 -17~-18℃，集装箱工作正常。泛亚公司在集装箱卸到目的港堆场后发现集装箱温度出现异常，曾试图修理集装箱但未成功，而且泛亚公司没有法定义务就集装箱故障通知原告或北良公司，故泛亚公司在管货方面没有过错。④收货人单方委托检验，检验报告中没有列出货物装船前和检验时状况的具体数据，用猜测来推断货物损坏根据不足，不能证明货物损坏及损坏期间。⑤即使存在货损，也是集装箱自身缺陷所致，集装箱是实际托运人自备箱而不是泛亚公司提供，视为货物外包装一部分。由于货物包装缺陷造成的损失，泛亚公司不承担责任。⑥原告自认在 2006 年 9 月 1 日知道集装箱出现异常，但直到 2006 年 9 月 4 日才提货，原告存在放任损失发生或扩大的过错。⑦原告按照货物保险金额计算的货损价值不符合我国《海商法》第 55 条的规定。

法院查明：2006 年 8 月 23 日，北良公司从大连天久集装箱服务有限公司租赁一个 40 英尺集装箱并提供给铁岭川顺食品加工有限公司（以下简称"实际托运人"）。实际托运人将集装箱提回自己的仓库后，装入 1 520 罐和 4 箱冻草莓并封箱。然后，实际托运人将集装箱运至泛亚公司的集装箱堆场交给泛亚公司。8 月 27 日，该集装箱被装到松城轮上运往日本。

8 月 27 日，北良公司向实际托运人签发了编号为 PASU52278550 的已装船清洁提单，载明：托运人为川顺公司，收货人和通知方均为西本贸易株式会社（以下简称"收货人"），承运人为北良公司，船名航次为松城 678E，装货港为我国大连，卸货港为日本横滨，货物为 1 个 40 英尺集装箱，集装箱号码为 CSAU5434073 98859，责任期间为 CY/CY（装货港集装箱堆场到卸货港集装箱堆场），实际托运人装箱、点数并封箱，据称内含 1 520 罐和 4 箱 -18℃ 冻草莓，"电放"。

同日，泛亚公司签发了同一编号的提单，所记载的船名航次、装货港、卸货港、集装箱、货物及"电放"均与北良公司签发的提单一致，不同的记载有：托运人为北良公司，收货人和通知方均为住友仓库横滨分公司代理部（以下简称"横滨代理部"），承运人为泛亚公司。松城轮的所有人是泛亚公司。

实际托运人的冻草莓发票价格为 29 603.20 美元。8 月 29 日，收货人就上述货物向原告投保一切险，保险金额包括货物 3 842 000 日元和关税 336 000 日元，其中货物保险金额包含 10% 保险加成。收货人支付保险费 7 809 日元。

8 月 31 日，货物运至日本横滨。泛亚公司向横滨代理部发出到货通知。北良公司也向收货人发出到货通知。横滨代理部是北良公司在日本的放货运代理理人。9 月 4 日，收货人从泛亚公司处提取了货物并运到横滨 KYOKUREI 公司仓库。

9 月 1 日，原告委托新日本检定协会的 S. FUJII，SHUTOKEN 检验中心检验货损，并支出检验费 75 057 日元。9 月 4 日，检验人在 KYOKUREI 公司仓库对货损做了现场检验。检验报告记载：集装箱到达横滨时，收货人从集装箱码头方面得悉，由于该集装箱的某些故障，集装箱温度明显高于设定温度 -18℃；收货人向承运人发索赔通知的时间是 9 月 1 日；封条完好，无任何异状；在岸电电源的支持下，集装箱一直处于设定温度 -18℃ 的运转状态，但当进入集装箱内时，感觉集装箱内温度并未保持在 -18℃ 的低温；集装箱的排水孔没有塞子，且排水管的末端只用胶带进行了简单密封，因此认为集装箱的气密性不合格；16千克新鲜草莓被装入一个塑料袋中并封存于一个有盖的金属罐里，然后以速冻的方式将草莓冷冻，按要求该货物须存放在低于 −18℃ 的环境中；罐装货物在集装箱中被堆放成 2 ~ 5 层，货物的顶部与集装箱箱顶之间留出了足够的空间以便空气循环；打开集装箱时几乎所有罐的侧面都结了霜或覆盖着冰，包装草莓的塑料袋内表面有很多水滴，草莓表面结霜且草莓变软，草莓表面温度在 −4 ~ −6℃，但设定温度仍显示为 −18℃；很显然，冷冻货物曾经融化过又重新被冻结，检验人猜测在几乎整个运输过程中，集装箱内部温度一直处于 −4 ~ −6℃；检验人推测，草莓的果肉与原先的货物相比，可能已经失去了水分，判断这些草莓已变质而达不到作为果酱原材料的原始标准，受损货物贬值率应为 50%，损失金额为 14 801.60 美元（CFR横滨）；检验人判断，货物损失明显是由于该冷冻集装箱的某些功能性故障导致集装箱内温度升高而引起的，属承运人责任。原告提供的新日本检定协会的公司履历事项全部证明书记载的经营项目包含了检验集装箱内载货状况。

9月20日，收货人向原告提出保险赔付请求，请求赔付 2 089 000 日元。9月27日，原告向收货人支付了保险赔款 2 089 000 日元。收货人向原告出具了权益转让书，将其已取得赔款的保险标的一切权益转让给原告。

根据北良公司的申请，法院于 2008 年 7 月 30 日对涉案集装箱调取电脑温度记录。从记录看，该集装箱制冷设备在 2006 年 8 月 27 日 22 时至 2006 年 8 月 31 日 9 时期间出现异常，电脑记录的箱内送风温度栏显示为：探测到的温度过高，超出正常范围；箱内回风温度栏则显示均低于 −17℃。2006 年 9 月 1 日，集装箱制冷设备恢复制冷，但直到 2006 年 9 月 4 日，箱内的送风和回风温度均高于 −15℃，并长时间高于 −5℃。另查，集装箱外部的电脑温度显示器可以显示集装箱内部的实时送风温度和回风温度，而该集装箱外部是否另有温度记录盘则无法确定。

以上事实，有提单、到货通知、货物发票、检验报告、保险单、保险金请求书、保险费请求单、保险赔款凭证、权益转让书、检验费请求书、船舶登记信息、情况说明、电子邮件、网页信息、公证认证书及英文证据的中文翻译、冷藏集装箱电脑温度记录、询问笔录等经庭审质证的证据和庭审笔录加以佐证，可以认定。

庭审中，北良公司申请的集装箱专业技术人员对上述检验报告和集装箱电脑温度记录中涉及集装箱的技术问题发表了意见。对检验报告的意见为：①冷藏集装箱的排水孔和排水管的主要功能是排水，不密封不影响集装箱制冷，从检验报告列出的集装箱状况不能确定集装箱存在故障；②冷藏集装箱内草莓结霜和变软的原因有两种可能，一种可能是草莓在装入集装箱时没有冷冻到 −18℃，另一种可能是集装箱制冷设备出现故障。对集装箱电脑温度记录的意见为：①该集装箱在卸船前虽供风温度显示探测的温度过高，但集装箱外部的温度记录盘显示箱内回风温度。回风温度正常，故从温度记录盘看，集装箱内部温度正常；②卸船后，温度显示虽有点异常，但从电脑温度记录看不出异常发生当时是否报警；③从电脑温度记录看，草莓在装入集装箱前没有预冷，可能在草莓温度降到 −18℃ 前已经变质。泛亚公司申请的集装箱专业技术人员也对集装箱电脑温度记录发表了意见，与北良公司申请的集装箱专业技术人员的意见基本相同。

法院认为：本案当事人和海上货物运输合同的履行地具有涉外因素，合同当事人可以选择处理合同争议所适用的法律。原告、北良公司和泛亚公司都同意适用我国法律，故本案纠纷适用我国法律审理。本案的争议焦点如下：一是原告是否具有诉权；二是货物是否损坏；三是承运人和实际承运人是否应承担赔偿责任。法院认定：

1. 原告是否具有诉权

北良公司签发的提单是记名提单，提单的记名收货人是西本贸易株式会社，故北良公司是承运人，西本贸易株式会社是收货人。根据我国《海商法》第 78 条第 1 款的规定，承运人与收货人之间的权利、义务关系，依据提单的规定确定。当货物在承运期间发生损失时，作为收货人有权依据提单向承运人北良公司提出索赔。虽然北良公司签发的是"电放"提单，正本提单没有流转至收货人手中，但收货人在卸货港已实际提取了货物，北良公司和泛亚公司对该提货行为从未提出异议，故收货人有权享受提单项下其对承运人北良公司的货损索赔权。泛亚公司所有的松城轮实际运输了涉案货物，故泛亚公司是实际承运人。当货物在泛亚公司承运期间发生损失，且泛亚公司负有赔偿责任时，收货人有权要求泛亚公司在此项责任范围内负连带赔偿责任。

收货人作为保险合同的被保险人，就其货物损坏没有直接向承运人索赔，而是依据保险单向保险人索赔。保险人在支付保险赔款后，依据我国《海商法》第 252 条第 1 款的规定，取得代位求偿权，对泛亚公司承运期间发生的货物损失，有权以自己的名义向承运人北良公司和实际承运人泛亚公司主张赔偿。

2. 货物是否损坏

原告向北良公司和泛亚公司提出索赔，首先应当举证证明货物发生损坏。就冷藏集装箱内草莓是否受损，原告提供的检验报告判断草莓已经变质而达不到作为果酱原材料的原始标准，贬值率为 50%。因出具该检验报告的新日本检定协会具有检验集装箱内载货物状况的资质，且北良公司和泛亚公司均未提供反证推翻该报告，故检验报告确认的草莓损坏事实，本院予以认定。根据检验报告，草莓损失金额（成本加运费）为 14 801.60 美元。损坏草莓的保险费为全部保险费的 50%，即 3 904.50 日元，按投保日 2006 年 8 月 29 日的汇率 1 美元对 117.71 日元计算，折合 33.17 美元。根据我国《海商法》第 55 条第 2 款的规定，损坏草莓的实际价值为 14 834.77 美元。按检验草莓之日 2006 年 9 月 4 日的汇率 1 美元对人民币 7.9499 元计算，折合人民币 117 934.94 元。原告为检验草莓损坏程度和原因而支付的检验费 75 057 日元，属于原告因草莓损坏而遭受的损失，按检验草莓日 2006 年 9 月 4 日的汇率 100 日元对人民币 6.8029 元计算，折合人民币 5 106 元。原告请求的检验费为人民币 4 850 元，故检验费数额以原告的请求为准。原告要求被告赔付货物保险金额中的 10% 保险加成，不符合我国《海商法》规定，本院不予支持。

3. 承运人和实际承运人是否应承担赔偿责任

根据北良公司和泛亚公司各自签发的提单，承运人北良公司和实际承运人泛亚公司的责任期间均是从装货港集装箱堆场接收货物时起，到卸货港集装箱堆场交付货物时止，包括全部海上运输期间。虽然北良公司和泛亚公司均提出未收到货损通知，而且北良公司申请出庭的集装箱专业技术人员对原告提供的检验报告提出质疑，认为该报告不能确认冷藏集装箱在运输过程中发生了功能性故障并导致集装箱内温度升高使货物损坏。但是，本院调取的冷藏集装箱电脑温度记录可以证明该集装箱的制冷设备在海上运输开始后到收货人从泛亚公司处提取货物前的期间内发生了故障，因而使集装箱内温度上升，并长时间高于 −5℃。温度上升必然导致集装箱内草莓损坏，这与原告提供的检验报告相互印证，可以证明草莓损坏的原因是集装箱在承运人和实际承运人的责任期间内发生故障。因集装箱由承运人北良公司向原告提供，集装箱制冷设备的故障发生在北良公司的责任期间，北良公司没有举证证明货物损坏是其可以免责的原因造成，依据我国《海商法》第 46 条第 1 款的规定，北良公司应当承担因集装箱制冷设备故障造成草莓损坏的赔偿责任。

虽然就北良公司和泛亚公司间的海上货物运输合同而言，集装箱由托运人北良公司提供，属于货物包装。但在实际托运人为川顺公司，收货人为西本贸易株式会社，承运人为北良公司，实际承运人为泛亚公司的海上货物运输法律关系中，集装箱不是实际托运人川顺公司提供的，不属于实际托运人对货物所做的包装，故泛亚公司不能以集装箱是实际托运人提供且该货物包装不良为由向收货人主张免责。集装箱制冷设备的故障亦发生在泛亚公司的责任期间，泛亚公司没有举证证明货物损坏系其可以免责的原因造成，依据我国《海商法》第 46 条第 1 款、第 61 条、第 63 条的规定，泛亚公司应当对集装箱制冷设备故障造成的草莓损坏承担连带赔偿责任。

北良公司和泛亚公司认为，货物在装船前没有预冷和收货人延迟提货是货物损坏的原因。我国《海商法》第54条规定，承运人对自己不负赔偿责任的其他原因造成的灭失、损坏或者迟延应当负举证责任。因北良公司和泛亚公司没有举证区分其不能免除赔偿责任的原因造成的损坏和其他原因造成的损坏，北良公司和泛亚公司应承担草莓损坏的全部责任。

综上，原告要求北良公司和泛亚公司连带赔偿货物损失117 934.94元和检验费4 850元，以及上述两笔款项自原告向收货人支付保险赔款日2006年9月27日起，至实际赔付之日止，按中国人民银行同期企业贷款利率计算的利息的诉讼请求，法院予以支持。依照我国《海商法》第46条第1款、第48条、第54条、第55条第1款和第2款、第60条第1款、第61条、第63条、第71条、第78条第1款、第252条第1款、第269条的规定，判决如下：

"一、被告北良公司一次性向原告赔偿货物损失117 934.94元及其自2006年9月27日起，至实际赔付之日止，按中国人民银行同期企业贷款利率计算的利息；

二、被告北良公司一次性向原告赔偿检验费4 850元及其自2006年9月27日起，至实际赔付之日止，按中国人民银行同期企业贷款利率计算的利息；

三、被告泛亚公司对上述第一、二项判令被告北良公司给付的赔偿款项承担连带赔偿责任；

案件受理费3 361元，由原告负担406元，北良公司和泛亚公司连带承担2 955元。"

第三节　提单案

案例9-6：无船承运人提单被盗反遭索赔

某贸易公司（以下简称"实际托运人"）诉某运输公司（以下简称"A公司"）无单放货，称：实际托运人通过某货运代理公司（以下简称"货运代理公司"）托运其货物从国内某港口运往国外某港口。货物装运后，货运代理公司向实际托运人提交了由货运代理公司签发的、抬头为A公司的无船承运人提单。货物到达目的港后，A公司在未收回正本提单的情况下，将货物交与收货人，收货人拒绝赎单，正本提单仍由实际托运人持有。根据提单编号及防伪标记判断，涉案提单的确属于A公司，货运代理公司在提单签发处注明：作为抬头承运人的代理。接到应诉通知书后，A公司立即展开调查，对于涉案业务，A 公司未接受任何订舱，也未办理任何运输手续，同时也未收取任何运费或者代理费用，A 公司与提单上标明的承运船舶也未有任何契约运输关系，A 公司与货运代理公司也无任何业务合作关系，从未授权委托货运代理公司代理其签发提单。事实表明：A 公司与本案无关，货运代理公司系冒用 A 公司的名义承揽运输业务，盗用 A 公司的空白提单并假借其代理的身份签发提单。案件标的金额近 200 万元。

接到起诉状后，A 公司立即找到货运代理公司，货运代理公司对于盗用 A 公司提单从事运输业务供认不讳，A 公司声称要追究其刑事责任。货运代理公司无奈之下与实际托运人协商，最终于开庭前双方达成和解协议，货运代理公司赔偿部分货物损失，实际托运人撤诉了结此案。

（一）法律分析

本案实际上有两个问题：一是承运人在无单放货的情况下，是否应当承担赔偿的问题；二是无船承运人提单被盗用后遭受善意人的索赔时，是否应当承担责任的问题。

关于第一个问题，无单放货是指承运人在未收回正本提单的情况下将货物交与收货人的行为，在不同的条件和司法环境下，对无单放货的性质认定是不同的，承运人是否应当承担责任也不能一概而论。一般情况下，承运人无单放货通常会被认为是违约行为，承运人未履行运输合同项下凭正本提单交付货物的义务，应当向正本提单合法持有人承担违约赔偿责任。本案由于未进入实质审理，无单放货的事实不便认定，无单放货的责任是否应当由无船承运人承担也无从判断。为了便于对第二个问题进行分析，暂且假设本案无单放货的事实成立，而且承运人应当对其无单放货的行为承担赔偿责任。

关于第二个问题，实质上就是明确两种性质，分析三种责任，总结一种危害。两种性质是：一为无船承运人的法律性质，二为无船承运人提单的法律性质。三种责任是：在提单被盗用时，无船承运人的法律责任、实际托运人的法律责任、盗用者的法律责任。一种危害是：盗用提单对于无船承运人的危害。

1. 两种性质

（1）无船承运人的法律性质

根据我国《海运条例》的规定，无船承运业务"是指无船承运业务经营者以承运人身份接受托运人的货载，签发自己的提单或者其他运输单证，向托运人收取运费，通过国际船舶运输经营者完成国际海上货物运输，承担承运人责任的国际海上运输经营活动。"根据上述规定，无船承运人有四个特点：其一，接受实际托运人的货运委托；其二，采购海上运力；其三，签发自己的单证；其四，承担承运人的责任。虽然无船承运人自身不经营船舶，不从事实际海上国际货物运输，但是无船承运业务性质已经构成我国《海商法》中规定的"契约承运人"的条件，属于"承运人"的概念范畴，应当承担承运人的责任。不过，无船承运人的责任又不完全同于"实际承运人"的责任。例如，二者的责任区间不同，无船承运人的责任区间是经营人接收货物到交付货物，而实际承运人则是装货港到卸货港。再如，有人主张：实际承运人可以享受海事赔偿责任限制，但无船承运人则不能。尽管无船承运人与实际承运人在责任承担方面略有差别，但是无船承运人和实际承运人都是法律意义上的承运人，其基本权利和义务是一致的，在一般情况下，无船承运人和实际承运人一样，都负有凭正本提单交付货物的义务。

（2）无船承运人提单的法律性质

无船承运人的提单是提单中的一种，按照我国《海商法》的规定及理论界的共识，提单是运输合同的证明。在班轮运输条件下，承托双方一般不签署正式的运输协议，实际托运人或其代理人（通常是货运代理）向承运人提交的委托书只能是要约，不能认定是合同。在这种情况下，提单往往证明了运输合同的存在，提单记载的内容往往被视为运输合同的内容，提单载明的承运人和实际托运人一般被认为是运输合同的缔约双方，意即提单载明的承运人将被视作运输合同的承运人。

2. 三种责任

（1）提单被盗用时无船承运人的法律责任

当提单被盗用时，在客观事实上，无船承运人没有从事无船承运业务，无船承运人与实际托运人之间没有运输合同关系，无船承运人不具有契约承运人的身份。"皮之不存，毛将焉附"，既然无船承运人并不作为被盗用提单项下运输合同的承运人，那么他也就没有理由承担承运人的任何责任。然而，事实绝非想象中的那样简单。如前所述，无船承运人是契约承运人性质，应当承担承运人的责任。无船承运人的提单是提单中的一种，具有合同证明甚至是合同的法律地位。一纸提单，足以初步判定记名承运人企业的承运人身份，足以使善意提单持有人相信记名承运人企业就是运输合同中的承运人，足以将记名承运人企业告上法庭，在没有相反证据的情况下又足以令法院判定无船承运人企业承担承运人的责任。这实际上是客观事实与提单记载的法律事实之间的矛盾，这个矛盾并非无法解决。"以事实为依据，以法律为准绳"是司法的重要审判原则，然而事实需要证据的支持，有证据的客观事实才能变成法律事实，才能构成法院判案的"事实依据"。根据"谁主张，谁举证"的举证原则，无船承运人摆脱承担责任的唯一办法就是需要提供充分、有效的证据，证明提单被盗用的事实，证明自身不是提单项下运输合同的承运人的事实。当然，如果提单盗用者当庭承认盗用提单的事实，或者无法举证证明与无船承运人之间的委托授权关系，无船承运人的举证责任相对减轻甚至无须举证。但是，如果提单盗用者拒不出庭，或者人去楼空，则全部的举证责任将落到无船承运人的头上，一旦证据不足或者效力不够，则无船承运人难免要遭受不白之冤。

（2）提单被盗用时实际托运人的法律责任

从严格意义上讲，提单被盗用时，实际托运人也是有责任的。在实际托运人委托出运货物并接受提单盗用人违法签发的提单时会有两种可能：一种可能是，实际托运人知道或者应当知道提单是被盗用的，明知盗用人不具有合法的代理资格；另一种可能是，实际托运人的确不知道提单是被盗用的，同时也不知道盗用人并非无船承运人的合法代理。

对于第一种可能，实际托运人具有明显的过错，同时还有与提单盗用者联合欺诈的嫌疑。在这种情况下，实际托运人没有权利向无船承运人提出索赔。

对于第二种可能，部分实际托运人的确欠缺国际货物运输的有关知识，对于货运代理及无船承运人的法律地位和监管程序也不清楚，要其事先了解提单盗用者的合法代理资格的确有点强人所难，然而无知并不能成为免除和转嫁责任的理由。问题的关键在于实际托运人在托运货物并接受盗用者签发的盗用提单时有无明显的过错，即实际托运人在托运货物的过程中，是否应当而且能够通过正常的途径去调查提单及提单签发人的合法身份，以避免提单盗用者的欺骗。

我国《海运条例实施细则》第31条规定："国际班轮运输经营者和无船承运业务经营者应当将其在我国境内的船舶代理人、签发提单代理人在交通运输部指定的媒体上公布。公布事项包括代理人名称、注册地、住所、联系方式。代理人发生变动的，应当于有关代理协议生效前7日内公布上述事项。"根据上述规定，无船承运人的代理人及其住所、联系方式实际上已经在交通运输部指定的媒体上对外公布，提单盗用者因与无船承运人无委托代理合同，不是其代理人，而不会出现在公布的无船承运人代理名录中，实际托运人完全能够通过正当渠道，查证提单盗用者的经营资质和代理人身份是否真实、合法。

事实上，大部分实际托运人都是通过货运代理完成货物托运事宜的。作为专业的货运代理服务企业，货运代理应当了解有关的货运知识和常识，应当知道无船承运人的法律地位和监管程序，接受实际托运人的委托，为实际托运人办理货物出运事宜，同时调查无船承运人及其代理人的合法经营身份也是货运代理应尽的义务。如果因为货运代理的疏忽或者无知或者怠于履行职责，将货物交由没有合法资质的提单盗用者安排承运，由于货运代理是实际托运人选择和委托的，由此引发的后果，应当由实际托运人承担。当然，实际托运人可以以货运代理在选择承运人未尽谨慎代理职责，疏于职守为由向其追偿损失。

如前所述，实际托运人在托运货物时应该并且能够查证提单盗用人的盗用身份，在因实际托运人本人或其货运代理的无知及过失而未对无船承运人及其代理的合法身份进行审查时，如果发生损失，损失应当由实际托运人承担。实际托运人不能将因自身的过失所造成的损失转嫁给无辜的无船承运人。

当然，如果因为无船承运人对外公布的信息有误，或者无法及时查询，或者不便查询，或者有足够的事实和理由使实际托运人相信或认为提单盗用者与无船承运人之间存在合法的委托代理关系，并且这种关系仍在维系，则无船承运人不能援引实际托运人疏于调查进行抗辩，但在这种情况下，实际托运人负有举证义务。

值得注意的是，由于无船承运人的优势地位，无船承运人不能以实际托运人疏于调查为由免除自身证明未参与涉案货物运输，未授权提单盗用者签发提单的举证责任。因为，即使无船承运人对外公布的代理人名单中不包括提单盗用者，但仍然不能排除无船承运人与提单盗用者之间存在事实上的委托代理关系。若真如此，实际托运人无从查证，尤其是在提单盗用者使用真实的无船承运人提单时（提单编号和防伪标记都能证实是无船承运人的提单），实际托运人更是有理由相信无船承运人与提单盗用者之间存在事实上的委托代理关系。因此，在空白无船承运人提单被盗用的案件中，"实际托运人疏于调查"可以作为无船承运人抗辩的理由之一，但抗辩的重点仍然是证明自己未参与涉案业务并且与提单盗用者无授权委托关系。

（3）提单被盗用时盗用人的法律责任

提单被盗用时，盗用人要承担的法律责任有民事责任、行政责任及刑事责任。

民事责任，当法院查明提单是在未经无船承运人企业许可或授权情况下被盗用，则盗用者有可能就是实际运输业务的操作者，盗用者安排货物出运，同时收取运费，盗用者的行为将被视为承运人的行为，当货物发生货损、货差或者无单放货等情况时，盗用者将承担承运人的赔偿责任。另外，被盗用提单的无船承运人企业假设在向货主承担赔偿责任后，可以向盗用者追偿。还有，被盗用提单的无船承运人企业无论是否向货主承担赔偿责任，都可以依据我国《反不正当竞争法》的规定向提单盗用者提出经济赔偿。

行政责任，根据我国《海运条例实施细则》第26条的规定："任何单位和个人不得擅自使用国际班轮运输经营者和无船承运业务经营者已经登记的提单"，提单盗用者明显违反了上述规定，同时还违反了《反不正当竞争法》的有关规定，国家行政主管机关有权对其违法行为进行行政处罚。

刑事责任，如果提单盗用者通过签发盗用提单非法骗取实际托运人财物，且数额较大，则触犯了刑法，可以追究其刑事责任。

3. 一种危害

这里所说的危害，是指在无船承运人提单被盗用时对无船承运人企业造成的危害。在未出现任何索赔事件的时候，提单盗用者往往会疯狂地盗用无船承运人企业的提单，以无船承运人的名义承揽运输货物，假借无船承运人的经营资质、商业声誉及资信条件骗取货主的信任，分流无船承运人的货源，逃避监管，牟取非法利益。但一旦出现货损、货差或者无单放货等情况时，提单盗用者往往又会溜之大吉，转嫁责任和风险于无船承运人的身上。他们就像肿瘤一样吸噬无船承运人企业的营养，毒害无船承运人企业的健康发展。

（二）经验教训

1. 加强对企业提单的管理

无船承运人企业应当制定严格的管理规定和操作流程，对于提单流转的各个环节，诸如空白提单的保管、分发，提单缮制、签发、回收务必进行全程监控。对于空白提单一定要专人负责，妥善保管，"管好自己的人，看好自己的单"。对于空白提单的分发和领取必须严格履行手续，每一份空白提单的走向都要有明确的记录，做到不发错一份单，不遗失一份单，每一份单都要有据可查。不要给任何人，尤其是一心盗用企业名义、欺骗客户、转嫁风险、扰乱市场的不法经营者以可乘之机。

2. 加强对代理人的筛选和监督

无船承运人一定要认真筛选代理人，在选择代理人时要按照《海运条例实施细则》规定的条件和程序，挑选具有资质的企业作为代理人，同时在交通运输部指定的媒体上公布。此外，还要考查代理人的经营实力、资信情况，选择资信可靠、声誉良好的企业作为代理人。在与代理人签署的代理协议中，一定要明确双方的责任，尤其是对代理人在管理和签发无船承运人提单中可能出现的过错，要约定代理人的违约赔偿责任。平时，一定要加强监督、检查代理人的工作，定期考评，及时撤换不合格的代理人。

3. 加强舆论宣传，打击盗用者

对于本企业的代理人，无船承运人应当广泛地利用媒体，包括在官方网站上及本企业的网站上，登载代理人的名录，介绍代理人的基本情况，说明代理人的代理权限和代理期限。向公众公开代理人的信息，是为了便于广大货主查询、识别真正的代理人，避免上当受骗，使假冒者无藏身之处。这样做，一方面维护了广大货主的利益，打击了非法经营活动；另一方面，在发生盗用提单案件时，使无船承运人又多了一项抗辩的理由。

4. 及时采取有效措施，避免损失发生

当无船承运人的提单被盗用时，企业应当采取果断措施，及时要求行政管理部门对盗用者予以查处、制止和惩罚。情节严重者，可以提请司法部门追究其刑事责任。同时，还要利用媒体充分揭露盗用者的非法行为，正本清源，提醒广大货主不再继续上当。如果无船承运人因为提单被盗用而遭受索赔，应当及时对盗用者进行质询，施加压力，使其主动承担责任，同时保留追究其行政乃至刑事责任的权利。如果盗用者拒绝配合或者逃之夭夭，无船承运人应当在最短的时间内搜集有效的证据，证明提单被盗用自身没有参与实际业务的事实，以摆脱可能承担的赔偿责任。

2006 年 12 月 16 日，作者在珠海市律师协会和珠海市水运行业协会举办的培训班上讲授提单（包括无船承运人提单）的法律问题。

第四节　无单放货案

案例 9-7：无单放货无船承运人先赔后追偿

2002 年 11 月，马乐博公司（以下简称"原告"）在台湾组织一批货物从我国大陆售往美国。原告通过案外人杨思怀委托弘信国际货运代理（以下简称"被告"）办理货运事宜，并从被告处取得了编号为 XTA20534 的三份正本提单。提单记载托运人为马乐博公司，收货人凭指示，装港厦门、卸港及交货地点纽约，货物为 2 个集装箱共 3 777 纸箱的婴儿擦布，价值 37 165.68 美元，装船日期为 2002 年 11 月 10 日，提单签署栏内盖有被告公司英文章，显示提单由被告签发，但签发栏上方的印刷文字注明，下面的签发人是代表东—西联合有限公司（EAST-WEST ASSOCIATES, INC.）签字，另提单格式抬头印刷为东—西物流有限公司（EAST-WEST LOGISTICS, INC.）。货物在运抵目的港后，于 2002 年 12 月 28 日被他人提走。因买方未付款，单据被退回，故原告现仍持有上述全套正本提单。

法院认为，被告签发的是指示提单，原告作为提单持有人，有权在目的港提取货物，在货物被无单放给他人的情况下，有权要求承运人赔偿损失。被告辩称其仅代理签发提单，但却未能提供被代理人东—西联合有限公司授权其签发提单和双方之间业务往来关系的证据材料。相反，根据其收取运费的事实和用承运货物的措辞表述受托业务的内容，以及安排代理人在目的港向下家承运人提货即对货物在目的港保有控制的情况，足以认定被告在本案中对外是以自己的名义负担运输的任务，是本案货物运输的承运人。因此，即使货物由于第三方的原因被放走，被告仍应承担违约责任，赔偿原告因提货不着产生的损失。法院依据我国《海商法》判决被告赔偿原告货物损失 37 165.68 美元及利息、翻译费 1 110 元人民币、律师费 7 000 元人民币。

被告作为无船承运人在提单签发栏内注明代表他人签发提单，但不能举证其为授权签发，法院认定由被告自己签发，并判决被告承担无单放货责任。本案存在三个海上运输合同和两个无船承运人和一个实际承运人，没有提单抬头上的船公司委托，被告使用他人提单格式签发提单，然后再由捷联公司向被告签发记名提单，捷联又转委托 OOCL 承运，OOCL 向捷联公司出具了海运提单。货物在美国被无单放走。被告无船承运人败诉后，又向厦门海事法院起诉捷联公司和 OOCL 公司并已被受理。

案例9-8：不构成侵权不承担无单放货责任

原告常州市武进经纬纺织服装有限公司（以下简称"经纬服装"）与美国 CAF RAFAEL MORALES INC.（以下简称"CAF 公司"）签订了一份出口纯棉染色布协议。约定贸易方式为 FOB 条款，结汇方式为 T/T。2003 年 11 月 5 日，经纬服装委托被告厦门建发国际货物运输公司上海分公司（以下简称"上海建发"）办理涉案货物的商检和内陆运输等事宜。11 月 7 日，上海建发向经纬服装开具了一张货运代理业专用发票，收费项目为商检费、包干费等。11 月 13 日，承运人 NW EXPRESS INC.（以下简称"NW 公司"）签发了全套正本货运代理提单。提单载明：运费到付，托运人为经纬服装，收货人和通知方为 CAF 公司。提单底部左下角注明签单代理人为 C&D INTERNATIONAL TRANSPORT FORWARDING，INC.（上海建发称此为其总公司建发公司的英文名称）。同日，现代商船有限公司以实际承运人签发的海运提单上载明：托运人为 THE C&D INT'L TRANSPORT CO. SHANGHAI BRANCH，收货人和通知方为 NW 公司，并注明运费到付。

经纬服装起诉称，NW 公司的提单未在中华人民共和国交通运输部登记备案，上海建发在签发提单时也不是合法登记的无船承运人，无权以无船承运人代理人的身份签发提单。上海建发为涉案货物运输合同的承运人，其利用提单，非法剥夺了经纬服装对货物的控制权，造成了货物损失，应承担提单侵权损害赔偿责任，请求判令上海建发退还提单项下的货物或赔偿相应的货款损失。

经法院查明，NW 公司是在美国合法注册的无船承运人。建发公司于 2003 年 6 月 17 日取得了无船承运业务经营资质。被告上海建发为建发公司的上海分公司，用于签发涉案提单的印章一直存放在被告处，建发公司授权被告在涉案提单上以建发公司名义盖章、签名。2002 年 1 月，建发公司与 NW 公司签订了代理协议，后者授权建发公司为其公司指定的货物签发提单。经纬服装称涉案货物在目的港被他人未凭正本提单提取，但未能提供相应的证据；又称涉案货物未收到，但确认涉案核销单已经核销。

法院经审理认为，依照法律规定，货物在承运人掌管期间发生毁损、灭失，由承运人承担违约赔偿责任。根据庭审查明的事实，被告不是签单人。建发公司虽是签单人，但其有 NW 公司授权，故被告和建发公司均不是涉案货物的承运人，依法不应承担原告所称货物失控、货款收取不能的赔偿责任。至于美国 NW 公司的提单是否在我国交通运输部备案，以及 NW 公司和建发公司是否具有合法无船承运人资格，尚不足以影响提单所证明的海上货物运输合同的成立和履行。

涉案贸易合同的结汇方式为 T/T，原告当庭自认涉案货款已核销，故可推定原告已收到货款，原告并无实际损失。原告虽称核销单已核销并不必然表明货款已收到，但未能提供足以证明其所核销的货款不是涉案货款的证据，故不予采信。

法院最后认定，被告无实施侵权的事实，且原告已经收回货款，没有损失。即使原告有损失，与被告的行为也无因果关系，被告依法不构成侵权。

（一）法律分析

我国《海运条例》及其《实施细则》颁布以后，依然存在着很多未经交通运输部登记备案的无船承运人仍在签发无船承运人提单的状况，包括不具有无船承运人经营资格的货运代理企业签发的无船承运人提单，过去挂靠在货运代理下的不具有货运代理经营资格的实体或个人借用或擅自签发的无船承运人提单，一家无船承运人擅自使用另一家无船承运人的提单，以及如本案情况所示国内无船承运人替未在我国办理提单登记、缴纳保证金的境外无船承运人签发提单，等等。造成这种情况的原因既有整个行业多年来习惯养成的不良做法，也有无船承运人自身风险意识的淡薄，对提单重要性认识不足、疏于管理等原因。在此情况下，如果实际托运人接受了不适格主体签发的无船承运人提单，应当如何认定该提单的效力呢？其所证明的运输合同是有效还是无效呢？

如果认定该提单及运输合同无效无疑有利于捍卫我国《海运条例》及其《实施细则》的规定，严格无船承运人提单的签发与管理，遏制无船承运人提单签发的混乱状况，降低运输与贸易中的风险，使整个行业日趋规范。但是，如果一概认定该提单及运输合同无效又可能带来多方面的、更为复杂的问题，其所惩罚的对象可能并不是非法签发无船承运人提单的不适格的主体，而是运输合同下实际托运人——无辜的货主。在货主将货物交给提单签发人甚至货物已经出运后签发的无船承运人提单，是货主对货物行使有效控制权的唯一武器，而且它的有效与否关系到运输乃至整个贸易的正常进行。如果片面否定提单及运输合同的效力，造成货物运输环节的中断，所带来的整个贸易的损失将是不可设想的，而受损失的不仅是货主还有受不适格主体委托实际承运该批货物的船东。这些损失无疑应由签发提单的不适格主体来承担，但它又是否有承担责任的能力呢，这是我们不得不考虑的。同时认定该提单和运输合同无效还将导致已经建立的法律关系无据可依，一旦发生纠纷就会出现责任链条的中断，给货主的索赔和法院对责任的判定造成困难。

（二）经验教训

从保护善意货主的利益、有利于贸易与运输的正常开展，对于不适格主体签发无船承运人提单的问题应从两方面入手。一方面，在横向民事法律关系上应认定该提单及其所证明的运输合同有效，对于运输合同下的纠纷仍应依据该提单及其条款来解决，在承运人的认定上应根据提单的抬头与落款进行判断，而多数情况下承运人无疑应为无船承运人提单的真正所有人，让无船承运人提单的真正所有人来承担运输合同下的责任正是对其擅自出借提单或对提单疏于管理行为的一种有力惩罚。另一方面，通过纵向行政手段对此行为加以规制，根据我国《海运条例》的规定，未办理提单登记、缴纳保证金，擅自经营无船承运业务的，由国务院交通主管部门或其授权的地方人民政府交通主管部门责令其停止经营；有违法所得的，没收其违法所得；以及处以罚款等。无船承运人将其依法取得的经营资格提供给他人使用的，由国务院交通主管部门或者其授权的地方人民政府交通主管部门责令其限期改正；逾期不改正的，撤销其经营资格。目前我国《海运条例》及其《实施细则》并未对无船承运人擅自出借提单和不适格主体签发无船承运人提单的行为的处罚作出规定。因此，遏制此类行为的关键应是通过行政手段明确处罚措施，加大处罚力度，同时加强监督，完善执法程序，做到执法必严。

案例9-9：装港代理不承担无单放货连带责任

2003年9月20日，普罗德公司（以下简称"原告"）与保税区外的华康公司订立售货合同，约定由原告从华康公司买进一批电脑连接线与电话配件，合同总价为190 950美元，货物目的口岸为法国勒阿夫勒，装船日期为2003年10月20日至2004年2月29日之间。2003年10月30日至12月25日期间，被告怡达公司先后签发了六套抬头为DYNAMIC CONTAINER LINE的正本提单。提单显示，实际托运人为原告，提单均由怡达公司作为DYNAMIC CONTAINER LINE的代理人签发。货物已实际运至法国目的口岸。涉案DYNAMIC CONTAINER LINE提单，原是由被告怡和物流（香港）有限公司在我国交通运输部登记和备案的无船承运人提单，该公司于2004年2月25日更名为保昌公司。

上海海事法院认为：依据我国《海商法》的相关规定及国际航运惯例，被告保昌公司作为无船承运人负有向正本提单的持有人交付货物的义务，但其卸货港代理人齐格勒公司在未收到正本提单或征得原告同意的情况下即将货物放给他人，违反了运输合同义务，保昌公司应向原告承担违约责任。怡达公司作为保昌公司在装货港的签单代理人，未参与无单放货，不应承担连带责任。

一审判决：被告保昌公司赔付原告货物价值损失共计146 419.2美元。

案例 9 - 10：无权代理承担无船承运人责任

原告牡丹江市天业进出口有限责任公司（以下简称"原告"）诉被告辽宁富德国际货运有限公司（以下简称"被告"）海上货物运输合同纠纷一案。

原告诉称：其与峰景国际有限公司（以下简称"峰景公司"）的贸易中，被告是峰景公司指定的货运代理公司。被告于 2003 年 4 月 17 日和 4 月 30 日分别承运原告的两票货物到贝鲁特，当时只给原告出具了货物收据，并未给原告出具正本提单，在原告未通知被告放货的情况下，被告擅自放单放货，收货人也不是原告指定的收货人，导致峰景公司未向原告支付货款。原告认为，就涉案货物原、被告之间存在海上货物运输合同关系，原告为托运人，被告为承运人。原告现诉至法院，请求判令被告承担因擅自放货而造成的损失 10 万元人民币，并承担全部诉讼费用。

被告辩称：被告与原告不存在海上货物运输合同关系，被告按峰景公司的指示接收了原告交付的货物，被告向原告签发的货物收据仅为原告向峰景公司交货的凭证，不是物权凭证，原告指责被告擅自放单放货无法律依据，被告没有违约行为，不应承担赔偿责任，另原告主张的货款损失，没有事实及法律依据。

经审理查明：2003 年 1 月 31 日，原告与峰景公司签订了单号为 A-PO03010 采购单，由原告向峰景公司出售木制品，双方约定：付款方式 BY T/T（电汇），收到货物收据后一次性付清；交货日期为 2003 年 3 月 15 日之前；交易条件为 FOB 大连；关于出货，峰景公司将相关资料填写方式告知原告，包括要求原告将货物收据等开给其欣科国际、目的地为贝鲁特等；峰景公司还要求原告"货物交仓后，请传真贵公司出货保证书、发票、交仓单、货物收据或提单影印本至我公司深圳办事处以使本公司安排付款程序"。

嗣后，原告在 2003 年 4 月 17 日和 2003 年 4 月 30 日分别将两票出运货物即 407 箱和 179 箱木制品直接交给了被告，被告在收到货物后就上述两票货物分别以 S. F. Systems（SHA）Ltd.① 代理的名义为原告出具了收据编号为 20030413 和 20030423 的货物收据。该两份货物收据均载明：发货人为原告，收货人及通知方为欣科公司，货物启运地大连，卸货地为贝鲁特，运费到付。该两份货物收据还载明了船名及两票货物的数量、品名等。2003 年 6 月，涉案两票货物被运抵目的港贝鲁特后被交给了峰景公司指定的收货人高夫集团。

依据上述两票货物的海关出口货物报关单（以下简称"出口报关单"，海

---

① 开瑞运通（上海）有限公司。

关编号分别为083688080和083700010)确认,该两票货物的出口报关价格分别为8 285.04美元和3 954.48美元。据原告提供的该两票货物的商业发票,金额分别为6 878.51美元和3 954.48美元。

另查明,原告已用来自于以色列的一笔信用证付款在国家外汇管理局牡丹江市中心支局办理了083688080号出口报关单项下的案涉货物的出口收汇核销,原告还以分别来自于中国香港、美国、泰国、以色列的共计四笔电汇付款在该局办理了083700010号出口报关单项下的案涉货物的出口收汇核销,上述用于核销的款项的付款人均非峰景公司。

以上事实,有原告与峰景公司签订的采购单、被告向原告出具的货物收据、商业发票、中华人民共和国海关出口货物报关单、出口收汇核销单(附我国银行结汇传票、涉外收入申报单)及双方当事人陈述笔录等加以佐证,这些证据已经庭审质证,本院予以认定。

基于以上查明的事实,针对原、被告的诉辩焦点,本院评判如下:

1. 关于被告以代理人的名义所为行为的法律后果是否应由其本人承担的问题

被告称,开瑞运通有限公司(以下简称"开瑞公司")是在香港注册的公司,后其又成立了国内分公司,涉案当时开瑞公司在我国大连地区的运输业务均由被告代理,目前双方已不存在此项代理关系,被告现已无法提供证据证明开瑞公司真实存在,也无法提供开瑞公司对其授权的代理手续。本院认为:本案中,涉案的两张货物收据虽载明承运人是开瑞运通(上海)有限公司,被告仅为承运人的代理人,被告也自称是开瑞公司的代理人,但被告未能提供其获得承运人授权或者有承运人事后追认的任何证据,故其签发货物收据行为系无权代理,依法应承担承运人责任。

2. 关于原、被告间是否存在海上货物运输合同关系的问题

法院认为:根据我国《海商法》第42条第3项规定,托运人包括本人或者委托他人以本人名义或者委托他人为本人将货物交给与海上货物运输合同有关的承运人的人。原告将其两票货物交给被告,作为托运人,与被告之间存在合法有效的海上货物运输合同关系,根据我国《海商法》第80条规定,被告向原告签发的两份货物收据即为双方订立海上货物运输合同的初步证据,且该货物收据载明的内容即为被告履行义务的依据。被告作为承运人,本应按货物收据载明的内容完成双方合同约定的运输任务,其中包括将涉案货物交付列明的收货人即欣科公司,而被告却将货物交给了欣科公司以外的人,其行为违反了合同约定,理应承担违约责任。被告辩称其与原告之间并不存在海上货物运输合同关系,其并未违约的理由不能成立,本院不予

采信。

3. 关于原告是否有损失及损失金额的问题

法院认为：在原告与峰景公司的贸易合同关系中，按双方约定付款义务人为峰景公司，本案中，原告主张其就涉案两票货物未能收到峰景公司的货款并以来自其他付款人的款项办理了涉案货物的出口收汇核销，就此原告已提供了出口收汇核销单等证据加以证明，对此项事实被告虽不予认可但未能提供相反证据予以反驳，故应认定原告就案涉货物尚未收到峰景公司的货款，此即原告因被告前述违约行为所致损失。

至于原告所受该项货款损失数额的问题。原告按照其提供的商业发票主张涉案货物的货款损失，并提供了相关的出口报关单予以佐证，其中一票货物的商业发票的价款为 6 878.51 美元，其出口报关价格为 8 285.04 美元，原告主张此项价差是其与峰景公司在业务往来中协商确定，对此应予准许，故该票货物的货款损失应确定为 6 878.51 美元，另一票货物的商业发票的价款与其出口报关单所载金额一致，应予认定，故该票货物的货款损失为 3 954.48 美元。上述两票货物的货款损失共计 10 832.99 美元。虽然被告对原告主张的货款数额加以否认但未能提供相反证据支持，不予采信。

关于汇率的问题，本案应采用涉案货物在目的港被交货即被告违约行为发生时的汇率，因被告仅提出涉案货物于 2003 年 6 月被运抵目的港，未能证明交货时间，而原告对此皆不知情亦无证据否认，故本院酌情认定涉案两票货物于该月中旬被运抵目的港并交货，本案本应将上述两票货物的货款损失共计 10 832.99 美元，按 2003 年 6 月中旬美元对人民币汇率中间价 1∶8.277 计算赔付，因原告主张按 1∶8.26 的汇率折算涉案货款损失，应予准许，按此汇率，被告应赔偿原告涉案货款损失共计 89 480.50 元人民币。对原告的诉讼请求中超出该项款额部分，本院不予支持。

综上，依照《合同法》第 107 条、我国《海商法》第 42 条、第 80 条之规定，判决如下：

"(1) 被告辽宁富德国际货运有限公司于本判决生效后十日内向原告牡丹江市天业进出口有限责任公司赔偿货款损失 89 480.50 元人民币；

(2) 驳回原告其他诉讼请求。

被告如果未按本判决指定的期间履行给付金钱义务，应当依照《民诉法》第 229 条的规定，加倍支付迟延履行期间的债务利息。

案件受理费 3 510 元人民币（原告已预交），由被告辽宁富德国际货运有限公司负担 3 141 元人民币，原告牡丹江市天业进出口有限责任公司负担 369 元人民币。"

案例9-11：无船承运人违反承诺承担无单放货责任

大连金五星食品有限公司（以下简称"原告"）诉上海衍六国际货物运输代理有限公司（以下简称"被告"）海上货物运输合同纠纷案。

原告诉称：2008年11月28日，原告委托被告承运两个集装箱的冻鳕鱼从大连港运往美国巴尔的摩港，被告向原告签发了144800103911号提单。货物到达目的港后，被告在目的港的代理人在没有收到正本提单的情况下，将货物放给了提单上的收货人。收货人在收到货物后拒绝向原告支付货款或归还货物，原告因此遭受损失115 200美元。经查，货物于2009年1月15日交付，按照当天美元与人民币的汇率1∶6.84计算，原告货物损失金额折合787 968元人民币。原告多次要求被告赔偿损失未果，故原告诉至本院，请求判令被告赔偿货款损失787 968元人民币，并承担本案诉讼费用。

被告辩称：①涉案货物的承运人是长荣海运（台湾）有限公司（以下简称"长荣海运"），被告并非涉案货物的承运人，而是承运人的代理人。②本案应适用美国《1936年COGSA》和《联邦提单法》，依据上述法律规定，承运人向记名提单中的记名收货人交付货物时，不需要收货人出具正本提单。即使被告是承运人，也不应该为无单放货承担责任。③虽然提单正面约定了需凭正本提单交货，但这个约定与美国《1936年COGSA》和《联邦提单法》相违背，故该条款不适用。④核销联上的货物描述与提单上不一致，不能证明是涉案货物，原告没有充分证据证明货物损失金额。⑤原告没有收到货款是因为其与买方发生贸易纠纷。⑥如果原告收到货款，在银行结汇时应按照现汇买入价结算，故原告的货款损失应当按照2009年1月15日美元与人民币的现汇买入汇率1∶6.82计算人民币金额。

对于原、被告无异议的证据，法院予以确认。对于双方有争议的证据，法院认定如下：

1. 原告提供证据(2)用以证明货物价格，但该组证据中的合同、装箱单、发票记载的货物价格与原告提供的证据(5)报关单核销联中记载的价格不一致。对于该两组证据的效力问题，本院认为，首先，合同上仅有个人签名并无公司盖章，不能充分证明该合同系由原告与PL TRADING CO. LLC（以下简称"PL公司"）签订；而装箱单、发票均是由原告单方制作，难以相互佐证。其次，依据我国的有关行政法规，出口货物应当依法向海关申报货物价值，海关和其他行政部门并依此向出口经营人征收相应的税款或办理退税，因此报关单上所确定的货物价格是具有较强证明力的。原告提供的证据(5)报关单核销联是原件，其上面记载的事项应与报关单一致，因此本院认为，原告证据(5)比证据(2)的证明效力更强。原告虽然对证据(2)与证据(5)货物价格的不一致做出了解释，但对该解释未能提供充分证据予以证明，不足以推翻其证据(5)报关单核销联中对货物价格的认定，故对原告提供的证据(2)中的合同、装箱单、发票，本院不予采纳。原告提供的证据(2)中的报关单系复印件，且模糊不清，本院不予确认。

2. 原告提供的证据(3)中的电话录音不属于以侵害他人合法权益或者违反法律禁止性规定的方法取得的证据，可以作为认定案件事实的依据。被告虽对电话录音的真实性有异议，但表示不申请鉴定，在被告未提供相反证据的情况下，本院对此证据予以确认。

3. 原告提供的证据(4)与涉案货物不具有关联性，本院不予确认。

4. 被告提供的证据(6)均是复印件，且该组证据是在境外形成，依据法律规定，应该履行公证认证手续。被告提供的证据的形式不符合法律规定，且原告对其真实性不予认可，故本院不予确认。

经审理查明：原告向被告的代理人新久国际物流有限公司订舱出运冻鳕鱼。2008 年 11 月 28 日，被告签发了 144800103911 号提单，载明：托运人为原告，收货人为 PL 公司，船名航次为 DOOWOO BUSAN 385E，装运港为我国大连，卸货港为美国巴尔的摩，货物为 44 000 千克带皮去骨的冻鳕鱼，集装箱号为 EGHU 5010832 和 EISU5671207。提单抬头名称为被告的英文名称，在提单承运人签名处被告以承运人的代理人身份签字盖章，并注明作为承运人和船舶提供者长荣海运的代理人并以长荣海运名义经营。提单正面条款载明"在目的港放货前，必须提交一份正本提单给承运人或其代理人"。在提单背面条款第 1 条"定义"中载明："承运人指上海衍六国际货物运输代理有限公司……"。在提单背面条款第 20 条"管辖和法律"中载明："当货物从美国港口出运或运输到美国港口，或者在美国境内运输时而适用美国《1936 年 COGSA》时，本提单适用美国法律……"。

货物到达目的港后，被告于 2009 年 1 月 15 日在没有收回正本提单的情况下将货物交付给了提单上的记名收货人。原告现仍持有全套正本提单。

原告就出口货物向海关申报，货物为去皮去骨去刺的冻狭鳕鱼片，提单号为 144800103911，运输工具为 DOOWOO BUSAN 385E，集装箱号为 EGHU 5010832 和 EISU5671207，货物价格为 106 142.4 美元。

基于法院认定的上述事实，对原、被告的争议焦点，评判如下：

1. 本案的法律适用问题及管辖问题

涉案货物是从我国大连港运往美国巴尔的摩港，因此本案具有涉外因素。原告向法院提起诉讼，被告未对管辖权提出异议，并到庭应诉答辩，依据相关法律规定，应视为其承认大连海事法院为有管辖权的法院。

关于法律适用问题，被告依据提单背面条款主张适用美国法律，并提出对于涉案纠纷应当具体适用美国《1936 年 COGSA》以及与该法相关的美国《联邦提单法》。而原告认为，虽然提单约定适用美国法律，但本案不符合美国《联邦提单法》的适用条件，故本案应该根据最密切联系原则适用我国法律。

法院认为，本案属海上货物运输合同纠纷，按照我国《海商法》第 269 条关于涉外合同当事人可以选择合同适用的法律的规定，本案应依提单的约定确定准据法。原、被告均确认，提单背面关于法律适用条款的含义为：当货物从美国港口出运或运输到美国港口，或者在美国境内运输时应适用美国《1936 年 COGSA》并进而适用美国法律。可见，对于涉案货物运输，双方在提单中选择适用了美国法律。被告确认，除美国《联邦提单法》外，美国其他法律均没有对无单放货的责任问题做出规定，而原、被告关于法律适用问题争议的焦点也就是美国《联邦提单法》能否得以适用。对此本院认为，虽然美国《联邦提单法》规定的适用运输范围为"本章适用于由公共承运人为下列货物运输所签发的提单：在美国领土，或哥伦比亚特区，或从一个州的一地到外国，或从一个州的一地到另一地，但要通过另一个州或国家的运输"，而本案显然不在其规定的运输范围内，但当事人选择适用法律的含义即自愿将纠纷置于所选择的法律范围内调整，因此该选择应当有效，本案应依据提单的约定适用美国法律。

2. 被告是承运人代理人还是承运人的问题

被告签发的提单抬头印制的是被告自己的英文名称，提单背面的定义条款也明确载明承运人是被告，虽然在提单正面承运人签名处被告注明自己是承运人长荣海运的代理人，但依据法律规定，被告须证明其是在长荣海运的授权范围内签发的提单，否则被告应承担承运人的责任。本案中，被告未能提供其与长荣海运之间的委托代理合同，因此不能证明长荣海运授权其签发提单或长荣海运对被告签发的此份提单进行了追认，故对被告辩称自己是长荣海运的代理人的主张，本院不予支持。原告委托被告运输出口货物，被告接受了原告交付的货物并向原告签发提单，因此，原、被告间是海上货物运输合同关系，原告是托运人，被告是承运人。

3. 被告对于无单放货是否应当承担责任的问题

被告提出，美国《联邦提单法》规定了"承运人将货物交付给记名提单收货人为正当交付"，除此之外，美国《1936 年 COGSA》及其他美国法律均没有对无单放货的责任问题做出规定。被告也正是依据美国《联邦提单法》从而主张自己不应承担赔偿责任。对此本院认为，虽然依据美国《联邦提单法》，承运人向记名提单的记名收货人交付货物时，不负有要求提货人出示或提交记名提单的义务，但该规定不属于承运人必须无单放货的强制性规定，因此，当事人可以另行约定交货方式。依据美国《1936 年 COGSA》第 5 条，承运人可以增加其应承担的任何责任与义务，但此种对权利与豁免的放弃或责任与义务的增加，应在签发给托运人的提单上载明。本案中，被告签发的提单正面有"在目的港放货前，必须提交一份正本提单给承运人或其代理人"的规定，其内容上没有区分记名提单或指示提单区别适用该条款，故该条款构成被告作为承运人对凭单交付货物的书面承诺，被告在未收回正本提单的情况下的放货行为显然违反了双方之间的约定。原告是否与买方有贸易纠纷不影响其与被告之间的运输关系，被告无单放货的行为违反了其承诺，故被告应对原告的损失承担赔偿责任。

4. 涉案货物的赔偿金额问题

原告以合同、装箱单和发票上记载的货物价格为依据向被告主张赔偿，并解释该价格因通关手册余额不足的原因与报关单核销联的记载不一致，但原告没有提供充足证据对该解释加以证明。经过前述的证据认定，本院对报关单核销联载明的货物价格予以确认。虽然报关单核销联上与提单中对货物的描述有差别，但二者在提单号、航次名称、集装箱号等方面均一致，故本院认为原告向海关申报的是涉案货物。依据报关单核销联的记载，原告的货物价格应为 106 142.4 美元，故对于原告主张的货物损失价格，法院认定为 106 142.4 美元。

5. 汇率问题

被告于 2009 年 1 月 15 日在没有收到正本提单的情况下，将货物交付给了收货人，使原告受到了 106 142.4 美元的货款损失，故原告有权按照 2009 年 1 月 15 日美元与人民币的汇率计算其货款损失。如果原告收到了货款，其在银行结汇时应按照现汇买入价结算，故依据当日美元对人民币现汇买入价 1:6.82 计算，106 142.4 美元折合 723 891 元人民币。

综上，被告未凭正本提单将货物交付给提单上的记名收货人，违反了其与原告的约定，依法应对原告的损失承担赔偿责任，原告在持有全套正本提单的情况下，要求被告返还货物或赔偿货款损失的诉讼请求于法有据，法院予以支持。依照我国《海商法》第 269 条、美国《1936 年 COGSA》第 5 条、《最高人民法院关于民事诉讼证据的若干规定》第 11 条第 1 款之规定，判决被告一次性赔偿原告货款损失 723 891 元人民币。案件受理费 11 680 元人民币，由原告承担 950 元人民币，由被告负担 10 730 元人民币。

第五节 美国案例

案例9-12：提单适用法律一致享受赔偿责任限制应相同

在 ITEL 集装箱公司诉 M/VTITAN SACAN 一案中，新式冷藏箱的托运人起诉了无船承运人和海运承运人，索赔从日本到美国的航程中因为集装箱落海而导致的损失。无船承运人则向海运承运人提出了追偿的索赔。地区法院认为，当事人没有在上诉中进行辩论，无船承运人也违反了其与托运人之间的运输合同，因此对由此带来的货损负有责任，同样，海运承运人则应赔偿无船承运人。然而，一方面在分析了托运人和无船承运人之间的运输合同，另一方面分析了无船承运人和海运承运人之间的运输合同后，区法院认为无船承运人的责任将限制在《海牙—维斯比规则》规定的单位赔偿责任限制数额内。区法院进一步认为海运承运人对无船承运人的赔偿责任将限制在美国《1936 年 COGSA》规定的单位责任限制数额内。因为其规定的数额要低于《海牙—维斯比规则》，无船承运人将不能完全从对方那里得到全部赔偿。

无船承运人上诉，强调区法院对无船承运人对托运人的责任问题适用《海牙—维斯比规则》的规定，而海运承运人对无船承运人的责任适用美国《1936 年 COGSA》的认定是错误的。无船承运人强调两个合同之间存在区别对待是没有法律基础的，因为很明显他们是一种"背靠背"的合同，应该在所有方面适用同一个法律。无船承运人还强调区法院认为其和托运人之间的合同适用《海牙—维斯比规则》的认定是错误的。

第十一巡回法庭确认了区法院认为两份运输合同是独立交易的认定结论，法庭认为托运人和海运承运人在有关的运输合同谈判中没有直接联系，同时无船承运人没有在其合同中用任何文字表明两份合同是一个单一的交易行为。

为了确认区法院的关于《海牙—维斯比规则》适用于托运人和无船承运人之间合同的结论，第十一巡回法庭主要依靠的是提单当中的一些条款。法庭发现首要条款要求适用日本的海上货物运输法。法庭也发现了法律适用选择条款，该条款要求适用承运人主要营业所在地的法律，即适用英国法律，因为无船承运人主要营业地在英国伦敦。在运输合同的一个手写条款中规定适用英国法律。

为了解决这些条款带来的争议，第十一巡回法庭采用合同解释的原则，认为"当事人后来协商补充的特殊条款比普通条款优先适用"，法庭认为约定适用英国法律的手写条款是一个特殊条款，将优先于格式条款适用。法庭还认为法律选择的格式化条款将比首要条款更特殊。因此，法庭得出结论为托运人和无船承运人之间的提单关系适用英国法。第十一巡回法庭反对区法院关于美国《1936 年 COGSA》适用于无船承运人和海运承运人之间运输合同关系的结论。法庭认为无船承运人和海运承运人之间的关系不同于托运人和无船承运人之间的关系，并且不认为这两种关系之间的不同之处构成了可以区分《海牙—维斯比规则》责任限制相关法律规定的适当理由。法庭认为像托运人和无船承运人之间的运输合同一样，在无船承运人和海运承运人之间提单的首要条款规定适用日本的《海上货物运输法》，而且在附录中有规定适用英国法。法庭发现为了区分这些合同的唯一理由是法律选择条款，其要求适用承运人主要营业地的法律。因为海运承运人的主要营业地在荷兰，法律选择条款要求适用的是荷兰法律。因为荷兰，类似英国采纳了《海牙—维斯比规则》，适用荷兰法也将导致适用了《海牙—维斯比规则》高的责任限额的结果。法庭因此最后认定，在两个运输合同之间的区别没有存在的基础。因为《海牙—维斯比规则》均适用于两个合同，无船承运人最终可以从海运承运人那里得到完全数额的赔偿。

案例 9－13：有利于无船承运人的判决

本案涉及因船舶运输货物发生货损后，应该采取对物诉讼还是采取对人诉讼的问题，美国加州中央区地方法院的法官 AUDREY B. Collins，驳回了原告针对船舶的对物诉讼，并做出了对处于中间地位的无船承运人有利的判决，同时被告也提起了反诉。上诉法院的巡回大法官 Graber 在判决中认为：①托运人应当遵守船东签发给无船承运人的提单上的管辖权条款的规定；②与托运人订约安排货物装船的无船承运人有权享受强制性的责任限制。

评论：地方法院对于是否执行管辖权条款的判决被重新审视，看看其中是否存在对判断力的滥用。

执行一个选择管辖权条款的行为会被视为排除了重要的管辖权的行为；因此这样的诉讼不需被视为真实的，而且诉讼以外的事实也可用来做正确参考。

与无船承运人签订合同来安排货物装船运输的托运人，将会受到船东签发给无船承运人的提单上的管辖权条款的约束；因为无船承运人按照通常的商业标准，在接受船东的提单时是作为托运人的代理人的，托运人将受到提单的约束。

符合美国《1936 年 COGSA》要求的提单会给与托运人"公平的机会"，如通过支付更多运费的方法来使用更高的赔偿限制，因此通过与托运人签约安排货物装船运输的无船承运人有权享受强制性的责任限制；"装运单位"的有关规定并不使得该条款无效，因为其与强制性表述"运费单位"并不是对应关系。参见海上货物运输法第45条和USCA法案的1304(5)条。

(一) 意见

巡回大法官GRABER认为：

本案我们需回答两个问题：①与无船承运人订约装船运输的货主是否受到船东签发给无船承运人提单中的管辖权条款的约束；②赋予货主一个公平的机会，只要支付额外费用后就可提高赔偿限额的标准的话，那此时无船承运人是否有权享受强制性责任赔偿限额。我们认为货主应受到管辖权条款的约束，并且责任限额应适用。我们确认上述观点。

(二) 实体和程序上的背景

原告Kukje Hwajae的保险公司是DOOSAN公司，一家韩国机械制造公司的代位求偿权人。DOOSAN公司与一家无船承运人GLORY Express公司（以下简称"GLORY公司"）签署了合同，要求将DOOSAN公司的机床从韩国的釜山港口运输到美国的洛杉矶，所装的船舶名为现代自由号。GLORY公司签发了三份提单。每份提单都注明了DOOSAN公司为托运人，现代自由号船为"出口承运人"。GLORY公司的提单有一条管辖权条款，要求所有与提单项下的运输有关的诉讼都应到美国纽约的联邦法院进行，即使GLORY公司没有考虑强制执行本条款。

GLORY公司随后与现代商船海运公司（以下简称"现代公司"）签署了合同，将机床装上了现代自由号船舶。该公司是通过STREAMLINE托运人协会，一个非营利性的托运人组织进行的业务操作。现代公司签发了提单，提单上STREAMLINE为托运人。该提单的条款规定：

因提单引发的或者与提单有关的诉讼应仅仅适用韩国法律，除非提单中另有规定。任何与提单下的货物保管或运输有关的诉讼，不论是因为违约、侵权或者其他原因，均应在韩国首尔民事地方法院起诉。

原告的索赔理由是机床在海上运输当中受损，导致超过20万美元的损失。原告对DOSSAN公司的索赔进行了赔偿随后就采取了追偿行动。索赔方的货物索赔原因包括违约、疏忽、违反对托管财产的照顾义务和船舶不适航。原告对于被告GLORY公司提起的是对人诉讼，对现代自由号（现代公司）提起的是对物诉讼。

现代公司打算通过执行提单中的管辖权条款来申请驳回原告对于船舶的诉讼。法院部分拒绝了该申请，因为发现了现代公司没有正确地鉴别申请所附的提单。此外，法院之所以驳回了该申请，因为原告的代位求偿权人

DOOSAN 公司没有承认提单，因此无法对原告产生效力。法院进一步解释，如果原告在诉讼中通过引用提单来支持了他的索赔从而承认了提单的话，法院将会认定现代公司的申请，而执行这个管辖权条款。

现代公司根据海上货物运输法的规定——特别是 46. U. S. C. app. § 1304（5）条款，限制对物诉讼的责任——提出了申请，要求获得中间判决。不论原告如何反对，法院认可了该申请。

原告考虑获得针对 GLORY 公司的中间判决。法院部分认可了该申请，认为 GLORY 公司应承担原告机床的货损，但是他的赔偿责任将受到 GLORY 公司提单条款和 GOGSA 规定的限制。此时，法院并没有计算 GLORY 公司应承担的损失金额，因为原告还没有说明有多少"件"货物按照美国《1936 年 COGSA》的规定进行了装运。GLORY 公司随即按照总装运货物件数目为 6 件申请了中间裁决。法院同意了该申请。

原告和现代公司就对物诉讼的责任问题均向法院申请了中间裁决。每个当事人都反对对方的申请。法院驳回了所有当事人的申请，最终驳回了案件。法院的理由是：原告通过现代公司提单的部分规定确定了货物在表面状况良好条件下装在现代自由号甲板上，表明他"接受了"提单的规定。法院同时也认为"Kukje 公司针对现代自由号的任何索赔都应依据提单的规定提出"。法院驳回了针对现代公司的起诉，并表示"不影响原告根据现代公司提单中管辖权条款的规定提出索赔的权利"。原告和现代公司及时地进行了上诉。

（三）再次审视的标准

重新审视法院能否执行管辖权条款的执行力度（参见 Fireman 基金公司诉 DSR 号船舶一案）。一个执行管辖权条款的申请可以被视为一个根据联邦民事程序规则 12(b)(3) 做出的申请（参见 ARGUETA 诉 BANCO MEXICANO S. A. 一案）。因此，此类程序可以不被认为是正式的，而且需要正确地考虑此程序以外的事实。我们的观点与地方法院的中间裁决不同（参见 BALINT 诉 CARSON CITY 一案）。

（四）讨论

原告是否受到现代公司提单中管辖权条款的约束？

原告认为地方法院仅仅根据管辖权条款就驳回了其提起的对物诉讼是错误的。原告认为该条款不能约束他，因为原告的代位求偿权人 DOOSAN 公司从来没有接受现代公司的提单，因此不是合同的当事人一方。原告认为他使用提单本身并不能视为其接受提单中的合同条款。因为原告并没想执行提单中的合同条款，而是对于货损提起了侵权之诉，而且原告和他的代位求偿权人均不是提单的当事人，因此原告认为提单中的管辖权条款并不能约束他。

相反，现代公司认为法院没有在诉讼的过程中执行管辖权条款是错误的。现代公司声称该条款对于原告而言是可执行的，因为原告的代位求偿人是提单的当事方，或者他是与可执行该条款的交易有密切关系的人。我们同意现代公司在对物诉讼程序因为管辖权的关系应被终止。

从一开始来看，原告针对货损所提出的对物诉讼程序是被原告作为侵权之诉对待的，这样争议就会被视为属于管辖权条款的范围内。条款规定："任何与提单下的货物保管或运输有关的任何诉讼，不论是基于违约、侵权或其他原因，均应在韩国首尔民事地方法院起诉。"原告的诉讼是有关提单下运输货物按照现代公司的安排装在船舶甲板上发生损失的诉讼。

但也可参考 Polo Ralph Lauren，L. P. 诉 Tropical Shipping & Constr. Co. 一案（法官认为，当适用美国《1936 年 COGSA》时，该法律提供了对于货损索赔的额外救济途径，这也就是混合违约和侵权之诉的索赔）。

同样很清楚的是执行该条款也不会与美国《1936 年 COGSA》相抵触。在 Fireman's Fund 一案中，我们认可了一条类似的管辖权条款，该条款要求有关货物的索赔要在韩国提起。在这个案子里，原告（签发提单中规定的收货人）提起了针对船舶的对物诉讼和针对租船人的对人诉讼。我们拒绝了原告反对的意见，该意见认为美国《1936 年 COGSA》阻碍了管辖权条款的执行，因为在韩国法项下无法提起对物诉讼，而且我们认为地方法院滥用了其判断力拒绝执行该条款。我们将案件发回到地方法院，并因管辖权的需要驳回了对物诉讼程序和对人诉讼程序。

因此，在原告的对物诉讼程序里适用了选择韩国法院的条款，我们认为这与提单的条款和先例判决是一致的。问题在于该条款是否可以针对原告适用。我们认为是可以的。因为无船承运人在本案例中是作为一个商业的角色出现的，且导致了下面的结论，即 GLORY 公司作为 DOOSAN 公司的代理人并接受了现代公司的提单。结果 DOOSAN 公司以及作为 DOOSAN 公司代位求偿权人的原告受到了现代公司提单中管辖权条款的约束。

如同联邦法律的规定一样，一个无船承运人是"一个公共的承运人，他不经营进行远洋运输的船舶，并且在与实际海运承运人的关系中作为托运人出现"。当无船承运人与海运承运人签约把货主的货物装船运输时，其他司法机构和法院都把他视为货方/托运人的代理人。

一个无船承运人或称为 NVOCC，是以当事人的身份与他的客户签约，承运客户的货物，并且包括海运的区段。一个无船承运人通常以自己的名义向客户签发提单，即使他自己并不经营承运货物的船舶。他如同其他客户那样进行订舱，当货物装在船上后，他从船东或租船人手里接受提单。他通常将几个不同的托运人的货物集中在一个集装箱中，而从海运承运人手里接受一份单独的提单。无船承运人没有被船东或船长授权去签发提单；实际上，海运承运人并不认为他签发提单的对方实际上是一个自己可以签发提单的无船承运人。因此海运承运人和无船承运人之间关系并不是一种代理关系，而是一种海运承运人签发的提单所约定的合同关系，在这个合同关系里无船承运人是托运人的地位。无船承运人并不是作为船方的代理和货方签订合同。相反，他是作为货方的代理人与海运承运人签订合同。

案例9-14：实际托运人可凭海运提单向实际承运人索赔

本案是关于当货物已经被国外的船舶承运，保险人采用代位求偿权以提单向船东（实际承运人）提请关于货损的诉求。原告申请驳回被告的辩护理由，被告反申请部分简易程序判决。地区法院 SPRIZZO 法官认为：①由于被告受到其与无船承运人之间签发的提单的约束；②海上货物运输法管辖本案双方的法律关系；③运输的集装箱可以被看作海上货物运输法中的货物运输单元。

法院同意原告的诉求并驳回了被告的申请。

（一）法官意见和判决备忘录

地区法官 SPRIZZO 认为：

原告依据提单向 HUMACAO 轮、波多黎各 NZVIERAS 公司和波多黎各海运管理公司（以下简称"被告人"）提起关于赔偿原告交付被告并由被告的船舶运到海外的货物产生损失的诉讼。原告根据联邦民事诉讼程序第12条，希望说服法官对被告的第3条和第5条辩护理由不予以采纳。虽然不承认任何责任，但是被告希望通过部分简易程序来解决纠纷已经确认了它的责任应该仅限于每个运输单元500美元。基于以下原因，法院认为被告的第3条辩护意见不能被采纳，第5条没有问题，法院同意被告申请的采用部分简易程序来处理本案的申请。

（二）案件背景

约在1990年9月27日，CHEVRON 化学品公司通过与波多黎各快运公司（以下简称"PREF"）作为其货运代理和无船承运经营人发运了编号为PRMU673481的集装箱，装运货物为42 298磅的散装树脂（注释1，按照联邦海运条例，无船承运人被定义为：一个不从事海上货物运输所必需的船舶经营的普通承运人，对海运实际承运人来说可以是托运人）。被告的辩护词中的材料认为 PREF 签发了提单号为 NYC262-14460 的提单（以下简称"PREF 提单") 给 CHECRON 公司, 作为运输全程的提单, 从新泽西的 RIDGEFIELD 到波多黎各的 LAS PIEDRAS。原告的反对意见认为, 集装箱是通过 PREF 雇用的拖车从内陆的 RIDGEFIELD 拉到新泽西的伊丽莎白港 (以下简称"伊港")。在伊港, PREF 安排了集装箱通过波多黎各 PRMSA 的 HUMACAO 轮海运到波多黎各的圣胡安。PRMSA 在伊港的代理波多黎各海运管理公司 (以下简称"PRMM") 签发了提单号为 360-1408786 的提单 (以下简称"PRMM 提单") 给 PREF 作为将集装箱从伊港运至圣胡安的运输凭证。(注释 2, PREF 签发的提单将任何货物灭失的责任限制为 50 美元。原告选择仅以 PRMM 为被告, 因为它所签发的提单中规定的责任限制高于 PREF 提单, 为 500 美元)。

在伊港, 1990 年 9 月 29 日, 本案的集装箱被放在 HUMACAO 轮船的四号货舱内。轮船驶离伊港后到下个港口马里兰州的巴尔的摩接其他货物。9 月 30 日, H 轮完成了装货和积载的任务后驶向波多黎各。但是由于船上提供了一份错误的配载清单给港口操作部门, 码头的班轮操作被证明有错误。航行中, 船员在检查甲板下的时候发现有几个货舱部分涌入海水。通过调节压载系统也无法改善情况, H 轮只好改航到 VIRGINIA 的诺福克。10 月 1 日抵达 NORFOLK 后, 检验发现第四舱被海水没了 4 英尺, 造成了 26 159.72 美元的损失。

1992 年 6 月 18 日, 基于单号 90C0944 的货物保险合同从被保险人 (CHEVRON) 取得代位求偿, 取得原告地位的保险人向法院提请了相关的货物损失赔偿的海事诉讼。作为对原告的回复, 1992 年 7 月, 被告提出了 8 条辩护理由。在第三条理由中, 被告认为, 因为双方不存在合同法律关系, 他们不需要对 PRMM 的提单负责。在第五条辩护理由中, 被告认为责任限制应该为 500 美元/集装箱。原告申请驳回这些抗辩事由, 被告反申请对这些货损诉求采取简易程序方式裁决。

(三) 法庭讨论

对于简易审判程序的申请, 申请方有义务证明: 没有任何真实的证据材料能将诉讼上升到正式程序的。法院必须考虑到未请求方的利益, 判断是否有任何可以作为事实依据存在。因为本案中所有事实都无可辩驳, 因此法庭认为采用简易程序处理本案是合适的。

由于没有认识到无船承运人在航运中的地位, 被告认为他是与 PREF 而不是 CHEVON 签订的运输协议, 因此在这种情况下, 他对原告不需要承担合同项下的义务 (注释 3, 在一个类似的辩论中, 原告承认它并非 PREF 提单项下的一方, 因此提单项下的责任限制在这里不应该适用。在美国的《海上货物运输法》第 46 条规定，一个基于提单的运输合同中承运人的责任限制在任何时候为 500 美元每个货运单元。因此，原告在他的代理 PREF 的同意下受到了 PRMSA 的提单中责任限制条款的限定。在第二层意义上，原告的利益已经通过要求 PREF 向被告提交受损集装箱中货物的价值或通过保险等手段得到了保护）。在航运领域中，无船承运人是作为"中间人"的身份操作业务的，他从诸多不同的托运人那里获得一些小的货量将其进行集运交付给一个或几个实际承运人。简而言之，无船承运人对实际托运人来说如同是提供托运服务的普通承运人；但是对于船舶和它的拥有者来说，无船承运人被看作托运人的代理。

因此根据代理原则，由于 PREF 是作为原告的代理行使其代理职权，被告人受他与 PREF 所定的 PRMM 提单的约束（注释 4，在代理原则下，当代理人代表一个未被完全披露的被代理人与第三方签订合同的，第三方应当对被代理人负责，视同他们之间直接订立的该合同）。如在 STOLT TANK 案件的先例：允许托运人依据海运承运人签发给无船承运人的提单向海运承运人索赔。因此，法院必须根据 PRMM 提单认定被告的应当承担的责任范围。如在 CASTRO 和 FEDERALINS. CO 的案件中，第三方发现对方可能是作为被代理人的代理从事代理活动，但是并不知道被代理人的身份，被代理人的身份可以被认定是未被完全披露。法院认为被告作为航运领域的船员应该知道 PREF 作为托运人的代理人的身份。因此原告可以被认为是一个未被完全披露的被代理人，被告必须受自己提单中所载责任的约束。

在美国的《海上货物运输法》中，有关运输合同通过提单证明在国际海上货物运输中所产生的货损风险分配的规定，如 NICHIMEN. CO 和 M. VFARLAND 的案件。但是美国《海上货物运输法》没有规定他是否也适用于一个美国港口到一个由美国控制下的港口间的运输，如伊港到圣胡安港。由于本案在提单中规定美国《海上货物运输法》的适用，因此本案可以被看作国际海上运输的情况而适用该法。在 PRMM 提单背面条款的第 1 条规定了海上货物运输法的适用，另外，第 17 条规定了 500 美元每个运输单元的责任限制，类似于海上货物运输法 1304（5）部分的责任限制规定。被告在本案中反申请进行简易程序判决。因此海上货物运输法适用于本案。

从 1936 年生效开始，美国《海上货物运输法》的主要目的就是为谈判能力处于下风的托运人提供保护。最后，该法的 1304（5）部分规定了承运人或者船舶在任何情况下都不必为任何运输中每个运输单元超过 500 美元的部分负责；对没有用相应运输载体运输的货物，按照习惯的运输方式计算责任限制；除非，托运人在托运前或者在提单中声明了货物的性质和价值（注释 5，双方对货物未在 PRMM 提单中载明价值的事实均无异议）。被告人同意，根据相关法律的规定，40 英尺的集装箱可以被看作是海上货物运输法第四部分中的一个运输单元，因此他的责任限制为 500 美元。原告抗辩认为，集装箱并非是一个运输单元积载设备，相反本案中的散装树脂应被看作不用运输单元集装的货物。如果是这样，被告的责任限制将是 500 美元/单位重量，在本案中将是每 100 磅重量 4.91 美元。

不足为奇的是，因为现有的法律没有对"运输单元"做明确的定义，而且相关的历史材料也没有提供有价值的指导意见，海上运输中日益增加使用的集装箱产生了越来越多的法律争议。法庭刚开始并不愿意把集装箱认定为海上货物运输法中定义的"运输单元"。然而在 Monica Textile Corp. V. S. s. Tana 案件的判决表明的一些基本原则显示（注释 6，在这个案件中，货物被认定为并非装在运输单元中的货物，因为先前的司法判决并没有对货物是否装在海上货物运输法中规定的运输单元积载设备内采取足够的重视，这样的结果就是集装箱可以被认为是 COGSA 下的运输单元。这样的原则虽然没有被那个案件所应用，但是为日后的类似案件提供了相应的借鉴，包括本案）。法院可以凭借一条简单的原则以及合同双方对事实的认定，将集装箱看成是海上货物运输法中的运输单元。

在那些没有使用集装箱的案件中，如上文提及的 MONICA 案中，在双方的运输合同，如提单中必须用明确的意思表示集装箱并非运输单元。否则，如果提单中载明集装箱是运输单元，那么集装箱可以被看成是 COGSA 规定下的运输单元积载工具。

法院在 BINLADEN 案件中认为，如果仅仅知道承运的集装箱数目，承运人并负责知道集装箱里面的货物有多少包，或者是散装的，或者为其他形式集合。这些信息甚至并没有在提单上显示给承运人，承运人不必承担那些封闭的集装箱里面不确定货损风险和件数方面的责任。在另一方面，如果货物通常是以一种包装形式放在集装箱内进行运输而且件数也通过运输单据得到体现，那么应该是按件数计算，集装箱不能被看作是一个运输单元。

本案中 PRMM 提单的正面，在"件数"这个栏目下显示的是"一个集装箱"，在"货物包装描述"项下显示的是"散装树脂"。法庭认为，本案中的 PRMM 提单下并没有清楚地表明其他的件数。因此，按照 BINLADEN 案件的先例，集装箱可以被看作是 COGSA 下的运输单元。原告抗辩认为，提单中所载的"散装树脂"本身就表明了货物不是用运输单元集装的。但是那些认为集装箱不是运输单元的案件都在 MITSUI 和 BENLADEN 案件之前，法院不认为与本案的采取类似的处理原则。而且这些案件确立的原则甚至无法解决在 BINLADEN 案件之前的 STOLT TANK 案，那个案件中巡回法院认为五个装满液体化学品的集装箱可以被看作是 COGSA 中的运输单元，因此，散装树脂在海上运输中也必须采用集装箱这样的容器才能运输。

在 WATERMILL EXPORT 案件中，法院依据 SHINCO 案件认为用大的金属拖车运输土豆，并不能认为土豆用运输单元运输。从这个案件中，法庭引申认为，集装箱基本上不能被认为是一个运输单元。

简而言之，海上货物运输法的起草者应提升海上货物运输中法律的一致性和预见性，避免由于立法所带来的实际应用中额外损失的风险，应帮助合同的双方明确责任的范围。这样本案中的原告才能正确地理解提单中的件数栏目所填写的正确含义。因此，原告对被告抗辩理由的第三条的反驳被法庭认可，但对第五条的抗辩无效。法庭同意被告申请的部分简易程序判决，认定对装在一个集装箱内的散装树脂损失的责任限制为 500 美元。双方务必出席在 1994 年 6 月 24 日 10：30 在法院 705 房间举行的判决前会议。

案例 9－15：货运代理作为无船承运人应享受赔偿责任限额

NVOCC 纠纷案例——美国联邦上诉法院第五次开庭。

SABAH SHIPYARD SDN. BHD 公司—原告/被上诉人及上诉人，诉 HARBEL TAPPER 轮（对物诉讼），L&C Ⅲ有限公司；Industrial Maritime Carriers（Bahamas）有限公司；Intermarine 公司，被告/上诉人及被上诉人；Sabah Shipyard SDN. BHD.，原告——上诉人．诉 Harbel Tapper 轮，L&C Ⅲ有限公司．；Industrial Maritime（Bahamas）有限公司；Rohde & Liesenfeld 有限公司；Windrose 班轮公司；Intermarine 公司，被告——被上诉人。本案于 1999 年 6 月 29 日开庭，1999 年 7 月 28 日再审。

托运发电机货物的托运人根据普通海商法和美国《1936 年 COGSA》的规定提起了诉讼，诉因是因为部分货物从在卸货港的驳船上掉落所致。美国南得克萨斯州地方法院的 Samuel B. Kent, J. 法官做出了有利于托运人的判决，金额为 9 125 565.78 美元，并接受了其上诉请求。上诉法院 Emilio M. Garza 法官判决认为：①同意对托运人货物进行承运并签发提单的公司即货运代理被视为美国《1936 年 COGSA》规定下的承运人，并享受美国《1936 年 COGSA》下有关货损限于 500 美元的单位责任限制；②根据间接禁止翻供、管辖禁止翻供和平衡法的禁止翻供原则，承运人不会因为放弃上述权利而不被允许禁止翻供；③承运人将美国《1936 年 COGSA》规定的 500 美元单位责任限制在合同中并入进来，而且该责任限制数额适用在装货前和卸货后并不符合《哈特法》精神，但仍可执行；④承运人没有尽到合理谨慎使驳船适航并没有排除他援引美国《1936 年 COGSA》规定的 500 美元单位责任限制的权利。

评论

为了能采用美国《1936 年 COGSA》规定的 500 美元单位责任限制，承运人必须向托运人提供一个"公平机会"来声明被运输货物的真实价值并支付额外的运费。见美国《1936 年 COGSA》的第 4 条(5)款的规定。

在美国《1936 年 COGSA》的规定下，500 美元单位责任限制是适用于货物的灭失和损坏的，除非①托运人宣布了货物更高的价值并支付了额外运费；或者②承运人没有为托运人提供一个公平机会来声明高价货值。见美国《1936 年 COGSA》第 4 条(5)款规定。

在有陪审团参与的地方法院审理的海事案件中，上诉法院核查了地方法院的观点。

上诉法院认为地方法院的判决是根据非常明显的错误标准做出的，当地方法院法官根据这些无可争议的事实用在判决的法律原则上时，它们其实并不适用于该判决。

在确定一个当事人是否是美国《1936 年 COGSA》的承运人的问题上，上诉法院采取了美国《1936 年 COGSA》规定的原则，并将注意力放在当事人是否是以托运人名义和承运人订立合同。见美国《1936 年 COGSA》第 1 条(a)、(b)规定。

同意对于托运人的货物进行承运并签发提单的公司被视为是美国《1936 年 COGSA》规定下的承运人。见美国《1936 年 COGSA》第 1 条(a)款。

间接禁止翻供原则使得一方当事人不能利用其他诉讼程序中的判决来进行某些事项的抗辩。

美国《1936 年 COGSA》规定下的承运人在作为货运代理时在一个先前诉讼程序里通过放弃货运代理的地位的做法并不构成禁止翻供的行为。见美国《1936 年 COGSA》第 1 条(a)款，46 App. U. S. C. A §1301(a)。

"管辖权禁止翻供"原则使得一方当事人在诉讼中的地位不得与他在以前的同样或类似诉讼中的地位相反。

在承运人给托运人的信函中，承运人表示在货物从船上卸下后，他仅仅作为货运代理，并且在提单条款里规定当最终目的港是"卸货港以外的其他港口时，承运人仅作为货运代理行事"，在前面的情况下，没有承运人可进行诉讼管辖上翻供抗辩的基础，在信函中与在合同条款中的现在和先前任何程序都没有构成这样的条件。

如果信赖其他当事人的误述行为使该当事人受到了损害，该当事人仅可能引用到衡平法上禁止翻供的权利。

在承运人给托运人的信函中，承运人表示在货物从船上卸下后，他仅仅作为货运代理，并且在提单条款里规定当最终目的港是"卸货港以外的其他港口时，承运人仅作为货运代理行事"，在前面的情况下，没有承运人可进行诉讼管辖翻供抗辩的基础，根据衡平法下禁止翻供的原则，托运人缺少对承运人方面作为货运代理的情况陈述的信任。

美国《1936 年 COGSA》的规定对于装前卸后均不适用；在这些区段时间内，由《哈特法》调整。

在当事人通过合同的约定把美国《1936 年 COGSA》中规定的期间延长到《哈特法》所调整的装前卸后的区间时，任何与《哈特法》规定不同的必须向《哈特法》妥协。

在合同里并入美国《1936 年 COGSA》规定的每件或每单位货物的赔偿责任限额为 500 美元，并适用在装前卸后阶段的办法与《哈特法》并不矛盾，且可以执行。

承运人未能尽合理谨慎使船舶适航并不排除美国《1936 年 COGSA》规定的 500 美元责任限额的适用。参见美国《1936 年 COGSA》第 4 条第 5 款的规定。

地方巡回法院 EMILIO M. GARZA 法官表示：

被告 Industrial Maritime Carriers（Bahamas）公司（IMB）、Intermarine 公司（Intermarine）和 L&C Ⅲ 公司（L&C），向地方法院提起了上诉。原告 Sabah 公司也上诉。预计还可能会有更多的诉讼程序发生。

Sabah 公司签署了销售合同，来销售一台发电机给菲律宾的国家能源公司（NAPOCOR）。Sabah 公司在美国购买了有关的设备，包括一个蒸汽涡轮引擎。IMB 公司成功地投标并获得了从休斯敦运输设备到马来西亚 Labuan 工厂的合同。相应地，该公司签发了两份订舱单。每一份单据都规定 Sabah 公司设备将从休斯敦经过新加坡运往 Labuan。IMB 公司通过其代理人 Intermarine 公司，签发了一分提单给 Sabah 公司的代理人（Rohde&Liesenfeld）。提单上注明了货物是装在 Harbel Tapper 轮上，该轮为 L&C 拥有的。提单注明了休斯敦为装货港，新加坡为卸货港，而 Labuan 作为区段承运人的交付地。

当 Harbel Tapper 轮到达新加坡时，货物被临时卸到一个叫亚洲海运者 5 号的驳船上。后来，这个驳船进水了并且导致一些货物包装破损，最后这个涡轮设备从驳船上滑落。事故发生后，该设备被修复，但是不能继续在 NAPOCOR 公司的项目中使用了。

Sabah 公司根据普通海商法和美国《1936 年 COGSA》的规定向 IMB 公司、Intermarine 和 L&C 公司（共同被告）提起了海事诉讼。被告方答辩说，美国《1936 年 COGSA》规定了每件或每单位的赔偿限额为 500 美元。开庭后，地方法院确定了事实依据和法律上的结论。

地方法院认为 IMB 和 Intermarine 作为货运代理有疏忽的责任，因为他们：①没有采取措施去核实 Asia Marine 5 号是否适航；②将货物积载在一个明显不适航的驳船上，该驳船太小，而且没有相应的载货能力。同时地区法院认为 IMB 和 Intermarine 根据《哈特法》规定作为承运人也有责任，因为：①货物被卸在一个不适合和不适航的驳船上；②没有尽合理谨慎提供一个适航的驳船。法院同样认为根据《哈特法》L&C 也应承担承运人的责任，因为货物被卸到了一个不适航的驳船上。地方法院倾向于适用美国《1936 年 COGSA》规定的每件或每单位 500 美元的责任限额。至于 IMB 和 Intermarine 作为货运代理的责任，法院认为 500 美元的责任限额并不适用。关于被告方在《哈特法》下的责任，法院认为《哈特法》没有任何关于责任限额的规定，因此在《哈特法》下承运人不能限制他们的责任。最后法院判决如下，即使适用美国《1936 年 COGSA》的规定，但是承运人如果没有尽到合理谨慎提供适航的船舶，他也不能享受美国《1936 年 COGSA》规定的 500 美元责任限额。

地方法院发现实际损失总共超过了 1 300 万美元。然而，法院认为对于涡轮设备的适当救助减轻了 Sabah 公司的损失，相应地也减少了损失金额。地方法院拒绝了 Sabah 公司的观点，即他可以有权索赔因为根据他和 NAPOCOR 公司间合同进行清算所增加的损失。

根据上述的判断和结论，地方法院判决 IMB、Intermarine 和 L&C 承担 9 125 565.78美元的损失。被告随即上诉，Sabah 公司也提起了上诉。

被告认为地方法院没有承认他们可以享受 500 美元的责任限额是错误的。美国《1936 年 COGSA》规定承运人不应承担上述的责任。

同样，L&C 公司也认为他不论是根据美国《1936 年 COGSA》还是根据《哈特法》都不应该承担责任，因为他不是一个承运人。然而，L&C 公司放弃了该抗辩权，没有去抗辩承运人的责任。

"对于任何与货物运输有关的灭失或损坏，如数额超过每件 500 美元的，或者如果货物没有装在包装内的，则按照货运单位计算，除非有关货物的性质或价值已经由托运人事先在装运前声明并记载在提单中。"为了享受美国《1936 年 COGSA》规定的责任限制权利，承运人必须向托运人提供一个公平的权利来声明装运货物的价值并支付相应的更高的费率。这样，在美国《1936 年 COGSA》的规定下，将适用 500 美元的责任限额，除非：①托运人宣布货物的更高价值并支付了附件运费，或者②承运人没有给予托运人一个公平的权利来声明高价货。无可争议的事是 SABAH 公司或其代理人都没有去声明高价货。SABAH 公司也没有抱怨被告方没有提供一个机会让他去做出声明。

在上诉中，被告对地方法院就适用美国《1936年COGSA》责任限制的每项判断都提出了不同意见。第一，IMB和Intermarine认为地方法院判他们承担货运代理责任的观点是错误的，美国《1936年COGSA》中没有规定这一点。第二，被告认为《哈特法》没有禁止500美元责任限额的规定在本案中的适用。第三，被告认为美国《1936年COGSA》规定500美元的责任限额即使是承运人在没有合理谨慎使船舶适航的情况下也是适用的。在本案庭审中，法庭没有请陪审员，我们重新阅读了法院的判决，发现了地方法院错误标准的背后原因。这个明显错误的标准并不适用于"地方法院法官的判决，特别是当他们将该法律原则适用在本质上不存在争议的事实上时。"

我们首先要看地方法院判IMB和Intermarine作为货运代理是有责任的判决是否有错。被告坚持在美国《1936年COGSA》规定下，他们作为承运人，并不是货运代理。他们到底是承运人还是货运代理的问题是至关重要的，因为美国《1936年COGSA》的责任限制仅仅适用于"承运人"。在美国《1936年COGSA》的规定中，承运人一词的含义包括了船东或者与托运人签署了运输合同的租船人。一个运输合同是一份协议，该协议具有提单或其他类似物权凭证的条款约定，只要这些约定是与海上货物运输有关的。为了确定一个当事人是否是美国《1936年COGSA》项下的承运人，我们应参考美国《1936年COGSA》的规定，看这个当事人是否与托运人签订了海上货物运输合同。例如，当一个当事人实际履行了运输合同，我们就将视该当事人为承运人。一个原则清楚地表明：在一个运输关系中，与托运人签署运输合同的人是符合美国《1936年COGSA》的1301(a)款中规定的承运人定义的。

上述案例中，毫无疑问是IMB和Intermarine与Sabah签署运输合同的。他们同意采用海上运输方式来运Sabah公司的货物，同时他们签发了提单。这样，根据美国《1936年COGSA》的规定和我们的推断，IMB和Intermarine即为承运人。而且Sabah强调IMB和Intermarine应该被禁止翻供，因为他们不应被视为货运代理。Sabah的论点基于：①一封从IMB到Sabah的信，信中IMB表示当货物从Harbel Tapper卸下后，他仅仅是作为货运代理行动；②提单第六条规定：当最终卸货地不是船舶的卸货港时，承运人仅仅作为货运代理。

IMB和Intermarine进一步提出根据在ZIMA案中确立的原则，他们应该是承运人。ZIMA案中对识别承运人有四个原则：①在有关文件中是如何规定当事人的义务的；②当事人间过去的商业往来；③当事人是否签发了提单；④当事人是如何向托运人收费的。法院已经适用了在ZIMA案中所采用的原则，而非美国《1936 年 COGSA》A 中的规定。然而我们认为采用 ZIMA 案中确立的原则将仅可支持我们对于 IMB 和他的代理人 Intermarine 在美国《1936 年 COGSA》下应识别为承运人的结论。IMB 公司在提单和订舱单中列明为承运人。IMB 签发了提单。IMB 向 Sabah 公司收了运费，很明显这是承运人的行为；他没有向 Sabah 公司收取一个实际的成本加上一个他自己的服务费，这将是一个货运代理的行为。参见 ZIMA 案。地方法院没有就 IMB 和 Intermarine 公司是否对于他们作为货运代理的事实翻供的情况进行核实。

对于第六条的适用似乎使得 IMB 和 Intermarine 公司处在了上述的情况下。货物的最终目的地（Labuan）是 Harbel Tapper 港（新加坡）以外的卸货港。即使这样，Sabah 没有能解释这样的规定为什么可以超越议会让美国《1936 年 COGSA》适用于所有 "与托运人签订运输合同" 的当事人的意图。事实表明 IMB 和 Intermarine 与 Sabah 签订了运输合同，不论提单第六条声称 IMB 和 Intermarine 是货运代理的身份，也不会影响这个事实。通常来说，仅仅有合同条款不能使当事人可以摆脱强制性的联邦法律的规定。可供参考的一个案件中法院认为作为独立合同人的一个在合同约束下的卡车公司的指示在与联邦规定发生矛盾后并不是决定性的。

Sabah 没有引用任何权威机构的说法表明这些文件提供了一个可以禁止翻供的基础。实际上，Sabah 甚至没有解释适用什么禁止翻供的形式。既不是间接的，也不是司法的，更不是衡平法上的禁止翻供原则适用本案。间接地禁止翻供禁止一方当事人可以通过抗辩某些事实是 "已经在其他的程序中的判决确认了"。不论是 IMB 还是 Intermarine 作为货运代理的事实并不是先前诉讼程序的结果。司法的禁止翻供原则禁止一方当事人 "从先前同样的诉讼程序中确定的相反地位" 获得利益。该信函和提单都不能构成现在或以前诉讼程序里同样的地位。如果一方当事人依靠另一方当事人的误述导致不利形式，他仅仅可以引用衡平法上的禁止翻供原则。Sabah 对其相信任何 IMB 和 Intermarine 作为承运人行事的陈述没有异议。美国《1936 年 COGSA》的条款规定了 IMB 和 Intermarine 是承运人，我们不承认 Sabah 对 IMB 和 Intermarine 是作为货运代理身份进行索赔而禁止翻供的抗辩。相应地，我们发现地方法院拒绝在美国《1936 年 COGSA》的规定下对作为货运代理的 IMB 和 Intermarine 适用 500 美元的责任限额是错误的。

被告也抗辩说地方法院没有允许他们适用美国《1936 年 COGSA》下 500 美元责任限额而适用《哈特法》的做法是错误的。1893 年的《哈特法》是议会第一次试图规范海运承运人的责任。《哈特法》规定了一个承运人在正确装货、积载、照管、照料和交付货物上的义务。在 1936 年，议会制定了美国

《1936 年 COGSA》，它取代了大部分《哈特法》的规定。然而，美国《1936年 COGSA》明确规定了它没有取代《哈特法》中关于在船舶或承运人在货物装前和卸后的义务规定。因此，对于货物装前和卸后的情况，并不适用美国《1936 年 COGSA》的规定。在这些期间内将适用《哈特法》。

Sabah 抗辩说，因为货物在 Harbel Tapper 港口是在卸后发生货损的，因此应适用《哈特法》的规定，而不适用美国《1936 年 COGSA》的 500 美元责任限额。被告方则强调提单规定了 500 美元的责任限额可适用在卸后的期间内。提单规定了美国《1936 年 COGSA》将适用在装前和卸后的期间，在这个期间内货物应处于承运人的掌管下。

被告也抗辩说货损并不是真正地发生在卸后期间，从而在美国《1936 年 COGSA》规定的法定范围外。他们表示案件应适用美国《1936 年 COGSA》，因为 Sabah 的索赔是因为被告方违反了美国《1936 年 COGSA》规定的正确卸货义务。然而为了更好地处理该情况，我们不必受该争论的影响。

Sabah 没有抱怨提单的规定将美国《1936 年 COGSA》的规定延长到卸货后的期间。更进一步的是，他强调《哈特法》禁止承运人通过合同约定把美国《1936 年 COGSA》的责任限额延长到《哈特法》所规定的期间内。作为依据，Sabah 引用了《哈特法》的第一部分和第二部分的规定。《哈特法》的第一部分规定承运人不能通过合同约定的办法把承运人因疏忽、过失或错误地装货、积载、照顾、照料和交付货物导致的货损货差责任免除。《哈特法》第二部分规定承运人不能通过合同约定的方式减轻、降低或避免他去承担合理谨慎来提供适航船舶或照料、积载、交付货物的责任。Sabah 强调允许被告方通过合同约定的方式把美国《1936 年 COGSA》的 500 美元责任限额适用期间延长的做法将与《哈特法》的有关规定冲突。不同的法院，包括我们都允许当事人通过合同约定的方式把美国《1936 年 COGSA》的规定延伸到原来由《哈特法》所调整的航次区间。然而有关的案例都明确讨论了《哈特法》是否对当事人的责任产生了影响，当美国《1936 年 COGSA》的规定被延长到装前卸后的时候。在我们法院的一个案例中，就讨论了这个问题。在该案中，我们裁决当事人通过合同约定将美国《1936 年 COGSA》的规定延长到《哈特法》所适用的区段的做法为"与《哈特法》必须遵守《哈特法》的规定相矛盾"。

一些案例特别强调了合同约定适用美国《1936 年 COGSA》的 500 美元的责任限额。

我们的意见是在 BAKER OIL TOOLS 里，虽然没有引用《哈特法》第一部分和第二部分的规定，但建议是《哈特法》本身允许合同约定来并入美国

《1936 年 COGSA》的规定。我们认为："《哈特法》的原则，规定了装前阶段承运人对托运人的责任，当事人可以同意将美国《1936 年 COGSA》的单位责任限制规定延长到货物在装前处于承运人掌管的区间内。"

适用上述原则后，我们认为合同中并入美国《1936 年 COGSA》的一年诉讼时效的规定与《哈特法》并不矛盾。

那么根据我们的案例，关键问题在于合同是否并入了美国《1936 年 COGSA》500 美元的责任限额的规定与《哈特法》的规定是矛盾的。我们并没有发现，或者 Sabah 引用了任何案例中判决美国《1936 年 COGSA》的 500 美元限额规定与《哈特法》有矛盾。相反，一些法院已经支持了将美国《1936 年 COGSA》的 500 美元的限额延长到《哈特法》所适用的区段，尽管有争议说这些限额的约定是无效的。例如，一个法院在案例中适用了合同约定的美国《1936 年 COGSA》500 美元的限额，理由是因为这个约定"根据《哈特法》是非常清楚明确的"。此外，在另外一个案例中，法院拒绝了托运人的观点，即合同约定美国《1936 年 COGSA》既适用于卸货后，也适用于承运人以外的其他人，是违反公共政策的。法院判决"海事法的规定 500 美元责任限额，也可以允许合同约定延长美国《1936 年 COGSA》的责任限额适用于卸后的运输区段。"

在另外一个法院案例中，该案是关于提单规定是否在《哈特法》下是有效的案件，法院认为"如果承运人仅仅表示了装前卸后的责任限制在每个集装箱最多赔偿 500 美元，除非托运人事先声明了货物价值并支付了较高的运费，那么这样的约定应有效，并可以限制其对货损承担的责任。"

在那些强调规定了承运人责任限制的合同约定有效的案件里，对于判断这些责任限制是否与《哈特法》有冲突是有指导意义的。在很多案例中都允许承运人通过合同约定限制自己的责任，一旦托运人有权来声明货物价值并支付更高的运费后。例如，在一个案例中，法院发现《哈特法》并没有说合同约定承运人对每票货物最多承担 50 美元的单位责任赔偿是无效的。实际上，这些规定在美国《1936 年 COGSA》生效前已经存在很久了，当时《哈特法》是联邦政府对于承运人责任有明确规定的唯一一部法律。在那个时期，法院一般会认同这种明确声明货物价值的提单，根据提单规定，承运人一般不承担责任，除非托运人事先声明了货物价值。在一个案例中，高等法院判决：这样的合同约定被认为是合理的，它并没有通过免除承运人过失的合同来侵犯公共政策。这个协议的意义在于通过缴纳较低的运费来进行运输的商业考虑，并且使托运人不能再索赔超过其同意货物价值的金额。

不可否认的是，这种观点是非常权威的，因为高等法院发现这样的规定不仅仅限制了承运人的责任在一个双方认可的范围内,而且完全免除了承运人对某些类货物的责任。参见 Ansaldo 一案。

这样我们发现了非常充足的理由来支持当事人可以通过合同约定的方法把美国《1936 年 COGSA》中的 500 美元责任限额的规定并入到装前卸后的阶段。Sabah 所引用的案例没有说服我们。在一些案例中,第二巡回法院认为该合同约定无效,因为其免除了承运人的责任。在手头的案子中,被告引用了合同的约定,约定限制了承运人的责任数额。法院认为"这种责任限制和免除责任的区别是很重要的。一个责任限额,不是责任免除,它并不会引起疏忽免责"。

Sabah 也引用了另外一个案例,作为承运人不能通过合同约定将美国《1936 年 COGSA》下 500 美元责任限制的规定延长到适用《哈特法》规定的航行期间。在一个案例中,第十一巡回法院倾向于拒绝适用美国《1936 年 COGSA》的 500 美元责任限额,即使当事人已经同意将美国《1936 年 COGSA》的规定适用到装前卸后的阶段。在 Philip Morris 一案中,原告主张承运人没有将他的货物运输到一个合适的码头。第十一巡回法庭判决:"因为货物没有正确地运到一个合适的码头,因此《哈特法》,而不是提单中约定的限制规定适用于赔偿责任的问题。"根据这样的判决,法院没有进一步解释对于提单中责任限制的规定应优先适用《哈特法》中什么原则。法院也没有核实美国《1936 年 COGSA》的责任限制是否与《哈特法》有矛盾,而我们必须服从巡回法院的决定。

Philip Morris 案中无力地阻止当事人通过合同约定把美国《1936 年 COGSA》的 500 美元责任限制用在适用于《哈特法》调整区段内的做法可能是错误的。这样的理解将不属于我们上述所讨论的范围,但是也与巡回法院在 Philip Morris 一案中的意见不同。虽然 Philip Morris 案中法院认为"《哈特法》应适用于船舶在港和驶离港口期间货物在装前卸后的区间",然而这个原则仍然需要再次确认"当事人是认可将美国《1936 年 COGSA》的责任限制的规定适用在承运人照管货物的整个区间内"。因此这样的观点支持承运人可以通过合同约定来将美国《1936 年 COGSA》的规定延长到《哈特法》适用的范围。

第十章 无船承运人在美国的做法

从事无船承运业务对扩展国外端的延伸服务，巩固收发货两端的客户关系有着重要作用。美国开展无船承运业务比较早，涉及的法律制度也较多，做好美国航线的无船承运业务成为体现无船承运人企业的发展水平。

我国虽然有些企业早已开展了对美国的无船承运业务，目前尚有一些企业准备开展对美国的该项业务，但由于我们的做法不规范，对美国关于无船承运人的法律法规及流程并不熟悉、不了解，因此，曾产生过纠纷与遭受过罚款，且不知原因所在。为此，本章根据美国法律法规的要求与近二十多年我国开展对美国无船承运业务的实践经验与教训，从业务、法律、流程、国外市场的特征、提单使用和风险管理等方面阐述对美国航线开展无船承运业务的特点，以利我们深入了解美国有关无船承运人的法律法规和实际操作流程以及应注意的事项，避免和减少此类纠纷产生和损失的发生，同时也为推动我国无船承运业务在美国的开展，促进货运代理业务产业的升级，特将美国该项业务的相关法规和做法做一介绍。

第一节 美国航线无船承运人概念综述

一、无船承运人的定义

根据美国《1998 年远洋航运改革法》（Ocean Shipping Reform Act of 1998，以下简称 OSRA）修订的《1984 年航运法》中的定义，无船承运人是指不经营用以提供海上运输船舶的公共承运人，对于远洋公共承运人（ocean common carrier，即船公司）来说，它是托运人。

二、无船承运人进入美国市场需具备的条件

根据《1984 年航运法》中规定，凡是经营美国航线的无船承运人、不论

是美国境内的无船承运人，还是美国境外的无船承运人，都必须公布自己的运价本。

另外，经营美国航线的无船承运人还必须具备所需的财务责任（Financial Responsibility），财务责任是指保证金、保险或者其他担保。因为到目前为止，所有无船承运人的财务责任都是以保证金形式出现的，故在以下的论述中均使用"保证金"一词。所有的无船承运人都必须按照 FMC 的要求和规定放置保证金。保证金可用来支付与运输有关经营活动所造成损害的赔偿、根据《1984 年航运法》做出的赔偿和处罚决定、与运输有关的活动引起的索赔和对造成损害所做出的判决等。

除了公布运价和按照以上要求放置保证金外，美国境内的无船承运人必须获得 FMC 颁发的证书方可从事无船承运业务。

美国境外的无船承运人还必须指定一家在美国的公司为其法定代理（也称常驻代理），代表该无船承运人接受包括传票在内的司法和行政文件。同时，美国境外的无船承运人还应委托由 FMC 发给证书的远洋运输中介人（Ocean Transportation Intermediary，OTI，包括无船承运人和货运代理）作为其业务代理，为其处理在美国境内的日常经营业务。这一业务代理可与代表其接受司法和行政文件的常驻代理为同一家公司。

三、无船承运人进入美国市场的具体步骤

1. 向 FMC 申请机构编号

准备进入美国市场的无船承运人，应首先通过律师向 FMC 报送自己公司的基本情况，包括法定名称，商号（trade name，也用"doing business as"或"d/b/a"来表示），营业地址，公司组织形式，联系方式等内容，说明自己将从事美国航线的无船承运业务，向 FMC 提出机构编号（Organization Number）的申请。

2. 提供保证金

根据 FMC 的规定，美国境内无船承运人的保证金数额为 75 000 美元，每设立一个非独立法人的分公司，保证金数额增加 10 000 美元。从事进出口美国货物运输的外国无船承运人可以有两个选择：一是提供 150 000 美元的保证金而无须向 FMC 申领证书；二是在美国设立一个非独立法人的分公司，提供 75 000 美元的保证金，并以该分公司的名义向 FMC 申领证书。但外国无船承运人若在这一分公司之外，再增设非独立法人的分公司，则需按照每一分公司 10 000 美元来增加保证金的数额。

如果一家无船承运人是某一团体或协会的成员，这一团体或协会可从以下方式中选择总额较少的一种，为其成员公司提供保证金：一是按上述标准为每一公司提供保证金；二是提供总计为 300 万美元的保证金。换言之，若成员公司的数量较少，须按照上面提到的标准，即美国境内的无船承运人缴 75 000 美元，美国境外的无船承运人缴 150 000 美元为每一成员公司提供保证金；如成员公司数量很多，按照上述标准为每个成员公司提供的保证金总额超过了 300 万美元，则以 300 万美元为保证金的最高限额。根据 FMC 的规定，保证金证明须由美国财政部长认可的担保公司出具，并以 FMC-48 表格向 FMC 报备。据了解，无船承运人在办理保证金时，担保公司要审查该无船承运人的财务状况和以往的赔付情况，并以此来决定需要缴纳的费用。

3. 在美国指定代理或向 FMC 申请证书

如国内的无船承运人不准备在美国设立自己的分支机构，则应指定一家在美国的公司为其常驻代理，同时还应委托由 FMC 发给证书的无船承运人或货运代理作为自己的业务代理，处理在美国境内的日常经营业务。这一业务代理可与常驻代理为同一家公司。

如国内无船承运人在美国航线的业务量很大，则可考虑在美国设立非独立法人的公司，并以这一在美国注册成立的公司来向 FMC 申请无船承运人证书（在此情况下，只要提供 75 000 美元的保证金即可）。申请 FMC 证书时，除按照规定填写并向 FMC 提交申请表格和缴纳申请费用外，还应提供以下证明材料：

（1）本企业具备必要的经验；

（2）本企业同时具备提供无船承运人服务所需的资质；

（3）本企业已经向 FMC 提供了所需的保证金。

具备必要的经验，是指企业中具备申请资格的人员应至少有三年从事无船承运业务的经验。具备申请资格的人员是指：

（1）个人独资企业的所有者；

（2）合伙企业中至少一名参与经营管理的合伙人；

（3）公司制企业中至少一名现任的负责人。

FMC 对无船承运人的证书申请实行公示制度，即收到申请材料后，在《联邦公报》（Federal Register）上就有关事项予以公布。向公众公布的内容包括：申请人的名称和地址；个人独资企业具备申请资格之所有者的姓名和地址，合伙企业中具备申请资格的合伙人姓名，公司制企业中具备申请资格的负责人姓名等。除公示外，FMC 还要就申请人是否符合条件进行调查，调查的内容包括：申请表中所列信息的准确程度，申请人的诚信程度及是否具备保证金，申请人及其具备申请资格人员的资质，具备申请资格人员在本行业工作经历和性质等。只有在以上各项都符合要求后，FMC 才会批准证书申请。如申请人提供的材料不符合 FMC 的上述要求和规定，该证书申请将被退回。

如有下列情况，FMC 可将无船承运人的证书吊销：在经营活动中违反《航运法》和 FMC 的规定，对 FMC 依法发出的命令或询问置之不理，在申请证书或对现有证书的更改申请中提供虚假或误导内容，FMC 认为不具备资格或未能履行保证金义务等。对于被吊销证书的公司，FMC 也同样予以公示，即在《联邦公报》上公布这些公司的名称，地址，证书编号，吊销原因和吊销日期等内容。

4. 公布运价本

根据《1984 年航运法》中的规定，所有的公共承运人（common carrier，包括船公司和无船承运人）都要公布自己的运价本。与船公司一样，无船承运人公布的运价本也必须供公众以远程电子的方式进行查询，且不受时间、数量和其他类似的限制。

目前无船承运人基本上通过专门从事运价公布业务的公司作为代理，来为自己公布运价本。这样做的好处是简单易行，只需将所需的信息提供给运价公布公司即可，但无船承运人须根据各自不同的情况，向运价公布公司支付一定的费用。由于运价公布公司提供专业化服务，并在法律规定方面予以把关，这样就可在运价公布中满足 FMC 的要求，避免出现可能的违规行为，加上运价公布公司开发的电脑系统能够满足不同的使用要求和各种不同的查询要求，因此国内的无船承运人通过他们来公布自己的运价本是个很好的途径。

根据 FMC 的规定，无船承运人公布的运价本中必须包括在其经营航线上所涉及的启运港、目的港、内陆启运地、内陆目的地，以及直达联运情况下所适用的全部费率、费用、分类、规则和惯例等。

与船公司不同的是，无船承运人须在自己的运价本中说明下列事项：已经按照 FMC 要求的方式和数额提供了保证金；列出提供保证金的担保公司的名称或协会提供，列明团体或协会的名称和地址。美国以外的无船承运人除在运价本中列明其常驻代理的名称和地址外，还要写明若这一代理因死亡、丧失能力或无法找到而不能履行代理职责时，FMC 的秘书将作为这一无船承运人的常驻代理。

美国国内无船承运人在制定自己的运价本时，可参照其他无船承运人的运价本进行修改。需要指出的是：无船承运人公布的运价本必须使用英文：

文字表达必须清楚，明确；除自己运价本中的内容外，不得说明参阅其他内容；不得重复运价本中的其他内容或与其他内容相抵触。

在货物种类方面，适用于散装货物，林业产品，可回收的废金属，新组装的机动车、废纸和纸类废物（也统称为"除外商品"）的费率，费用等无须在运价本中公布。如无船承运人自愿在运价本中公布这些商品的运价，就应按照所公布的内容向托运人收取运费。

无船承运人在运价本中公布的费率、费用以及附加费等，应是在当时的市场环境下，切实可行的费率、费用、附加费等。一些无船承运人为图省事，只在自己的运价本中公布了每运费吨 500 美元或类似的统一运价。对此，FMC 的一些官员认为这是"空壳运价本"，应予以吊销。但 FMC 的委员们则认为，FMC 不应干预无船承运人在其运价本中公布的运价水平，不论无船承运人公布的运价水平如何，FMC 的责任时要求所有的无船承运人都必须按照自己的运价本来收取运费。在目前的市场情况下，每运费吨 500 美元可以说是天价，也没有托运人会照此支付运费。因此，一旦 FMC 发现运价本中只有类似的统一运价，公布这运价本的无船承运人就很难逃脱被 FMC 调查和处罚的命运。

运价本中新增加的费率或费用，对现有条款或费率的修改导致托运人费用提高的，需在公布后 30 天方可生效。费率、费用、规则、规定或其他条款的变动导致托运人费用降低的，对现有内容进行修改后不影响托运人费用的，以及无船承运人无法控制的，且仅作为代为收取费用的码头、运河及其他费用的变动等，一经变动即可生效。

5. 向 FMC 报送 FMC-1 表格

在完成上述步骤后，无船承运人在从事美国航线的业务之前，还需要以电子的方式向 FMC 报送 FMC-1 表格，其内容包括公司名称、机构编号、母公司地址、公司代表的姓名和联系方式（包括电话、传真、电子信箱等），运价本在何处公布，所使用的运价公布公司等。FMC-1 表格的填报方式和要求等，可从 FMC 网页上查到。

四、无船承运业务范围

无船承运人在美国航线的经营活动中，通常是以签订服务合同的形式，批量购买船公司的运输服务，再将其加价后以零售的方式转卖给其他货主或规模较小的无船承运人，或是再另外提供辅助和延伸服务的基础上，加价转卖给一些较大的货主。一些规模较大的无船承运人还进入了第三方物流领域，为其客户的供应链提供计划和管理等方面的服务。

根据 FMC 管理规定中的定义，无船承运人服务包括，但不限于下列内容：

(1) 购买船公司的运输服务并以转卖的形式将这些服务提供给其他人；

(2) 支付港到港或多式联运的运输费用；

(3) 与托运人签订包运合同；

(4) 签发自己的提单或与之相应的运输单据；

(5) 在负责货物直达运输的情况下，安排内陆运输并支付运输费用；

(6) 向货运代理支付合法佣金；

(7) 租赁集装箱；

(8) 与启运地或目的地代理建立业务联系。

五、无船承运人的责任与义务

在具体经营活动中，无船承运人应使用自己在 FMC 登记的名称，包括法定名称和商号来从事经营活动。无船承运人不得允许他人使用自己的名称从事业务经营活动。

根据 FMC 的规定，在美国的无船承运人只能使用其 FMC 证书上所列的名称和编号来从事自己的经营活动，且应在所使用的信纸和收费账单上显示自己的名称和 FMC 编号。如果无船承运人的名称出现在海运单证上，其 FMC 证书上的编号应一同显示。无船承运人不得允许其他人使用其名称和 FMC 编号从事美国航线的经营活动。美国国内的无船承运人只有在向 FMC 书面报告并增加保证金的情况下，方可允许其非独立法人的分公司使用其证书来经营。

在安排货物出运的过程中，无船承运人应恪尽职守，保证向托运人提供准确的信息，并保证在出口申报单、提单和其他单证文件上所显示信息的准确性。如有理由相信托运人在该货物的出口申报单和其他单证等方面与美国的法律规定不符，或是有错误和不实之处，则应迅速通知托运人。在上述问题未得到妥善和合法解决之前，该无船承运人不应继续安排货物的出运。

如 FMC 提出要求，无船承运人或其在美国的代理应尽快将所需的、与其无船承运业务有关的记录和账单等提供给 FMC 的代表，以供检查和复制，同时还应根据该代表依法提出的询问从速予以答复。

在具体经营活动中，无船承运人不得接受没有运价本和保证金的无船承运人提供的货物，也不得为其提供运输服务，更不能与其签订无船承运人服务协议（NOVCC Service Arrangement，以下简称"NSA"）。

（FMC：The proposed regulation defines an NSA as：a written contract，other than a bill of lading or receipt，between one or more NSA shippers and an individual NVOCC in which the NSA shipper makes a commitment to provide a certain minimum quantity or portion of its cargo or freight revenue over a fixed time period，and the NVOCC commits to a certain rate or rate schedule and a defined service level. The NSA may also specify provisions in the event of nonperformance on the part of any party.）

根据 FMC 的规定，以承运人身份接受货物的无船承运人，可通过下列方式证实以托运人身份交运货物的无船承运人是否在运价本和保证金方面符合要求：

（1）审阅这一无船承运人公布的有效的运价本规则，其中应声明该无船承运人已根据 FMC 要求的方式和数量向 FMC 提交了保证金证明，并注明签发保证金证明的担保公司名称和地址。

（2）通过向 FMC 咨询，证实这一无船承运人已经向 FMC 提供了保证金证明（可通过 FMC 的有关网页查询，www. fmc. gov）。

（3）如果接受货物的无船承运人在自己的运价本中规定了适当的程序，可根据这些程序办理。

只要接受货物的无船承运人采取了上述前两项中的任何一项措施，即可被认为尽到了自己的查核责任，除非另外知晓交运货物的无船承运人在运价本和保证金方面未能符合要求。

六、FMC 的处罚

根据 FMC 规定中的定义，期限/货量费率（Time/Volume Rate，TVR）是指公共承运人或公会根据已经明确的期限，为接受业已确定的货物总量或计收业已确定的运费总额，而在运价本中公布的一项费率。在实际业务中，TVR 通常都是由船公司在自己的运价本中公布。尽管公共承运人一次包括了船公司和无船承运人，业内人员对于无船承运人是否可以在运价本中公布 TVR，仍有不同的认识。一些人认为，只有船公司可以公布 TVR，无船承运人则不能这样做。另一些人认为，既然 FMC 在规定中使用了"公共承运人"（包括船公司和无船承运人）一词，无船承运人就应当可以公布 TVR。FMC 官员肯定了后一种看法。

FMC 对违法行为的查处一直没有停止，负责此项工作的是 FMC 的执行局。目前对无船承运人的调查主要集中在以下几个方面：无运价本、保证金而从事无船承运业务；不按照自己公布的运价本收取运费和其他费用；通过错误的货物描述或虚假货名来获取低于运价本或服务合同低的费率；将自己的服务合同非法转让给其他人使用并收取转让费用；非法合并出运货物；非法收取其他费用；非法给托运人回扣；不履行承运人责任，即不签发自己的提单，等等。

从事美国航线的业务人员都知道，船公司不得接受没有运价本和保证金的无船承运人提供的货物，也不得与其签订服务合同。但至于无船承运人是否可以接受类似的货物，行业内的人员也存在一些不同的看法。2006 年 5 月 11 日，FMC 发出 06-06 号调查令，对三家无船承运人展开调查，以确定这些公司是否明知和有意地接受了没有运价本和保证金的无船承运人提供的货物，或为他们提供了运输服务。由此可见，无船承运人同样不能接受没有运价本和保证金的无船承运人提供的货物，也不能与此类无船承运人签订 NSA。

对于在调查中发现的明知和有意的违法行为，FMC 的处罚通常都是很严厉的，有一些无船承运人就是因为有意违法而被按照最高罚款数额，即按照每一违法行为或违法行为每延续一天为 3 万美元予以处罚，也有无船承运人因此被吊销证书和运价本，失去了在美国航线经营无船承运业务的资格。

美国《1998 年远洋航运改革法》第 13 部分(a)条描述：

"无论谁违反了本案项下的任何一条款、或依据本案颁发的规则、或本委员会签发的法规，将承担美国政府的民事处罚。除非本案另有规定，如果违例不是故意行为，罚款最高不超过每次 5 000 美元。如果违例是故意行为，最高罚款可达每次 25 000 美元。每日继续违例构成各个单独的违法，在本条规定下，对公共承运人处罚的总金额将构成对该公共承运人的船舶行使留置权，并该船舶会在船舶置留地所管辖的美国联邦地方法院被施以控告状。"

美国《民事罚款处分通胀调整》即 "46 CFR Part 505"（PART 506-Civil Monetary Penalty Inflation Adjustment）规定，从 1996 年 10 月 23 日起，民事罚款处分上调不高于 10%，今后至少每 4 年上调一次。1996 年上调民事罚款后，罚款最高限额为非故意违例 5 500 美元/例，故意违例为 27 500 美元/例；从 2000 年开始，罚款最高限额上调为非故意违例 6 000 美元/例，故意违例为 30 000 美元/例。

根据多年来与美国航线无船承运业务的接触，发现多数的处罚是由于违例的无船承运人通过改变货物的品名类别或改变货物的重量等手段降低运价，或将服务合同转让给其他尚未向 FMC 登记的非注册无船承运人使用或无运价本经营无船承运业务（以前公布的运价由于某种原因已经被 FMC 取消），这些罚款一次不是 3 万美元的问题了，通常是少则 7.5 万美元，多则 15 万美元。

某公司目前使用得最多的船公司就曾因与当时尚未向 FMC 登记的非注册 NVOCC 签订运输服务合同而被 FMC 罚了 35 万美元。发现多数的无船承运人被 FMC 处罚的罚金为一次 7.5 至 15 万美元。

FMC 在迈阿密、新奥尔良、纽约、洛杉矶、西雅图和华盛顿设有专职的调查员，专职调查海事违法案件。对于来自美国海外的进口货物，则 FMC 通过美国海关调查和获得详细信息。

第二节　美国无船承运业务操作

一、无船承运业务操作环节

1. 无船承运人的双重身份

在具体业务经营中，无船承运人接受托运人提供的货物，向实际托运人签发自己的提单，并按照自己的运价本或其与实际托运人所签订的 NSA 向实际托运人收取运费；然后，无船承运人再以托运人的身份，将货物交给船公司，接受船公司向其签发的提单，并按照船公司的运价本或自己与船公司所签订的服务合同支付运费。

由此可以看出，无船承运人在业务活动中，实际上起着双重的作用，对于实际托运人来说，它是承运人，要履行承运人的职责，承担货物安全运输的责任，而对于船公司来说，它又是托运人，承担向船公司支付运费的责任。

2. 接受实际托运人交付的货物及签发提单

作为承运人，无船承运人在接受实际托运人交付的货物时，应按照委托书上的要求，向实际托运人签发自己的提单。因美国海关反恐要求，对于进入美国的货物，无船承运人提单上的货物品名应尽可能地详细和明确，避免出现因品名问题而被美国海关拒绝装船的情况，如委托书上的货物品名不是很明确，或是货物的重量与体积的比例与货物本身有明显的差异，无船承运人应要求实际托运人提供进一步的货物信息，避免在向美国海关申报时出现问题。

3. 地名相重的问题

由于地名相重的情况在美国比较普遍，如货物的最终交货地是在美国基本港以外的地点，除提单上注明具体的交货城镇外，还应同时注明交货地所在州的州名、邮政编码。

需要指出的是：在美国，一些州的州名被用作一些城镇的名称，如堪萨斯、俄亥俄、内华达等，有的城镇名称与外国的地名相同，如汉堡、莫斯科、华沙等。对于没有州名的交货地，切不可望文生义，更不可想当然，否则就会出现同名之下，相差千里，甚至分在两国的情况。比如，不少人都会认为，堪萨斯城一定在堪萨斯州，事实上，堪萨斯城地跨堪萨斯和密苏里两个州，且城市的主要部分位于密苏里州。堪萨斯城除市中心位于密苏里州之外，整个城市的人口在堪萨斯州和密苏里州的分布比例约为1∶3。由于地名相同，在接收货物时，想当然地加上州名或根本未在提单上标注州名，随后又发现错误，在船舶抵达美国港口前后紧急要求更改交货地，致使美国代理在工作上陷入被动的情况屡有发生。由于未加注州名，而将本应运到美国温哥华的货物，错运到加拿大温哥华的事情也曾出现过。如果委托书上的交货地为巴拿马城，千万不要以为是巴拿马的首都，因为佛罗里达州也有叫作巴拿马的地方。

为此，无船承运人应在接受美国进口货物订舱的时候，要求实际托运人提供内陆交货地所在州的名称，在标注美国地名时，州名通常使用两个字母的缩写。

4. 向实际托运人收取运费

如无船承运人与实际托运人签有 NSA，或实际托运人以附属公司或实际托运人协会成员公司的身份被列入 NSA 中，无船承运人就应根据 NSA 中的条款，向该实际托运人收取运费。如实际托运人没有与无船承运人签订 NSA，也未以附属公司或实际托运人协会成员公司的身份被列入 NSA 中，无船承运人就必须按照自己公布的运价本向该实际托运人收取运费。

不论是按照 NSA 还是按照无船承运人运价本所收取的费率、费用和各项附加费用必须是在接受货物之日，即一票提单上所列明的全部货物为无船承运人或其代理，包括多式联运情况下启始地承运人所接受之日，业已生效的费率、费用和附加费。否则，无船承运人的行为就违反了美国《1936 年 COGSA》和 FMC 的规定，就有可能被 FMC 调查和处罚。

提单上的货物名称必须与 NSA 所列的货名相符，方可按照 NSA 计收运费。根据运价本中通常的规定，某一商品在运价适用上可以分为两类或两类以上，特别是其最终用途比所使用的材料更为重要时，应以最终用途作为分类依据。比如橡胶手套或棉手套应使用手套的运价，而不应该使用橡胶制品或者纺织品的运价；塑料拖鞋应使用鞋类的运价，而不应该使用塑料制品的运价。

如果在 NSA 中列明了更为具体的品名，就应使用这一具体品名的运价，仍以上述手套为例，如果在 NSA 中除了手套的运价，还列明了橡胶手套或者棉手套的运价，则应使用橡胶手套或棉手套的运价，而不应使用手套的运价。

在运费计收中，使用更为明确列出的项目应是必须遵守的原则。就品名而言，菠萝罐头就比水果罐头和罐头食品更为明确；在地理区域方面，洛杉矶就比美国西岸基本港口和美国西岸港口更为明确。

如果所列更为明确的项目与分类性项目在计收运费方面出现冲突，应当按照使实际托运人支付运费数额较低的项目来计收运费。例如，联运费率的数额与港到港运费加上内陆运费得出的数额不一致，应该按照较低者计收运费；如列明长滩为美国西岸的基本港，而到长滩和到美国西岸基本港的运价若有不同，无船承运人也应同样按照较低者向实际托运人计收运费。

总之，在按照 NSA 向实际托运人计收运费时，无船承运人提单上的各项内容必须与 NSA 中的内容相符。按照 NSA 收取运费的原则是：凡是 NSA 已经明确列明或者说明的费率、费用、附加费或是其他事项，均应按照无船承运人公布的运价本条款办理。

5. 向船公司托运货物及支付运费

由于自己不经营船舶，无船承运人接受实际托运人交付的货物后，须将货物交付给船公司出运，无船承运人委托书上的货物品名应与无船承运人签发给其实际托运人提单上的品名一致。

如果货物从我国运到美国，无船承运人在向船公司托运货物时，应在委托书上将自己作为货物的托运人，将自己在美国的公司或者代理作为收货人。如无船承运人在货物的启运地没有设立自己的分支机构，且需要将在当地所使用的货运代理列入船公司提单的发货人栏时，无船承运人需在委托书中予以说明。这样，该代理的名称可与无船承运人一同显示在提单的发货人栏中，但必须同时注明这一货运代理为无船承运人的代理。例如，公司 A 为货运代理，公司 B 为无船承运人，则应写明公司 A 作为公司 B 的代理人。船公司应依照委托书上的要求签发自己的提单给无船承运人。

凡是在基本港以外的内陆点交货，且需要船公司负责直达运输的货物，除在提单上注明具体的交货地点外，还应写明交货地所在州的州名，如有必要可将邮政编码一并列入，以避免因地名重复而出现货物错交和延误的情况。如果无船承运人与船公司签有服务合同，或无船承运人作为签有合同的实际托运人的附属公司或签有合同的实际托运人协会的成员公司被列入服务合同之中，无船承运人即可根据服务合同向船公司支付运费。如无船承运人未与船公司签订服务合同，也未作为附属公司或实际托运人协会的成员公司被列入服务合同之中，无船承运人就必须按照船公司公布的运价本支付运费。

凡是通过无船承运人与船公司所签订的服务合同出运的货物，不论这些货物是由货主、还是由其他无船承运人交运的，必须首先看作签约的无船承运人自己的货物，方可通过该无船承运人的服务合同出运。而将其他人的货物作为自己货物的唯一途径，就是向交付货物的其他人签发自己的无船承运人提单。

不论是按照服务合同，还是按照船公司的运价本，船公司向无船承运人所收取的费率、费用和各项附加费用必须是在接受货物之日，即一票提单上所列明的全部货物为船公司或其代理，包括多式联运情况下启始地承运人所接受之日，业已生效的费率、费用和附加费。无船承运人亦应按此原则，向船公司支付运费和各项费用。

如将合同生效之前接收的货物或将合同失效后接收的货物按照合同运价计收运费，即是违反美国《1936 年 COGSA》和 FMC 规定的行为。无船承运人向船公司支付运费和其他费用，以及船公司向无船承运人计收运费和各种费用时，应按照前文提到的原则办理，即提单上的货物名称与服务合同中的品名必须相符、以商品的最终用途作为分类依据、按照更为明确列出的项目计收运费、客户可以享受较低费用等，此处不再一一列举。

总之，无船承运人若要按照自己与船公司所签订的服务合同支付运费，提单上的各项内容就必须与合同中的内容相符，如果无船承运人有其他的需要，则应利用美国《1936 年 COGSA》在服务合同方面所赋予的灵活性。通过与船公司协商进而修改合同，以合法的方式满足自己的需求，全力避免出现违反美国《1936 年 COGSA》和 FMC 规定的行为。

按照服务合同支付运费的原则是：凡是服务合同中已经明确列明或说明的费率、费用、附加费等，应按照服务合同来向船公司支付；凡是合同中未列明或说明的费率、费用、附加费或其他事项，均应按照船公司运价本中的条款办理。

6. 无船承运人之间的合并出运货物

无船承运人除从实际托运人处接受货物外，还可以接受其他无船承运人提供的货物，或与其他无船承运人一起向船公司托运货物，这就是合并出运货物（co-loading）。

根据 FMC 的规定，合并出运是指"两个或者更多的无船承运人将货物合并、以一个或者一个以上的无船承运人的名义向远洋公共承运人托运"的行为。FMC 将合并出运分为"承运人—承运人"（Carrier to Carrier）和"托运人—承运人"（Shipper to Carrier）两种类型。根据目前的管理规定，如果无船承运人不通过合并出运的方式交运货物，须在自己的运价本中予以说明。

"承运人—承运人"类型合并出运关系的建立，必须通过签订协议的方式，且各当事无船承运人必须在自己运价本中注明这一协议的存在。众所周知，当前美国航线的货物基本上是通过服务合同出运。对于无船承运人的服务合同合并出运货物，在业内人士和美国律师中都存在不同的看法。导致这些不同看法的原因是 FMC 对此所作的管理规定非常不明确。

对此，FMC 官员只是在口头上表示，无船承运人之间不得以签订"承运人—承运人"类型合并出运协议的方式，通过服务合同来出运货物。

"托运人—承运人"类型的合并出运则无须签订协议，只要接受货物的无船承运人向交运货物的无船承运人签发了自己的提单，即被视为建立了"托运人—承运人"类型的合并出运关系。但交运货物的无船承运人必须在自己的运价本中说明这一合并出运行为，且承担支付与货物运输有关的费用。对于如何以"托运人—承运人"的类型通过服务合同合并出运货物，FMC 官员指出，只有在接受货物的无船承运人、即与船公司签订服务合同的无船承运人将其他无船承运人（通常未与船公司签订服务合同）交运的货物变为自己的货物后，方可以"托运人—承运人"的类型通过服务合同合并出运货物。而将其他无船承运人的货物变为自己货物的唯一途径，就是接受货物的无船承运人向交运货物的无船承运人签发自己的提单。

FMC 允许无船承运人合并出运货物的初衷，是使接受拼箱货物的无船承运人，在自己的货物不足一个整箱时，能够通过这一方式，与其他类似的无船承运人一起从船公司处得到整箱费率。但是随后的发展大大超出这一范围，合并出运早已扩大到整箱货物的运输。

无船承运人之间建立"托运人—承运人"类型的合并出运关系，通过服务合同合并出运货物更是司空见惯的事情，这也成为合并出运的主要类型。

除要求无船承运人在运价本中就合并出运货物的行为做出相应的说明外，FMC 还同时要求在每一份合并出运货物提单的正面以清楚和易于辨认的方式，说明该票货物通过另一无船承运人以合并的方式出运。尽管 FMC 有这样的要求，但是在实际业务中，照此行事者可以说寥寥无几。主要原因是向另一无船承运人托运货物的无船承运人不愿意让自己的客户知晓货物的实际出运方式，担心自己的客户会因此越过自己，直接与另一无船承运人建立业务关系。

7. 与托运人签订无船承运人服务协议

2004 年 10 月 27 日，在 FMC 召开的专门会议上，通过了给予无船承运人以有条件豁免，允许他们与托运人签订 NSA。经向公众征求意见，FMC 于 2004 年 12 月 15 日，公布了 NSA 管理规定的正式文本。该管理规定的生效日期为 2005 年 1 月 19 日。

2005 年 9 月 23 日，FMC 又根据形势的发展和变化，对 NSA 的管理规定进行了修改，允许无船承运人和由无船承运人作为成员公司的实际托运人协会作为 NSA 的托运人一方，与作为承运人一方的无船承运人签订 NSA。修改后的管理规定自 2005 年 10 月 28 日生效。截至 2007 年 7 月底，FMC 共计收到了 92 家无船承运人向其报备的 1 322 份 NSA。

按照上述管理规定，一家无船承运人可以承运人的身份与货主、实际托运人协会、无船承运人签订保密的 NSA。如签订 NSA 的托运人一方为无船承运人，以承运人身份签订 NSA 的无船承运人应根据前文的要求，查核以托运人身份签订 NSA 的承运人是否在运价本和保证金方面符合 FMC 的要求，同时应将这一无船承运人提供的运价本首页、保证金证明、FMC 证书等复印留存，作为 NSA 记录的一个组成部分。

根据 FMC 的规定，NSA 应包括下列条款：

（1）如为港到港运输，应列明启运港的范围；如为直达联运，应列明启运地的地理范围；

（2）如为港到港运输，应列明目的港的范围；如为直达联运，应列明目的地的地理范围；

（3）应列出按照 NSA 出运的商品或商品类别；

（4）应列出在 NSA 有效期内，实际托运人/托运人提供的最低货量或货量比例；

（5）服务承诺事项；

（6）全程运输的费率；

（7）未履约的损失赔偿；

（8）NSA 的期限，应分别列明生效日期和到期日；

（9）应列出签订 NSA 各方的法定名称和营业部地址，有权使用 NSA 的附属公司或实际托运人协会成员公司的法定名称和营业地址，代表各方签署 NSA 的人员姓名、职务和地址、NSA 的签字日期等。如 NSA 的实际托运人一方仅提供附属公司的名称而未提供营业地址时，以承运人身份签订 NSA 的无船承运人应要求对方出具证明，说明如 FMC 要求提供附属公司营业地址等方面的信息，可在 10 个工作日内提供。如 NSA 是与实际托运人协会所签，而协会中只有部分成员公司可以使用 NSA 出运货物，这些公司的法定名称和营业地址必须在 NSA 中列明。如全体成员公司都可以使用 NSA 出运货物，则不必将这些成员公司一一列入，但协会须向以承运人身份签订 NSA 的无船承运人提供一份完整的、包括成员公司的法定名称、营业地址在内的成员公司名单，以作为需保存的 NSA 记录的一部分；

（10）应说明 NSA 记录所包括的内容，以及应 FMC 的要求，负责将 NSA 记录提供给 FMC 检查的人员的联系地址、电话号码和职务等；

（11）NSA 的其他条款。

为符合 FMC 的上述规定，便于国内经营美国航线的无船承运人签订 NSA，我国船舶代理及无船承运人协会制定了推荐使用的 NSA 范本。

NSA 必须以保密的形式向 FMC 报备，而以承运人身份签订 NSA 的无船承运人则是 NSA 报备的责任方。为此，以承运人身份签订 NSA 的无船承运人公司的负责人需事先以 FMC-78 表格的形式，向 FMC 申请注册登记，以便能够自行或委托他人向 FMC 报备 NSA。得到批准后，无船承运人将会收到 FMC 指定的、为报备和修改 NSA 所使用的接入号码和密码。

无船承运人在向 FMC 报备 NSA 的同时，需将启运港和目的港的港口范围、所包括的商品类别、货量或货量比例以及 NSA 的期限等必备条款，以运价本的方式向公众做出简要说明。

8. 与船公司签订服务合同

无船承运人可通过与船公司签订服务合同的方式，以在一定的时间内提供一定数量的货物，来换取相应的优惠费率。在签订服务合同的同时，无船承运人须在合同中的托运人身份中加注小签（initial），证明自己的托运人身份为无船承运人。如船公司要求提供无船承运人身份的文件，则应提供运价本首页、保证金证明、FMC 证书等。

如果一家无船承运人同时又是货运代理，它就只能以无船承运人的身份来签订服务合同，而不能以货运代理的身份签订服务合同。如果无船承运人通过资产拥有的方式控制了其他公司或为其他公司所控制或与其他公司同为另一个公司所控制，则这些公司即可作为托运人的身份（如货主、无船承运人等）。如果附属公司的身份为无船承运人，这一附属公司应有单独的运价本和保证金。

无船承运人与船公司所签订的服务合同只能由该无船承运人或列入的附属公司使用。

无船承运人不得允许未列入合同的人使用该合同出运货物。

尽管 FMC 制定了较为完善和详细的管理规定，以规范无船承运人的经营行为，但其中仍然存在一些问题，以致在业内人员，甚至美国律师中出现了不同的理解和看法。除前面提到的合并出运货物外，无船承运人可否与船公司一样，在自己的运价本中公布期限/货量费率（time/volume rate TVR）也是在一个行业内存在不同看法的问题。

二、业务操作流程和操作注意事项

(一) 出口整箱操作流程

1. 开航前作业

(1) 接单 (以书面为准)

(2) 审核客户托运单

认真审核客户的托运单是否完整、准确。具体内容包括：发货人、收货人、通知方、船东、船期、目的港 (美线注明州名，加拿大线注明省名)、中转港 (如有指定也应注明)、箱型 (特种箱需注明相关内容)、柜量、品名、件数、毛重 (不可超过船东要求)、体积、冷冻箱温度及通风口、付款方式、运输条款及其他特殊要求 (如是否需要熏蒸等)。

(3) 确认费用

① 非自有合同的船东运费确认根据当地操作惯例进行；使用自有合同，一般须在单证上打上合同号。

② 若客户要求无船承运人在目的港提供额外的服务，则无船承运人应与美国代理确认收费项目和收费标准后，才可发货。

(4) 配载定舱

在船东要求的时间内配载定舱。

(5) 装箱、仓储和陆运安排

与客户落实具体装箱时间、地点、联系方式后，及时通知拖车公司或堆场、仓库，以便其提前安排。

(6) 跟踪落实装箱情况

(7) 自动仓单申报系统 (Automated Manifest System，AMS) 录入

AMS 资料由船东录入的情况下，应提前向客户索取 AMS 录入资料，并保证在船舶靠港前 72 小时将资料发送给船东；若由无船承运人进行 AMS 录入，则要求客户及时提供准确资料，以保证无船承运人能在船舶靠港前 48 小时发送给海关。客户提供的 AMS 资料应与美国海关的要求一致。

(8) 报关

若客户自行报关，无船承运人应及时将其所需资料提供给客户或客户指定的报关行；若由无船承运人代报关，无船承运人应及时向客户索取完整、准确的报关资料，在海关要求的时间内投单。

(9) 货物放行、装船

如遇海关查验，则需协助客户办理相关事宜。

2. 开航后作业

（1）缮制提单

① CNEE 一定要显示客人正确的电话和传真。

② 如果收货人是：凭指示，则通知方应尽量显示真正的收货人和/或其报关行。

③ 若有特殊原因不能显示真正的收货人，需要用 E-MAIL 方式通知美国公司或美国代理。

（2）签发提单

（3）发送资料

① 一般在船舶开航后 2 天内就应把船务舱单发送给美国公司或美国代理。如果海运提单、无船承运人提单、D/C NOTE 也完成的话，可以一起发送。如果其他单证还没有备齐，也应先发送船务舱单，起到预先告知的作用。

② 在货物到港前 7 天，应将海运提单、无船承运人提单和 D/C NOTE 及美国公司或美国代理要求的其他资料送达美国公司或美国代理。

③ 备注：

a. 船务舱单、信用证、账单的样式；

b. 如果文件不完整，将造成 IT NUMBER 不能及时转换。

④ "电放"：

a. 仅在全套正本提单已收回且提单为记名提单的情况下，才可凭发货人正本保函办理"电放"手续。

b. 海运提单的"电放"仅在无船承运人提单为运费预付且收到全部运费的情况下才可办理；若无船承运人提单为运费到付，则一般不做"电放"，除非美国公司或美国代理已书面确认收到全部运费才能办理。

c. 如果在发送相关资料前，客户已做"电放"，则启运港要在提单上盖上"电放"章，连同其他资料发送给美国公司或美国代理。

d. 如果在发送相关资料后，客户才要求"电放"，启运港应电子邮件通知美国代理，并将盖上"电放"章的提单发送给美国代理。

（4）要求美国公司或代理确认收到启运港发送的资料或更改信息

（5）要求美国公司或代理在放货后发送放货确认给无船承运人

（6）若要求美国公司或代理在目的港收费或提供额外服务，则最好要求其在发送放货确认的同时，附上运费收讫的确认及所提供额外服务的账单

（二）出口拼箱操作流程

1. 开航前作业

（1）接单（以书面为准）

接到客户询价后，确认目的港和船期，向客户合理报价，达成意向的，接受委托。

须注意：① 接受委托时须了解货物是否为危险品或拒收货品，是否超尺码或超重货物；

② 如客户需要拖车和熏蒸等增值服务，须提前安排，并保证服务的及时性；

③ 如客户要求配特定船公司或者使用特定的海外代理，必须尽量予以满足。

（2）审核托运单

仔细审核客户托运单上面的内容，包括目的港、船期、货品名、体积、重量和价格等，如果相关资料不准确或不完整，应立即联系客户，补充相关信息。

（3）通知入库进仓

根据船期，将进仓编号及客户提供的货物信息填写在进仓单上，并注明船名、航次并通知客户货物入仓。

（4）入库

及时核查货物入仓情况，掌握货物动态，与客户保持联系，对没入仓的货物通知客户、催促进仓。入仓后货物包装如有破损，需及时通知客户，并确认是否继续出运；如破损特别严重，需根据客户要求及时对包装进行修补或由客户自行换包装；如客户对体积或其他资料有异议，需要认真核实并及时处理；如报关资料不准确或不完整，需及时联系客户以获得正确的信息。

（5）报关

根据客户提供的报关单、发票、装箱单、报关委托书和核销单等相关资料，向海关办理通关手续，在截关期前获海关放行，以保证船期。

（6）订舱

当同一港口、同一截仓时间的拼箱货量达到开箱要求时，需提前向船公司订舱，获取船公司的 S/O，包括船名、航次、提单号、入货地点和截港日期等相关内容，并通知客户。

（7）拼箱

根据同一箱子出运的拼箱货物制作配载清单（内容包括船名、航次、提单号、货名、件数、重量、尺码、目的港和箱型等），估计要用的箱型，及时通知仓库、拖车进行提箱、装货和报关。

从拖车提箱、入仓装货、整箱报关到送至港区堆场，必须全程跟踪拼箱进度，及时向客户反馈货物情况及报关状态，遇到问题及时与客户沟通后加以解决。

对于拼箱当天仍在报关状态中的货物，应根据相应情况做出判断。有望放行的货物可放在箱尾，避免意外情况下的翻箱费；无望放行的货物，应及时联系客户并告知其相关情况，推迟发货或外配给同行。

2. 开航后作业

（1）发送舱单数据

及时将拼箱舱单数据发送给相关单位和海关，做好交接记录。

（2）制单

海运提单：在规定时间内把海运提单资料补给船公司，确保不因延误而产生额外费用。无船承运人提单：装箱完毕后，核对装货清单上的分单信息（品名、件数、毛重、目的港及代理、运费条款，代理资料等），编制无船承运人提单，并与客户确认。

须注意：① 签发提单时，提单签发日期以开船日期为准。不允许预借提单或顺签提单；所有货物包装、件数、重量和体积均以进仓核实单上的为准。

② 如客户要求"电放"和运费到付等，需要提供相应的保函。

（3）确认费用

① 船公司费用。海运提单资料确认后，及时与船公司核对整箱费用，通知其开发票，并安排付款，保证货柜到港后及时放货。

② 客户费用。与客户核对提单时，应把该票货物的所有费用制成账单，传给客户确认。如果有额外费用产生，要在系统里立即录入相关费用并同时告知客户，确保应收费用的准确性与合理性。

③ 海外代理费用。与代理及时确认退佣和利润分成，明确具体数额。货物到港放行后，开出账单，以便收付账款。

（4）货物信息跟踪

船离港后，及时将离船及相关单证信息（包括无船承运人提单，海运提单、舱单及装箱报告等）发送给海外代理，预先通知代理此箱情况。

货物运输过程中，及时跟踪货物运输途中及到目的港情况，期间与客户、海外代理保持沟通，遇到问题及时协调。

（5）海外放货

货到目的港后，通知海外代理安排提箱、拆箱，并放货给收货人，回收无船承运人提单，如收货人要求安排报关、办理公证、内陆运输等增值服务，则要求海外代理予以相应安排。

须注意：货到目的港后，可能产生船期延迟、货损与货差、收货人投诉代理高收费、货主要求货物回运等情况，应与目的港代理及时沟通并协调处理好相关问题。

（6）费用结算

① 船公司费用。按照双方事先签订的运费结算协议结算方式，并获取海运提单。

② 客户费用结算。船离港后，必须及时与客户结算双方确认的拼箱费用，方可将无船承运人提单签发给发货人。

③ 海外代理结算。按照双方事先商定的结算时间和结算方式，及时与代理确认账单并结算费用，必须保证结算及时，以免拖欠账款事务发生。

（7）文件整理及归档

对于完成的文件（尤其是回收的提单），必须进行定期整理及归档。

（三）美国线操作中需要注意的问题

1. 清关、放货

（1）清关

货物运抵美国口岸后，可由进口商自行向海关申报，也可通过无船承运人委托报关行进行申报，通常必须自货物到美国口岸之日起，备妥进口单证，在 5 个工作日内向所在口岸海关申报、预缴税款、办理清关提货手续。如逾期未办理报关手续，海关将把货物置于候领仓，一切责任和费用概由进口商负责，如货物在进口后一年内无人办理报关及提货手续，海关有权将货物公开拍卖；易腐货物、价值会降低的货物和爆炸物品未按时报关者可随时拍卖。（注：货物卸下后 15 天没有清关，美国海关就会强制要求船公司把货物转移到海关监管仓库）。

无清关资格的无船承运人，必须委托当地海关授权的报关行代进口商清关，进口商提供 H. S. CODE，以便海关查询其材质对货物性质进行判别、征税，同时，海关为便于追究责任，报关行一般都有供海关通用的账号，海关在发现货物问题后可在账上扣取相关罚金。

美国海关只管税收（Duty），不负责确认货品。一般在收、发货人双方认可下，即可进口。但有些货品需附有相关的文件资料说明，如反倾销货品、食物和药品需在货物抵达美国港口的前一天向 FDA 通报，否则美国海关不予清关。另凡从中国大陆及香港运往美国实木包装材料货物，在付运前必须先经热处理、熏蒸，并附有经认可政府机构签署的证明书，证明所有的实木包装材料已经过处理。不含实木包装材料的货物则须附有出口商的声明书，声明该批货物没有使用实木包装材料。

客户可选择在卸货中转港清关，也可选择在最终目的港（IPI）清关，视提取货物的紧急情况而定，一般急于提货的货主会凭 IT NO.（Immediate Transfer Namber）选择在最终目的港清关，对于同一目的地的货物，无论收货人是否相同，都用同一个 IT NO.。中转卸货港清关有 3 天的免费时间（Free Time），但美国内陆清关的报关行收费较高，约 150 美元/票，大多数货主在卸货港清关。

在美国，从事货运业务的公司须购买担保（Bond），类似于保险，主要原因是为了预防美国进口商因故不提货物且不支付运费而弃货，美国海关除逾期后拍卖外并可依合同向保险公司求偿以支付该批货物在美国所产生的各项费用，如堆存费、税金等。

（2）放货

船公司会在船到前的约定时间内发送到货通知。（一般是在船到达前的 5 天内）。美国码头系统放货，在默认情况下总是根据海运提单号码的最后 4 位 PIN 码，只要美国的收货人拿到 PIN 码后，就能凭到货通知书提货。由代理人安排拖车的，代理同时提供车行的名称给码头。

如需查箱，到港前一两天内海关会给出查箱通知，以下两种情况一定会查箱：①件数不对，引起查箱；②货物名称敏感（塑料袋，手袋等）。查箱最轻的是只照 X 光检查（查是否有与申报 AMS 的内容不符的），X 光检查的时间一般是 3～7 天；严重一点的查箱方式就是海关到仓库拆箱验货，时间为 10 天至 2 周。

2. 美线相关报价、中转点选择、操作细节的注意事项

受 FMC 管制与规范，无船承运人及其客户必须以自己实际出口之品名向承运人申报、询价并将品名翔实显示于海运提单上，不可欺骗，故无船承运人在报价前必向出口商问清品名、用途、材质等，以找出其与 Carrier 之归类对应的 Group Rate。

3. 美国地理和费收

（1）"All Water"与"MLB"的定义和区别：MLB：船挂靠美西基本港之后经过大陆桥走陆运到各内陆点的运输模式。All Water：船走全水路挂靠美东基本港之后经过陆运或者是转运到各内陆点或者是其他非基本港口的运输模式。

（2）中转点选择：虽然很多 IPI CITY 既可以从洛杉矶中转，也可以从纽约中转，但尽量要避免美东中转去美西；比如从洛杉矶中转去迈阿密，需要 13 天，从纽约中转去迈阿密，却只要 4 天。所以我们在选择中转点时应该从实际的地理位置来考虑。

在给客户报价时，必须预先提示货到目的港后只有一定时限的免费卸货时间，以免客人不了解而产生争议。一般来讲，美东基本港的运费大概是美西基本港的5/3左右，如果在报价的时候不清楚可大致估计作为参考，基本运费：$40'GP \times 75\% = 20'GP$，$40'GP \times 125\% = 40'HQ$（注："GP"为普通标准干货箱的英文缩写，"HQ"为高箱的英文缩写）。

4. 出提单的方式

无船承运人提单或海运提单都可选择出正本或作"电放"，对于向船东订舱海运提单"电放"或作海运单的情况，一定要通知代理收齐所有款及正本无船承运人提单后，才可放货。其中海运单放货不太好控制，建议做"电放"或寄海运提单正本给代理。提单上必须显示是否有木质包装（凡是去美国的货，木质包装一定要作熏蒸和一定要盖章）。美国海关对进口至美国的带有木质包装的货物，要求木质包装必须按规定熏蒸，并印有规定的图案附件。

5. 木质包装规定

除非客户书面确认，一般要将对所有未明确表明为木质包装的货物在提单上默认显示不带有木质包装的货物（No Wood Packing Materials Used）条款。

凡出口到美国的整箱（FCL）或拼箱（LCL）货物，为了避免与收货人的误解和争执，DDC（目的地交货费，Destination Delivery Charges）可在无船承运人提单上显示。

（1）当运费预付并DDC也预付时：在"Freight & Charges"备注栏内显示：Freight Prepaid，including DDC。

（2）当运费预付但DDC为到付时：在"Freight & Charges"备注栏内显示：Freight Prepaid，excluding DDC或Freight Prepaid，DDC collect。

（3）当运费到付并DDC也到付时：在"Freight & Charges"备注栏内显示：Freight Collect，including DDC。

美国是不接受托盘为单位，如有托盘一定要在提单上显示托盘内的小包装数量，以小包装数量来计算。到美国的货物一定要有唛头，不然到美国后如要分唛就要付每小时约35美元的分唛费。

美国对于记名提单的货物，只需收货人提供身份证明则可以提货，而且法律上该种情况是合法的。

6. 判断美国地理远近的方法及运输方式

登录http：www.mapquest.com网站，录入美国DOOR的邮编、地址，可查从基本港到门的时间，一般建议 2 小时车程以内安排到门运输较好。

美国内陆点分区范围如下：

第一组（Group 1）：含西岸三个州的 IPI 点。

第二组（Group 2）：为北美之内陆中央地点各 IPI 点。

第三组（Group 3）：含东岸及 G/P 各 IPI 点。

第四组（Group 4）：靠近西岸之各内陆小点（与第一组接近）。

须注意：不同的承运之区域划分不尽相同，得看其运价本或向其咨询。

7. 美国限重的相关情况

到美国的货物在品名和重量上都有严格的限制，品名主要是和运价相联系，重量则主要关联当地的法规。一般来讲，到内陆点小箱不要超过 17 吨，大箱不要超过 19 吨，不同的州的具体要求也会有所差别，不过基本港的重量管制相对松懈，船东的要求多体现在提单的重量显示，但是为了稳妥起见，也应注意确认，尤其是在接一些五金、瓷砖、石制品等重货时要特别小心，以免遭因超重而受到 2 000 ~ 3 000 美元的交通罚款。

基本港的货物一般不会有超重费产生，主要针对到门和到 IPI 的货物，为保证在放货前收取超重费，船公司对于超重的 IPI 货物不会先发送 Pick Up No. 给收货人，直到收货付款或收到相关代理人的确认为止，并不会影响 IPI 货物点的正常中转。

对于到门的货物，卡车公司会根据提货单的重量安排车架，也会根据判断主动到称重站去称重，并根据实际的重量更换车架，更换车架的费用大概 20 美元会被计算在超重费中。

8. 其他

（1）整箱并单：一般不建议并单，如一个货主的箱子有问题，会引起其他货主其他箱子的关联责任，对客户不利。

（2）改港：凡涉及单证更改的改港，如果更改卸货港，则收取改港费，以及实际发生的掏舱费；如果卸货港不变，更改目的港，则除了收取改港费外，还要收取从基本港到此 IPI 点的拖车费。

（3）换单费：一般船东不收换单费，代理向直客收 50 美元/票，同行收取 25 美元/票换单费，主要是邮寄至收货人所在地区的快递成本，但也可根据货物、客户的情况与代理协商费收水平。该费用的收取标准是以 AMS 资料是否与无船承运人提单一致来判断的，若不一致就判断为同行，否则视为直客。

（4）箱租及免堆期：一般船公司不接受客户延长免费用箱期及堆存期的申请。免费用箱期从客户提箱开始计算，普箱是一般 5 天，不含节假日；

免堆期从船舶完成装卸后的第一个工作日上午 8：00 开始计算，普箱是 5 天，节假日包括在内。如超期，需根据船公司或码头的规定，缴纳相关超期费。

三、美国航线自动仓单申报系统

无船承运人取得美国航线自动仓单申报系统（AMS）自主申报资格，可以帮助无船承运人更好地开展美国航线业务，提高业务运营质量。主要意义体现在以下几点：

（一）保护客户资料

实现自动舱单申报是保护重要客户信息和业务机密的必要手段，也是扩大提单使用范围的必须程序。通过船公司进行舱单申报，舱单上含有的客户信息将毫无保护的暴露给船公司，这样即使签发无船承运人提单也不能起到保护客户信息的作用，从而导致客户的流失。

（二）节约业务成本

委托船公司申报会产生大量的手续费，增加了单票业务的成本。

（三）有利于美国航线业务的推广，提升公司品牌效应

例如，某运输股份有限公司的 AMS 系统服务商为 IES 公司，已经有广东货运代理、广东长运、厦门裕利、宁波泛洋、宁波明州等公司通过公共服务商自行报送，登录网站 http：//amsasia. iesltd. com/amsocean，以股份公司的阿尔法代码（SCAC CODE）录入，费收水平为 1 美元/票，每月的最低收费为 150 美元。即如果录入不够 100 票，按 150 美元收取，如高过这个票数，按实际票额收取。

该系统的产生背景："9·11 事件"后，反恐成为美国最主要的卫国手段之一，各种反恐措施相继出台。其中对全球经济运行都产生了巨大影响的是，美国海关从 2002 年 12 月 2 日开始，对境外所有的港口试运行"24 小时新规"。2003 年 2 月 1 日，正式运行。

"24 小时新规"，正式名称为"集装箱安全计划规定"，简称 CSI。具体内容是，对于 2003 年 2 月 1 日开始启程前往美国港口的集装箱船舶，其承运人必须在国外港口装货前至少 24 小时，以电子方式通过美国设置的"自动舱单申报系统"，向美国海关提交准确完整的货物申报单。每单货物申报单中除了过去所要列明的货物舱单常规信息外，还必须增加列明船上所有自美国以外进口货物的其他 14 项详细数据特征。一旦申报不实或违反规定，非但货物不

得卸泊美国各港口，承运人还必须接受 5 000 美元以上的罚款。该规定从 2003 年 2 月 1 日正式施行。

1. 美国海关 CSI 规则

根据美国海关的 CSI 规则，必须在装船前至少 24 小时发送所有客户的 EDI 给美国海关并得到装船确认。对于自行发送 EDI 的 AMS 无船承运人，其无船承运人提单的资料也必须符合此规定。EDI 中必须区分不同类型的客户，主要有以下 3 种客户类型。

（1）自行发送 AMS 舱单的无船承运人或委托 AMS 无船承运人发送舱单的直接客户。

（2）委托船公司发送 AMS 舱单的 Non-AMS 无船承运人。

（3）委托船公司发送 AMS 舱单的直接客户。

在美国清关等必须以海运提单所记载的信息为依据。

2. 获得 AMS 资格的手续与流程

获得美国 AMS Filing 资格的流程和手续比较烦琐，具体如下：

（1）申请人必需具备以下四个前提条件

① 具有美国无船承运人的资格。

② 取得美国海关的 Importer 号码。Importer 号码的取得必须委托授权美国代理以及一家海关中介（Customs Broker）到美国海关申请。申请时必须出示委托授权书。

③ 取得美国海关分配的标准承运人 SCAC Code，识别无船承运人之用。拿到 IMPORTER 号码后即可申请 SCAC Code，无须签署任何文件。

④ 需申请 AMS 担保。即获得指定的保险公司的责任担保。此环节需签署保险协议（Indemnity Agreement）。

（2）办理步骤

① 签署委托授权书。根据美国法律规定，申请方必需指定美国公民或美国当地注册的公司为代理，办理美国国内的申请程序。

② 选定担保公司，签署保险协议。根据美国海关规定，为对舱单申报业务过程中可能出现的赔偿责任进行担保，这其实与我国《海运条例》规定的无船承运人缴纳保证金制度类似。在美国有两种方式可以获得 AMS 担保：

（ⅰ）缴纳保证金，约 18 万美元；这将占用公司的流动资金，不建议采用此方式；

（ⅱ）通过保险公司提供责任担保，取得 AMS 担保；需向保险公司每年缴纳保险费（一般 800 美元左右）。这种方式在较好地转移风险同时，还能减少资金的占压。目前大多数的无船承运人选择的是购买担保或保险的方式。对国内公司而言，签署协议必须取得由美国政府认可的公证机构的公证，方认为签字有效。

③ 美国海关认可的 IT 技术公司，与该公司签署协议。以通过该公司的信息系统可以向美国海关传输仓单信息。协议中会确定单票申报的费用。

④ 代理机构办理相关的手续，如果没有问题，即可在美国海关建立 AMS 账户。并确定该账户下的子账户，向 IT 公司申请即可建立。

⑤ 取得账户后即可使用该账户进行 AMS 申报。

第三节 美国对无船承运危险品的严格管理

自无船承运人有权签署合同以来，无船承运人的危险品集装箱运输的责任就更加重大。

现在这项危险品法规的执行在美国变得越来越厉害，美国管道和危险品物资安全总署于 2005 年 5 月决定曝光一批违反美国联邦政府危险货物运输法规的无船承运人，予以惩处，杀一儆百。

一、危险品运输潜藏的风险难以估量

从表面上看，美国各地的危险品运输规则执行情况十分良好，似乎没有一家美国危险品业主、运输业者和无船承运人存在什么问题，实际上是存在一些问题的。例如，职工培训没有跟上，危险品集装箱运输的经营管理没有全部到位，从而为危险品集装箱运输埋下难以估量的风险。

美国在 1985 年检查中发现，无船承运人危险品运输法规在行业内的执行过程中缺乏深度，大部分人对于危险品集装箱运输规定熟视无睹，更糟的是当时的不少地方的运输管理部门还设法帮助无船承运人如何在遵守危险品运输规则的时候蒙混过关，为犯有违法行为的运输当事者开脱责任。

据美国管道和危险品物资安全总署于 2005 年 5 月份提供的数据显示，美国全国各地日均运输 800 000 车危险品，其中 64% 是与能源有关，稍不小心就会导致激烈爆炸和恶性火灾的危险品，还未包括诸如管道煤气和其他燃料的运输。因此，现在美国管道和危险品物资运输安全总署大张旗鼓地强化管理无船承运人危险品运输法规的执行力度，而这仅仅是当前美国全国危险品运输管理项目中的一小部分而已。

二、危险品运输存在的疏漏问题

发现两起危险品集装箱运输操作上的严重违法事故，还有 32 起属于职工培训不当和危险品登记单证不齐事故，由此看出，不少危险品集装箱运输当事人在具体操作的时候并没有认真执行美国联邦政府危险品集装箱运输法规，经营管理松弛，漏洞百出，情况严峻。毫无疑问，凡是被查获违规和违法的危险品集装箱运输当事人均依法惩处。

由于罚款数量不大，很少引起无船承运人的重视，社会公众也没有引起警惕，不少无船承运人把罚款看作为业务成本而已。

看来，无船承运人集装箱运输行业一直是一块属于疏于管理的灰色地带；与其他地面承运者有所不同的是，美国的无船承运人基本资产是设立在港口外围的仓库和堆场，无船承运人通常在其自己经营的仓库和堆场内把实际托运人货物装进，或者拼装入远洋承运人的集装箱和集装箱卡车，整个操作规程缺乏严密的执法监督。

危险品集装箱运输本身就是一个高风险行业，总是会有人不顾自己的安危去操作，关键是执法管理部门要时刻督促和仔细检查，通过加大处罚力度，同时真心诚意帮助当事人严格遵循法规，在最大限度内提高危险品集装箱运输的安全性能。

自从"9·11 恐怖袭击事件"发生以来，美国海岸警卫队作为危险品集装箱运输安全检查的主要管理当局已经把其更多的注意力转到集装箱海运和港口码头的安全上，而一向被执法部门和管理当局忽视的无船承运人变成危险品集装箱运输管理的重点，因为无数案例和事故说明，长期不重视危险品集装箱运输的不少无船承运人已经形成整个集装箱运输链中值得警惕的薄弱环节。

三、加强员工培训以规避风险

长期以来，无船承运人通常依赖货运代理申报危险品集装箱运输单证，问题是对危险品集装箱运输同样承担责任和义务的无船承运人因此所掌握的危险品集装箱运输的资料不完全和不精确，甚至根本不知道集装箱内究竟装的是什么性质的货物。例如，2002 年 7 月在加利福尼亚州长滩港曾经发生因为拼箱不当而导致危险品爆炸的严重事故，事后经查，原来是无船承运人根本不知道该货物在高温下可能发生燃烧爆炸的危险性能，这个事故进一步提醒美国政府注意对无船承运人的管理。

加强职工培训是进一步强化无船承运人危险品集装箱运输责任管理的一

个重要内容，而无船承运人必须确保其员工，尤其是关键岗位上的员工在具体操作管理程序中严格遵循有关危险品集装箱运输的管理法规，这是落实有关危险品集装箱运输管理一切工作的基础。尽管无船承运人不是事实上的货主，也不是事实上的承运人，因为没有船舶运输这一环，仅仅是契约承运人而已。但是，无船承运人必须确保其经营的集装箱货物的准确申报，绝不让危险品集装箱蒙混过关，有责任与其客户共同遵循和执行危险品集装箱运输法规，而不是把其责任轻易地推卸给货运代理和实际承运人。现在，一旦发生严重事故，无船承运人再也不能声辩其清白无辜，而是必须承担其责任。

第四节　美线无船承运人提单管理与使用须知

一、提单使用的注意事项

（1）美线的提单必须在 FMC 备案后才能使用，故美线提单不是所有货运代理的提单均可用。美线一般是使用无船承运人提单，因为无船承运人比船公司直接放出的美线运价会便宜些，无船承运人有个利润空间。

（2）提单一旦整套丢失后，后果将是很严重的，一般处理办法是必须要报关金额的 150% 在银行押 13 个月并连续登报三天，然后船东或无船承运人才可以再出一份新的提单。根据海商法规定提单的有效期是 12 个月，一旦正本背书提货后其他自动失效；美国的背书比较简单，只要收货人在正本提单背后签字即可。

（3）对记名提单与凭指示提单也要分清楚，凭指示提单是任何人都可以去提货的；因为美国的法制较完善，管理严格，提单的倒签、顺签、预借，在美线基本是不能操作的。同样因为美国是成熟的商业社会，如果收货人发现货不对或货值下降了，经常找理由不要货；碰到这种情况，尽量让买方修改信用证期限，对于可以更正的信用证，可要求买方支持。

（4）提单还必须特别注意不能显示清洁提单（Clean On Board）字样，因为提单若没有不清洁批注的话，则表明此提单是清洁提单，无须再打上"清洁提单"，打上的后果是：很清楚其里面所装的货物，如果混有白粉/走私品等，签单就得负责，虽然有"据称由发货人装箱、点数、铅封"（Said To Contain/"STC"、Shipper's Load & Count & Seal、All In Ocean Freight），上述写法均很含糊，容易引发官司，请不要再使用；最好明确为包含 O/F、ORC、DDC、BAF、

DOC、H/C、Local Charge 的哪些部分。

（5）LA/LB：一些船公司基本港是洛杉矶（LA），一些船公司基本港是长滩（LB），均可同做另外一个港，一般是因为两者距离较近。其实这是错误的概念。因为银行在 LC 业务讲究的是的"单单相符，单证相符"，经常会为这个问题较真。我们能这样操作，是基于我们对其港口的了解，LA/LB 出港口的大门是相同的，故对于外拖的货物来讲，其拖车费等差别不大，可以认为是相同的，这样客户因有信用证要求，我们可以显示另一港作为其目的港；但若是在港口内拆箱，而提单显示的是另外一港名，则比较麻烦，美国代理必须将货物拖到与提单相同的地点去清关，大约要多花 100 美元/箱，此费用应按规定缴纳，所以一定要有清楚的概念。

（6）美国地名重复的很多；拖车有限制；不同的州相同的名字是很多的，若不写清州名，将会是可怕的，有可能要多花几倍的运费才能了结此案，比如"华盛顿"在美国相同的地名就不下 10 个。

2014 年 3 月 5 日，作者在中国船舶代理及无船承运人协会调研，与邢德彰副会长及刘改薪秘书长、赵品东副秘书长合影。

二、提单管理须注意的事项

一旦一个无船承运人成为 FMC 的注册无船承运人，它的提单的背后条款就作为运价本的一条规则之一随运价本公布，美国 FMC 随时访问公布你的运价本的 Publisher 电脑系统，检查运价本中的数据和各条款，调查你的经营活动是否与你公布的运价本中规定的条款和运价相背离，这包括你的提单条款。同时，FMC 调查的对象文件除了发票外，提单成为很重要的调查对象文件。因此，严格管理提单并正确地使用提单尤为重要。对提单的管理和使用的关键环节：

（1）不能将本公司的提单随便交给其他非本公司的公司使用，更不能签发空白的提单交其他公司任意填写。

（2）实行严格的提单登记管理制度。若由公司总部管理提单，任一分公司办事处领取空白提单必须登记流水号和领取人签名。领取空白提单须分公司办事处负责人签名批准，报公司总部审批。作废的提单必须回收，交回公司总部注销。

（3）签发的提单必须留存副本。

（4）通过海外代理放货的正本提单必须定期回收归档。

（5）提单的填写要求如下。

① 不接受收货人栏目内显示 "To the order of the holder of the B/L # ×××××× issued by ××××××"，即凭其他无船承运人提单放货的填写不接受。

② 货物描述要符合公布的运价。

③ 如果自己直接与海运承运人（船公司）签订运输服务合同，对于相应的海运承运人提单，发货人栏目显示的发货人为本公司的名称即无船承运人的名称，既不应填写为直接的客户名称，也不应填写为本公司代表某客户（如 Eternal Way Ltd on behalf of ×××××× company）。美国《1998 海运法令修正案》第 3 部分第(17)条的 B 点对无船承运人做了明确的定义：无船承运人（Non-Vessel-Operating-Common-Carrier）指某公共承运人（Common Carrier），该公共承运人不经营其提供该运输服务的船舶，在与海运公共承运人的关系上，该公共承运人是一个发货人。FMC 对无船承运人的定义决定了海运公共承运人提单的收/发货人栏的显示内容。发货人栏填写本公司代表某客户是货运代理提单的做法。FMC 不接受货运代理提单。

④ 无船承运人提单必须签发作为承运人（As Carrier）的提单，不能签发作为承运人代理（As Agent for ××××××）的提单，因为这也是货运代理提单的做法。如前所述，FMC 不接受货运代理提单。

表 10 −1 美国海关可接受和不可接受的货物描述对照表

(仅供参考)

不能接受的货物描述	可以接受的货物描述
Apparel 服装 Wearing Apparel 服装 Ladies' Apparel 女士服装 Men's Apparel 男士服装	Clothing 衣物 Shoes 鞋 Jewelry (may include watches) 首饰 (手表可包括在内)
Appliances 用具、器具	Kitchen Appliances 厨房用具 Industrial Appliances 工业器具 Heat Pump 热力泵
Autoparts 汽车配件 Parts 零配件	New Autoparts 新汽车配件 Used Autoparts 旧汽车配件
Caps 帽子、封套	Baseball Caps 棒球帽 Blasting Caps 防爆封套 Bottle Caps 瓶盖 Hub Caps 轮毂盖
Chemicals, hazardous 危险化工品 Chemicals, non-hazardous 普通化工品	Actual Chemical Name (not brand name) 实际化工品名 (非商标名) Or U. N. HAZMAT Code Identifier # 或联合国危险品代码
Electronic Goods 电子产品 Electronics 电子器具、电子产品	Computers 电脑 Consumer Electronics, Telephones 消费性电子产品,电话机 Electronic Toys (can include Gameboys, Game Cubes, Dancing Elmo Doll etc.) 电子玩具 (可包括微型游戏机、与电视连接的小型游戏设备、会跳舞的 Elmo 娃娃等) Personal/Household Electronics (PDA's, VCR's, TV's) 个人/家用电子产品 (掌上电脑、录像机、电视机)
Equipment 设备	Industrial Equipment, Oil Well Equipment 工业设备、油井设备 Automotive Equipment, Poultry Equipment etc. 汽车维修保养设备、肉类加工设备
Flooring 地板材料	Wood Flooring, Plastic Flooring, Carpet, Ceramic Tile, Marble Flooring 木地板、塑料地板、地毯、瓷砖、大理石地砖

不能接受的货物描述	可以接受的货物描述
Foodstuffs 食品、食物	Oranges 橙子 Fish 鱼 Packaged Rice，Packaged Grain，Bulk Grain 包装大米、包装谷物、散装谷物
Iron 铁	Iron Pipes，Steel Pipes 铁管、钢管
Steel 钢	Iron Building Material，Steel Building Material 铁制建材、钢制建材
Leather Articles 皮革制品	Saddles 马鞍 Leather Handbags 皮手袋 Leather Jackets，Shoes 皮夹克、皮鞋
Machinery 机器、机械	Metal Working Machinery 金属加工机械 Cigarette Making Machinery 制烟机械
Machines 机器	Sewing Machines 缝纫机 Printing Machines 印刷机
Pipes 管材	Plastic Pipes 塑料管 PVC Pipes 聚氯乙烯管 Steel Pipes 钢管 Copper Pipes 铜管
Plastic Goods 塑料制品	Plastic Kitchenware，Plastic Houseware， Industrial Plastics 厨房塑料用品、塑料家用物品、工业塑料 Toys，New/Used Auto Parts 玩具、新/旧汽车配件
Polyurethane 聚氨酯	Polyurethane Threads 聚氨酯丝 Polyurethane Medical Gloves 聚氨酯医用手套 Personal Effects 个人物品 Household Goods 家用物品
Rubber Articles 橡胶制品	Rubber Hoses 橡胶软管 Tires 轮胎 Toys 玩具 Rubber Conveyor Belts 橡胶传送带
Rods 杆、棒	Welding Rods 焊条 Rebar 钢筋 Aluminum Rods 铝棒、铝杆 Reactor Rods 反应棒（核电站用）
Scrap 废料	Plastic Scrap 废塑料 Aluminum Scrap 废铝 Iron Scrap 废铁

续　表

不能接受的货物描述	可以接受的货物描述
General Cargo 杂货 FAK（Freight of All Kinds） 各种货物 "No Description" "无货物描述"	
Tiles 瓷砖	Ceramic Tiles 瓷砖 Marble Tiles 大理石地砖
Tools 工具	Hand Tools 手工具 Power Tools 电动工具 Industrial Tools 工业工具
Wires 金属线材	Electric Wires 电线 Auto Harness 汽车电线 Coiled Wire（Industrial）成卷线材（工业用）

第五节　美国 FMC 对 OTI 管理规定的最新修改

近十年来，我国船舶代理及无船承运人协会一直对美国 FMC 关于无船承运人及与无船承运人有关的管理规定的制订和修改，予以密切的注视和高度的关注。该协会所属的无船承运人专业委员会对此进行过相应的研究与分析，并多次向 FMC 提出自己的意见，其中一些意见为 FMC 所采纳，已列入其正式实行的管理规定中。

2013 年 6 月，美国 FMC 对远洋运输中介人（以下简称"OTI"）管理规定进行了如下修订。

（1）2013 年 2 月 21 日，FMC 就将无船承运人商谈费率协议（以下简称"NRA"）的适用范围从目前在美国申领证书的无船承运人扩大到美国以外的、不向 FMC 申领证书的外国无船承运人。

（2）NRA 需在新的 OTI 管理规定正式公布并生效后，才有可能将适用范围扩大到美国境外的无船承运人。

（3）OTI 包括远洋货运代理人和无船承运人。

（4）FMC 现行的 OTI 管理规定于 1999 年 5 月 1 日正式生效，已经实施了 14 年。考虑到近年来航运业的发展和变化，为理顺内部的管理规定做出较大的修改，以期在加强管理的同时，能够更加有效地维护货主的利益。

（5）此次修改中，涉及我国国内经营美国航线的无船承运人的主要内容有：增加了美国境外，即外国无船承运人向 FMC 申请注册的内容，提高了保证金的数额。

（6）根据现行的管理规定，美国境外的无船承运人可通过两种方式，开展美国航线的无船承运业务：一是提供 150 000 美元的保证金而无须向 FMC 申领证书；二是在美国设立一个非独立法人的分公司，提供 75 000 美元的保证金，并以该分公司的名义向 FMC 申领证书。

（7）如美国境外的无船承运人选择不申领证书，则必须指定一家在美国的公司为其司法代理（也称常驻代理），代表该无船承运人接受包括传票在内的司法和行政文件。同时，该无船承运人还应委托由 FMC 发给证书的 OTI 作为其业务代理，为其处理在美国境内的日常经营业务。这一业务代理可与代表该无船承运人接受司法和行政文件的常驻代理为同一家公司。

（8）按照现行的管理规定，所有无船承运人都必须提供保证金证明、公布自己的运价本，并需以电子方式向 FMC 报送 FMC-1 表格后，方可从事美国航线的无船承运业务。

（9）目前，FMC 发给美国境内 OTI，即货运代理人和无船承运人的证书，并没有有效期；FMC 也没有对美国境外无船承运人在美国航线的经营资格设定有效期。

（10）为加强对 OTI 的管理和定期监控，FMC 拟议修改的管理规定中明确，美国境内的货运代理人和无船承运人申领的证书有效期为两年，到期后可申请为期两年的延期。若美国境外的无船承运人选择不申领证书，需以注册表格的形式，向 FMC 申请注册，称为注册无船承运人。注册的正式生效时间为 FMC 收到保证金证明和无船承运人报送的 FMC-1 表格，以及无船承运人公布运价本之后。只有在注册正式生效后，注册无船承运人才可以经营美国航线的无船承运业务。注册生效后，有效期为两年，到期后可申请顺延两年。

（11）FMC 认为，因通货膨胀的因素和实际中发生的赔付情况，以及没有规定赔付的优先顺序，目前的保证金数额难以维护货主的利益。例如，Global Ocean Freight, Inc. 的保证金为 75 000 美元，在向一家货主赔付了 36 170.12 美元后，又收到了 69 笔索赔，总计金额 636 203.46 美元。因此，只得用剩余的 38 829.88 美元来赔付这 69 笔索赔，即可用于赔付的金额仅为索赔总金额的 6.1%。同样，Pacific Atlantic Lines, Inc. 的 75 000 美元保证金仅为 19 笔索赔金额 549 192.59 美元的 13.7%，而在此之前两家船公司已经从这 75 000 美元保证金中索赔走了将近 52 000 美元，剩下的 23 000 多美元只能在这 19 家中按比例赔付。

（12）鉴于以上情况，FMC 在拟议修改的管理规定中，提高了保证金的数额：即将货运代理人的保证金从现行的 50 000 美元提高到 75 000 美元；将美国境内申领证书的无船承运人从 75 000 美元提高到 100 000 美元；将美国境外的注册无船承运人从 150 000 美元提高到 200 000 美元；将团体保证金的最高限额从 3 000 000 美元提高到 4 000 000 美元。同时，FMC 还要求从保证金中支付了索赔，则必须在 60 天内，将保证金补充至原有的数额，且在未补足之前，不得继续从事所涉及的业务，即货运代理人不得接受委托人提交运输的货物。对未能及时补足保证金的，其证书或注册无船承运人的资格将被吊销。

（13）除此之外，FMC 还考虑到货主明显处于弱势地位，故在拟议修改的管理规定中，明确提出了货主优先的原则和索赔赔付的顺序：在保证金金额满足要求的情况下，首先全额赔付发货人和收货人；如果还有余下的金额，则用来全然赔付承运人、港口、码头和第三方债权人；若仍有余额，才是全额支付 FMC 的民事罚款。换言之，若保证金全部赔付货主之后，其他索赔方就可能拿不到钱；若保证金或剩余保证金无法全额支付时，则只能按照比例支付。

（14）如索赔数额超出保证金额度的 20%，或是从 FMC 的网页上发现某一 OTI 被多家索赔，则保证金的提供方在 5 个月内不得支付首先提出索赔的公司，必须等待其他索赔方提出索赔数额后，方可按照上述顺序支付索赔数额。

（15）如果按照拟议修改的规定来执行，加之很多内容需要在 FMC 的网页上公布，这无疑将会增大 FMC 的工作量，对 FMC 管理执行力度是个考验。

（16）FMC 在 13-05 的文档中，包含 FMC-48A 的表格，以便美国境内的无船承运人在我国经营时，在其已经向 FMC 报备的保证金基础上，将保证金数额增加到 125 000 美元或以上，以满足我国政府主管部门 80 万元人民币保证金的要求。

由于拟议修改的规定中，明确了无船承运人的证书有效期为两年，这也会增加我国政府主管部门对美国境内无船承运人经营我国业务审核的工作量，尤其是要随时跟踪证书的有效期和是否延期，以及保证金赔付后是否及时补足，等等。我国船舶代理及无船承运人协会将会对此事的进展和变化予以密切关注，及时将有关情况在协会网页上发布，以通报会员公司，也会将会员公司的要求及时向政府主管部门反映，或在必要时向 FMC 提出自己的意见。

参 考 文 献

1. 〔日本〕樱井玲二著《〈汉堡规则〉的成立和解释》，张既义译，对外贸易教育出版社，1986。

2. 〔加拿大〕William Tetley 著《海上货物索赔》（第三版），张永坚等译，大连海运学院出版社，1993。

3. 司玉琢主编《中华人民共和国海商法问答》，人民交通出版社，1993。

4. 吴焕宁主编《海商法学》，法律出版社，1996。

5. 张广兴著《债法总论》，法律出版社，1997。

6. 梁慧星，陈华彬编著《物权法》（第四版），法律出版社，1997。

7. 张丽英主编《海商法》，中国政法大学出版社，1998。

8. 孟于群，陈震英编著《国际货运代理法律及案例评析》，对外经济贸易大学出版社，2000。

9. 史尚宽著《债法总论》，中国政法大学出版社，2000。

10. 杨良宜著《提单及其付运单证》，中国政法大学出版社，2001。

11. 杨运涛，丁丁等译著《国际货运代理法律指南》，人民交通出版社，2002。

12. 司玉琢主编《国际海事立法趋势及对策研究》，法律出版社，2002。

13. 司玉琢，胡正良主编《〈中华人民共和国海商法〉修改建议稿、参考立法例、说明》，大连海事大学出版社，2003。

14. 孟于群主编《我国外运法律论文集》，中国商务出版社，2004。

15. 孟于群主编《国际货物运输法规选编》，中国商务出版社，2006。

16. 孟于群著《国际海上货物运输法律与实务》，中国商务出版社，2007。

17. 郭萍著《国际货运代理法律制度研究》，法律出版社，2007。

18. 孙家庆，杨旭编著《国际货运代理风险规避与案例分析》，科学出版社，2009。

19. 中国船舶代理及无船承运人协会编《国际船舶代理与无船承运业务

实务》，中国海关出版社，2009。

20. 〔瑞典〕雅恩·拉姆伯格（JAN RAMBERG）著《国际贸易运输经营人法律与实务》，杨运涛，丁丁，王宁译，中国商务出版社，2011。

21. 杨运涛，翟娟著《〈鹿特丹规则〉对航运物流业务的影响研究》，中国商务出版社，2011。

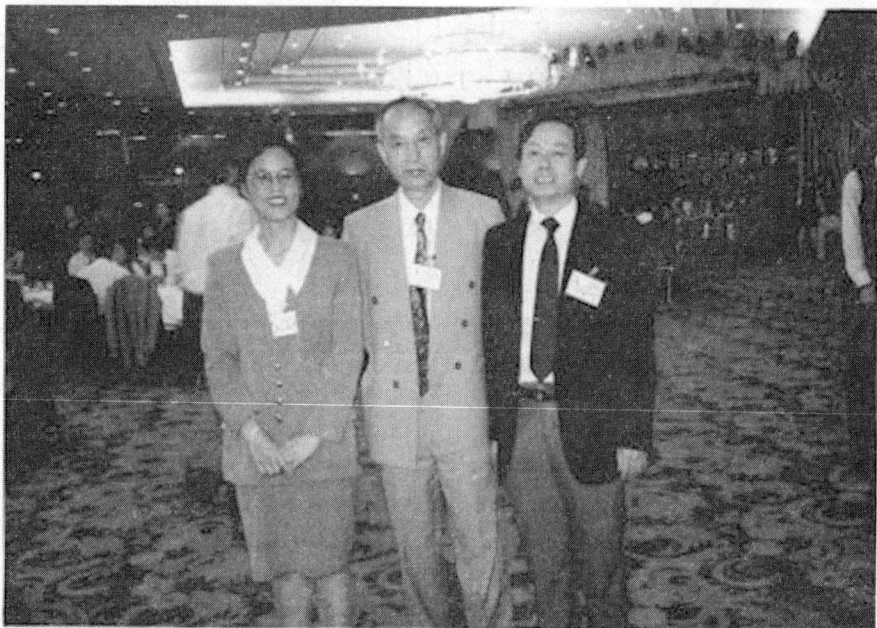

1994 年 10 月 1 日，作者夫妇与尹东年老师在上海召开的 1994 国际海商法研讨会上合影。

后　记

　　时间过得真快，不知不觉从认识尹东年老师到现在已经 30 多年。在这 30 多年里，无论是在学习上还是工作上，甚至生活中都没少麻烦尹老师。每次打搅他，他总是那么耐心地帮忙；每次请教他，他总是那么认真地指导；每次见到他，他总是那么热情地款待。这一切，都使人终身难忘。

　　尹老师是上海海事大学的教授、博士生导师，我国海商法界的资深专家，曾任我国海商法协会副主席，现为顾问。他知识渊博但谦虚低调，待人诚恳、平易近人，工作稳重、做事细致。由于我们夫妇俩都曾在海商法协会担任副秘书长工作，而尹老师又曾担任我国外运上海公司的法律顾问，所以我们与他一直保持着密切联系，关系十分融洽，他是我们终身的良师益友。在别人眼里他是大家，在我们心中他既是敬慕的老师，更是可亲的朋友。从一开始我们与他相识就没有任何功利因素，只是师生关系，纯粹是做朋友，所以我们之间的关系是那么自然、纯真和持久。

随着我国交通运输的高速发展，北京至上海的飞机已是每半小时一架次，几乎成了"空中班车"；北京至上海的朝夕直通火车也只要 10 个小时，高铁通车后仅需 4 小时。这些巨大的变化，大大缩短了我们与尹老师之间的空间距离，无疑彼此的交往会更加频繁，心也会贴得更加紧密。

早在制定《中华人民共和国国际海运条例》时，我与尹老师就在一起讨论有关无船承运人的问题，他在这方面很有造诣，在第一线也处理过不少这方面的案子，故这次请他为本书作序，他欣然答应，并且写了很好的序言。在此，我要再道一声：尹老师，谢谢您！

现在我已退休 7 年，其间已出了 6 本书，这本将是我退休后出版的第 7 本书。有许多好心人，包括我 2011 年还在世的 88 岁的老母亲，都常常劝我说：写书很好，但书是写不完的，写书是件很费心很累的事，写完这本就算了！我一方面体会到这种规劝不但是合理建议，更是一种真诚的关爱，内心很感激他们；另一方面我却仍然不能完全停下来，也许写书，完成自己书系的既定目标是我的一种兴趣与爱好吧，当然更是社会责任感，因为总感到一些东西有价值，不写出来太可惜了，不写出来于心不安。不过，我还是会听取大家的忠告的，学会关爱自己，出书的步伐悠着点，顺其自然，细水长流，慢慢品尝其中的味道。

孟于群

2014 年 4 月 18 日

图书在版编目（CIP）数据

无船承运人法律实务及案例／孟于群著．—北京：
中国商务出版社，2014.7
（孟于群国际货物运输及物流书系）
ISBN 978-7-5103-1074-4

Ⅰ.①无…　Ⅱ.①孟…　Ⅲ.①水路运输管理-承运人
责任-法律-研究-中国　Ⅳ.①D922.296.4

中国版本图书馆 CIP 数据核字（2014）第 154805 号

无船承运人法律实务及案例
WUCHUAN CHENGYUNREN FALÜ SHIWU JI ANLI

孟于群　著

出　　版：中国商务出版社
发　　行：北京中商图出版物发行有限责任公司
社　　址：北京市东城区安定门外大街东后巷 28 号
邮　　编：100710
电　　话：010－64245686（编辑二室）
　　　　　010－64266119（发行部）
　　　　　010－64263201（零售、邮购）
网　　址：www.cctpress.com
邮　　箱：cctpress1980@163.com
网　　店：http.//cctpress.taobao.com
照　　排：北京科事洁技术开发有限责任公司
印　　刷：北京密兴印刷有限公司
开　　本：787 毫米×980 毫米　1/16
印　　张：24.25　　字　数：429 千字
版　　次：2014 年 8 月第 1 版　2014 年 8 月第 1 次印刷
书　　号：ISBN 978-7-5103-1074-4
定　　价：79.00 元